Erich Kästner-Studien

Herausgegeben von Sebastian Schmideler
und Johan Zonneveld

Stefanie Çetin

„Ohne Spaß gibt's nichts zu lachen".
Humor in Erich Kästners Kinderliteratur

Tectum Verlag

Stefanie Çetin

„Ohne Spaß gibt's nichts zu lachen".
Humor in Erich Kästners Kinderliteratur

Erich Kästner-Studien Band 2

Zugl.: Diss. University of Limerick, 2007

ISBN: 978-3-8288-3058-5
ISSN: 2195-7339

Satz und Layout: Felix Hieronimi

Besuchen Sie uns im Internet
www.tectum-verlag.de

Bibliografische Informationen der Deutschen Bibliothek
Die Deutsche Bibliothek verzeichnet diese Publikation in der Deutschen Nationalbibliografie; detaillierte bibliografische Angaben sind im Internet über http://dnb.ddb.de abrufbar.

Vorwort

„Die deutsche Literatur ist einäugig. Das lachende Auge fehlt. Oder hält sie es nur krampfhaft zugekniffen?"* – Erich Kästners zum Bonmot avancierte Einschätzung über „die einäugige Literatur" der Deutschen lässt sich auch auf die in Deutschland lange Zeit sträflich vernachlässigte Kinderliteraturforschung übertragen. Auch sie war auf diesem Auge erstaunlich lange blind. Allerdings hat sich dies – wie so vieles, was die wissenschaftliche Wertschätzung der Literatur für junge Leserinnen und Leser betrifft – in den letzten Jahrzehnten erfreulicherweise grundlegend gewandelt. Das Komische in all seinen vielseitigen Varianten und Facetten war und ist eine derart grundsätzliche Kategorie von Kinder- und Jugendliteratur, dass sich eine ernsthafte Forschung zu diesem Thema nicht länger umgehen ließ.

Auch Erich Kästner war ein ästhetischer Modernisierer der Kinderliteratur des 20. Jahrhunderts, der den Stellenwert des Lachens im Kinderbuch gestärkt und dem Komischen damit zu mehr Bedeutung verholfen hat. „Ohne Spaß gibt's nichts zu lachen" lautet deshalb der ebenso lakonische wie pointierte Titel von Stefanie Çetins grundlegender Dissertationsschrift über Komik und Humor in Erich Kästners Kinderliteratur, mit der die 2011 gegründete Reihe *Erich Kästner-Studien* fortgesetzt wird.

Obwohl Friedrich Nietzsche bereits im 19. Jahrhundert die „Fröhliche Wissenschaft" ausgerufen hat und es inzwischen mit der Gelotologie auch eine Wissenschaft vom Lachen gibt, die psychische und somatische Auswirkungen des Lachens erforscht, muss doch klar konstatiert werden: Die Wissenschaft selbst lacht nicht. Kevin Liggieri konstatierte deshalb anlässlich des interdisziplinären Symposions „Fröhliche Wissenschaft – Zur Genealogie des Lachens", das vom 24. bis 26. Oktober 2013 an der Ruhr-Universität Bochum stattfand, unmissverständlich: „Lachen ist normierungsresistent, das lässt sich nicht in Bahnen drängen, ähnlich wie der Wahnsinn. Die Vernunft muss den Wahnsinn wie das Lachen wegsperren oder andere Orte schaffen, wir haben Lachcomedy, Lachtheater. Aber in der Wissenschaft selbst hat es keinen Rahmen, weil es subversiv untergrabend ist gegenüber ernsten Meinungen, auch gegenüber der Leiblichkeit des Lachens." †

* Erich Kästner: Die einäugige Literatur. Werke. Bd. II: Wir sind so frei. Chanson, Kabarett, Kleine Prosa. Hrsg. von Hermann Kurzke in Zusammenarbeit mit Lena Kurzke. München; Wien 1998, S. 46–51, Zitat: S. 49 f.

† http://www.deutschlandfunk.de/wer-hier-lacht-macht-verdacht.1148.de.html?dram:article_id=267334 (1.12.13).

Die Reihenherausgeber der *Erich Kästner-Studien* wünschen den Leserinnen und Lesern trotzdem, dass ihnen ungeachtet der forschenden Ernsthaftigkeit der wissenschaftlichen Argumentation der Verfasserin bei der Lektüre von Stefanie Çetins Dissertation das Lachen nicht vergehen möge. Ganz im Gegenteil!

Sebastian Schmideler und Johan Zonneveld
Leipzig, Bielefeld und Den Haag, am 1. Advent 2013

Inhaltsverzeichnis

Einleitung 1

Teil I
Das Phänomen Humor 7

1 Was ist Humor? 7

1.1 Der Humorbegriff 10
1.2 Forschungsgeschichte 15
1.3 Formen und Funktionen von Humor 39
1.4 Spezifische Formen kindlichen Humors: Was finden Kinder witzig? 47

2 Humor in der Kinder- und Jugendliteratur 59

2.1 Humor und Literaturwissenschaft, ein vernachlässigtes Thema 59
2.2 Humor in Kinder- und Jugendbüchern: Kinder als Produzenten und Adressaten 64

3 Das lachende Auge: Erich Kästners Humorverständnis 81

3.1 Kästner und Humor 81
3.2 Humor als Erziehungsziel und erzieherische Strategie 88
3.3 Humor und Subversion – Kinder an die Macht 94

Teil II
Kästners fröhliche Kinderwelt: Die Analyse 97

1 Ordnung muss sein: Methodik und allgemeine Ergebnisse 97

1.1 Textanalyse trifft Korpuslinguistik 97

1.2 Das Korpus in Zahlen 101

2 HUMORvolle Figuren und Namen: Kleine Leute und lustige Leute 107

2.1 Der Pünktchen-Typ: Phantasievolle Spaßmacher 107

2.2 Der Brausewetter-Typ: Sympathische Exzentriker 116

2.3 Der Zornmüller-Typ: Versöhnte Gegenspieler 129

2.4 Der Großmutter-Typ: Echte HUMORisten 138

2.5 Andere Figuren, andere Namen 143

2.6 Die Funktionen der lustigen Leute 146

3 HUMOR in der Handlung: Kleine Leute und großer Unsinn 149

3.1 Wenn Staatsmänner an den Nägeln kauen: Norm- und Regelbrüche 150

3.2 Wenn es Pralinen regnet:
Missgeschicke und Fehlleistungen 156

3.3 Wenn Jungen Mädchen spielen:
Karneval und Verkleidung 162

3.4 Wenn Tiger Taschen haben:
Absurdes und Phantastisches 166

3.5 Wenn Betten schweben:
Surrealistische Traumszenen 188

2.6 Die Funktionen des großen Unsinns 194

4 Humor durch Sprache:
Kleine Wörter mit großen Unterschieden 197

4.1 Ganz allgemein:
Norm- und Regelbrüche in der Sprache 198

4.2 Ganz verkehrt:
Fehlbildungen und neue Kombinationen 205

4.3 Ganz verspielt:
Wortspiele und Übertreibungen 218

4.4 Ganz persönlich:
Namen, Spitznamen und Schimpfnamen 227

4.5 Ganz ähnlich:
Bilder und Vergleiche 234

4.6 Ganz anders gemeint:
Ironie und Sarkasmus 240

4.7 Die Funktionen des sprachlichen Humors 244

Fazit
Viel zu lachen, viel zu denken 247

Anhang **257**

Diagramme zum Korpus 257

Quellen- und Literaturverzeichnis **259**

Primärliteratur 259

Sekundärliteratur 261

Weitere Quellen aus dem Internet 271

Dank **273**

Natürlich gibt es auch Häuser ohne Vorgärtchen und Bücher ohne Vorwörtchen, Verzeihung, ohne Vorwort. Aber mit einem Vorgarten, nein, mit einem Vorwort sind mir die Bücher lieber.
Erich Kästner: Als ich ein kleiner Junge war
EKW VII, S. 9.

Einleitung

„Ohne Spaß gibt's nichts zu lachen!" sagt Diener Johann Kesselhuth in Erich Kästners heiterem Roman *Drei Männer im Schnee* (1934).[1] Obwohl es sich dabei um einen Roman für Erwachsene handelt, eignet sich das Zitat als Überschrift für das gesamte Werk Kästners, einschließlich der Kinderliteratur, in der Spaß, Heiterkeit und Witz, in einem Wort Humor, ebenfalls ein dominantes Merkmal darstellen. Doch was bedeutet überhaupt das Wort <Humor>? Welche Formen nimmt er in Erich Kästners Kinderbüchern an und welcher Funktion dienen seine Manifestationen dort? Gibt es einen speziellen „kästnerschen" Humor? Und falls ja, wodurch zeichnet er sich aus? Der Beantwortung all dieser Fragen widmet sich dieses Buch.

Mehrfach ist Kästner als ein humorvoller Schriftsteller bezeichnet worden, oder sein Stil als witzig, heiter und dergleichen mehr.[2] Niemand ist jedoch bisher der Frage auf den Grund gegangen, was darunter zu verstehen sei, beziehungsweise was die genannten Attribute für Kästners Texte bedeuten. Nicht zu vergessen ist auch Kästners eigene nachweisliche Hochschätzung literarischen Humors, wenn er etwa im Vorwort zu *Heiterkeit in Dur und Moll* (1958) kritisiert: „Die deutsche Literatur ist einäugig. Das lachende Auge fehlt."[3] Deshalb, und weil Humor unbestritten ein bedeutender Bestandteil

1 *Drei Männer im Schnee*, EKW IV, S. 71.

2 Steck-Meier stellt etwa „ein erheiterndes Leseerlebnis" fest, das Kästners Ironie bereiten kann (Steck-Meier 1999, S. 408). Sie zitiert zudem Zonneveld, der seinerseits feststellt, wie sehr in der Sekundärliteratur Kästners „leichte journalistische Schreibweise und vor allem der humoristisch-satirische Aspekt betont werden." (Johan Zonneveld: *Erich Kästner als Rezensent 1923–1933*. Dissertation. Frankfurt a.M.: 1991. [= Europäische Hochschulschriften: Reihe 1, Deutsche Sprache und Literatur; 1256]. Zitiert nach Steck-Meier 1999, S. 20.) Elvira Armbröster-Groh attestiert Kästner, er habe „in seinen Kinderromanen die bisherigen Elemente des komischen Erzählens zu einem Höhepunkt [gebracht]" (Armbröster-Groh 1997, S. 170). Sie stellt außerdem richtig fest, dass nicht nur komische Sachverhalte beschrieben werden, sondern „auch der Erzähler selbst [...] durch die besondere Färbung des Vortrags zur komisierenden Instanz" wird (ebd.). Sogar die Kästner-Kritikerin Ruth Klüger, die erklärt, Kästner Kinderbücher seien „unehrlich in ihrer Darstellung menschlicher Beziehungen und was sie an ‚Ethik' enthalten ist primitiv", gesteht zu: „Stilistisch sind sie durch ihre oft äußerst witzigen Formulierungen interessant" (Klüger 1997, S. 80).

3 *Heiterkeit in Dur und Moll*, S. 21.

der kästnerschen Texte ist und überdies erheblich zum Lesevergnügen beiträgt, also eine wichtige Motivation für den Leser darstellt, nimmt sich dieses Buch des in der Literaturwissenschaft nach wie vor untererforschten Themas an.

Es ist im Rahmen einer einzelnen Arbeit unmöglich, Kästners Gesamtwerk auf Humor hin zu analysieren, geschweige denn das Phänomen Humor selbst in seiner Gänze zu untersuchen. Daher musste in beiderlei Hinsicht eine Auswahl getroffen werden. Die Analyse beschränkt sich auf die folgenden Bücher, wobei in eckigen Klammern die verkürzten Titel genannt werden, mit denen sie in dieser Arbeit bezeichnet werden):

Emil und die Detektive (1929) [*Emil 1*]; *Pünktchen und Anton* (1931) [*Pünktchen*]; *Der 35. Mai oder Konrad reitet in die Südsee* (1932) [*35. Mai*]; *Das fliegende Klassenzimmer* (1933) [*Klassenzimmer*]; *Emil und die drei Zwillinge* (1935) [*Emil 2*]; *Das doppelte Lottchen* (1949) [*Lottchen*]; *Die Konferenz der Tiere* (1949) [*Konferenz*]; *Der kleine Mann* (1963) [*Kleiner Mann 1*]; *Der kleine Mann und die kleine Miss* (1967) [*Kleiner Mann 2*].[4]

Ausgespart wurden Kästners Nacherzählungen[5] als eigenes, von durchweg selbst erdachten Werken verschiedenes Genre, ebenso wie die Lyrikbände[6]. Zwar wären auch diese Bücher ein lohnendes Objekt für die Untersuchung des Humors in Kästners Kinderliteratur, aus Platzgründen muss dies jedoch Anderen überlassen sein. Die Autobiografie *Als ich ein kleiner Junge war* (1957) erschien hinsichtlich des zu untersuchenden Themas einfach nicht ergiebig genug, da hier ein ernster Ton vorherrscht.[7] Ähnliches gilt für die Geschichten im Kurzgeschichtenband *Das Schwein beim Friseur* (1962).[8] Obwohl die hier ausgewählten Kinderbücher zu den meist untersuchten in Kästners Werk gehören, fehlt wie gesagt bis dato eine ausführliche Untersuchung zum Humor in diesen Werken.

---

[4] Alle Bücher werden zitiert nach der Hanser Werkausgabe 1998 (abgekürzt EKW).

[5] *Till Eulenspiegel* (1938), *Der gestiefelte Kater* (1950), *Münchhausen* (1951), *Die Schildbürger* (1956), *Don Quichotte* (1956) und *Gullivers Reisen* (1961).

[6] *Arthur mit dem langen Arm* (1930) und *Das verhexte Telefon* (1930).

[7] In der Beschreibung seiner Kindheit spricht der Erzähler vielfach schwierige Themen an, wie etwa den Konkurrenzkampf der Eltern um die Liebe des Sohnes oder den finanziellen Engpass der Familie. Vgl. *Als ich ein kleiner Junge war*, EKW VII, S. 99f., S. 103 und S. 81.

[8] Zwar enthält der Band auch komische Texte, etwa die Titelgeschichte und vier Gedichte, einschließlich der Übersetzung von Clement Clarke Moores *A Visit from St. Nicholas* (1822) aus dem Amerikanischen (*Das Schwein beim Friseur*, EKW VIII, S. 360). Neun der insgesamt 17 Erzählungen und Gedichte sind jedoch ernst oder melancholisch im Grundton.

Vor der Analyse muss eine Definition von <Humor> stehen. Das Phänomen ist äußerst komplex und die Literatur dazu könnte Bibliotheken füllen. Die vorliegende Arbeit stellt im ersten Teil eine Auswahl der einflussreichsten und neuesten Theorien vor. Diese wurden bewusst nicht von vornherein auf kindlichen Humor, beziehungsweise das kinderliterarisch Komische spezialisiert, einerseits um der Komplexität des Phänomens Humor gerecht zu werden, andererseits um den aus der Theorie abgeleiteten Begriffen und Kategorien auch über die vorliegende Arbeit hinaus Gültigkeit zu verleihen. Zum allgemeinen Humorverständnis wurden die Ansätze von Aristoteles, Immanuel Kant, Sigmund Freud und Michail Bachtin wegen ihres Einflusses auf dieses Forschungsfeld ausgewählt, sowie die *Vorschule der Ästhetik* (1812) von Jean Paul, der Kästner nach eigener Aussage besonders beeinflusst hat. Der zeitgenössische Autor Jerry Palmer gibt einen Einblick in den gegenwärtigen Stand der Humorforschung. Die Auswertung der ausgewählten Theorien mündet in eine zweigliedrige Arbeitsdefinition, die die Grundlage für das Humorverständnis in dieser Arbeit und die Textanalyse bildet. Humor im Sinne der hier erarbeiteten Definition wird künftig graphisch so abgesetzt: Humor. So lässt sich der Begriff von „Humor“ im Sinne anderer Autoren abgrenzen. Im Anschluss wird auf spezifisch kindliche, beziehungsweise kindgerechte Formen von Humor eingegangen, insbesondere auf Hermann Helmers' Untersuchung zu *Sprache und Humor des Kindes* (1965) sowie Dieter Henrichs Konzept der „Freien Komik“ (1976). Grundlegend für das Verständnis von Humor in der Kinderliteratur ist der Aufsatz „Lachen beim Lesen“ (1986) von Maria Lypp, die damit das Thema erst wieder in die Kinderliteraturforschung eingeführt hat.
Den zweiten und Hauptteil des Buches bildet die Analyse der ausgewählten Kinderbücher. Zuvor wird jedoch Kästners eigenes Verhältnis zu Humor und sein Verständnis dieses Phänomens beleuchtet. Diese Untersuchung ist nicht einfach, da diesbezüglich nur wenig Material vorliegt. Äußerungen Kästners in verschiedenen Publikationen, insbesondere dem Vorwort zu dem von ihm herausgegebenen Band *Heiterkeit in Dur und Moll* sowie der Artikel „Die vier archimedischen Punkte“ (1952), werden herangezogen. Weiter bietet Archivmaterial aus den Stoffsammlungen Hinweise auf Kästners Verständnis von Humor. Notizen an seine Sekretärin Elfriede Mechnig belegen, dass Kästner auch im Alltag Humor schätzte und anwandte.
Aus den bisherigen Untersuchungen bezüglich des Humors im Allgemeinen, sowie des Humors in Kinderliteratur und von Kästners Hand im Besonderen, ergeben sich drei zu untersuchende Kategorien oder Grobkategorien: humoristische Figuren, Humor in der Handlung und Humor durch

Sprache. Entsprechend werden die ausgewählten Kinderbücher Kästners nach diesen drei Kategorien geordnet untersucht. Die Betrachtung jeder einzelnen Form von HUMOR im gesamten Werk ermöglicht eine jeweils anschließende Betrachtung der wahrscheinlichen Funktionen des HUMORs im Text. Innerhalb der drei Grobkategorien lassen sich die unterschiedlichen konkreten Manifestationen von HUMOR wiederum in verschiedene Subkategorien unterteilen. Diese beziehen sich, wie auch die Grobkategorien, auf die verschiedenen Formen, in denen sich HUMOR manifestieren kann; die spezifischen Funktionen (einer Subkategorie) werden jeweils durch die Analyse ermittelt. Noch eine Anmerkung zum Sprachgebrauch: Die komischen Figuren wurden nicht in Subkategorien sondern in <Typen> unterteilt, da dieses Wort für die Behandlung (auch fiktiver) Personen angemessener erscheint. Es ist zu beachten, dass die drei Kategorien nur zum Zwecke der Analyse voneinander getrennt behandelt werden, tatsächlich sind sie im Text untrennbar miteinander verbunden. Die Unterkategorien ließen sich freilich noch feiner einteilen, eine detaillierte Betrachtung aller Nuancen des HUMORs in den ausgewählten Kinderbüchern würde jedoch den Rahmen der vorliegenden Arbeit sprengen.
Im Ergebnis wird die Analyse zeigen, welche Arten von HUMOR in Kästners Kinderbüchern besonders häufig auftreten und welche Funktionen sie erfüllen. Zudem werden die stilistischen Schlüsselelemente identifiziert, um dadurch die typischen Eigenheiten des kästnerschen HUMORs aufzuzeigen.
Abschließend noch ein paar Hinweise zu Formalien: Gemischtgeschlechtliche Personengruppen werden in der männlichen Form genannt, worin aber selbstredend weibliche Personen eingeschlossen sind. Selbstständige Titelangaben sind kursiv gesetzt, unselbstständige in Anführungszeichen. Die Zeichen <> kennzeichnen ein Wort als (graphisches) Zeichen beziehungsweise als Begriff, wie schon in dieser Einleitung geschehen.

Dieses Buch basiert auf meiner Dissertation[9], die ich 2007 am Mary Immaculate College, University of Limerick, Irland, vorlegte. Einzelne Teile wurden gestrafft, und die Sammlung der HUMORvollen Textstellen wurde leicht ergänzt und neu durchgezählt. Auch wurden kleinere Korrekturen zum Zweck einer konsequenteren Kategorisierung vorgenommen. Ihrer Länge wegen wurde die Zitatsammlung jedoch hier nicht mit abgedruckt. Die Dissertation ist im Original und mit der kompletten Zitatsammlung

9 Weber, Stefanie: *„Ohne Spaß gibt's nichts zu lachen". Humor in Erich Kästners Kinderliteratur.* Dissertation zur Erlangung der Doktorwürde im Fachbereich German Studies. Limerick, 2007. (Frau Weber hat inzwischen geheiratet.)

im Deutschen Literaturarchiv in Marbach einzusehen, sowie in der Bibliothek des Mary Immaculate College in Limerick. Ich hoffe, einen ebenso neuartigen wie vergnüglichen Beitrag zur Kästnerforschung zu leisten, und vielleicht auch andere Forscher zu ermutigen, der deutschen Literatur in das – hoffentlich nicht fehlende! – „lachende Auge“ zu schauen.

Humor ist der Regenschirm der Weisen
und insofern unsoldatisch.
Daß wir ihn trotzdem öffentlich preisen,
scheint problematisch.
In praxi ist's gleichgültig, was wir meinen.
Denn wir haben ja keinen.
Erich Kästner: „Der Humor“
Kurz und bündig, EKW I, S. 290.

Teil I
Das Phänomen Humor

1 Was ist Humor?

Humor zu definieren gehört zu den schwierigsten Aufgaben der Wissenschaft. In der Literatur wird er metaphorisch beschrieben, wie im vorstehenden Epigramm als „Regenschirm der Weisen“. Beliebt ist auch die zum geflügelten Wort gewordene Erklärung des deutschen Liedermachers Otto Julius Bierbaum (1865–1910): „Humor ist, wenn man trotzdem lacht“. Aus Kästners Epigramm geht hervor, dass Humor eine Schutzfunktion haben kann, wie auch das Wort „trotzdem“ in Bierbaums Satz einen Zusammenhang zwischen Humor und Widrigkeiten vermuten lässt. Bereits seit der Antike haben sich Forscher verschiedener Fachrichtungen mit dem Phänomen beschäftigt, eine endgültige Definition hat bis heute niemand aufstellen können. Es ist aber möglich, Licht in die Angelegenheit zu bringen und den Humorbegriff zumindest in einen Zusammenhang einzuordnen. Zu diesem Zweck wird im Folgenden zunächst die etymologische und semantische Entwicklung des Begriffs <Humor> nachgezeichnet. Im Anschluss daran werden einige der bedeutendsten Humortheorien vorgestellt. Mit ihrer Hilfe wird es schließlich möglich sein, eine Arbeitsdefinition aufzustellen, die die Grundlage für die Analyse des kästnerschen Humors bilden wird.
Um dem gegenwärtigen Humorbegriff auf die Spur zu kommen, empfiehlt es sich, beim Alltagsverständnis beginnen und zu diesem Zweck zunächst ein allgemeines Nachschlagewerk zu Rate ziehen. In *Meyers großem Taschenlexikon* ist Humor folgendermaßen definiert:

> Humor [lat., „Feuchtigkeit"], allg. die heitere Gelassenheit gegenüber den Schwierigkeiten des Alltags und den Unzulänglichkeiten der Welt und Menschen. Die urspr. Bedeutung geht auf die antike und ma. Medizin zurück, nach der die Temperamente des Menschen aus der unterschiedlichen Mischung der Körpersäfte (humores) entstehen. Seit dem 18. Jh. wird H. in der Bedeutung der heiteren Gemütsverfassung gebraucht. In der Literatur erscheint Humoristisches oder Humorisierendes in allen Epochen und Gattungen. Der H. kann als bes. Schattierung des Komischen charakterisiert werden; im Unterschied zu Parodie, Witz, Satire oder Ironie gehört zum H. eher das Lachen, weniger das Verlachen. [...] Als Wort findet sich der H. in der Comedy of humours, einem von B. Johnson kreierten Komödientypus des 16. und 17. Jh. Erst unter dem Einfluß der englischen Humoristen des 18. Jh. [...] erhielt der H. als Begriff seinen Ort in Literatur und Ästhetik. Eine umfassende Theorie des H. entwickelte Jean Paul in seiner „Vorschule der Ästhetik..." [...] Die entsprechenden Werke, hauptsächlich Werke der erzählenden wie auch der dramatischen Literatur [...] tendieren in unterschiedl. Weise ins Satirische, Parodistische, Ironische oder Groteske.[10]

Schon dieser allgemein gehaltene Lexikonartikel deutet an, wie vielschichtig das Phänomen Humor ist. Bereits hier begegnen uns vier Elemente, die auch in der Forschungsgeschichte immer wieder auftauchen: (1) Humor ist Gelassenheit gegenüber den Schwierigkeiten des Alltags, also als eine Gemütsverfassung, so wie er auch bei Kästner und Bierbaum erscheint. (2) Weiter verweist der Artikel auf das Lachen als Teil des Humors, das jedoch kein Verlachen ist. (3) Humor wird seinerseits als Schattierung des Komischen definiert. (4) Im Kontext von Humor in der Literatur schließlich wird der Zusammenhang zwischen Humor und weiteren Begriffen wie Satire, Parodie, Ironie oder Groteske erwähnt, die Subkategorien des Humors sind. Die Komplexität des Humorbegriffs zeigt sich an seiner unbestrittenen aber auch unklaren Verbindung mit einer Vielzahl anderer Begriffe. So ist es wenig verwunderlich, dass Humorforschung von jeher in verschiedenen Disziplinen bestand. Dabei ist sie aber nicht immer interdisziplinär. Die verschiedenen existierenden Definitionen sind geprägt von der jeweiligen Disziplin, der sie entstammen.

Der Psychologe Eike Christian Hirsch bemerkt selbstironisch, es gehöre praktisch zur Tradition in der Humorforschung, jeweils alle bisherigen

10 Meyers 1998, S. 146.

Erkenntnisse zu verwerfen[11], und zitiert den Humorforscher Saul Steinberg mit der oben vorangestellten resignierten Feststellung: „Der Versuch, den Humor zu definieren, ist selbst eine Definition des Humors.“[12] Obwohl nicht unbedingt jeder Forscher dieser Ansicht ist, hat sich diese Resignation etabliert. Jerry Palmer, der mit *Taking Humour Seriously* (1994) einen umfassenden Überblick über die Humorforschung geliefert hat, erklärt von vornherein: „[…] I am not trying to answer the question 'What is humour?' because I do not think it is any one thing: it appears to exist in a series of dimensions, and it is only by analysing each of them, in its own right, that we can approach the subject sensibly.“[13] Kurz: Der Trend in der Humorforschung geht weg von einer einzigen, allumfassenden Humordefinition. Humor kann gar nicht als Ganzes, sondern nur unter bestimmten Blickwinkeln betrachtet werden. Vielleicht ist gerade diese immerwährende Veränderlichkeit sein Wesen.

[11] Vgl. Hirsch 2001, S. 11f.

[12] Zitiert nach Hirsch 2001, S. 11.

[13] Palmer 1994, S. 5.

Humor ist eine famose Turnübung, die darin besteht, sich selbst auf den Arm zu nehmen.
Theo Lingen

1.1 Der Humorbegriff

Das Wort <Humor> hat eine lange Geschichte hinter sich, während der sich seine Bedeutung häufig gewandelt hat. Zudem lässt sich eine Begriffserweiterung feststellen. Eine weitere Schwierigkeit besteht in den ungeklärten Beziehungen zwischen Humor und einer Reihe weiterer Begriffe, mit denen er sich zum Teil auch überschneidet. Zuerst folgt daher ein Überblick über die Begriffe, die semantisch mit Humor zusammenhängen.

<Humor> in seiner Begriffsfamilie

Eine Vielzahl von Begriffen tritt häufig in Verbindung mit Humor auf: das <Lächerliche>, das <(Ver-)Lachen>, der <Spaß>, das Adjektiv <witzig>, ferner Begriffe aus der Ethik, wie <Moral> und <Toleranz>, um nur eine Auswahl zu nennen. Ein Begriff, der häufig synonym zu Humor verwendet wird, ist <Komik> oder das <Komische>. Eines lässt sich dabei immer wieder beobachten: Was auch immer Humor oder Komik sein mögen, zu ihrer Manifestation gehören verschiedene Elemente in einer bestimmten Reihenfolge: *Etwas* oder *jemand* muss jemandem einen *Anlass* zu *etwas* geben. Es gibt also einen Produzenten von Humor, einen Auslöser mit bestimmten Qualitäten und einen Rezipienten, der seinerseits über die Fähigkeit verfügen muss, Humor aufzunehmen. Bei dem Versuch, die Wörter aus der Begriffsfamilie des Humors in dieses Schema einzusetzen, stellt sich prompt das Problem, dass sich allein für den Humor selbst mehrere Plätze finden. Humor kann der Auslöser sein, aber auch die Fähigkeit, den Auslöser als lustig zu erkennen. Die folgende Grafik ist der Versuch, ein wenig Ordnung in die Begriffsfamilie zu bringen.

Grafik 1

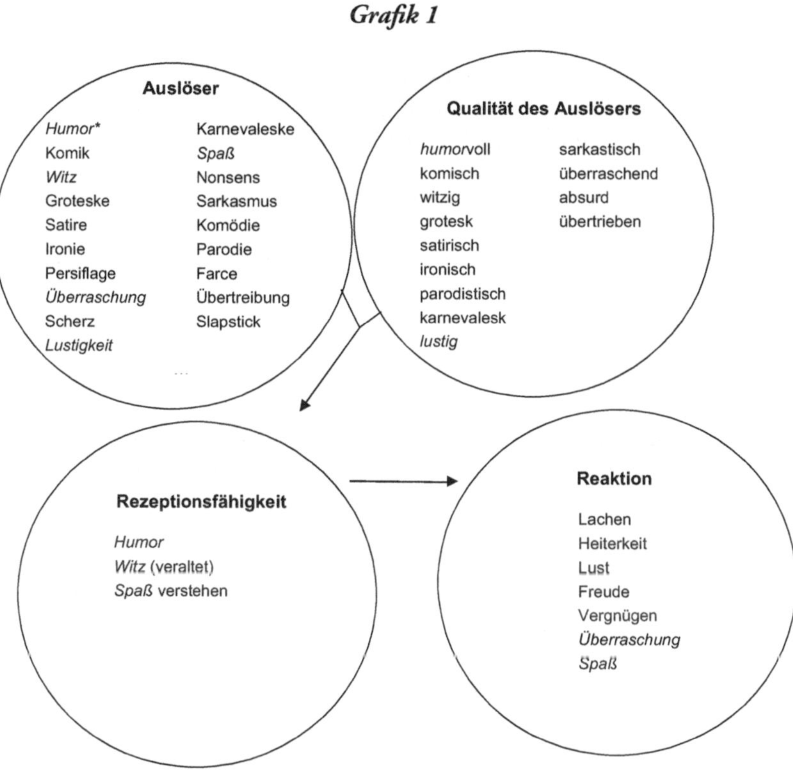

* Kursiv gesetzte Begriffe lassen sich mehreren Spalten zuordnen.

Es fällt auf, dass die meisten Begriffe den Auslöser oder dessen Qualität beschreiben. Als Oberbegriff für diese beiden Kategorien sind sowohl <Humor> oder <Komik> möglich. In der Forschung besteht darüber keine Einigkeit. Palmer, der Humor definiert als „everything that is actually or potentially funny, and the processes by which this 'funniness' occurs"[14], wählt diesen als Oberbegriff und ordnet das Phänomen somit der Auslöser-Kategorie zu. Auch Jan Bremmer und Herman Roodenburg definieren Humor sehr umfassend als „jede durch eine Handlung, durch Sprechen, durch Schreiben, durch Bilder oder durch Musik übertragene Botschaft, die darauf abzielt, ein Lächeln oder Lachen hervorzurufen".[15] Ältere Definitionen dagegen,

[14] Vgl. Palmer 2002, S. 3.

[15] Bremmer / Roodenburg 1997, S. 9.

etwa die von Jean Paul oder Sigmund Freud, definieren Humor eindeutig als Charakterzug oder als Lebenseinstellung. Vor allem in der neueren Forschung ersetzt <Humor> jedoch stellenweise den früheren Begriff des Komischen. Willibald Ruch und Karen Zweyer (2001) konstatieren in einem Forschungsüberblick über die Entwicklung des Humorbegriffs:

> Historisch gesehen wurde der Begriff Humor schon bei den Ästheten, [sic] als ein Element des Komischen eingesetzt. [...] Humor war ebenso wie z.B. Ironie, Satire, Sarkasmus, Nonsense, Spaß oder Witz ein Teil des Komischen und wurde hauptsächlich als eine lächelnde Einstellung zum Leben und seiner Unvollkommenheit verstanden [...]. In der angloamerikanischen Forschung und auch im alltäglichen Sprachgebrauch hat Humor allerdings mittlerweile eine andere Bedeutung erlangt und wird als Oberbegriff für alles was früher dem Komischen zugeordnet war verwandt [sic]. „Humor" hat damit den Begriff des Komischen ersetzt und beinhaltet dabei nicht mehr nur die philanthropische Seite, sondern streng genommen auch Elemente wie zum Beispiel Spott oder Ironie.[16]

Dennoch bleibt festzuhalten, dass diese zweite Bedeutung zur älteren hinzutritt, so dass heute beide Bedeutungen zugleich Gültigkeit besitzen.

Die Etymologie des Humorbegriffs

Im Gegensatz zu einer endgültigen Definition ist die Etymologie des Humorbegriffs vorhanden und greifbar. Sie wird hier in Anlehnung an Arno Dopychai vorgestellt, der in seiner Dissertation *Der Humor* (1988) eine umfassende Begriffsgeschichte liefert.

Das lateinische Ursprungswort <humor> bedeutet „Feuchtigkeit, Flüssigkeit". Im Mittelalter bezeichnet das Wort die Körpersäfte, deren jeweilige Verteilung nach Galens Temperamentenlehre den Charakter eines Menschen ausmacht. Das Wort hat also zunächst medizinische Bedeutung, wobei schon die Verbindung zu Charaktereigenschaften besteht. Im 16. Jahrhundert wandelt sich die Bedeutung des Wortes Humor zu „Laune, Stimmung", wobei immer noch das Überwiegen bestimmter Körpersäfte für diese Stimmungen verantwortlich gemacht wird.

Ende des 17. Jahrhunderts bezieht der Kritiker und Dramatiker Ben Jonson (1572–1637) das Wort „humours" auf Figuren, die – immer noch durch ein Ungleichgewicht der Körpersäfte – exzentrisch sind und von

---

[16] Vgl. Ruch / Zweyer 2001.

der gesellschaftlichen Norm abweichen. Diese Stufe ist deshalb besonders wichtig, weil <Humor> zum ersten Mal in den Sinnbereich des Komischen eingeführt wird. Im Laufe des 17. Jahrhunderts ändert sich auch die Auffassung darüber, was genau als humorvoll be- und verlacht werden sollte. Der Dramatiker Thomas Shadwell (1642[?]–1692) macht in seinen Komödien nicht mehr biologisch bedingte, krankhafte Schwächen, sondern die selbstverschuldeten Eitelkeiten und Torheiten der Menschen lächerlich.
Um 1700 erhält das Wort seine heutige Bedeutung. Das englische <humorous> bezeichnet allgemein Witzig-Amüsantes, jedoch weder charakterliche noch körperliche Mängel. (Dopychai sieht darin eine Auswirkung des „neue[n], humanitäre[n] Geist[s] der Zeit“[17].) Vielmehr vollzieht sich die ausschlaggebende Entwicklung von der „Bezeichnung einer lächerlichen Figur zu der eines geistigen Vermögens“.[18] Gleichzeitig erhält Humor einen moralischen Anspruch: Er ist nicht persönlich, aber er übersieht die Unvollkommenheit der Welt auch nicht, sondern toleriert sie heiter.
Bei seiner Erläuterung des Humorbegriffs der Gegenwart beschränkt sich Dopychai auf den deutschen Sprachraum (mit den Einflüssen aus dem Englischen) und stellt die folgenden Aktzentverlagerungen fest:

> [1] Der Humor wird jetzt stärker als eine die gesamte Persönlichkeit umgreifende Haltung gesehen, [2] seine Nähe zur Heiterkeit und einer optimistischen Lebenseinstellung wird betont, und schließlich [3] wird sein kritisch-realistischer Diesseitsbezug hervorgehoben, womit er um das Element der Aktivität bereichert wird.[19]

Trotz des Diesseitbezugs sieht Dopychai den Humor untrennbar mit einer Art der Religiosität verbunden. Aus dem „Streben nach Transzendenz“, das für den Menschen ganz natürlich ist[20], ergebe sich ja überhaupt erst das Bedürfnis, einen Sinn hinter der Unvollkommenheit der Welt zu suchen. Insgesamt kommt er zu dieser Arbeitsdefinition:

> Humor ist eine durch Lebenserfahrung gewonnene, aber auch stets von neuem zu erringende, grundlegende Haltung dem eigenen Leben und der Welt gegenüber. Das Dasein wird in unvoreingenommener Heiterkeit positiv und voller Freude aufgenommen, dabei bleibt der

[17] Vgl. Dopychai 1988, S. 15.

[18] Vgl. ebd., S. 16.

[19] Vgl. ebd., S. 53. Zahlen in Klammern von SÇ.

[20] Ebd., S. 58.

> humorvolle Mensch jedoch kritisch und realistisch […]. Aber er ist auch selbstkritisch […]. Aus alledem erwächst die […] umfassende Toleranz, die aber nicht rein kontemplativ ist, sondern durchaus mit Aktivität verbunden sein kann.[21]

Im Hinblick auf die von Ruch und Zweyer festgestellte Erweiterung des Humorbegriffs wird <Humor> jedoch auch in dieser Arbeit nicht nur als Haltung oder Eigenschaft, sondern auch als das Komische, das Lachen auslöst, verstanden. Der folgende Forschungsüberblick berücksichtigt daher Theorien zu beiden Bedeutungen, die dadurch jeweils erhellt werden.

---

[21] Ebd., S. 59.

Der Versuch, den Humor zu definieren,
ist selbst eine Definition des Humors.
Saul Steinberg, zitiert nach
Eike Christian Hirsch: Der Witzableiter, S. 11.

1.2 Forschungsgeschichte

Wie bereits erwähnt, lässt sich <Humor> aus verschiedenen Blickwinkeln verschiedener Disziplinen betrachten. Das Folgende ist ein Überblick über die wichtigsten Arbeiten aus den größten Gruppen. Sie alle liefern Elemente für die abschließende Humordefinition in dieser Arbeit, welche im Feld der literarischen Textanalyse Gültigkeit beansprucht.

Aristoteles und Kant: Humor als anthropologischer Zug
„[D]er griechische Philosoph Aristoteles entdeckte den einzigen Unterschied zwischen uns Menschen und allen anderen Tieren. Er stellte fest, daß nur der Mensch lachen könne, und nannte ihn deshalb ‚das lachende Tier'."[22] So zitiert Kästner die berühmte Formel des Aristoteles, allerdings ohne Quellenangabe. Damit ist er nicht allein. So wichtig die Formel vom „lachenden Tier" für die Humorforschung ist, so mythisch ist ihr Ursprung. Das Diktum durchzieht die gesamte aristotelische Tradition, vom Plotin-Schüler Porphyrius über Thomas von Aquin, bis hin zu Kästner, ohne dass sich jedoch die Quelle in Aristoteles' eigenen Schriften ausmachen lässt.[23] Immerhin verdanken wir Aristoteles eine der frühesten Untersuchungen dazu, was den Menschen zum Lachen bringt (sei es nun gattungsspezifisch oder nicht). Leider ist die ausführlichere Abhandlung über die Komödie nicht erhalten. Dennoch finden sich in der *Poetik*, welche die Komödientheorie ursprünglich enthielt, einige Hinweise auf das, worüber laut Aristoteles gelacht werden darf:

[22] Vgl. *Heiterkeit in Dur und Moll*, S. 13.

[23] Herzlicher Dank für diese wertvollen Informationen zu dieser Problematik gilt Prof. Dr. Christian Schröer. Ihm zufolge geht „die Berühmtheit und Verbreitung des Diktums auf die kleine Schrift des Porphyrius zurück, die gewöhnlich in allen Textausgaben des aristotelischen Organon der Kategorienschrift vorangestellt worden ist." Auch die fehlende Quellenangabe bei Thomas von Aquin sei ein Hinweis darauf, „dass dieser Topos zwar zum Kern der aristotelischen Tradition gehört, aber sich ggf. gar nicht oder jedenfalls nicht an prominenter Stelle bei Aristoteles selbst findet." (Schröer per Email an die Verfasserin, 25. Juli 2007.)

> Die Komödie ist, wie wir sagten, die Nachahmung von schlechteren Menschen, aber nicht im Hinblick auf jede Art von Schlechtigkeit, sondern nur insoweit, als das Lächerliche am Häßlichen teilhat. Das Lächerliche ist nämlich ein mit Häßlichkeit verbundener Fehler, der indes keinen Schmerz und kein Verderben verursacht, wie auch die lächerliche Maske häßlich und verzerrt ist, jedoch ohne den Ausdruck von Schmerz.[24]

Die Darstellung von „Schmerz" würde (hoffentlich) Mitleid auslösen und kein Vergnügen. Aristoteles' Diktum korrespondiert mit der Feststellung späterer Theoretiker[25], dass etwas Komisches nicht bedrohlich oder hassenswert sein kann. Allerdings spricht Aristoteles von einer bestimmten Form der „Schlechtigkeit", nämlich dem Fehlerhaften. Schon im zweiten Kapitel der Poetik unterscheidet Aristoteles die Komödie hierdurch von der Tragödie: „[...] die Komödie sucht schlechtere, die Tragödie bessere Menschen nachzuahmen, als sie in der Wirklichkeit vorkommen."[26] Nach Aristoteles hat Lachen also durchaus Elemente des Verlachens. Allerdings sollen die Fehler selbst verlacht werden, weniger die Fehlenden. Für Aristoteles ist Lachen ein Mittel zur Erziehung, wobei aber auch das Vergnügen seinen eigenen Wert hat.

Dafür ist jedoch ein gewisses Stilempfinden notwendig, wie der Philosoph in der *Nikomachischen Ethik* darlegt: „Wer die Grenzen des Lustigen überschreitet, gilt als Hanswurst und grobschlächtig. [...] Den Gegensatz dazu bilden solche, die keinen Scherz von sich zu geben vermöchten und die ein saures Gesicht ziehen, wenn ein Witz fällt. Das sind Holzklötze und steife Gesellen."[27]

Diejenigen, die die Grenzen des Lustigen weder über- noch unterschreiten sind Menschen, die sich, wie Aristoteles es ausdrückt, „gewandt" zu benehmen wissen.[28] Dazu braucht es den „sicheren Anstand"[29], worunter Aristoteles das Bewusstsein des eigenen Standes und der entsprechenden Etikette versteht, welche beim Scherzen nicht verletzt werden.[30] Im Gegensatz dazu

---

24 Aristoteles[b] 2001, S. 17.

25 Vgl. etwa Jean Paul (1812) oder Henrich 1964.

26 Vgl. Aristoteles[b] 2001, S. 9.

27 Vgl. Aristoteles[a] 2001, S. 115 (1127b 30 – 1128a 18).

28 Vgl. ebd., S 115.

29 Vgl. ebd.

30 Vgl. ebd., S. 115f. Grundsätzlich richtet Aristoteles sich an den freien Bürger des griechischen Stadtstaats (Polis).

reißt der „Hanswurst" seine Witze bedenkenlos, ohne sich den Regeln des Anstands anzupassen. Der „Holzklotz"[31] ist das andere Extrem: „Er trägt nichts dazu bei und macht zu allem ein saures Gesicht. Die Erfahrung lehrt aber, daß die Menschen Erholung und Kurzweil im tätigen Leben notwendig brauchen."[32]
Allerdings war Aristoteles bewusst, dass Vergnügen in der Kunst nicht so viel gilt wie die Tragik. So bemerkt er in der *Poetik*: „Die Veränderungen der Tragödie, und durch wen sie bewirkt wurden, sind wohlbekannt. Die Komödie hingegen wurde nicht ernst genommen; daher blieben ihre Anfänge im Dunkeln."[33] Ein Schicksal, das bekanntermaßen auch Aristoteles' eigene Abhandlung zur Komödie getroffen hat. Bis in unsere Zeit hinein ist das Ungleichgewicht in der Wertschätzung von Tragik und Komik erhalten geblieben, wie Erich Kästner selbst bemängelt.[34] Aber Aristoteles' Verständnis von guter, „gewandter" Komik ist bis heute aktuell.

Auch Immanuel Kant befasst sich in der *Kritik der Urteilskraft* (1790) mit dem Witz und dem Lachen. Dabei betont er die Körperlichkeit des Lachens. Darüber hinaus befasst er sich ebenfalls mit dem Inhalt dessen, was Lachen hervorruft. Allgemein ordnet er das Lächerliche dem Bereich des Spiels zu. Der Verstand spielt mit Ideen, wobei ein unauflöslicher Widerspruch entsteht, dessen Spannung sich körperlich im Lachen entlädt:

> Musik und Stoff zum Lachen sind zweierlei Arten des Spiels mit ästhetischen Ideen, oder auch Verstandesvorstellungen, wodurch am Ende *nichts gedacht* wird, und die bloß durch den Wechsel, und dennoch lebhaft vergnügen können; wodurch sie ziemlich klar zu erkennen geben, daß die Belebung in beiden bloß körperlich erregt wird, und daß das Gefühl der Gesundheit, durch eine jenem Spiele korrespondierende Bewegung der Eingeweide, das ganze, für so fein und geistvoll gepriesene Vergnügen einer aufgeweckten Gesellschaft ausmacht.[35]

Dieser Satz selbst (es ist tatsächlich nur einer) wirkt durch den scheinbaren Widerspruch zwischen den „Verstandesvorstellungen" und der Annahme, es werde „nichts gedacht" sowohl verblüffend als auch amüsant. Kant selber hält

---

31 Vgl. ebd.

32 Vgl. ebd., S. 116f.

33 Vgl. Aristoteles[b] 2001, S. 17.

34 Vgl. *Heiterkeit in Dur und Moll*, S. 19, außerdem Kapitel I 3.1.

35 Kant (1790) *Kritik der Urteilskraft*, zitiert nach Bachmaier 2005, S. 25, Hervorhebung SÇ.

fest: „Es muß in allem, was ein lebhaftes, erschütterndes Lachen hervorrufen soll, etwas Widersinniges sein [...]."[36] Damit ist ein neues Kriterium für das, was Lachen auslöst, hinzugetreten, der Kontrast. Die Pointe, meint Kant, ist niemals das, was der normal funktionierende Verstand erwarten würde, seine Erwartung wird enttäuscht. Daraus ergibt sich Kants Formel: „Das Lachen ist ein Affekt aus der plötzlichen Verwandlung einer gespannten Erwartung in nichts."[37] Zur Veranschaulichung gibt er einige Beispiele, unter anderem dieses:

> [...] wenn der Erbe eines reichen Verwandten diesem sein Leichenbegängnis recht feierlich veranstalten will, aber klagt, daß es ihm hiemit nicht recht gelingen wolle; denn (sagt er): je mehr ich meinen Trauerleuten Geld gebe betrübt auszusehen, desto lustiger sehen sie aus; so lachen wir laut, und der Grund liegt darin, daß eine Erwartung sich plötzlich in nichts verwandelt.[38]

Kant betont dabei, dass die enttäuschte Erwartung allein auch nicht komisch ist, sonst wäre jede offensichtliche Lüge lustig. Dennoch ist die Formulierung, eine Erwartung verwandle sich nach der Pointe eines Scherzes „in nichts", irreführend. Dies kann sich nicht auf den konkreten Inhalt eines Witzes beziehen, denn widersinnig oder nicht, dieser Inhalt, die Pointe – in Kants Beispiel die geheuchelte Trauer im Gegensatz zur erwarteten echte – ist ja etwas. Kant muss sich also auf die Arbeit des Verstandes beziehen, die beim Witz ins Leere läuft.[39] Hirsch formuliert klarer: „Allenfalls unsere intellektuellen Erwartungen werden zu nichts (so hat es Kant wohl auch gemeint), nicht aber unsere Empfindungen."[40] In der Tat spricht einiges

---

36 Vgl. ebd.

37 Vgl. ebd., S. 25.

38 Vgl. ebd., S. 26f.

39 Aufgrund dieses Missverständnisses, Kant wolle sagen, statt einer erwarteten Wendung folge im Witz inhaltlich nichts, ist er häufig kritisiert worden. Hirsch nennt einige dieser Kritiker: „Schon Heymans fand, eine witzige Äußerung stelle sich keineswegs immer als nichtig heraus (37). Und Theodor Reik wollte sogar zeigen ‚wie falsch jene Anschauung Kants ist', weil der Witz keine Enttäuschung bietet, sondern im Gegenteil ‚die Bestätigung einer unbewussten Erwartung' (Lust, 105)." Hirsch 2001, S. 103. Die Zitate beziehen sich auf Gerardus Heymans: Ästhetische Untersuchungen in Anschluss an die Lippsche Theorie des Komischen. In: *Zeitschrift für Psychologie und Physiologie der Sinnesorgane* 11, 1896, S. 31–43; sowie auf Theodor Reik: *Lust und Leid im Witz. Sechs psychoanalytische Studien.* Wien: Internationaler Psychoanalytischer Verlag, 1929. Reik meint mit der „Bestätigung einer unbewussten Erwartung" das Verständnis, dass man auch für die Pointe des Witzes aufbringt.

40 Vgl. Kant (1790) *Kritik der Urteilskraft*, zitiert nach Bachmaier 2005, S. 104.

dafür, dass Kant seine Definition „so gemeint" hat. Er führt nämlich aus, inwiefern das Lächerliche gar keine Angelegenheit des Verstandes ist:

> Merkwürdig ist: daß [...] wenn der Schein [also die Erwartung, SÇ] in Nichts [sic] verschwindet, das Gemüt wieder zurücksieht, um es mit ihm noch einmal zu versuchen, und so durch schnell hintereinander folgende Anspannung und Abspannung hin- und zurückschnellt und in Schwankung gesetzt wird: die, weil der Absprung von dem, was gleichsam die Saite anzog, plötzlich (und nicht durch ein allmähliches Nachlassen) geschah, eine Gemütsbewegung und mit ihr harmonisierende inwendige körperliche Bewegung verursachen muß, die unwillkürlich fortdauert, und Ermüdung, dabei aber auch Aufheiterung (die Wirkung einer zur Gesundheit gereichenden Motion), hervorbringt.[41]

Gemeint ist schlicht das Lachen. Kants Verständnis nach ist es die körperlich widergespiegelte Hin-und-her-Bewegung des Verstandes, der an der Pointe abschaltet, weil sie seine Erwartung täuscht. Der Verstand geht nach der Witzrezeption den Scherz noch einmal durch, gelangt wieder an den Punkt, an dem seine Erwartungen getäuscht werden, setzt aus (ähnlich wie die Nadel auf einer gesprungenen Schallplatte) geht wieder zum Anfang zurück, scheitert wieder am gleichen Punkt und so fort. Auf diese Weise, so Kant, „[schlagen] wir unsern eignen Mißgriff [...] oder vielmehr unsere verfolgte Idee, wie einen Ball, noch eine Zeitlang hin und [her]".[42] Es zeigt sich, dass der Rationalist ein durchaus holistisches Menschenbild hat. Körper und Vorstellungen, Leib und Seele stehen in ständiger Verbindung miteinander, und Kant nimmt an, „daß mit allen unseren Gedanken zugleich irgendeine Bewegung in den Organen des Körpers harmonisch verbunden sei".[43] Somit entsteht das Lachen aus dem Hin-und-Her zwischen der verstandesmäßigen Erwartung und der Pointe eines Witzes, „jener plötzlichen Versetzung des Gemüts bald in einen, bald in den anderen Standpunkt, um seinen Gegenstand zu betrachten."[44] Das Einmalige an Kants Theorie über das Lachen ist das Verhältnis von Ursache und Wirkung, das er festhält. Seiner Ansicht nach lacht der Mensch nämlich nicht, wenn und weil er Vergnügen an etwas findet, sondern im Gegenteil: Das Vergnügen empfindet er, weil er lacht:

---

41 Vgl. ebd., S. 27.

42 Vgl. ebd., S. 27.

43 Vgl. ebd.

44 Vgl. ebd., S. 27f.

> Nicht die Beurteilung der Harmonie in [...] Witzeinfällen, die mit ihrer Schönheit nur zum notwendigen Vehikel dient, sondern [...] der Affekt, der die Eingeweide und das Zwerchfell bewegt, mit einem Worte das Gefühl der Gesundheit (welche sich ohne solche Veranlassung sonst nicht fühlen läßt), machen das Vergnügen aus, welches man daran findet, daß man dem Körper auch durch die Seele beikommen und diese zum Arzt von jenem machen kann.

Diese Annahme, dass das Vergnügen und die Lust am Komischen vom Lachen selbst herrühren, ist einzigartig in der Humorforschung. Die wichtigsten Elemente jedoch, die er dem Komischen zuschreibt, werden uns auch in anderen Theorien wieder begegnen, namentlich der Widerspruch und das Umschlagen einer Erwartung, welche auch den Aspekt der Überraschung in sich trägt.

Jean Paul 1812: Das umgekehrt Erhabene

Der nächste Theoretiker befasst sich wieder mit der Beschaffenheit einer komischen Botschaft. Im 19. Jahrhundert entwickelt Jean Paul in der *Vorschule der Ästhetik* (^{2}1812) seine Humortheorie, die den romantischen Humor wesentlich geprägt hat. Jean Pauls Darstellung ist für diese Arbeit von besonderer Relevanz, weil Erich Kästner im Vorwort zu dem von ihm herausgegeben Band *Heiterkeit in Dur und Moll* (1958) betont, wie sehr ihn dieses Buch geprägt habe.[45]

In seinen Ausführungen zu Komik, Humor und Witz untersucht Jean Paul „das Lächerliche", also das, was Lachen erregt[46], was bei ihm mit dem Komischen identisch ist.[47] An die Untersuchung des Wesens und der verschiedenen Ausprägungen des Lächerlichen oder Komischen schließt Jean Paul eine Untersuchung des Humors, beziehungsweise zur „humoristischen Poesie"[48] an, worauf ein Kapitel über den Witz folgt. Die *Vorschule* bietet damit umfassende Definitionen und die gegenseitige Abgrenzung mehrerer hier wichtiger Begriffe.

Jean Paul entwickelt seine Definition des Lächerlichen vom Gegenteil, nämlich dem „Erhabenen" her: „Weder das Tragische noch das Sentimentale ist

---

[45] Vgl. dazu Kapitel I 3.1.

[46] Jean Paul 1990: „VI. Programm. Über das Lächerliche", S. 102. In diesem Sinne wird das Wort auch in diesem Abschnitt verwendet, ebenso wie das Adjektiv <lächerlich>.

[47] Die Wörter „komisch" und „komische Wirkung" tauchen bereits in §26 der *Vorschule*, „Definitionen des Lächerlichen" auf, vgl. ebd., S. 102f.

[48] Vgl. Jean Paul 1990, S. 124.

es [das Gegenteil, SÇ], wie schon die Wörter tragi-komisch und weinerliche Komödie beweisen. [...] Man stelle aber einmal eine einzige lustige Zeile [...] in ein heroisches Epos – und sie löset es auf. [...] Kurz der Erbfeind des Erhabenen ist das Lächerliche."[49] Erhaben ist nach Jean Paul „das angewandte Unendliche"[50], also alles, was in uns das Gefühl des Unendlichen wachruft, beziehungsweise dieser Eindruck der Unendlichkeit selbst. Dieses Gefühl ist stets an ein sinnlich wahrnehmbares Zeichen gebunden, beispielsweise ein Meer, ein Gebirge oder auch die Stille. Vom Erhaben aus kommt Jean Paul wieder zurück auf das Lächerliche: „Dem unendlich Großen, das Bewunderung erweckt, muß ein ebenso Kleines entgegenstehen, das die entgegengesetzte Empfindung erregt."[51] Dieses ist eben das Lächerliche.
Das Gegensatzpaar Erhabenes – Lächerliches ordnet Jean Paul dem Bereich des Verstandes[52] zu. Damit gehört das Lächerliche dem Unverständigen an (großer Verstand ist kaum lächerlich). Weiter muss das Lächerliche genau wie das Erhabene sinnlich wahrnehmbar sein, damit es komisch wirken kann. Genauer gesagt muss sich ein Irrtum (also etwas Unverständiges) in einem irrigen Bestreben offenbaren, also in einer Handlung, von der wir wissen, dass sie nicht zum gewünschten Ziel führt – welches dem Betrachter freilich bekannt sein muss. Allerdings ist nicht jeder Irrtum, auch nicht jeder angeschaute, lächerlich, zweitens ist nicht notwendig jedes falsche Bestreben als solches erkennbar. Durch ein irriges Bestreben kann aber der eigentliche Auslöser des Lächerlichen entstehen, eine „unendliche Ungereimtheit".[53]
Diese verdeutlicht Jean Paul an einem Beispiel: Sancho Pansa[54] klammert sich eine ganze Nacht lang verzweifelt über einem kleinen Graben fest in der irrigen Annahme, er schwebe über einem tiefen Abgrund. Sancho Pansa

[49] Vgl. ebd., S. 105; Hervorhebung im Original.

[50] Vgl. ebd., S. 106; Hervorhebung im Original.

[51] Ebd., S. 109.

[52] Der Verstand ist die Fähigkeit, Begriffe zu ordnen, dabei bleibt er jedoch in seinen eigenen Grenzen gefangen. Er schafft nicht nur Kategorien und Prinzipien, wie Kausalität, sondern diese sind auch für ihn selbst zwingend. Daher Jean Pauls Bemerkung, der Verstand gehe nur mit dem Endlichen um (vgl. z.B. *Vorschule*, S. 124). Die Vernunft dagegen, kann auch Unbegrenztes fassen, wie z.B. die Idee der Unendlichkeit selbst. Zwischen beiden kann die Phantasie oder das Gefühl vermitteln. Vgl. zur Definition von Verstand und Vernunft auch Blackburns *Oxford Dictionary of Philosophy*.

[53] Vgl. Jean Paul 1990, S. 110.

[54] Vgl. ebd., S. 109f. Die Episode stammt im Übrigen nicht aus Miguel Cervantes des Saavedras *Don Quichotte*, wie anzunehmen wäre. Der Herausgeber der *Vorschule*, Wolfhart Henckmann, merkt an, dass Jean Paul das Beispiel nicht aus Cervantes' Roman, sondern aus Homes *Elements of Criticism*, Kapitel 7, entnommen hat. Vgl. ebd., S. 470.

befindet sich zwar im Irrtum, aber in sich sind sein Verhalten und seine Angst keineswegs unvernünftig. Jean Paul, so Dopychai, erklärt die Komik mit der Wirkung zweier Kontraste: Erstens besteht ein Kontrast zwischen Sancho Pansas Angst und seiner tatsächlichen Situation. Dies bezeichnet Jean Paul als „objektiven Kontrast". Ein zweiter Kontrast besteht zwischen dem Wissen des Lesers um die wirkliche Situation und Sancho Pansas Irrtum, dies ist der „subjektive Kontrast". Eine „unendliche Ungereimtheit" entsteht nach Jean Paul nun dadurch, dass der Leser Sancho Pansas Verhalten verstehen kann, und ihm gleichzeitig das eigene, bessere Wissen unterschiebt. Erst durch dieses Eingreifen des Subjekts wird die Szene lächerlich.[55]

Es zeigt sich, dass die Empfindung des Lächerlichen nach Jean Paul der Distanz bedarf, genauer, des sich distanzierenden Subjekts. Erst indem sich das Subjekt vom Auslöser des Lächerlichen distanziert, kann es die Kontraste wahrnehmen. Überhaupt ist für das Lächerliche stets das Subjekt entscheidend.[56] Allerdings müssen bestimmte Voraussetzungen erfüllt sein, damit das Subjekt den subjektiven Kontrast herstellt. Jean Paul erklärt die lächerliche Wirkung bestimmter Situationen, wie der mit Sancho Pansa, mit der „Allmacht und Schnelle der sinnlichen Anschauung"[57], die uns zwingt, eine Situation gleichzeitig aus mehreren Perspektiven zu betrachten. Die Wahrnehmung allein reicht also nicht aus, sie muss mit einer gewissen Geschwindigkeit erfolgen.

Durch die Erkenntnis, dass es Ungereimtheiten sind, die komisch wirken, kann Humor zu einer Strategie werden, mit den Ungereimtheiten der Welt zurecht zu kommen, obgleich Jean Paul dies nicht so formuliert. In der *Vorschule* findet sich jedoch detailliert das Konzept des romantischen Humors mit seinen drei Grundvoraussetzungen: Subjekt, Kontrast und Distanz. Indem sich ein Subjekt distanziert, „über das Leben und dessen Motive erhebt", kann er sich selbst „das längste Lustspiel" schaffen, „weil er seine höhern Motive den tiefern Bestrebungen der Menge unterlegen und dadurch diese zu Ungereimtheiten machen kann."[58] Mit diesem Trick kann der Mensch das Fehlverhalten seiner Mitmenschen zu lächerlichen Kontrasten umdeuten, statt sich zu ärgern. Dasselbe Prinzip erscheint im

---

55 Vgl. ebd., S. 109f.

56 Das gilt übrigens auch für das Gegenstück des Lächerlichen, das Erhabene, welches ebenfalls ausschließlich im Empfinden des Subjekts liegt. (Mit dem <Subjekt> ist, wenn literarische Texte betrachtet werden, in erster Linie der Leser gemeint; aber auch literarische Figuren können als Subjekte, welche das Lächerliche erkennen, dargestellt werden).

57 Vgl. Jean Paul 1990, S. 111.

58 Vgl. ebd., S. 114.

VII. Programm der *Vorschule* als Definition des romantischen Humors, welcher für Jean Paul allerdings keine psychologische Strategie ist sondern eine poetische. Auch der Humorist macht sich einen unendlichen Gegensatz zunutze: „Wie aber, wenn man eben diese Endlichkeit als subjektiven Kontrast jetzo der Idee (Unendlichkeit) als objektiven unterschöbe und liehe und statt des Erhabenen als eines angewandte Unendlichen jetzo ein auf das Unendliche angewandte Endlichem, also bloß Unendlichkeit des Kontrastes gebäre, d.h. eine negative?“[59] Dieser Satz bedeutet im Wesentlichen: Der Romantiker erkennt eine Ungereimtheit nicht nur in einzelnen lächerlichen Situationen, wie in der Geschichte von Sancho Pansa, sondern auch in der Welt ganz allgemein. Es besteht ein Widerspruch zwischen der perfekten Welt, die Menschen sich wünschen und der unvollkommenen Welt, so wie sie ist. Der romantische Humorist kehrt die Verhältnisse um. Er schiebt der Wirklichkeit seinen Traum von der vollkommenen Welt als erkannte Wahrheit unter und nimmt an, die Welt sei gewissermaßen absichtlich unvollkommen. Statt an der Diskrepanz zwischen erwünschter Vollkommenheit und tatsächlicher Unvollkommenheit zu verzweifeln, kann er die Mängel der Welt nun gelassen belächeln. Der romantische Humorist distanziert sich damit zwar einerseits von den Dingen, aber er stellt sich nicht über sie, er schließt sich selbst nicht von der Unvollkommenheit der Welt aus.
Jean Pauls Theorie stellt uns Humor also als a) intellektuelle Leistung und b) eine Distanzierung von der Umwelt dar. Dabei sind Jean Pauls Ausführungen sehr abstrakt. Kritiker könnten argwöhnen, dass sein System zwar in sich plausibel sei, aber mit seiner Terminologie vollkommen isoliert dastehe. Die Geschichte hat Jean Paul jedoch Recht gegeben, seine Theorie ist bis heute Ausgangspunkt und Grundlage für andere Humorforscher.

Sigmund Freud 1905/1914: Die Humortheorie der Moderne

Sigmund Freud gilt als einer der Gründerväter der psychoanalytisch geprägten Humorforschung, wobei er <Humor> als eine psychische Leistung versteht. Nach Freuds Definition ist Humor ein Abwehrmechanismus, mit dem der Mensch in der Lage ist, die Widrigkeiten des Lebens zu bestehen. Das kommt der Definition Bierbaums, „Humor ist, wenn man trotzdem lacht“, recht nahe. Dabei ist die Humorfähigkeit für Freud von entscheidender Wichtigkeit; in seiner Schrift *Der Witz und seine Beziehung zum Unbewußten* (1905) nennt er den Humor „eine der höchsten psychischen

[59] Vgl. ebd., S. 124f.

Leistungen".[60] Zwar behandelt Freud den Humor in dem genannten Werk nur nebensächlich, und auch sein Essay *Der Humor* (1914) ist sehr kurz, aber seine Ausführungen sind ausgesprochen prägnant und erhellend.
Da *Der Witz und seine Beziehung zum Unbewußten* im Dienste der Psychoanalyse steht, fällt dem Humor bei Freud die Regulierung der Affekte zu. Der Humor kann uns helfen, unangenehme Gefühle wie Schmerz oder Angst zu überwinden, indem die Aufmerksamkeit Nebensächliches verschoben wird. Freud demonstriert dies unter anderem am folgenden Beispiel des Galgenhumors: Ein Verurteilter bittet auf dem Weg zum Galgen um ein Halstuch, um sich nicht zu verkühlen. Dadurch zeigt er, so Freud, „etwas wie Seelengröße in dieser *blague*, in solchem [...] Abwenden von dem, was dieses Wesen umwerfen und zur Verzweiflung treiben sollte."[61] Durch solchen Galgenhumor werden sowohl die negativen Gefühle des Betroffenen (des Verurteilten) verschoben als auch die der Beobachter oder Hörer. Daher sind solche Geschichten auch als Witze im Umlauf. Notwendig für das Humorisieren ist jedoch nur die Person, die ihn tatsächlich als Abwehrmechanismus benutzt, hier also der Delinquent. Dass Andere von dem Vorfall hören und sich dabei amüsieren, verändert die Gefühlslage des Verurteilten nicht. Seine Technik, die einer Verschiebung ähnelt, nennt Freud „Nachfühlen". Negative Gefühle werden – das ist wichtig – vorbewusst antizipiert und durch die Verlagerung der Aufmerksamkeit abgeschwächt oder in positive Empfindungen umgewandelt. Bei einer bewussten Verlagerung würde es sich, so Freud, um eine philosophische Leistung handeln, keine humoristische, psychische.[62] Im Alltag dient dieselbe Technik dazu, uns von weniger drastischen negativen Gefühlen als der Todesangst zu befreien. Freud nennt als Beispiel eine Geschichte Mark Twains: Eine Kuh bricht immer wieder in die unterirdische Höhle ein, die das Zuhause des Mannes ist. Nach dem 46. Mal bemerkt der Protagonist trocken: „Die Sache fängt an, monoton zu werden."[63] Wer nach wiederholtem Missgeschick (es muss keine Kuh sein, vielleicht fährt man zum dritten Mal verkehrt herum in eine neue Einbahnstraße) zu einem solchen Kommentar fähig ist, zeigt Humor, indem er die Aufmerksamkeit von dem eigentlichen Ärgernis auf die Monotonie der Wiederholung verschiebt. Damit erspart man sich laut Freud den Zorn über das unangenehme Vorkommnis: „Den kleinen Humor, den

60 Vgl. Freud[a] 2004, S. 241.

61 Vgl. ebd., S. 242, Hervorhebung im Original.

62 Vgl. ebd., S. 246.

63 Ebd., S. 244.

wir etwa selbst in unserem Leben aufbringen, produzieren wir in der Regel auf Kosten des Ärgers, anstatt uns zu ärgern."[64] Freud geht nicht so weit zu behaupten, dass Humor die negativen Empfindungen immer völlig auflösen könnte. Sehr viel häufiger sei der „Humor, der unter Tränen lächelt".[65] Die verschiedenen Formen des Humors werden laut Freud dadurch bestimmt, welche negativen Gefühle erspart werden, etwa Mitleid, Ärger, Schmerz, Rührung oder Peinlichkeit. Die Technik, nämlich die des Nachfühlens, bleibt dabei immer dieselbe.

Der Berührungspunkt und zugleich auch das Unterscheidungsmerkmal, welche Freud zwischen Humor, Komik und Witz sieht, besteht in ihrer psychischen Funktion: Ebenso wie der Humor dienen auch das Komische und der Witz einer Aufwandsersparnis, allerdings einer anders gearteten. Das Komische erspart einen Vorstellungsaufwand und der Witz einen Hemmungsaufwand. Dies bedarf der näheren Erläuterung.

Besonders einsichtig ist die Ersparung des Hemmungsaufwandes bei Witzen, denen eine aggressive oder sexuelle Tendenz (oder beides) zugrunde liegt. Hier entspringt die Lust aus der Umgehung gesellschaftlicher Tabus. Eines von Freuds zahlreichen Beispielen ist der scherzhafte Spruch: „Eine Frau [gemeint ist die Ehefrau, SÇ] ist wie ein Regenschirm. Man nimmt sich dann doch einen Komfortabel."[66] Statt offen auszusprechen, dass auch das Eheleben die schwachen Männer nicht vor sexueller Versuchung schützt, wird der witzige Vergleich der Ehefrau mit einem Regenschirm herangezogen, dessen mangelhaftem Schutz vor Niederschlag man(n) ein Taxi vorzieht. Wer den Witz versteht, lacht, weil er sich in den Witzerzähler hineinversetzt, der die Hemmung, das Sexuelle anzusprechen, wenn auch im Schutz des Witzes, abgelegt hat.

Einen Witz verstehen heißt immer auch, etwas hinzuzufügen, was nicht explizit gesagt wird. Ähnlich verhält es sich bei Anspielungen, wie in diesem Beispiel: „Als dem Phokion einmal nach einer Rede Beifall geklatscht wurde, fragte er [...]: „Was habe ich denn Dummes gesagt?"[67] Das ist eine witzige Verkürzung von „Eine Menschenmasse ist niemals klug, wenn viele klatschen, muss es wohl wegen einer Dummheit sein", was bedeutend weniger lustig wäre. Gleichzeitig bildet der Witz einen Schutzraum, innerhalb dessen Lustquellen überhaupt aufgedeckt werden können. Schon die

---

64 Ebd.

65 Vgl. ebd., S. 245.

66 *Komfortabel* ist ein öffentliches Fuhrwerk, also ein Taxi. Vgl. Freud[a] 2004, S. 93.

67 Vgl. ebd., S. 74.

bloße Tatsache, dass es sich um einen Witz handelt, erlaubt dem Erzähler Gedankenverbindungen, die ansonsten dumm oder aggressiv wären, und dem Zuhörer, über das zu lachen, was normalerweise unsinnig oder anstößig wäre.[68]

Durch den Genuss komischer Lust dagegen ersparen wir uns nicht unbedingt Hemmungen, sondern Vorstellungen, auch wenn beides nicht immer leicht zu unterscheiden ist. Freud demonstriert seine Unterscheidung am Naivkomischen. Das Naive entsteht dort, wo (noch) keine Hemmungen vorhanden sind, daher oft bei Kindern. Freud bringt das Beispiel eines Geschwisterpaares, das ein Theaterstück aufführt, indem es ein Ehepaar vorstellt. Der Mann zieht in die Fremde und kehrt als reicher Mann zurück. Seine Frau empfängt ihn ebenfalls stolz: „Ich war aber auch nicht faul unterdessen, und öffnet seinen Blicken die Hütte, auf deren Boden man zwölf große Puppen als Kinder schlafen sieht…"[69] Eindeutig ist den Kindern nicht klar, dass ein Ehemann in dieser Situation alles andere als erfreut wäre. Man könnte nun annehmen, dass die Lust am Naivkomischen aus ersparter Entrüstung entsteht, da das Verhalten der naiven Kinder in Erwachsenen dumm oder auch obszön wäre. Doch Freud ist anderer Ansicht und nennt zur Verdeutlichung ein weiteres Beispiel: Ein kleines Mädchen warnt seinen Bruder, wenn er krank würde müsse er „Bubizin" nehmen. Wie sich herausstellt, hat das Kind das Wort analog zu vermeintlich „Mädizin" anstelle von Medizin gebildet, in der Annahme, dass die Arznei, die es selbst einmal einnehmen musste, ausschließlich für das Mädi (Mädchen) sei.[70] Auch hier entsteht der amüsante Fehler durch naive Unwissenheit, wobei aber auf keiner Ebene Grund zur Entrüstung besteht. Vielmehr entsteht hier die Lust an der Situation durch den Vergleich zweier Standpunkte, einmal dem eigenen und dem des Kindes, in den sich der Beobachter hineinversetzt. Die gleichzeitige (oder schnell aufeinander folgende) Sichtweise von zwei Standpunkten bei der Rezeption von Komik hatte ja bereits Jean Paul entdeckt, an den Freud sich hier bewusst anlehnt: „Das Sichhineinversetzen, Verstehenwollen ist offenbar nichts anderes als das ‚komische Leihen', das seit Jean Paul in der Analyse des Komischen eine Rolle spielt […]".[71]

Inwiefern die Aufwandsersparnis durch das Komische tatsächlich eine Ersparung an Vorstellungsaufwand ist, verdeutlicht Freud weiter am Beispiel

---

68 Zum Witz als Schutzraum oder Fassade vergleiche auch Bönsch-Kauke, 1999, und Kapitel I 1.4.

69 Freud[a] 2004, S. 196.

70 Vgl. ebd., S. 195.

71 Vgl. ebd., S. 200.

der Bewegungskomik. Dabei ist etwa an die übertriebenen und gespielt ungeschickten Bewegungen von Clowns zu denken. Freud erläutert, dass dabei die Vorstellung einer großen Bewegung ein stärkeres Feuern der Nerven bewirke als der Gedanke an eine kleine, also einen größeren Vorstellungsaufwand erfordere.[72] Der Beobachter von Bewegungskomik vergleicht nun die übergroßen, gestelzten Schritte eines Clowns[73], mit den kleineren, normalen. Das Ergebnis dieses Vergleiches ist, dass der Clown viel Mühe investiert, die der Zuschauer in seiner Vorstellung nachvollziehen kann. Dieser als unnötig erkannte Aufwand wird frei und im Lachen abgeführt.[74] Die Techniken des Humors hingegen, dieser großen psychischen Leistung, untersucht Freud erst einige Jahre später nach Erscheinen von *Der Witz und seine Beziehung zum Unbewußten*, im Aufsatz *Der Humor*. Wie schon in der älteren Schrift betont Freud, dass der Humor im Gegensatz zum Witz nicht nur unmittelbare Lust erzeugt: „Der Humor hat nicht nur etwas Befreiendes wie der Witz und die Komik, sondern auch etwas Großartiges und Erhabenes [...]".[75] Den Ursprung dieses Großartigen sieht Freud darin, dass sich eine humorvolle Person über Missgeschicke hinwegsetzt, sich also der bedrohlichen Umwelt überlegen zeigt und trotz widriger Umstände einen Lustgewinn erfährt. Damit sei Humor „die siegreich behauptete Unverletzlichkeit des Ichs".[76] Viele andere Abwehrmechanismen bergen dagegen die Gefahr in sich, pathologisch zu werden. Psychosen, Manien und Paranoia sind Beispiele für übertriebene oder fehlgeleitete Energien der Psyche, die durch Leidensdruck entstehen. Der Kranke entwickelt Gefühle bestimmten Ereignissen oder Objekten gegenüber, die in der Realität nicht begründet sind. (Freud spricht in diesem Zusammenhang von „Besetzung"[77] und Verschiebung der Besetzung. Die Ereignisse oder Objekte werden mit Gefühlen besetzt, beziehungsweise Gefühle werden auf sie verschoben. Im Falle der Paranoia beispielsweise wird übertriebene Angst auf eigentlich nicht Bedrohliches verschoben.) Ganz anders der Humorist. Auch er handelt eigentlich den Umständen entsprechend unangemessen, wenn er einem Missgeschick noch Lust abgewinnen oder zumindest Unlust abwehren kann. Wie schon besprochen wurde, wendet auch der Humorist eine Verschiebungstechnik

[72] Vgl. ebd., S. 203f.

[73] Vgl. ebd., S. 202.

[74] Vgl. ebd., S. 206.

[75] Freud[b] 2004, S. 254.

[76] Vgl. ebd.

[77] Vgl. z.B. ebd., S. 257.

an, indem er die Aufmerksamkeit auf eigentlich Nebensächliches richtet. Er ist aber psychisch vollkommen gesund. Freud sieht den Unterschied zu den krankhaften Verschiebungen in dem Ort, an dem Energie verschoben wird. Seiner Ansicht nach findet die humorvolle Verschiebung nicht, wie beim Krankheitsbild im Unbewussten statt, sondern es ist das Über-Ich, das an Kontrolle gewinnt. Der Humorist nimmt sich selbst gegenüber die Position des Erwachsenen zu seinem früheren Ich als Kind ein, dessen Probleme, die in der Kindheit groß und bedrückend erschienen, er in der Rückschau belächelt.[78]

Der Humorist nimmt also eine Energieverschiebung vom Ich auf das Über-Ich vor. Ebenso wie Eltern ihr Kind auch schützen und trösten, kann auch das Über-Ich „liebevoll tröstlich zum eingeschüchterten Ich" sprechen[79], auftretenden Problemen den Schrecken nehmen und sogar noch einen Lustgewinn herausschlagen. Das „Erhebende" am Humor ist die Art, in der er uns von Angst befreit. „Er will sagen: Sieh' her, das ist nun die Welt, die so gefährlich aussieht. Ein Kinderspiel, gerade gut, einen Scherz darüber zu machen."[80]

Freuds Humortheorie ist, wenig überraschend, stark geprägt von seinem psychoanalytischen Ansatz. Die ausschließliche Beschränkung der Funktion des Humors auf Aufwandsersparnis erscheint heute zwar gewagt, unbestritten hat Freud jedoch Pionierarbeit auf dem Gebiet der Humorforschung geleistet. Als einer der Ersten setzt er sich mit Humor als psychischem Phänomen auseinander und versucht, hinter seine Mechanismen zu kommen. Seine Ergebnisse liefern wichtige Erkenntnisse für die Betrachtung von Humor als Einstellung und Fähigkeit, mit Unvollkommenheit oder Leiden umzugehen. Freuds Humorbegriff ist ein vergleichsweise konkreter, er sieht im Humor eine erworbene Fähigkeit, die nach bestimmten Gesetzen funktioniert und gebraucht wird.

---

78 Vgl. ebd., S. 255f. Ich, Über-Ich und Es sind die Instanzen, die Freud innerhalb der menschlichen Psyche unterscheidet. Das Ich ist der Teil unserer Persönlichkeit, dessen wir uns bewusst sind, es hält außerdem die Balance zwischen dem Über-Ich und dem Es. Das Es repräsentiert Triebe und Instinkte, die nicht rational gesteuert werden. Das Über-Ich dagegen stellt in Freuds Lehre die internalisierte Elterninstanz dar, also die Regeln und Konventionen, denen wir uns unterwerfen, und tritt meistens als strenge Kontrollinstanz auf.

79 Vgl. ebd., S. 258.

80 Vgl. ebd.

Humor bei Michail Bachtin 1985: Groteske und befreiendes Lachen

In den bisher besprochenen Theorien stellte Humor sich als eine Charaktereigenschaft, beziehungsweise eine Leistung des Menschen dar. Es wurde aber bereits ausgeführt, dass sich die Bedeutung im Laufe der Jahrzehnte auf das ausgedehnt hat, was früher als <das Komische> bezeichnet wurde, also auf das, was Heiterkeit auslöst. Für eine Betrachtung literarischen Humors benötigen wir also auch eine Theorie dieses anderen Humorbegriffs (beziehungsweise des Komischen).

In seinem Band *Literatur und Karneval* (1985) beschäftigt sich Michail Bachtin sowohl mit komischen Elementen in literarischen Texten als auch mit den Reaktionen, nämlich einer Lachkultur. Allerdings ist damit nicht die Reaktion des Lesers gemeint, sondern Bachtin beleuchtet die Hintergründe der Komik einer ganzen Gesellschaft, nämlich der Europas im Mittelalter und der Renaissance, wobei er aufzeigt, wie sich auch in späterer Literatur karnevalistische Elemente feststellen lassen.

Eine entscheidende Rolle spielt bei Bachtin das Moment der sich vereinenden Widersprüche. Leben und Tod, Überfluss und Dürre, Lustigkeit und Hässlichkeit, wie der Autor immer wieder betont, gehören doch zusammen, sind Teil der einen universellen Lebenskraft.[81] In der grotesken Gestalt vereint sich Widersprüchliches in einem Körper, wobei diese seit dem Mittelalter eine Bedeutungsveränderung erfahren hat. Auf uns wirken Chimären (Mischgestalten mit tierischen, pflanzlichen und menschlichen Zügen) oder schwangere Gerippe heute eher gruselig. Für den mittelalterlichen Menschen war es genau anders herum. Dem Schrecklichen wurde durch die Verquickung mit dem Komischen der Schrecken genommen: „Mit dem Entsetzlichen wird ein Spiel getrieben, es wird ausgelacht. Das Furchtbare wird zu einem fröhlichen Popanz gemacht.“[82]

Der grotesken Gestalt wohnt etwas Maßloses, Übertriebenes (oder maßlos Übertriebenes) inne und äußert sich meist in Körperteilen, die im wahrsten Sinne des Wortes herausragend sind, etwa übergroße Nasen als Phallussymbole, das Geschlechtsorgan ohne schamhafte Symbolik oder Münder.[83] Grenzen werden auch zwischen verschiedenen Gattungen überschritten: „Die Vermengung menschlicher und tierischer Züge ist tatsächlich eine der ältesten Formen der Groteske.“[84] Die in den Gestalten vereinten Gegensätze

[81] Vgl. z.B. Bachtin 1985, S. 29.

[82] Ebd., S. 36.

[83] Vgl. ebd., S. 16.

[84] Ebd., S. 15.

drücken ein holistisches Weltempfinden aus, die Voraussetzung dafür, das Schreckliche durch Kombination mit dem Schönen und Lustigen erträglich zu machen. Elementar sind hierbei Leben und Tod, welche für den mittelalterlichen Menschen untrennbar zusammen gehörten. Beeindruckend manifestiert sich dies in der Gestalt des schwangeren Todes.[85]
Das zweite wichtige Merkmal mittelalterlicher Lachkultur, wie Bachtin sie darstellt, ist ihre zeitliche Begrenzung. Im Alltag hatten die Menschen dieser Zeit wenig zu lachen und waren Zwängen und Bedrohungen durch Naturgewalten, rigiden hierarchischen Gesellschaftsstrukturen und dogmatische Lehrmeinungen seitens des Klerus ausgeliefert. Das Beängstigende ins Lächerliche zu ziehen war nur in Ausnahmesituationen möglich, nämlich während der Feiertage, vor allem im Karneval.[86] In diesem geschützten Raum war, im wahrsten Sinne des Wortes, nichts mehr heilig.[87] Für eine kurze Zeitspanne konnten die Menschen sich über die äußeren Zwänge erheben. Hohes und Niedriges, Leben und Tod, alles wird miteinander verbunden, nichts bleibt von der Lachkultur ausgeschlossen. Bachtin nennt dies die Universalität des Lachens.
Auch die Hierarchien der Gesellschaft wurden verspottet. Dies äußert sich in der Wahl eines Karnevalskönigs, der anschließend wieder gestürzt wurde. Damit wurde fröhlich daran erinnert, dass keine Hierarchie und Ordnung absolut und unwandelbar ist. Auch hier ist die Verbindung der Gegensätze wichtig, Erhöhung und Erniedrigung gehörten untrennbar zusammen.[88] Dadurch wurde die völlige Umkehrung der Alltagsordnung möglich: „Der Karneval ist die umgestülpte Welt."[89]
Für das siebzehnte Jahrhundert konstatiert Bachtin einen Abstieg der Karnevalskultur mit einem starken Verlust an Symbolik. Die Bräuche bestehen nach wie vor als sinnentleerte Formeln weiter. Schuld daran ist vor allem der

[85] Vgl. ebd., S. 29.

[86] Im heutigen Europa mögen sich derartige Wünsche im Kabarett realisieren, wo die Mächtigen verspottet werden. Anders vielleicht als im Mittelalter gehören heute jedoch viele andere Formen der Komik ins Lachprogramm. Der Ausdruck kann angesichts der steigenden Zahl von Comedy-Programmen im Fernsehen wörtlich genommen werden. Hier gibt es kaum etwas, das nicht be- oder häufig auch verlacht wird, seien es Missgeschicke, aus dem Zusammenhang gerissene und konstruierte Zweideutigkeiten, oder witzig formulierte Widrigkeiten des Alltags. Auch der Trend der Ethno-Comedy gehört in diese Reihe.

[87] Vgl. Bachtin 1985, S. 35. Vgl. dazu auch Bönsch-Kauke 1999. Ihrer Untersuchung nach entdecken bereits Grundschulkinder, dass sich hinter der „Witzfassade" Dinge aussprechen lassen, die sonst als verletzend, vulgär oder schmutzig verboten sind.

[88] Vgl. ebd., S. 50f.

[89] Ebd., S. 48.

Einfluss der Aufklärung und des Rationalismus. In der Literatur, insbesondere im von Bachtin gründlich erforschten Werk von Rabelais, besteht der Karneval jedoch in der alten Bedeutung weiter.[90] Das heißt natürlich nicht, dass sich karnevaleske Elemente in der innerliterarischen Tradition nicht verändert hätten. Aber die Bedeutungen wie etwa Befreiung, Umkehrung, Verschmelzung von Gegensätzen finden sich immer noch in der Literatur, während sie, zumindest Bachtins Meinung nach, dem Karnevalsbrauchtum verloren gegangen sind.

Humor bei Jerry Palmer 1994: Im Kontext von Situation und Person

Jede der bisher vorgestellten Theorien ist in sich schlüssig und plausibel, das Bedürfnis, all diese Erkenntnisse in einer umfassenden Definition zu vereinen, bleibt jedoch bisher unbefriedigt. Es sieht so aus, als sei Palmers Annahme, man könne Humor gar nicht als einzelnes Phänomen umfassend erforschen, richtig. Zwar wenden in jüngerer Zeit immer mehr Forscher interdisziplinäre Methoden an, wenn sie sich mit Humor beschäftigen.[91] Einer holistischen Definition von Humor ist deswegen aber niemand näher gekommen, obwohl die interdisziplinären Ansätze jeweils sehr fruchtbare Einsichten hinsichtlich der jeweiligen Forschungsfrage ermöglicht haben. Palmers Arbeit ist eine Zusammenstellung verschiedener Blickwinkel, unter denen Humor zu betrachten ist. Humor ist für ihn dabei primär der Auslöser von Heiterkeit.

Zunächst befasst Palmer sich mit den Hinweisen („cues“[92]), an denen ein Rezipient humorvolles Verhalten erkennt. Diese Hinweise müssen sich universellen Kategorien zuordnen lassen. Wie ein Blick auf ethnologische Studien schnell klar macht, ist längst nicht jede Form von Humor für jeden als solche erkennbar, sondern dies ist stark abhängig von der Kultur der Gesellschaft, in der er stattfindet. Auch Palmers eigene Definition, „alles, was potentiell oder tatsächlich lustig ist“[93], ist zunächst nichtssagend, denn „potentiell“ ist buchstäblich alles lustig, wenn es nur in der passenden Kultur stattfindet. Palmer untersucht daher die Bedingungen, unter denen Humor vorkommen kann.[94]

---

90 Vgl. ebd., S. 58–60.

91 Beispielsweise die Arbeiten von Douglas (1968) oder Radcliffe-Brown (1952), von denen noch die Rede sein wird.

92 Vgl. Palmer 1994, S. 21f.

93 Vgl. auch Kapitel I 1.1.

94 Umgekehrt liegt darin freilich auch der Wert moderner Humorforschung für Kulturstudien und Komparatistik. Bremmer und Roodenburg erklären, dass sich die Autoren ihres

Für Palmer ist Humor zunächst etwas Soziales, also etwas, das zwischen mindestens zwei Personen stattfindet. Dabei ist nicht jede Person in jeder Situation gleichermaßen als Rezipient geeignet. Palmer bringt das (drastische) Beispiel einer Person, die auf einer Beerdigung das unwiderstehliche Bedürfnis verspürt, einen Witz zu erzählen. In diesem Fall, so Palmer, sei es wahrscheinlicher, dass ein Bruder zum Zuhörer gewählt würde als etwa eine Tante.[95] Beziehungen zwischen den an einer humorvollen Situation beteiligten Personen beziehungsweise die Frage, zwischen welchen Personen sich Humor besonders häufig entwickelt, sind verschiedentlich Gegenstand der Forschung. Palmer nennt insbesondere die Studie des Sozialanthropologen Alfred Reginald Radcliffe-Brown (1952), der basierend auf seinen Beobachtungen afrikanischer Stammesgesellschaften das Konzept der „joking relationships"[96] entwickelt hat. Er kommt zu dem Ergebnis, dass Beziehungen, in denen besonders viel gescherzt wird, zwischen Einzelpersonen bestehen können, aber ebenso auch zwischen verschiedenen Clans, Dörfern oder ganzen Stämmen.[97] Radcliffe-Brown konnte bei seiner Untersuchung in europäischen Begriffen äußerst rüdes, gar obszönes Verhalten beobachten, wobei allen Beteiligten absolut klar war, dass es sich um Scherze handelte. Ähnlich beobachtete Mary Douglas (1968) beim Stamme der Tarahumara, dass Großväter ihre Enkelinnen mit einem Maiskolben als Phallussymbol verfolgen und eine Vergewaltigung vorspielen. Palmer versichert: „Under all of these circumstances no member of the relevant culture would dream of finding the proceedings anything but hilarious."[98] Bedeutend wichtiger als das Verhalten selbst kann es also sein, wer daran beteiligt ist. Ähnliche Studien existieren auch für Industriegesellschaften. Der Soziologe Andrew J. M. Sykes (1966) etwa untersuchte joking relationships in Glasgow. Er fand heraus, dass Alter und Geschlecht der Beteiligten eine Rolle für das Entstehen dieser Beziehungen spielten.[99] Ein Schlüssel zum Erkennen von

Bandes „für den Humor als Schlüssel zu bestimmten Kulturen [...], Religionen [...], und Berufsgruppen" interessieren. (Vgl. Bremmer / Roodenburg 1997, S. 11.)

95 Vgl. Palmer 1994, S. 11f.

96 Zu Deutsch etwa „Scherz-Beziehungen".

97 Ähnliches findet sich auch zwischen Städten oder Nationen in den europäischen Industriegesellschaften. Man denke nur an Witze, die Kölner über Düsseldorfer und Nürnberger über Fürther erzählen und umgekehrt, sowie Ostfriesenwitze. In diese Kategorie gehören auch Witze über andere Nationen wie beispielsweise Engländer oder Polen.

98 Palmer 1994, S. 14.

99 So wurden Scherze zwischen Männern jeden Alters ausgetauscht, Scherze zwischen Männern und Frauen bewegten sich meist innerhalb der gleichen Altersgruppe. Vgl. Palmer 1994, S. 19.

Humor besteht also im Erkennen des Gesprächspartners und der Einschätzung der Beziehung mit ihm. Diese Elemente können sich kulturspezifisch unterscheiden. Zudem beweist das Beispiel vom Witz auf der Beerdigung die Wichtigkeit des situativen Kontexts.
Hinsichtlich einer näheren Definition von Humor sind diese Erkenntnisse jedoch eher entmutigend, da sie nahelegen, buchstäblich jedes Wort und jede Handlung könnten lustig sein, findet man nur den entsprechenden Kontext. Es muss also, so folgert Palmer, eine bestimmte Struktur geben, die allem Humor eigen ist und ihn als solchen konstituiert. Diese Struktur findet Palmer in der Interaktion zwischen einer bestimmten Botschaft und dem sich in einem bestimmten Zustand befindlichen Geist des Rezipienten.[100] Dabei kann Humor nicht ausschließlich im Subjekt liegen, ansonsten wäre es schwierig zu erklären, warum ganze Gruppen die gleiche Botschaft als lustig empfinden können.[101] So schlussfolgert Palmer:

> A valid theory of the structure of humour must therefore seek an explanation in the interaction between the laugher and the laughable object, where the object has some describable attributes that make it an appropriate object for mirth, and where the mind-set of the laugher has some feature(s) that produce mirth.[102]

Ein Schlüsselelement für die Struktur von Humor, die Palmer aus Aristoteles' *Rhetorik* ableitet, ist eine bestimmte Form der Inkongruenz oder des Widerspruchs.[103] Um die Natur dieses Widerspruchs sowie die notwendigen

[100] Vgl. ebd., S. 27.

[101] Vgl. ebd. Obgleich Palmers These, dass die Humor konstituierende Struktur in der Interaktion zwischen Humorproduzenten- oder lustiger Botschaft und dem Rezipienten zu suchen sei, einleuchtet, ist eines seiner Gegenargumente nur teilweise plausibel. Immerhin wäre es möglich, dass der Geist mehrerer Menschen durch kulturelle, erzieherische und ähnliche Gemeinsamkeiten so ähnlich ist, dass sie das Gleiche lustig finden, und der Grund hierfür ausschließlich in ihrem Geisteszustand zu suchen ist. Dagegen geht aus Palmers voran stehenden Bemerkungen hervor, dass es nicht die Botschaft für sich sein kann, die intrinsisch lustig ist. Andernfalls wäre es kaum möglich, dass Handlungen, wie etwa die gespielte Vergewaltigung zwischen Großvater und Enkelin bei den Tarahumara, in verschiedenen Kulturen so unterschiedliche Reaktionen hervorrufen.

[102] Ebd., S. 94. Hier zeigt sich erneut die Doppelbedeutung des Wortes <Humor>. Palmer bringt die beiden Bedeutungen, Eigenschaft oder Fähigkeit des Menschen sowie mediale Botschaft, zusammen, indem er feststellt, dass beides gleichermaßen zu Humor gehört und voneinander abhängig ist.

[103] „There is something approaching a theory of incongruity in Aristotle." Palmer meint hiermit die Anweisungen des Philosophen für eine witzige Rede durch das Erwecken einer

Begleitumstände zu illustrieren, zitiert Palmer eine Studie von Jerry M. Suls, der Probanden, zum Vorteil der vorliegenden Arbeit Kindern, drei Varianten desselben Witzes vorlegte, um herauszufinden, was tatsächlich das Lustige an diesem Witz sei. Die Varianten waren die folgenden:

> 1. 'Doctor, come at once! Our Baby has swallowed a fountain pen!' 'I'll be right over. What are you doing in the meantime?' 'Using a pencil.'
>
> 2. 'Doctor, come at once! Our Baby has swallowed a rubber band.' 'I'll come at once. What are you doing in the meantime?' 'Using a pencil.'
>
> 3. 'Doctor, come at once! Our Baby has swallowed a fountain pen.' 'I'll come at once. What are you doing in the meantime?' 'We don't know what to do.'[104]

Wie zu erwarten fanden die befragten Kinder die erste Version am lustigsten. Palmer gibt Suls' Ergebnisse dahingehend wieder, dass nicht nur ein Widerspruch, sondern zugleich auch seine Auflösung im Witz vorhanden sein muss.[105] Einzig in der Antwort aus Version 1 stecken Sinn und Unsinn, Logik und Inkongruenz zugleich.

Auf einer zweiten Ebene lässt sich diese Gleichzeitigkeit von Widerspruch und Auflösung auch selbst als Inkongruenz betrachten. Palmer stellt im Anschluss an Suls' Erklärung seine eigene Theorie von der „logic of the absurd" dar. Demnach besteht die Komik eines Witzes aus der Verbindung zweier Prozesse: „1 the sudden creation of a discrepancy, or incongruity, in the joke narrative; 2 a bifurcated logical process, which leads the listener to judge that the state of affairs portrayed is simultaneously highly implausible and just a little bit plausible."[106]

Damit ein Rezipient die Absurdität und damit die Komik des Witzes erfassen kann ist laut Palmer eine bestimmte Stimmung oder geistige Haltung vonnöten. Würden wir nicht begreifen, dass das Erzählte ein Witz ist, so würden wir primär Mitleid mit dem Baby empfinden, sowie Empörung über die Inkompetenz der Eltern. Es muss eine gewisse Haltung vorliegen, in der man Humor erwartet und in dieser Erwartung eine „emotional

---

Erwartung und die darauf folgende Enttäuschung dieser Erwartung. Ebd., S. 94.

[104] Jerry M. Suls: Cognitive Processes in Humor Appreciation. In: P.E McGhee / J.H. Goldstein (Hg.): *Handbook of Humor Research. Bd. 1. Basic Issues.* New York: Springer 1983. Zitiert nach Palmer 1994, S. 95f.

[105] Vgl. Palmer 1994, S. 96.

[106] Ebd., S. 96.

insulation"[107] aufbaut, die, etwa im vorliegenden Fall, Schrecken über das Schicksal des Babys oder Mitleid zugunsten von Freude oder Lustigkeit verhindert. Daraus ergibt sich jedoch die Frage nach dem Grund für diesen Geisteszustand. Dazu gibt es wieder mehrere Hinweise („cues"), etwa die Einleitung zum Witz wie das im Deutschen gebräuchliche „Kennen Sie den…?" Solche Einleitungen können begleitet sein von einer bestimmten Mimik des Sprechers oder seinem Tonfall, die eine verbale Einleitung sogar überflüssig machen können. Es kann auch die Inkongruenz selbst sein, die den Hinweis gibt: „Achtung, das Folgende ist Humor!", wenn sie stark genug ist. Hierin erkennt Palmer ein Element, das der Witz mit jeder anderen Erzählung gemein hat, er enthält „some initial event […] which demands continuation."[108]

Allerdings eine humorvolle Inkongruenz auch ohne die vorangehende Schaffung eines Rahmens möglich; Palmer nennt als Beispiel die Clownerie. Das hierbei gezeigte Verhalten – etwa mit einem Fuß auf dem Bürgersteig und mit dem anderen auf der Straße zu laufen – ist für jeden Zuschauer als von der Norm abweichend erkennbar, weil die Norm schon lange im Bewusstsein der Rezipienten existiert, der Humor-Produzent muss also nicht selbst den Rahmen schaffen, um sein Verhalten als Humor zu kennzeichnen.

Nun wurde bereits zuvor darauf hingewiesen, dass nicht jede Inkongruenz mit Humor identisch ist, ansonsten wäre jeder Irrtum lustig. Palmer kommt in Anlehnung an Rothbart zu dem Schluss, dass die emotionale Erregung des Rezipienten ein ganz bestimmtes Niveau erreichen muss:

> Some incongruities may be so minor that they pass more or less unnoticed, others may be so major as to be positively threatening. It is usually thought that these two thresholds are describable in terms of arousal: to someone in a sufficiently aroused state an incongruity is capable of appearing funny, but if the arousal is excessive some other reaction is more likely.[109]

Palmer nennt drei Mechanismen, durch die eine Erregung aufgebaut werden kann, die hinreichend groß ist um die fragliche Inkongruenz komisch erscheinen zu lassen, aber nicht groß genug, um Unbehagen auszulösen:

[107] Vgl. ebd., S. 97.

[108] Vgl. ebd., S. 98.

[109] Ebd., S. 99.

> 1 knowledge that the occasion is 'entertainment' […] which would both act as humour stimulus and a brake on the sense of threat;
>
> 2 the incongruity is itself sufficiently acute to cause arousal but insufficiently acute to provide a threat, regardless of the environment in which it is perceived;
>
> 3 locating the comic meaning reveals retrospectively that the incongruity was not threatening.[110]

Das Zusammenspiel und die gegenseitige Abhängigkeit zwischen der humorvollen Botschaft und dem mentalen und emotionalen Zustand des Rezipienten werden hiermit besonders deutlich.

In den zuvor diskutierten Theorien wurde Humor entweder als Botschaft, die Vergnügen beziehungsweise Lachen hervorruft, verstanden oder als eine psychische Eigenschaft beziehungsweise Leistung. Palmer bringt beides zusammen und erklärt die Interaktion zwischen Botschaft und Geist oder Psyche für Humor. Damit erreicht er eine holistischere Sicht auf das Phänomen Humor, die alle Faktoren, die an einer tatsächlich humorvollen Situation beteiligt sind, mit einbezieht, also die beteiligten Personen, deren Gemütsverfassung, ihre Beziehung(en) untereinander, den situativen Kontext, zu dem auch der kulturelle Hintergrund der Beteiligten gehört, und die Botschaft selbst. Zweifellos spielen all diese Faktoren eine Rolle, wenn Lachen ausgelöst werden soll. Allerdings ergibt sich für den Literaturwissenschaftler die Sorge, ob diese Definition, gerade wegen ihrer Ganzheitlichkeit, für die Textanalyse von Nutzen ist. Immerhin ist es bei der Untersuchung und Interpretation eines Textes unmöglich, alle von Palmer genannten Faktoren einzubeziehen, allein schon deswegen, weil jeder einzelne Leser berücksichtigt werden müsste. Es bleibt also dabei, dass in der Literaturwissenschaft nur einzelne dieser Faktoren für sich beleuchtet werden können, nämlich die Elemente des Textes, also der Botschaft, und auf sehr allgemeine Weise die (potentielle) Reaktion des Lesers, also sein emotionaler und kognitiver Zustand. Die tatsächliche Interaktion zwischen beiden ist ein Thema für die Rezeptionsforschung und könnte selbst dann nur sehr begrenzt beobachtet werden.

Was Palmers Ausführungen jedoch bieten, ist wiederum eine Reihe von Elementen, die Humor konstituieren: Er muss sich [1] zwischen den richtigen Personen abspielen, das heißt, es muss eine Beziehung zwischen ihnen bestehen, innerhalb derer Humor angemessen ist. Welches Verhalten komisch

[110] Ebd., S. 100.

ist, hängt des Weiteren stark [2] von der jeweiligen Kultur ab und innerhalb dieser Kultur [3] von der konkreten Situation. Um eine lustige Botschaft als solche aufzunehmen, muss der Rezipient [4] sich in einem bestimmten geistigen Zustand befinden, beziehungsweise eine bestimmte Kombination geistiger Zustände durchlaufen, die durch Schlüsselelemente [5] wie eine Einleitung, den situativen Rahmen, die Botschaft selbst oder das Auftreten des Humorproduzenten erzeugt werden können.

Nachdem verschiedene Humortheorien von der Antike bis ins 20. Jahrhundert dargestellt wurden, kann eine Arbeitsdefinition erstellt werden, die für die vorliegende Dissertation sinnvoll ist und helfen wird, den Humor in Erich Kästners Kinderliteratur zu erfassen.

Humor als nicht-einheitliches Phänomen: Arbeitsdefinitionen

Die Verfasserin schließt sich Jerry Palmer an: Nur eine sehr weite Definition von Humor vermag einen Anspruch auf (begrenzte) Gültigkeit zu erheben. Was sich nach gründlicher Sichtung der verschiedenen Theorien, selbst in Palmers weit gefassten Untersuchungen, nicht auflösen ließ, ist die Dualität des Verständnisses von Humor. Stets beschreibt das Wort entweder den oder die Auslöser von Lachen oder eine geistige Haltung, die eine gelassene und heitere Sicht der Welt und selbst von Widrigkeiten ermöglicht.

Somit ergeben sich auch für die vorliegende Arbeit zwei Bedeutungen von <Humor>. Wie in einem Wörterbuch sollen sie durch die Ziffern 1 und 2 unterschieden werden. Um deutlich zu machen, wann das Wort im Sinne der hier angewandten Definition gebraucht wird und es vom Sprachgebrauch anderer Autoren zu unterscheiden, wird es außerdem graphisch abgehoben: HUMOR.

HUMOR 1 bezeichnet die geistige Haltung einer Person, die fehlerhafte Welt weniger ernst zu nehmen, Missgeschicken eine scherzhafte Bedeutung zu unterschieben und damit gelassen und heiter zu reagieren, anstatt verärgert oder ängstlich. Dies entspricht dem Humorverständnis Jean Pauls und Freuds.

HUMOR 2 bezeichnet im Folgenden jede Äußerung, Handlung oder durch irgendein Medium übertragene Botschaft, die im jeweiligen Kontext, in dem sie stattfindet, Heiterkeit auslösen kann. Zum Kontext gehören die beteiligten Personen, die Beziehung zwischen ihnen, die augenblickliche Situation oder Gelegenheit und die sozialen Regeln, denen die Beteiligten unterworfen sind. Diese Definition stützt sich im Wesentlichen auf die Bremmers und Rhodenburgs[111] sowie Palmers Untersuchung.

[111] S. Kapitel I 1.1.

Nichts ist unnütz.
Es kann immer noch als schlechtes Beispiel dienen.
Nach Michael Titze und Inge Patsch: Die Humor-Strategie
S. 184.

1.3 Formen und Funktionen von Humor

In diesem Kapitel wird hauptsächlich von Humor 2 die Rede sein, da die Funktion von Humor 1 – eine gelassenere Weltsicht und die Abwehr misslicher Gefühle – bereits feststeht. Unter Anwendung der bisher besprochenen Theorien lassen sich dagegen verschiedene Kategorien und Funktionen von Humor 2 ausfindig machen. Im Anschluss daran wird ein näherer Blick den spezifischen Formen kindlichen Humors 2 gelten.

Formen von Humor: Witzige Wortspiele und komische Köpfe

Humor kann sich in Sprache, Bildern oder einer Kombination von beidem, aber auch durch Musik oder gar Architektur ausdrücken.[112] Eine literaturwissenschaftliche Arbeit befasst sich notwendig mit sprachlichem, genauer durch geschriebene Sprache vermitteltem Humor, worauf sich das Folgende bezieht. Innerhalb dieses Rahmens soll der Versuch unternommen werden, verschiedene Formen von Humor zu unterscheiden, das heißt verschiedene Arten, auf die sich Humor 2 konstituiert. Der Teil über Funktionen sich mehr der Rezeption und Wirkung widmen wird. Obgleich sich in der Praxis beides schlecht trennen lässt, bietet die theoretische Unterscheidung dieser beiden Kategorien einen besseren Überblick.

In einem literarischen Text kann Humor entweder durch eine Figur vermittelt werden, durch die Beschreibung einer Situation oder durch Sprache im engeren Sinne, also komische Äußerungen. Auch hier gilt, dass sich diese Kategorien in der Praxis häufig vermischen, beispielsweise ist eine Figur häufig durch das, was sie sagt oder tut, komisch.

Komische Figuren sind solche, mit denen oder über die der Leser lacht. Sie sind gerade für kinderliterarische Komik zentral. Wie sich in Kapitel

[112] Etwa die „tanzenden Häuser“ in Prag, von den Bewohnern liebevoll „Ginger und Fred“ getauft, sind nicht nur außergewöhnlich, sie amüsieren auch durch den Eindruck des „Tanzens“, den Gebäude in der Regel nicht vermitteln. Ein Beispiel für musikalischen Humor 2 ist Mozarts Orgelstück „Andante in F-Dur“ (KV 616), dessen stete Wiederholung des Spieluhr-ähnlichen Motivs dem Publikum Gekicher bis hin zu lautem Gelächter entlocken kann, wie die Verfasserin es bei einem geistlichen Konzert in der Bamberger Kirche Sankt Marien (1999) erlebte.

II 2 zeigen wird, gibt es verschiedene Typen. An dieser Stelle sei es dabei belassen, die lächerliche Figur, die verlacht wird, von der komischen Figur, die selbst als Produzent von HUMOR agiert, zu unterscheiden.

Am offensichtlichsten als solche erkennbar sind komische Situationen. Sie sind in literarischen Texten eine besonders häufige Manifestation von HUMOR 2, wie die Analyse später zeigen wird.[113] Beschrieben und belacht werden häufig Missgeschicke, die mit einer Entlarvung einhergehen, damit die Autorität einer Person untergraben, also subversiv sind. Sie können aber auch einfach in sich eine Abweichung von der Norm darstellen, die durch ihre Plötzlichkeit (und auch ein wenig vielleicht durch Schadenfreude) zum Lachen reizen. Gerade in der Kinderliteratur ist letzteres, also der Norm- oder Regelbruch, häufig der Fall.

Einen großen Teil literarischer Komik macht die dritte Grobkategorie, nämlich Sprachkomik im engeren Sinne aus. Hier ist die Sprache nicht nur Medium, sondern selbst Subjekt und / oder Objekt des HUMORS. Ein besonders deutliches Beispiel dafür sind Wortspiele, oder die von Helmers[114] beschriebenen sprachlichen Fehlleistungen (die gleichzeitig ein Missgeschick darstellen). Helmers weist darauf hin, dass Kinder an absichtlichen oder tatsächlichen Fehlern und Missverständnissen sowie in Wortneubildungen spielerisch die Grenzen des Regelwerks Sprache erkunden. Gerade wenn es um den Verstoß gegen Normen und Regeln geht, verbindet sich die Sprachkomik oft mit der Situationskomik, wenn eine Äußerung in der konkreten Situation unangemessen ist. Eigentlich komisch ist dann das subversive Verhalten, welches sich in der sprachlichen Äußerung zeigt.

Soweit die Grobkategorien. Um die wichtigsten Unterkategorien der HUMORformen zu versammeln, lohnt sich ein erneuter Blick auf die Theorien, die in Kapitel I 1.2 behandelt wurden. Die am frühesten vorgestellte Form der HUMOR-Produktion ist eine, die auf Kosten Anderer geschieht, das Verlachen (wie es Aristoteles in seiner Komödientheorie beschreibt). Hier entsteht HUMOR aus einem Gefühl der Überlegenheit des HUMOR-Produzenten sowie des Rezipienten gegenüber dem Objekt des Scherzes.

Kant liefert ein formales Merkmal von HUMOR, nämlich den, dass ein Widerspruch vorliegen müsse. Die Diskrepanz besteht zwischen dem, was verstandesmäßig zu erwarten wäre und der tatsächlichen Pointe, die den Verstand enttäuscht. Obwohl Kant es nicht explizit erwähnt, spielt hier

113 Situativ bedingter HUMOR eignet sich aber auch besonders gut zur Darstellung in anderen Medien; beispielsweise Situationskomik im Fernsehen, nach der das gesamte Genre der Sitcoms benannt ist (englisch: *sit*uation *com*edy).

114 Vgl. Helmers 1965 sowie Kapitel I 1.4.

auch das Element der Überraschung eine Rolle. Würden wir behutsam und mit Erklärungen auf die Pointe eines Scherzes vorbereitet, dürfte er kaum noch Gelächter hervorrufen.
Auch die bei Palmer dargestellten Ergebnisse Suls' zeigen die notwendige Beziehung zwischen Inkongruenz und Komik auf. Am Beispiel des Witzes vom Baby, das einen Füller verschluckt hat und dessen Eltern auf die Frage des Arztes, was sie in dieser Situation täten, antworten: „Wir benutzen einen Bleistift"[115], zeigt sich ein Widersinn, der durchaus auch Kant überzeugt hätte.
Ein Kontrast ist auch in Jean Pauls Ausführungen zum „Lächerlichen" entscheidend. Die „unendliche Ungereimtheit"[116], illustriert am Beispiel Sancho Pansas, stellt einen Kontrast zwischen einer unsinnigen, beziehungsweise unnötigen Handlung und dem besseren Wissen des Humor-Rezipienten vor. Dieser Art von Kontrast lässt sich auch die Lust am Naiv-Komischen zuordnen, welche Freud behandelt.[117]
Als verwandt mit der Ungereimtheit zeigt sich die Übertreibung. Freud schreibt die komische Wirkung übertriebener Bewegungen einem vom Betrachter erlebten Kontrast zwischen der beobachteten unnötig großen Bewegung und der kleinen, die ihm als notwendig bekannt ist. Überhaupt ist Sigmund Freuds Arbeit über den Witz vielleicht die ergiebigste Quelle, wenn es gilt, verschiedene Formen von Humor 2 festzustellen, da er sich mit seinen Techniken des Witzes explizit mit dem Thema auseinandersetzt. Es wurde bereits festgestellt, dass Humor 2 für Freud stets eine Aufwandsersparnis bedeutet. Dieser Aufwand kann verschiedener Art sein. So wird in aggressiven oder sexuellen Witzen die jeweilige Tendenz nur angedeutet und nicht offen angesprochen, so dass die Hemmung vor Aggression oder Sexualität umgangen werden kann, in Freuds Terminologie der Hemmungsaufwand also gespart wird. Allgemein und auch auf harmlosere Witze bezogen bedeutet dies, eine Anspielung zu verstehen, eine Bedeutung zu entdecken, die nicht explizit geäußert wird. In gewisser Weise könnte man die Anspielung (nicht nur in Witzen) als Gegenstück der Übertreibung bezeichnen. Letztere besteht darin, dass mehr als notwendig getan oder gesagt wird, die Anspielung dagegen sagt weniger, als es normalerweise zu erwarten wäre.
Ein Mehr zeichnet dagegen auch die Groteske aus, wie sie Bachtin beschreibt, wenn er dabei vor allem solche überzeichneten Körperteile hervorhebt, die

---

115 Vgl. Palmer 1998, S. 95f. Und Kapitel I 1.2.

116 Vgl. Jean Paul 1990, S. 110 und Kapitel I 1.2.

117 Vgl. Freud 2004, S. 195f. Und Kapitel I 1.2.

die eigentlichen Grenzen des Körpers sprengen. Vor allem aber macht die groteske Gestalt eine eigentümliche (und unheimliche) Kombination von Tierischem und Menschlichem oder Lebendigem und Totem aus.[118] Wiewohl diese Gestalten zumindest heute eher unheimlich als komisch wirken, so überwog im Mittelalter der komische Effekt, durch den die unheimlichen Elemente ins Lächerliche gezogen wurden. Insbesondere während des von Bachtin erforschten Karnevals wurden außerdem Autoritäten verlacht, worin sich eine weitere wichtige HUMORform zeigt, nämlich die der Verkehrung.[119] Somit stellt sich hier die Frage, ob nicht auch subversives Verhalten beziehungsweise subversive Äußerungen als eigene Form von HUMOR gelten können, oder ob die Subversion rein dem Bereich der Funktion zuzuweisen ist, während Verkehrung oder die Kombination mit Lächerlichem allein als Formen gelten. Allerdings gibt es Beispiele, in denen Subversion nicht nur mit HUMOR einhergeht, sondern ihn auch selbst konstituiert – man lacht, weil die betreffende Handlung oder Äußerung subversiv ist. Deshalb wird der Subversion in dieser Arbeit eine Zwitterrolle zugewiesen und sie soll hier (auch) als Form von HUMOR gelten. Anzumerken ist noch, dass es sich in solchen Fällen wieder um eine Art des Verlachens handelt, allerdings nicht von etwas oder jemand tatsächlich niedriger stehendem, sondern vielmehr als Konsequenz einer Herabsetzung, welche an sich ebenfalls eine Form von HUMOR darstellt.
Zusammenfassend lässt sich nach Durchsicht der hier relevanten HUMOR-Theorien also feststellen, dass HUMOR 2 in den folgenden Formen auftritt, nämlich als:

- tatsächlich Niedrigeres und dadurch Lächerliches
- Widersinniges im Sinne Kants oder Inkongruenz im Sinne Suls'
- Überraschung
- Ungereimtheit im Sinne Jean Pauls
- Naives
- Übertreibung
- Andeutung (unter Umständen aggressiven oder sexuellen Inhalts, aber auch als harmlose Verkürzung)
- Groteske
- Karnevalistisches
- Verkehrung / Umkehrung
- Subversion

---

[118] Vgl. Bachtin 1985, S.29 und Kapitel I 1.2.

[119] Vgl. auch Palmer 1998, S. 45 sowie Kapitel I 1.2.

Wie man sieht, werden sich diese Formen in tatsächlichen Manifestationen von HUMOR 2 häufig überschneiden, was uns jedoch nicht daran hindern soll, sie hier einzeln zu identifizieren.
Abschließend sei noch einmal HUMOR 1 erwähnt, der eine eigene Form darstellt. Man erinnere sich, dass es sich hierbei um eine Art der Verschiebung handelt. Nach Jean Paul bedeutet HUMOR 1 eine Verschiebung des Kontextes: Anstatt Unglück und Unvollkommenheit hinzunehmen, unterschiebt der Humorist eine „unendliche Ungereimtheit" und beschließt so, die Welt als „Lustspiel" wahrzunehmen, anstatt sich über sie zu ärgern oder gar an ihr zu verzweifeln.[120] Auch Freud sieht HUMOR als bewusste kognitive Leistung, die „auf Kosten des Ärgers"[121] erbracht wird.
Nachdem hiermit die verschiedenen Formen von HUMOR im Überblick dargestellt wurden, folgt die Zusammenfassung der Funktionen.

Funktionen von HUMOR: Kritisieren und sich arrangieren

Die Betrachtung sinnreicher Funktionen von HUMOR ist insbesondere deswegen von Interesse, weil dieser Forschungsgegenstand immer wieder gerechtfertigt werden muss. Dabei darf allerdings ein interessanter Punkt nicht übersehen werden, wie Palmer ausführt: Die Funktionen von HUMOR können jeweils nur innerhalb eines bestimmten Kontextes identifiziert werden. Wer sich mit Funktionen von HUMOR befasst, darf nicht dem Funktionalismus verfallen. Wichtiger ist es, sich einen bestimmten Rahmen zu setzen und innerhalb desselben das Phänomen HUMOR mit seiner Funktionalität umfassend zu untersuchen.

> [I]t is clear [...] that [humour] enters into functional relationships with many different entities. [...] But that is a claim that most functionalists would regard as minimal to the point of insignificance, for a functionalist explanation demands something more than this rather commonsensical observation: it demands that humour's existence as a phenomenon should be understandable entirely and exclusively by showing how it enables an organism to continue to exist in the form proper to it. Now that claim is much more difficult to substantiate [...] demonstrating that humour has a function is not the same as showing

[120] Vgl. Jean Paul 1990, S. 114 und Kapitel I 1.2.

[121] Erstaunlicherweise findet sich diese prägnante Definition nicht im Aufsatz *Der Humor* sondern in *Der Witz und seine Beziehung zum Unbewussten*. Vgl. Freud 2004, S. 201.

how it performs that function and any demonstration that only shows what a function is, is by the same token incomplete.[122]

Diese Warnung wird in der vorliegenden Arbeit beherzigt. Dies vorausgeschickt soll hier dennoch versucht werden, einen kurzen Abriss über die möglichen Funktionen von HUMOR zu geben, indem die gleiche Methode angewandt wird, wie schon zur Identifizierung der HUMORformen. Aus den dargestellten Theorien werden die explizit oder implizit erläuterten Funktionen von HUMOR extrahiert und zusammengestellt. Teilweise ergeben sie sich auch aus dem, was bereits über die Formen gesagt wurde.
Zunächst soll hier HUMOR 1 behandelt werden, dem eindeutig eine Schutzfunktion zuzuordnen ist. Wie Freud formulierte, soll HUMOR vor Ärger schützen, eine positive Empfindung wird auf Kosten einer negativen produziert. Im Aufsatz *Der Humor* spricht Freud außerdem von einer tröstenden Funktion. Der HUMOR, so Freud, spreche durch die internalisierte Elterninstanz, das Über-Ich „liebevoll tröstlich zum eingeschüchterten Ich"[123] und zeige uns, dass die Welt, vor der wir uns so oft fürchten, zum Objekt eines Scherzes werden kann. Ebenso sieht auch Jean Paul die Funktion von HUMOR 1: Wer HUMOR 1 besitzt, kann, von Angst, Ärger oder Verzweiflung befreit, dem Leben gelassener und fröhlicher begegnen.
Auch der HUMOR 2 hat etwas Befreiendes, folgt man Freud. Von der Aufwandsersparnis durch den Witz war bereits mehrfach die Rede. Gerade Witze stellen zudem einen Schutzraum dar, in dem für kurze Zeit ausgelebt werden darf, was die Hemmung ansonsten verbietet. HUMOR 2 hat also ebenfalls eine Schutzfunktion, wenn auch in einem anderen Sinne als HUMOR 1. Während Letzterer uns vor negativen Emotionen schützt, die durch äußere Einflüsse an uns herantreten, schützt HUMOR 2 uns gewissermaßen vor uns selbst, vor unseren eigenen Hemmungen, zugleich aber natürlich auch vor Sanktionen aus der Außenwelt. Auch Bachtin beschreibt den Karneval als einen Schutzraum, in dem die alltägliche Ordnung außer Kraft gesetzt werden konnte.[124]
Freuds und Bachtins Vorstellung vom Schutzraum führt uns zur Subversion als Funktion des HUMORS: Einerseits bietet er den erwähnten Schutzraum; gekennzeichnet mit dem Hinweis „Ist doch nur Spaß" lässt sich an Regierenden, der Kirche und allen möglichen moralischen oder machtpolitischen

[122] Vgl. Palmer 1998, S. 88.

[123] Vgl. Freud 2004, S. 258 und Kapitel I 1.2.

[124] Vgl. Bachtin 1985, S. 35f. und Kapitel I 1.2.

Institutionen Kritik üben.[125] Andererseits erinnert gerade die Tatsache, dass die Kritik im Schutzraum stattfinden muss, an die Macht der normalen Regeln.

Eine der Subversion entgegensetzte soziale Funktion schreibt Palmer dem HUMOR zu. Man erinnere sich an die joking relationships und daran, wie HUMOR die Beziehungen zwischen Individuen, Gruppen, in einzelnen Kulturen sogar zwischen ganzen Dörfern definieren und regeln kann. Hier taucht eine der Subversion entgegengesetzte Funktion auf, welche die Verfasserin, in Anlehnung an einen in der Kinderliteraturforschung gebrauchten Begriff, die integrative Funktion nennt.[126] Indem HUMOR selbst Regeln folgt, etwa zwischen wem eine joking relationship bestehen kann und wie bestimmte Äußerungen innerhalb dieser Beziehung zu werten sind, bestätigt und festigt er das in der jeweiligen Gesellschaft gültige Regelsystem. Hier, wie auch für den Karneval gilt: Um eine Ordnung zeitweilig zu stürzen, muss diese Ordnung zunächst einmal bestehen. Dieser integrativen Funktion eng verwandt ist die allgemein erzieherische, die Aristoteles dem HUMOR zuschreibt. Auch hier werden bestehende Werte durch das Verlachen des moralisch niedrig Eingestuften bestätigt und transportiert. Der HUMOR wird in der Komödie zum Vehikel der Erziehung.

Zuletzt soll noch eine oft vernachlässigte Funktion benannt werden, die der Volksmund mit dem Sprichwort ausdrückt: „Lachen ist die beste Medizin." Dass Vergnügen auch seinen Selbstwert hat, sei es medizinisch oder seelisch, betont schon Kant. Man erinnere sich, dass sein Ansatz insofern einzigartig ist, als er das Vergnügen an Witzen dem Lachen zuschreibt, HUMOR also nur mittelbar Vergnügen macht, insofern er Gelächter auslöst, welches selbst das eigentliche Wohlbefinden bereitet.[127] Obwohl eine wissenschaftliche Auswertung in diesem Rahmen unmöglich ist, dürfen Heiterkeit und

[125] Wie stark aber das subversive Element auch im Scherz sein kann, zeigen die so genannten Flüsterwitze unter totalitären Regierungen, etwa dem Dritten Reich, oder der DDR. Hirsch nennt das folgende Beispiel eines DDR-Witzes: „In der Straßenbahn liest ein Musiker eine Partitur. Ein Staatsschützer hält das Notenblatt für Geheimschrift und verhaftet den Musiker unter Spionageverdacht, obgleich der versichert, es handle sich um eine Fuge von Bach. Der Verhaftete wird am nächsten Tag einem Kommissar vorgeführt, der ihn anschreit: ‚Also, raus mit der Sprache! Bach hat schon gestanden!'" (S. Hirsch 2001, S. 248.)

[126] In Bezug auf Kinderliteratur unterscheidet man zwischen integrativer, das heißt das bestehende gesellschaftliche Wertesystem bestätigender und propagierender, und emanzipatorischer, also das bestehende Wertesystem hinterfragender oder sogar angreifender Literatur. Vgl. dazu Tabbert 1985, sowie Kapitel I 1.2.

[127] Vgl. Kapitel I 1.2.

Vergnügen als dem HUMOR so wesentlich innewohnende Funktionen nicht übersehen werden.
Zusammenfassend lassen sich aufgrund der hier dargelegten Theorie also die folgenden HUMORfunktionen feststellen:

- Schutz vor negativen Emotionen beziehungsweise (im Zusammenhang mit Subversion) Sanktionen von außen
- Befreiung von inneren oder äußeren Hemmungen
- Subversion
- integrative Funktion
- Erziehung
- Unterhaltung und Vergnügen

Die verschiedenen Funktionen lassen sich in positive und negative unterteilen, was bedeutet, dass HUMOR etwas bewirken oder etwas verhindern oder demontieren kann. Die Schutzfunktion ist eine negative, da HUMOR negative Gefühle abwehrt. Befreiung von Hemmungen, die erzieherische, insbesondere die integrative sowie die unterhaltende Funktion dagegen sind positive. Subversion kann als positiv oder negativ verstanden werden, je nachdem, wie sie sich manifestiert. Wo sie Alternativen zu bestehenden Regelsystemen aufzeigt, lässt sie sich als positive Funktion bezeichnen; eine negative ist sie insofern, als sie Regeln demontiert.
Wie sich gezeigt hat, überlappen die Funktionen von HUMOR einander womöglich noch stärker, als die Formen dies tun. So ist etwa die Funktion des Vergnügens immer zumindest beabsichtigt, und Subversion kann sogar gleichzeitig mit ihrem Gegenteil, der integrativen Funktion, auftreten. Dies soll den Analytiker nicht daran hindern, nach den verschiedenen Funktionen in den konkreten Manifestationen von HUMOR zu suchen. Aber die vielfältigen Überschneidungen müssen in der Analyse berücksichtigt werden.

„Wann und warum lacht das Kind?“
Diese Frage ist bis heute durch vage Spekulationen
eher verdunkelt als beantwortet worden. […]
Die Verwirrung ist bedenklich.
Hermann Helmers: Sprache und Humor des Kindes, S. 9.

1.4 Spezifische Formen kindlichen HUMORS: Was finden Kinder witzig?

Die Verwirrung hinsichtlich des spezifisch kindlichen HUMORS ist nicht nur bedenklich, wie Helmers festgestellt hat, sondern auch beträchtlich. Das mag unter anderem daran liegen, dass gerade die Erforschung kindlichen HUMORS zumeist stark psychologisiert oder pädagogisiert wird. Während nichts gegen interdisziplinäre Ansätze einzuwenden und das Interesse an Entwicklungspsychologie und Pädagogik in Verbindung mit Kindern verständlich ist, führt dies innerhalb der HUMORforschung häufig zu einseitigen Theorien.[128] Wo das Kind ausschließlich als unfertig und als zu Erziehender betrachtet wird, kann auch sein HUMOR nicht als selbstständiges Phänomen gewürdigt werden. Für die theoretischen Grundlagen der vorliegenden Arbeit wurden mit den Arbeiten von Henrich, Helmers und Bönsch-Kauke deshalb drei Forschungsansätze ausgewählt, die kindlichen HUMOR nicht prinzipiell als dem der Erwachsenen untergeordnet betrachten. Vielmehr bemühen sich die betreffenden Forscher um eine Untersuchung spezifisch kindlicher Motive und Strukturen von HUMOR, ohne diese abzuwerten, aber auch ohne zu verschweigen, dass sich HUMOR 2 von Kindern und Erwachsenen (beziehungsweise für sie) stark unterscheiden kann.

Dieter Henrich 1976: Freie Komik als Grundlage des HUMORS

Kann kindlicher HUMOR uns helfen, das im Wortsinne Ur-Komische zu finden? Gibt es eine Basis, eine Grundform des HUMORS, und wenn ja, ist sie im HUMOR des Kindes zu entdecken? Diese Fragen bejaht Henrich in seinem Aufsatz über „Freie Komik“ (1976). Er entwickelt eine Theorie, nach der die Wurzel eines jeden komischen Vorgangs ein Übergang ist: „Komik hat offenkundig mit Übergängen zwischen Kontexten zu tun, in denen der Kontext auf überraschende Weise aufgehoben oder in Frage gestellt wird.“[129] Und weiter: „Stellt man Thesen über die Priorität einer Form der Komik

[128] Vgl. dazu Helmers 1965, S. 10–15.

[129] Henrich 1976, S. 385.

auf, so muß man das beachten, was Kinder komisch finden."[130] Henrich begründet diese Notwendigkeit nicht weiter, es lässt sich nur spekulieren, dass er frühe und früh erkennbare Formen der Komik mit der gesuchten ersten, ursprünglichen Komik gleichsetzt.
In seiner Untersuchung dieser bei Kindern beobachtbaren HUMOR-Form entdeckt Henrich zuerst eine Vorliebe für „Verwandlungs- und Verkleidungseffekte, [...] Versteckspiel im Sinne des ‚plötzlich weg und plötzlich wieder da' und Spielereien mit verdrehtem Sinn [...]".[131] Dies sind die zwei Merkmale der Veränderung, die die Freie Komik ausmacht, sie muss erstens plötzlich geschehen und sich zweitens vom Bekannten hin zum Unvertrauten entwickeln. Kinder, so Henrich, „lachen [...] *über* die Verrückung von Vertrautem in Überraschendes und wieder zu Vertrautem zurück, solange das Überraschende nicht auch bedrohlich ist."[132]
Wichtig dabei ist ein Identitätserhalt, was Henrich mit folgendem Beispiel verdeutlicht: „Wenn ein Löwe sich etwa in eine Maus verwandelt, um durch eine enge Röhre laufen zu können, ist das noch nicht komisch. Wenn er sich aber in eine Maus mit einer winzigen Löwenmähne verwandelt, so wird er damit zum Komiker."[133] Der Löwe muss auch in der Verwandlung etwas von seiner Identität behalten, erst dann ist die Verwandlung auch eine HUMORvolle. Henrich weist an dieser Stelle bereits auch darauf hin, dass das Lachen über Freie Komik ausschließlich dem Kontextwechsel gilt: „Daß man den Löwen auslacht, weil die Verwandlung mißglückt ist, scheint doch sehr weit hergeholt."[134]
Dabei sorgt die Plötzlichkeit für einen „Intensitätsgewinn", der auch ein (Lach-) Lustgewinn ist:

> Im Übergang von Kontext zu Kontext belebt sich die Imagination; und da die Lust nicht in gleitenden Übergängen und harmonischen Steigerungen, sondern in der Suspension der Natürlichkeit und Totalität eines Kontextes und im instantanen Sichausspannen eines anderen Kontextes zustandekommt, kann sie nicht als ruhig sich steigernder und ausschwingender Genuß, sondern nur im hektisch-rhythmischen Ausdruck [nämlich im Lachen, SÇ] realisiert werden.[135]

---

130 Ebd.

131 Vgl. ebd.

132 Vgl. ebd., Hervorhebung im Original.

133 Vgl. ebd., S. 385f.

134 Vgl. ebd., S. 386.

135 Vgl. ebd., S. 388. Dies erinnert auch an Kants Beschreibung des Lachens als eine schnelle Hin-und-Her-Bewegung.

Gleichzeitig entspricht das Konzept der Freien Komik unserer an Palmer angelehnten HUMOR-Definition[136], in der neben Produzenten, Rezipienten und Botschaft vor allem der Kontext von entscheidender Bedeutung ist. Allerdings spielt der Kontext bei Henrich nicht nur eine Rolle bei der Beurteilung dessen, *was* komisch ist, sondern seine Verschiebung ist zwingende Voraussetzung dafür, *dass* überhaupt etwas komisch ist.
Soviel zum Entstehen der Freien Komik. Was ihre Wirkung anbelangt, so betont Henrich den Unterschied zur *be*freienden Komik, deren Tradition Freud begründet hat.[137] So ursprünglich die freie Komik ist, so simpel und rein von anderen Funktionen oder Affekten ist auch das Lachen, das sie hervorruft. Die befreiende Wirkung von Komik kann unter bestimmten Umständen hinzukommen, ist jedoch begrifflich von der Freien Komik zu trennen:

> Beide sind Weisen der Kontextverschiebung. Setzt aber der Übergang zum zweiten Kontext, der in der freien Komik nur instantan eine neue und unvorhersehbare Möglichkeit der Zuordnung eröffnet, zugleich auch noch die Lebensbewegung aus einer als Last erfahrenen Bindung frei, so verbindet sich die Freude am instantanen Übergang als solchem mit der Freude des in dem einen, dem neuen Kontext überhaupt erst in seine eigentlich Stärke kommenden Lebens. Hier schüttelt dann das Lachen etwas ab: den Kontext, der die falsche Norm, Vorgabe, Bindung gewesen ist.[138]

Um befreiend zu wirken, muss eine komische Veränderung zwischen bestimmten Kontexten stattfinden, etwa, um mit Freud zu sprechen, zwischen dem gehemmten und dem ungehemmten Zustand. „In der freien Komik erfolgt der Umschlag aber nicht zugunsten eines der Kontexte und zuungunsten eines anderen“.[139] Auch der Freien Komik kann man zwar ein Element der Befreiung im weitesten Sinne zusprechen, aber sie ist in jeder Hinsicht wertfrei, und damit in ihrer Wirkung auch unabhängiger vom Inhalt der betreffenden Kontexte, als die befreiende Komik:

> Die Befreiung, die statthat, ist also die der Imagination selbst, somit allenfalls eine Befreiung von Normalität, aber nicht von irgendeiner

[136] Vgl. Kapitel I 1.3.

[137] Vgl. Freud 2004 und Kapitel I 1.2.

[138] Henrich 1976, S. 388.

[139] Vgl. ebd., S. 388f.

> bestimmten Norm und Gebundenheit. Ist die Komik die der Befreiung, so bleibt sie auch auf das, was sie auflöst notwendig bezogen und gewinnt ihre Lust stets nur aus dem Bewußtsein dessen, was nicht mehr gilt. Die freie Komik ist aber auf sich als Bewegung bezogen und insofern von dem, woraus sie sich ergibt, auch unabhängig.[140]

Henrich vergleicht die freie Komik in dieser Hinsicht mit Kants Begriff des „freien Spiels", das ebenfalls wert- und zweckfrei existiert.
Abschließend weist Henrich auf die Gutmütigkeit hin, die dem Lachen über freie Komik innewohnt und damit auch jedem anderen Lachen über HUMOR (explizit benennt Henrich wieder die befreiende Komik) stets immanent ist:

> Wenn es wahr ist, daß dem Lachen der Befreiung das Lachen der freien Komik notwendig innewohnt, so hat dies die für eine menschenfreundliche Anthropologie willkommene Perspektive, daß auch noch das Lachen der Befreiung, das der Satire eingeschlossen, in der Freude der Erfüllung überhöht werden kann. Das kann deshalb geschehen, weil die freie Komik, in der sich das Lachen nicht so sehr abstößt als aufschwingt, auch die Komik der Befreiung überhaupt erst möglich macht.[141]

Dieser „menschenfreundlichen" Analyse von HUMOR wird an dieser Stelle keineswegs widersprochen. Doch soll bereits hier gesagt werden, dass die Forscher gerade in Bezug auf kindlichen HUMOR auffallend bemüht sind, diesen von aggressiven Tendenzen freizusprechen. Ob kindlicher HUMOR tatsächlich immer so unschuldig ist, wird später noch zu diskutieren sein.

Hermann Helmers 1965: Sprache und Humor des Kindes

Der Soziologe Hermann Helmers nähert sich dem kindlichen HUMOR von der Muttersprache her. Seiner Theorie zufolge bedingt der fortschreitende Erwerb der Muttersprache die Entwicklung des kindlichen HUMORS, womit Helmers behauptet, HUMOR äußere sich ausschließlich sprachlich. Der Grund für die Verknüpfung liegt in der Bedeutung, die HUMOR und Sprache für das Kind haben: Beide dienen der Sicherheit des Kindes, dem Gefühl einer Geborgenheit, mithilfe derer das Kind in der Welt zurechtkommt. In der Muttersprache erfährt das Kind eine Ordnung, eine Welt, in der

140 Vgl. ebd., S. 389.

141 Vgl. ebd.

Grenzen gesteckt sind. Es nimmt an, dass die ganze Welt ebenso sicher und geordnet ist wie die Sprache. Mit HUMORvollen Regelbrüchen erforscht das Kind die Grenzen der Sprache. Wie schon in Kapitel I 1.3 dargelegt, werden die Regeln gerade durch ihre Verletzung bestätigt, wobei das Kind weder die gesteckten Grenzen noch ihre Übertretung im Schutze des HUMORS als einengend beziehungsweise bedrohlich empfindet.

Die Entwicklung des kindlichen HUMORS durchläuft nach Helmers drei Stufen: Zunächst werden Regelbrüche, die auf vom Beobachter überwundener Unwissenheit beruhen, als komisch empfunden. Die zweite Stufe besteht darin, dass das Kind bewusst Regelbrüche vornimmt, um einen komischen Effekt zu erzielen. Es ist jetzt in der Lage, selbständig HUMOR 2 zu produzieren. Auf der dritten Stufe abstrahiert das Kind weiter von der Sprache. Es beherrscht die Regeln so gut, dass es spielerisch mit ihnen umgehen und die Sprache wie einen Baukasten benutzen kann, aus dem es einzelne Elemente nach Belieben neu kombiniert. Der konkrete Effekt tritt in den Hintergrund, attraktiv und komisch sind nun das Spiel mit der Regelhaftigkeit beziehungsweise der Regelbruch an sich. In der weiteren Entwicklung verliert das Kind die Vorstellung einer durch und durch geregelten Welt und damit seine Sicherheit. So geht auch der typisch kindliche HUMOR verloren, bzw. er verwandelt sich in den erwachsenen.

Auch die „Motive des kindlichen Lachens", die Helmers untersucht, folgen in ihrer Entwicklung den drei Stufen. Der erste Typ sprachlicher HUMOR 2, an dem ein Kind sich erfreut, bezeichnet Helmers als „sprachliche Fehlleistung eines Dritten".[142] Hierbei wird die Sprachnorm durch die Verwendung eines falschen oder verfälschten Wortes durchbrochen, etwa „lischen" statt ‚fischen'.[143] Jedoch nicht nur solche unfreiwilligen Wortneubildungen sind komisch. Der Begriff „sprachliche Fehlleistung" umfasst auch die Verwechslung, Fehlbetonung von Wörtern oder das Stottern, das ein Wort verfremdet. Neben der sprachlichen Fehlleistung gehören zwei weitere Elemente zu dieser speziellen komischen Situation: Erstens ist die Anwesenheit mehrerer Personen erforderlich, und zweitens darf das Kind sich nicht mit dem Fehlenden identifizieren. Das heißt: Der Fehlende muss der Außenseiter in einer Gruppe sein, was die fehlerhafte Abweichung von der Norm unterstreicht.[144] Die Distanz zu diesem Außenseiter verhindert, dass die Komik der Situation in Mitleid umschlägt. Das Kind erfreut sich angesichts

[142] Helmers 1965, S. 30.

[143] Vgl. ebd.

[144] Vgl. ebd., S. 31–33. Helmers weist darauf hin, dass viele der von ihm gesammelten Berichte den Produzenten der Fehlleistung ein Attribut zuweisen, das einerseits die Außenseiterrolle

der sprachlichen Fehlleistung eines Dritten an der eigenen, vergleichsweise sicheren Beherrschung der Sprache.
Die Komik der Situation entsteht aber nach Helmers nicht allein aus dem Überlegenheitsgefühl heraus. Das veränderte Wort ist an sich komisch, was Helmers auf die Normverletzung, die die Fehlleistung darstellt, zurückführt (s.o.). Gleichzeitig lässt sich auch hier Henrichs Konzept der freien Komik nachvollziehen: Das bereits zitierte Wort „lischen" ließ im Kontext noch das eigentlich gemeinte „fischen" erkennen, da lediglich der erste Laut fälschlicherweise ausgetauscht wurde. In einigen Fällen entsteht HUMOR 2 außerdem durch eine ungewollte Ähnlichkeit des falschen Wortes mit einem anderen, etwa „Dachdrecker" (statt Dachdecker")[145], was an das Wort <Dreck> erinnert. In diesem besonderen Fall kommt obendrein noch die kindliche Lust am Tabubruch hinzu, da <Dreck> meist Gegenstand von Verboten ist.[146]
Damit das Kind über die reine Fehlleistung lacht, muss sie deutlich erkennbar sein. In diesem Sinne lässt sich der empfundene Reifeabstand weniger als Lust an der Überlegenheit, als vielmehr eine Hilfe zur Bestätigung der Norm und der Normverletzung auffassen. Helmers weist darauf hin, dass Fälle, in denen sich ein Klassenkamerad verliest, ebenfalls Lachanlässe sind, ohne dass jedoch die fehlende Person als „klein" oder „dumm" klassifiziert wird.[147] „Dafür aber tritt umso häufiger das Attribut ‚falsch' auf [...] ‚Falsch' lenkt das Augenmerk eindeutig auf den Sachverhalt – hinweg von dem Fehlenden. Nicht mehr dieser steht im Vordergrund der Aussage, sondern der komische Sprachverhalt."[148]
Selbst das Lachen über Betrunkene oder Stotternde sind laut Helmers nicht als (reines) Verlachen zu werten, da dem Kind noch die notwendige Empathie fehle, um sich in die Situation der betroffenen Person hinein zu versetzen und Mitleid zu empfinden.[149] Deutlich zeigt sich hier wieder das oben erwähnte Bemühen des Forschers, kindliches Lachen von niederen Motiven

markiert und andererseits eine Erklärung für die Fehlleistung bietet, etwa „klein", oder, wenn die Fehlleistung innerhalb der Gleichaltrigengruppe geschieht, „dumm".

145 Vgl. ebd., S. 32.

146 Vgl. zu HUMOR durch Beschmutzen und Beschmieren auch Lypp, 1986.

147 Vgl. Helmers 1965., S. 34.

148 Vgl. ebd., S. 34f.

149 Es ist möglich, dass Helmers hier das Empathievermögen von Kindern unterschätzt. Der Bericht über einen Betrunkenen, der etwa „Ab haut" statt „haut ab" sagt, stammt immerhin von einem Zwölfjährigen. Man kann durchaus geteilter Meinung darüber sein, ob sich bei Kindern oder Jugendlichen dieses Alters, auch in den 50er und 60er Jahren, tatsächlich

freizusprechen. Grundsätzlich ist jedoch Helmers' Einschätzung von der sprachlichen Fehlleistung als einem Lachanlass, der nicht ausschließlich im Überlegenheitsgefühl gegenüber dem Fehlenden wurzelt, zuzustimmen. Helmers weist weiter darauf hin, dass auch kindliches Lachen eine Leistung voraussetzt, da HUMOR als solcher mittels einer Selektionsleistung identifiziert werden muss. Damit ist die kognitive Voraussetzung erfüllt, selbst willkürlich HUMOR zu produzieren, und die zweite Stufe in der Entwicklung des HUMORS erreicht. Nach Helmers ähneln frühe Witze zunächst stark den Berichten über tatsächlich erlebte komische Situationen. Zusätzlich verursacht jedoch die sprachliche Fehlleistung in den Witzen eine Sinnverschiebung, die die eigentliche Pointe des Witzes darstellt. Nicht immer unterscheiden Kinder zwischen dem Vergnügen an der sprachlichen Fehlleistung als solcher und der Doppeldeutigkeit, wie an diesen Witz-Versionen deutlich wird:

> Ich habe einen guten Witz gehört, der war von einem Mann, der Kohlen verkaufte. Der ging durch die Straßen und schrie immer etwas ganz Komisches, er schrie nämlich Br-Br-Br-Br-Br-Briketz [sic]. […] ([Mädchen], 9 J.)
> Ein Mann lief durch die Straßen und schrie immer Ei-ei-Eierkohlen. Da kam ein Polizist und sagte: Du hast doch keine Eierkohlen in diesem Wagen, sondern Brieketz [sic]. Da sagte der Mann: Wenn ich Br-Br-Brieketz [sic] sage, bleibt mein Pferd immer stehen. ([Junge], 11 J.)[150]

Hier lässt sich deutlich der Unterschied im Entwicklungsstand ablesen. Für das Mädchen liegt der HUMOR noch in der sprachlichen Fehlleistung allein, so dass sie die eigentliche Pointe übergeht. Diese offenbart sich erst in der Version des älteren Jungen.
Die dritte Stufe wirkt auf den ersten Blick nicht gravierend anders als die zweite, aber auch sie basiert auf einer entscheidenden Weiterentwicklung des Sprachvermögens. Nun beherrscht das Kind die Regeln der Muttersprache so gut, dass es Fehlleistungen, oder besser Normbrüche verschiedener Art bewusst produzieren kann. Helmers zufolge erreichen Kinder diese Entwicklungsstufe etwa im Alter von zehn Jahren. Im Unterschied zu den beiden vorherigen Stufen ist ein Dritter als HUMORproduzent nicht mehr

kein Einfühlungsvermögen gegenüber einem Betrunkenen voraussetzen lässt. Vgl. ebd., S. 35.

150 Ebd., S. 39.

notwendig. Helmers betont ausdrücklich die Wichtigkeit des Spiel-Elements bei dieser Art kindlicher HUMOR-Produktion:

> Zu dem [...] fiktiven Überlegenheitsgefühl tritt eine gewisse Spiel-Lust: man spielt mit den sprachlichen Möglichkeiten im Sinne des faktischen Schemas. Solche Spiel-Lust läßt schon früh das Schema der Fehlleistung durch einen Dritten fallen und begnügt sich mit dem reinen Um- und Abbau der Sprachelemente.[151]

Dies geschieht durch verschiedene Techniken, je nach Alter der Kinder. Bereits im Vorschulalter verändern Kinder etwa einzelne Laute, wobei sie einem bestimmten Muster als einer Art „Anti-Norm"[152] folgen, etwa so: „‚Helmers, Belmers, Zelmers...'".[153] Später beginnt die bewusste Produktion komischer Sprachverhalte auf der semantischen Ebene, wie in dem Bericht eines Zehnjährigen:

> Einmal ging ich mit meinem Bruder zu unserer Tante. [...] Als wir dann zum Essen bleiben sollten, sagte er beim Essen: „Alud, soll ich denn mit Forke essen." [...] und meine Tante sagte: „Aber Klaus, das heißt doch Gabel." Da sagte er: „I, ich esse noch [sic] mit Gabel, ich esse mit Forke. Mein Opa gibt die Kühe mit Gabel das Heu."[154]

Hier wird HUMOR produziert, indem Begriffe aus dem tierischen und menschlichen Bereich ausgetauscht werden. Diesen Effekt bezeichnet Helmers als „zentrifugale Tendenzen innerhalb der Sprache"[155], das heißt, die Sprache tritt über ihre Rolle als Medium zur Vermittlung von Sinn hinaus und erhält eine Faszination in sich selbst. Hat das Kind diese Kräfte einmal erkannt, so ist es auch in der Lage, Wörtern einen Doppelsinn zuzuweisen. Eine Dreizehnjährige erzählt beispielsweise diesen Witz: „Ein Hausierer klingelt an der Tür von Professor Abendschein und fragt: ‚Hosenträger gefällig?' Da sagt der Professor Abendschein: ‚Nein, danke, meine Hosen trage ich selbst.'"[156] Das Sprachspiel ist geboren.

---

[151] Vgl. ebd., S. 64.

[152] Vgl. ebd., S. 106.

[153] Vgl. ebd.

[154] Vgl. ebd., S. 92.

[155] Vgl. ebd., S. 93 sowie S. 51ff.

[156] Ebd., S. 93. Fehlen der Anführungszeichen der zweiten direkten Rede im Original.

Auch in der Schicht des Satzes können sowohl das Sprachmaterial als solches als auch der Sinn verändert werden. Ersteres beginnt bei der Akzentverschiebung, die völlig normale Aussagen wie magische Formeln klingen lassen. Was so klingt: [dí:kurántum de:nklérum] ist die verzerrte Version des Satzes „Die Kuh rannt' um den Klee 'rum".[157] Eine andere Möglichkeit, Sätze zu verfremden bietet das Spiel „Onkel Fritz sitzt in der Badewanne"[158], bei dem die Teilnehmer eben diesen Satz vorgelegt bekommen und jedes Wort durch ein anderes der gleichen Wortart ersetzen müssen. So entsteht etwa der „lustige Satz [...], Oma Wiltrud fegte der Torfkasten in kleine Badewanne".[159] Die syntaktische Struktur bleibt intakt wobei der Sinn verloren geht. Helmers betont, dass es diese eigentliche Vertrautheit mit den Regeln ist, die den bewussten Bruch möglich macht. Dies ist entscheidend für seine Vorstellung von der Funktion sprachlichen HUMORS.

Die letzte Stufe der kindlichen Sprach- und HUMORentwicklung ist erreicht, wenn „übersatzmäßigen Figuren"[160] gebildet werden um neuen (Un-)Sinn zu erzeugen: „‚Die Blumen ziehen am Himmel dahin. Auf der Wiese stehen viele Wolken. [...]'".[161]

Die Wirkung komischer Sprachverhalte führt Helmers also auf das bewusste wie unbewusste Spiel mit den Regeln der Sprache zurück. Die zeitweilige Aufhebung der Regeln ist letztlich ihre Bestätigung, welche das Kind nach Helmers als angenehm empfindet: „Es ist, wie wir glauben, das Gefühl des Geborgenseins in der geordneten Welt der Muttersprache, das im Lachen durchbricht und als Freude empfunden wird."[162]

Helmers Arbeit ist eine der umfassendsten Theorien zu HUMOR der Sprache. Mit ihr hat Helmers die Relevanz von HUMOR für praktische und entscheidende Bereiche des Lebens etabliert sowie ihm eine pädagogische Bedeutung zugewiesen.

---

[157] Vgl. ebd., S. 95.

[158] Ebd.

[159] Vgl. ebd. Dafür, dass der Originalsatz keine Entsprechungen zu „der Torfkasten" enthält, liefert Helmers keine Erklärung.

[160] Ebd., S. 99.

[161] Vgl. ebd. Derartige Vertauschungen bezeichnet Helmers als „Verkehrte Welt". Wiewohl solche Verkehrungen und Verschiebungen in erster Linie als situativ bedingter HUMOR 2 wirken (und in dieser Arbeit auch als solche behandelt werden), fand Helmers bei seiner Studie heraus, „daß das Kind auch in den Bereichsverschiebungen weitgehend – im Gegensatz zum Erwachsenen – die materiale Sprachveränderung als grundlegend komisch begreift und die Sinnverschiebung oft als sekundär nur mitnimmt." (Vgl. ebd., S. 101.)

[162] Vgl. ebd., S. 62.

Marion Bönsch-Kauke 1999: Wie Kinder witzig sind

Eigentlich wollte die Psychologin Marion Bönsch-Kauke in ihrer Langzeitstudie von 1992 bis 2000 die „kooperativen kompetitiven und konflikthaften Interaktionen und Beziehungen"[163] zwischen den Schülern untersuchen. Schnell bemerkte die Forscherin jedoch, dass HUMOR ein wichtiger Faktor in der Regelung dieser Beziehungen ist. Daher stellte sie sich fortan die Fragen, in welchen verschiedenen Stadien sich die Entwicklung der selbstständigen HUMORproduktion in den untersuchten Altersgruppen vollzieht, ferner welche Techniken die Kinder dabei gebrauchen und ob einige dieser Techniken typisch für bestimmte Entwicklungsniveaus sind.[164] Im Verlaufe ihrer Studie konnte Bönsch-Kauke 13 verschiedene Techniken[165] zur HUMORkreation feststellen, von denen hier jedoch nur die wichtigsten wiedergegeben werden.

HUMOR ist nach Bönsch-Kaukes Definition „eine Kategorie sozialen Verhaltens und Erlebens, wodurch Unvereinbarkeiten (Konflikte, Ambivalenzen, Unsicherheiten, Ängste und Widersprüche) im Zusammenleben spielerisch kreiert, erheiternd verstanden und zunehmend witzig aufgelöst werden."[166] Diese Definition erinnert durch ihre Einbeziehung der sozialen und situativen Dimension an Palmers HUMOR-Verständnis. Zugleich schließt sie aber auch einen Teil dessen ein, was in dieser Arbeit als HUMOR 1 bezeichnet wird. Lediglich die Funktion von HUMOR engt Bönsch-Kauke in ihrer Studie auf die der Konfliktlösung ein.

Die identifizierten Techniken beziehen sich sämtlich auf sprachlichen HUMOR 2, wobei dieser durch Grimassen oder Bewegungen unterstützt werden kann. Dabei erinnern die Techniken der Variation, des Ersetzens und des Zufügens an Helmers' Ausführungen. In der Lautschicht, um Helmers' Terminologie zu gebrauchen, ist dies häufig mit der Vorliebe für Reime verbunden, etwa: „‚Du hast eine Fussel im Haar, du Dussel'".[167] Beim Ersetzen einer Wortbedeutung durch eine mögliche andere entsteht ein Doppelsinn. So fragt ein Schüler auf die Information hin „‚Ihre Tochter hat die Kätzchen

[163] Strassmann 2003.

[164] Vgl. Bönsch-Kauke 1999, S. 103.

[165] Genauer gesagt handelt es sich um zwölf verschiedenen Techniken, die sich, als dreizehnte Strategie, auch miteinander kombinieren lassen.

[166] Vgl. Kauke 1996, S. 400, zitiert nach Bönsch-Kauke 1999, S. 104.

[167] Vgl. Bönsch-Kauke 1999, S. 106.

bekommen'" gespielt naiv: „,Was? Bekommt die jetzt die kleinen Kätzchen?' (,Ich dachte die Katzenmutter brächte sie zur Welt?')"[168]

Beim Zufügen dagegen wird „durch Beimischen eines un(zu)gehörigen Attributs ein Handlungsmoment, Argument oder [ein] Gedanke komisch verändert"[169], was dem bei Helmers beschriebenen Austausch verschiedener Sinnbereiche entspricht. Als Beispiel gibt Bönsch-Kauke den Kommentar eines Zweitklässlers wieder, dessen Klassenkamerad die Spitze eines Bleistiftes in einen anderen Stift schiebt, dem die Mine fehlt: „,Ei guck mal, die heiraten gerade!'" Der Bereich der Sexualität wird hier auf die leblosen Stifte übertragen.

Ebenfalls bekannt ist uns der Widersinn, welcher nach Bönsch-Kauke durch die Techniken der Umkehrung erzeugt wird. Dies kann auch zur Provokation genutzt werden, wie die Behauptung eines Jungen beim Anblick der Spinne Schwarze Witwe im Lexikon: „,Die möcht' ich gern zum Kuscheln haben'".[170]

Dass auch Kinder zur Ironie fähig sind, beweist das Analogisieren, „eine Technik, die Ähnlichkeiten von komisch anmutenden Handlungsmomenten, Argumenten oder Gedanken" hervorhebt.[171] Oft dient dieses dazu, HUMOR 1 in unserem Sinne zu erzeugen und eine negative Situation ins Komische zu wenden. So neckt eine Schülerin ihre Klassenkameradin, die Mühe hat, der Stunde zu folgen: „Frohe Weihnachten, Agatha".[172] Eine vor angehende mitfühlende Frage nach ihren Schwierigkeiten markiert den Satz dabei eindeutig als HUMOR. Ähnliche Effekte lassen sich durch komische Vergleiche hervorrufen, bei denen bewusst wesensfremde Dinge zueinander in Beziehung gesetzt werden. So wird ein herabfallender Blumentopf zum „Erdbeben in Tokyo!".[173] Weitere beliebte Techniken sind nach Bönsch-Kauke das Nachäffen Anderer sowie die Übertreibung.

Hinsichtlich seiner sozialen Funktion schildert auch Bönsch-Kauke HUMOR als einen Schutz- und Experimentierraum. Allerdings geht es hier, anders als etwa bei Bachtin, nicht nur um die ausnahmsweise Befreiung aller sozialen Regeln, wobei auch das eine Rolle spielt, sondern ebenso um das Ausprobieren von HUMOR selbst. Herabsetzungen wie „,Die kann mich mal in den

---

168 Vgl. ebd., S. 107.

169 Vgl. ebd., S. 105.

170 Vgl. ebd., S. 106.

171 Vgl. ebd.

172 Vgl. ebd.

173 Vgl. ebd., S. 107.

Tiffel tuten!'"[174] oder der Gebrauch derber Ausdrücke wie „ ‚[...] frier dir nicht den Arsch ab!'"[175] sind einerseits wohl durch den Verstoß gegen die soziale Regel, die dergleichen Ausdrücke verbietet, komisch (im Falle des ersten Zitats außerdem durch das Spiel mit Lauten). Gleichzeitig wird mit solchen Scherzen, denen Erwachsene meist nur wenig abgewinnen können, jedoch der HUMOR selbst eingeübt. Bönsch-Kauke verhehlt also nicht, dass Unterschiede zwischen kindlichem HUMOR und demjenigen der Erwachsenen bestehen, wobei sie sich jedoch weigert, die beiden hierarchisch abzustufen. Im Interview befragt, ob jemand, der das von ihr als Kinderhumor genannte Beispiel „drinne, dranne, drumme" nicht lustig finde, humorlos sei, antwortet sie: „Die üben doch! Da missglückt natürlich vieles."[176] (Allerdings trifft dies auch auf von Erwachsenen produzierten HUMOR 2 zu.) Bönsch-Kaukes Studie beweist, dass bereits junge Kinder durchaus zu großer Kreativität bei der Produktion und beim Verständnis von HUMOR 2 fähig sind.

Der Überblick über die drei besprochenen Theorien zeigt, dass in der Forschung beinahe ausschließlich HUMOR 2 mit Kindern in Verbindung gebracht wird. Möglicherweise geht dem HUMOR 1, der gelassenen Einstellung zur fehlerhaften Welt, eine so lange psychische Entwicklung voraus, die erst im Erwachsenenalter abgeschlossen sein kann, wie Helmers es darstellt. Andererseits könnte gerade das unbekümmerte Lachen des Kindes über eigentlich negative, traurige Sachverhalte als der vollkommen HUMORvolle Umgang mit diesen negativen Erfahrungen betrachtet werden. Im Unterschied zum HUMOR 1 des Erwachsenen ist dieser kindliche HUMOR 1 allerdings keine bewusste Leistung. Es hat den Anschein, dass auf das sorglose Lachen des Kindes die sorgenvolle Erkenntnis des Erwachsenen folgt, wie Vieles in der Welt unvollkommen und negativ ist. Erst daraus kann sich der HUMOR 1 als Überwindung dieses Kummers entwickeln. Einschlägige Forschungen dazu fehlen bisher. In der vorliegenden Arbeit wird jedoch die These vertreten, dass HUMOR 2 ein wichtiges Element für das Erlernen von HUMOR 1 darstellt, wie später noch dargelegt werden wird.

---

174 Ebd.

175 Vgl. ebd., S. 109.

176 Strassmann 2003.

Spaß – Das ist etwas, was sein muß
Vera Leon (Hg.): Ohne Liebe wär' ich futsch. Kinder reden über alles
S. 84.

2 HUMOR in der Kinder- und Jugendliteratur

Auf die zweifache Definition von HUMOR als allgemeines Phänomen und die Einsichten in den spezifisch kindlichen HUMOR (2) folgt nun eine weitere Einengung des Blickwinkels auf den HUMOR in der Kinder- und Jugendliteratur, was die letzten notwendigen Voraussetzungen für die Analyse des HUMORS in Kästners Kinderliteratur liefern wird. Zunächst jedoch eine kurze Einführung zum Verhältnis von HUMOR und Literaturwissenschaft im Allgemeinen.

2.1 HUMOR und Literaturwissenschaft, ein vernachlässigtes Thema

Die deutschsprachige Forschung beschäftigt sich immer noch vergleichsweise wenig mit dem Komischen, oder dem Lachen (was dann wieder ganz auf Seiten des Subjektes steht). Beispiele für solche rühmlichen Ausnahmen auf dem Gebiet der Erwachsenenliteratur, die hier näher vorgestellt werden sollen, sind etwa Thomas Anz (2002), Thomas Georg Ringmayr (1994)[177] oder auch Dieter Henrich (1977), dessen Ansatz bereits dargestellt wurde.

Thomas Anz (2002) und Thomas Georg Ringmayr (1994): Warum so ernst?
Seinen Band *Literatur und Lust* (2002), ein Plädoyer für die Entdeckung der Lust an Literatur durch die Literaturwissenschaft, beginnt Anz mit einem Zitat von Terry Eagleton: „Der Grund, warum die große Mehrheit aller Leute Gedichte, Romane und Stücke liest, liegt darin, daß sie sie vergnüglich findet. Diese Tatsache ist so offensichtlich, daß sie an Universitäten kaum jemals erwähnt wird.“[178]
Den Grund für die Emotions- und Lustlosigkeit der modernen Literaturwissenschaft sieht Anz in Traditionen, die bis zu einem fälschlich verkürzten

---

177 Es ist in diesem Zusammenhang bezeichnend, dass Ringmayr seine Dissertation über *Humor und Komik in der deutschen Gegenwartsliteratur* nicht in einem der deutschsprachigen Länder veröffentlichte, sondern an der University of Washington.

178 Vgl. Terry Eagleton: *Einführung in die Literaturtheorie*. Stuttgart: Metzler 1988, S. 184. Zitiert nach Anz 2002, S. 7.

Zitat von Horaz zurückreichen. Der meistzitierte Vers aus dessen *Ars Poetica* lautet nach Anz: „*Entweder* nützen *oder* erfreuen wollen die Dichter..."[179] Vollständig jedoch lautet der Vers: „...oder *zugleich* was erfreut und was nützlich fürs Leben ist, sagen."[180] Mit der Verkürzung war der Gegensatz zwischen Lust und Wert, zwischen HUMOR und Anspruch geboren. Die Wiederentdeckung der Lust an Literatur setzt für Anz in der Postmoderne ein; maßgeblich für diese Trendwende ist vor allem mit Roland Barthes' Werk *Le Plaisir du Texte* (1973). Dass die Literaturwissenschaft sich von den emotionalen Dimensionen des Textes weiterhin fern hält, begründet Anz teilweise damit, dass Barthes selbst nicht zur wissenschaftlichen Erforschung des Phänomens ermutigt: „,Die Lust am Text', erklärt der Essay gleich zu Beginn, könne *,sich niemals erklären'*."[181]

Obwohl sich mittlerweile durchaus Forscher mit Themen wie Lust am Text oder auch HUMOR befassen, bleibt die Dichotomie zwischen Unterhaltung und Anspruch weiterhin spürbar. Freilich ist die beim Leser evozierte Lust nicht das einzige Qualitätsmerkmal eines Textes (ebenso wenig wie HUMOR). Anz wendet sich lediglich gegen das tief sitzende Vorurteil, was nur einer Elite zugänglich (gemacht) ist, sei prinzipiell hochwertig wohingegen das, was Vielen gefällt, prinzipiell minderwertig sei. Gerade in Bezug auf HUMOR lässt sich nach wie vor die Tendenz beobachten, ihn nur zu untersuchen, indem er zum bloßen Vehikel bestimmter Botschaften degradiert wird. Auch gegen diese Tendenz wendet sich Anz. Im Kapitel über die Lachlust zitiert er Robert Gernhardt, der eine moralische Bewertung von HUMOR „programmatisch zurück[weist]". „Wo [...] ,der sittliche Wert der Komik' betont wird, so Gernhardt, werte man das ,Lustmoment' ab."[182]

Zugegeben: Auch die Verfasserin dieses Buches zollt dem Wissenschaftsverständnis der Aufklärung ihren Tribut und nähert sich Kästners HUMOR textanalytisch. Die Untersuchung der tatsächlichen Leserreaktion müsste eine rezeptionswissenschaftliche Studie sein, was im Rahmen dieser Arbeit weder Ziel noch umsetzbar war. Allerdings stellen Anz' Äußerungen ein wichtiges Argument für die Anerkennung von Unterhaltung als eine selbstständige Funktion von HUMOR dar, deren Relevanz sich auch in der Analyse von Kästners Kinderbüchern zeigen wird.

[179] Horaz: *Ars Poetica*, Vers 333–344, zitiert nach Anz 2002, S. 23, Hervorhebung SÇ.

[180] Vgl. ebd., Hervorhebung SÇ.

[181] Vgl. Roland Barthes: *Die Lust am Text*. Frankfurt a.M. 1974, S. 7. Zitiert nach Anz 2002, S. 21. Hervorhebung im Original.

[182] Vgl. Anz 2002, S. 203. Originalzitat aus Robert Gernhardt: *Was gibt's denn da zu lachen? Kritik der Komiker, Kritik der Kritiker, Kritik der Komik*. Zürich 1990, S. 455.

Wie Anz, eher noch in schärferem Tonfall, kritisiert auch Ringmayr die Aussparung unterhaltender Elemente als solcher durch die Literaturwissenschaft, wobei er sich hauptsächlich auf HUMOR bezieht.[183] Ein Hauptproblem sieht er bereits in der Kanonbildung und damit der Auswahl derjenigen Texte, die überhaupt untersucht werden. „Aus Zeitersparnis und mangels praktikabler Alternativen wird dabei [bei der Kanonbildung, SÇ] auf das Urteil anerkannter Kritiker zurückgegriffen, von denen man sich mindestens [...] die Anregung zur Lektüre eines bestimmten Autoren oder Buches holt."[184] Ringmayrs Ansicht nach basiert die Bewertung von Literatur (nicht nur durch Experten) auf zu wenigen und zu engen Kriterien, als dass sich ein repräsentativer Kanon bilden könnte. Faktoren wie Unterhaltungswert oder Komik werden dabei nicht berücksichtigt oder nicht als selbstständige Werte anerkannt, was für Ringmayr ein Schlüsselproblem darstellt. Leicht boshaft formuliert er:

> Daher kommt es [...] daß Autoren mit identifizierbarer (oder vermeintlich identifizierbarer) *message* ein weit höherer Stellenwert zuerkannt wird als demjenigen, der „nur unterhalten" will, und da selbst dort, wo möglicherweise der letztere [sic] mit deutlich höherer Fertigkeit unterhält als der erstere [sic] gängige Plattitüden verbreitet. [...] ich bin der Meinung, daß sich „literarische Qualität" in der Wertung der meisten Kritiker heute in viel zu starkem Maße vom identifizierbaren und leicht etikettierbaren Mitteilungswert und bei weitem zu wenig von eigentlich und wesentlich literarischen (auch: „ästhetischen", „spielerisch-unterhaltenden" oder „handwerklich-stilistischen") Faktoren abhängig macht [...].[185]

Nach seinem leidenschaftlichen Plädoyer für die Wertschätzung von Unterhaltung und HUMOR (welchen er mit Komik gleichsetzt) wendet sich Ringmayr der Untersuchung derjenigen Elemente zu, welche die postmoderne Literatur als solche und insbesondere die komische konstituieren. Ausgehend von Aristoteles schreibt auch Ringmayr der Inkongruität als Auslöser von Komik eine zentrale Stellung zu, wobei zwei Schritte von der Inkongruenz zum Lachen führen. „Komikrezeption basiert sodann auf einem

[183] Ähnlich wie die vorliegende Arbeit widmet sich auch Ringmayrs Dissertation dem HUMOR innerhalb bestimmter Werke, nämlich bei den Autoren Arno Schmidt, Eckhard Henscheid und Robert Gernhardt.

[184] Vgl. Ringmayr 1994, S. 5.

[185] Vgl. ebd., S. 6. Bedauerlicherweise führt Ringmayr hier keine Beispiele für gute Unterhaltung, bzw. „gängige Plattitüden" an.

zweistufigen Vorgang: die Inkongruität wird wahrgenommen und aufgelöst, was fast immer im Lachen geschieht."[186] Wichtig für die vorliegende Arbeit ist eine Ausnahme, die Ringmayr einräumt: „Zwar läßt sich empirisch zeigen, daß beispielsweise Kinder gerade an unaufgelösten Inkongruitäten Freude haben [...]".[187]

Von dieser Grundlage ausgehend nennt Ringmayr die Verkleidung oder Travestie als weitere Quellen der Komik, da nach Bergson eine äußerliche Abweichung von der Norm die ursprünglichste Inkongruität ist.[188] Hinzutreten muss der persönliche Blick, welcher sich auf Details und Alltägliches richtet, also Kleinigkeiten, die mit den klassischen „großen" Themen der Literatur kollidieren und auf diese Weise wieder eine Inkongruenz erzeugen. Obgleich Ringmayr die Subversion nicht den Schlüsselelementen der komischen Literatur zuordnet, taucht sie auch hier als eine Begleiterscheinung auf. Aber sie ist nicht der einzige Effekt des Subjektivismus. Vielmehr geht jener mit dem einher, was Ringmayr zuvor als alleiniges Kriterium für literarische Qualität abgelehnt hatte: die Kultur- und Gesellschaftskritik. Als Satire nimmt humoristische Literatur das „‚Unbehagen an der Kultur' oder den jeweiligen Zeitumständen" auf.[189] In diesem Zusammenhang bedienen die Autoren sich häufig der Verfremdung, der Maskierung oder der Allegorie.

Ein Schlüsselelement postmoderner Literatur ist nach Ringmayr dagegen das Zitat, insbesondere seine Nutzung in der Montage- oder Collagentechnik, wobei die „Übernahme wörtlicher oder sinngemäßer Rede zu eigenen Zwecken, die, wenn sie den Originalquellen zuwiderlaufen, für witzigen Kontrast sorgen".[190]

Die bisher genannten Elemente bezeichnet Ringmayr als „‚notwendige Bedingungen'", zu denen nicht zwingend andere hinzutreten müssen, „damit im Einzelfall ein Text, der eine oder mehrere der aufgezählten Eigenschaften

---

186 Ebd., S. 48.

187 Vgl. ebd., Hervorhebung im Original. Obwohl Ringmayr keine Beispiele für solche von Kindern als komisch empfundene unaufgelöste Inkongruitäten nennt, ist hierin ein Grund dafür zu vermuten, dass Kinder oft Äußerungen belachen, welche Erwachsene nicht verstehen, wie es auch Bönsch-Kauke festgestellt hat. Sollte Ringmayrs These zutreffen, so läge eine Erklärung hierfür darin, dass der Erwachsene aufzulösen, also zu verstehen versucht, wo es nichts aufzulösen gibt, während dem Kind die Inkongruität, also der Normbruch, als solche(r) reicht.

188 Vgl. ebd., S. 48 und 49.

189 Vgl. ebd., S. 56.

190 Vgl. ebd., S. 58.

aufweist, tatsächlich komikerzeugend wirkt".[191] Zu diesen weiteren Elementen rechnet er den Manierismus[192], die Satire und die Parodie sowie die Groteske nach Bachtin. Sie alle vereinen sowohl Aspekte der Nachahmung oder des Zitats, der Verfremdung und natürlich wieder der Inkongruität in sich. Abschließend betont Ringmayr die Wichtigkeit des Spielerischen für die Komik, welche er als konstituierend für (post)moderne Literatur überhaupt betrachtet.[193]
Nachdem damit ein Eindruck von der Beschäftigung der Literaturwissenschaft mit Manifestationen von HUMOR (2) gewonnen wurde, geht es im Folgenden spezifisch um die kinderliterarische Komik.

---

191 Vgl. ebd.

192 Ringmayr versteht unter Manierismus „jede gegenklassische Haltung, die sich klassisch-strenger Ausdrucksformen zum Zwecke ihrer Überhöhung und Übertreibung, vor allem auch zum Zwecke eines subjektiven Ausdrucks bedient." (Vgl. Ringmayr 1994, S. 58.)

193 Vgl. ebd., S. 66.

Wer soll ihr Herz zum Lachen bringen? [...]
Doch nicht jene Ahnungslosen, die, weil Kinder
erwiesenermaßen klein sind, in Kniebeuge schreiben?
Erich Kästner: „Jugend, Literatur und Jugendliteratur"
Reden und Vorreden, EKW VI, S. 610.

2.2 Humor in Kinder- und Jugendbüchern: Kinder als Produzenten und Adressaten

Maria Lypp bemerkt in ihrem Beitrag zum Komischen in der Kinderliteratur richtig, dass kindliche Komik meist automatisch auf eine niedrigere Rangstufe verwiesen wird, wo es aber faktisch nicht hingehört: „[E]s [das Komische, SÇ] [ist] nicht ‚unten'; wir sind gewöhnt, das Kind dort zu sehen."[194]

Obwohl in der Lese- und Verfasserpraxis der Kinderliteratur Humor gefragt war und ist, gibt es nach wie vor wenige theoretische Ansätze, die das Phänomen im Allgemeinen betrachten. Die meisten Beiträge zum Thema befassen sich mit einem spezifischen Humor, das heißt, das Komische wird in bestimmten Werken bestimmter Autoren analysiert, so wie es auch in der vorliegenden Arbeit der Fall ist.[195] Daher würde es auch den Rahmen sprengen, Humor in Kinderliteratur allgemein und erschöpfend zu untersuchen. Stattdessen werden vier ausgewählte Ansätze vorgestellt, deren Ideen und Denkanstößen diese Arbeit besonders verpflichtet ist. Maria Lypps Beitrag, „Lachen beim Lesen – Zum Komischen in der Kinderliteratur (1986)" fällt dabei besonders große Bedeutung zu, da er der Erforschung kinderliterarischen Humors neuen Ansporn gegeben hat. Weniger erschöpfend, aber nützlich sind die Beiträge von Karl-Ernst Maier (1981) und Reinbert Tabbert (1984). Sie werden im Anschluss an die Darstellung von Lypps Ansatz in chronologischer Reihenfolge vorgestellt. Zunächst jedoch ein paar allgemeine Bemerkungen zur Geschichte der komischen Kinder- und Jugendliteratur und der entsprechenden Forschung, basierend auf aus Hans-Heino Ewers.

---

[194] Lypp 1986, S. 385.

[195] Weitere Beispiele für solche Arbeiten sind etwa: Dieter Petzold: ‚Schwarzer Humor' in den Kinderbüchern Roald Dahls. In: Ewers 1992, S. 151–172; Inge Wild: *Komik in den realistischen Jugendromanen Christine Nöstlingers*. In: Ewers 1992, S. 173–200 oder Bernhard Engelen: *Das kindliche Verhältnis zu den komischen Elementen in Kästners Pünktchen und Anton*. Monographien dieser Richtung gibt es bedeutend weniger, Beispiele sind Hildebrandt 1970 oder Grupp 1994.

Hans-Heino Ewers 1992:
HUMOR in Kinder- und Jugendbüchern und seine Erforschung

Hans-Heino Ewers gibt im Vorwort zu dem von ihm und Klaus Doderer herausgegebenen Band *Komik im Kinderbuch* (1992) einen kurzen historischen Abriss über HUMOR in Kinderliteratur und Kinderliteraturforschung des 20. Jahrhunderts. Darin stellt er fest:

> Mit dem Komischen, dem Heiteren, dem Humor in der Kinderliteratur sich zu befassen, gehörte zu den festen Bestandteilen der literaturpädagogischen Reflexion der 50er, 60er und noch der 70er Jahre. [...] Das Komische bzw. der Humor bilden einen wesentlichen Grundzug der Kinderliteratur dieser Epoche, wird doch die als autonom aufgefaßte Kindheit als heitere Daseinsform vom Ernst der Erwachsenenexistenz abgesetzt.[196]

Als einflussreichste Autoren dieser Zeit nennt Ewers Astrid Lindgren mit ihren frühen Werken, Ottfried Preußler, James Krüss und Michael Ende sowie die späten Kinderromane Kästners, etwa die *Kleiner Mann*-Bände. Für die 70er Jahre diagnostiziert Ewers das „Hervortreten und Überhandnehmen einer ernsten Kinder- und Jugendliteratur“ für den deutschen Sprachraum.[197] Entscheidenden Einfluss auf die Wiederentdeckung des HUMORS schreibt Ewers vor allem Maria Lypp zu, die mit ihrem Artikel „Lachen beim Lesen“ (1986) „der Reflexion über das Komische in der Kinderliteratur [...] einen neuen Anstoß“ gibt und „für die weitere Erörterung des Komischen in der Kinderliteratur neue Bahnen [absteckt].“[198] Auch Dieter Henrichs Theorie der Freien Komik von 1976 trägt zur Wiederbelebung dieser Forschungsrichtung bei.

Maria Lypp 1986 und 1992: Lachen beim Lesen

Der starke Einfluss auf die Erforschung, oder in erster Linie Wieder-Wahrnehmung HUMOR-voller Kinderliteratur, den Ewers dem Aufsatz von Maria Lypp bescheinigt, liegt vor allem in der Umsicht, mit der sie das vernachlässigte Thema behandelt. Das HUMOR-Verständnis von Kindern berücksichtigt sie ebenso wie die Darstellungsformen von HUMOR und die Position der Erwachsenen als Produzenten und Vermittler von Kinderliteratur.

---

196 Ewers 1992, S. 7.

197 Ebd.

198 Vgl. ebd., S. 8.

Besonders wichtig und völlig neu sind ihre Ausführungen zum Rang von Kinderliteratur und kindlichem HUMOR.

Lypp beginnt mit dem Hinweis darauf, wie ungehemmt das Kind seinem Vergnügen an komischen Texten Ausdruck verleiht, „es sich [ausschüttet] vor Lachen"[199] (wobei sie in Anlehnung an Bachtin bereits ausdrücklich auf die Körperlichkeit des Lachens hinweist). Allerdings ist dieses ungehemmte Lachen beim Lesen nicht von Dauer, „nicht nur weil die körperlichen Reaktionen kontrollierter werden, sondern auch weil die Anlässe zum Lachen sich in der Literatur der Erwachsenen weniger finden als in der [Kinderliteratur]."[200] HUMOR wird als fraglos positiv und wichtig dargestellt, ist dabei aber eindeutig Sache der Kinderliteratur. Das ist der erste Hinweis auf das „Rangproblem"[201], das Lypp konstatiert: „Denn was zur Domäne der [Kinderliteratur] erklärt wird, kann leicht zur Barriere werden, hinter der sie ein Sonderdasein führt […]."[202]

Als Wurzel des Bildes von der niedrigen oder anspruchslosen komischen Kinderliteratur sieht Lypp die allgemein anerkannte Voraussetzung, „daß der kindliche Leser viele Formen des literarische Komischen noch nicht verstehe und daß die [Kinderliteratur] sich daher auf besondere Formen der Komik beschränken müsse".[203] Dabei verwirft sie (ebenso wie später Bönsch-Kauke) entschieden eine Unterscheidung zwischen niederer kindlicher und höherer Erwachsenen-Komik:

> Diese Sicht beruht auf einem defizitären Bild vom kindlichen Leser und von der [Kinderliteratur], das die gewohnheitsmäßige Voraussetzung aller unserer Bestrebungen, sie zu fördern, ist. Für die Komik hat dies zur Folge, daß ihre Funktion weniger ästhetisch als pädagogisch bestimmt wird, wenn es darum geht, schwierige Themen auf leichte Art zu vermitteln, kognitive Anforderungen an den Leser durch entlastende Heiterkeit zu steigern oder einfach nur, die gewünschte Leselust zu wecken, steht die Bedeutung der Komik für Kinder außer Zweifel […]. Es ist aber die Frage, ob sich gegenüber der [Kinderliteratur] die Ansicht von […] einer niedrigen und einer höheren Komik halten lässt.[204]

---

[199] Vgl. Lypp 1986, S. 439.

[200] Vgl. ebd., S. 440.

[201] Vgl. ebd.

[202] Vgl. ebd.

[203] Vgl. ebd., S. 440.

[204] Vgl. ebd., S. 441.

Unbestritten lachen Erwachsene und Kinder über verschiedene Dinge, und zweifellos gibt es auch Unterschiede in dem, was jeweils verständlich ist. Diese Unterschiede sind jedoch nicht hierarchisch zu sehen. Im Gegensatz zu „komplexen Themen und Gegenständen“ finde „beim Verständnis des Komischen kein Übergang statt. [...] Es wird entweder belacht oder nicht.“[205] Dies gilt im Übrigen nicht nur für textuellen HUMOR. Auch Karin Gruß, die sich mit HUMOR in Bilderbüchern befasst, stellt fest, dass HUMORverständnis von altersspezifischen Erfahrungen und der jeweils möglichen Distanz zum Dargestellten geprägt ist.[206] Daraus leitet sie die wichtige Erkenntnis ab, dass für HUMOR nicht nur eine Altersgrenze nach oben besteht, sondern auch eine nach unten, da bestimmte Sachverhalte erst mit dem Wissen eines älteren Kindes als komisch erkannt werden können. Nichtsdestotrotz betont auch sie, dass sich verschiedene Altersgruppen schlicht an unterschiedlichen Arten von HUMOR erfreuen, ohne dass sich daraus eine Hierarchie ableiten lasse.

Deutlich stellt Lypp dar, dass kinderliterarische Komik nicht nur gerechtfertigt und in ihrem begrenzten Rahmen zu begrüßen, sondern der Komik in Erwachsenenliteratur an Rang ebenbürtig ist.

> Was als kindlicher Mangel erscheint, ist – wenn überhaupt – als beidseitiger Mangel zu sehen, besser aber als Differenz des Komikverständnisses. Sie ist Teil der umfassenden kommunikativen Differenz in der [Kinderliteratur], stellt aber offenbar die Verständigung zwischen erwachsenem Autor und kindlichem Leser sowie die Gemeinsamkeiten von Kinder- und Erwachsenenliteratur besonders auf die Probe.[207]

Lypp macht deutlich, dass Erwachsene sich nicht über kindlichen HUMOR erhaben fühlen, sondern ihn vielmehr als eine andere Form anerkennen sollten. Eingehend auf Henrichs Konzept der Freien Komik betont Lypp wiederum, dass es nicht um Abstufungen geht, sondern schlicht um einen

---

205 Vgl. ebd.

206 Gruß beschreibt eine Szene auf einem der Wimmelbilder in Ali Mitgutschs *Rundherum in meiner Stadt* (1968), nämlich einen Bauarbeiter, der sich sichtlich ungeduldig vor einem Klohäuschen krümmt. Gruß schildert die Reaktionen ihrer drei- und siebenjährigen Söhne: Während der jüngere großes Mitleid mit dem geplagten Bauarbeiter hatte, wollte der siebenjährige „sich ausschütten vor Lachen“. (Gruß 1994, S. 4.) Das dreijährige Kind, das den Toilettengang noch mit Schwierigkeiten assoziiert , kann sich nur allzu gut mit dem Mann auf dem Bild identifizieren. Erst mit der Distanz des Siebenjährigen, der sich bereits über dererlei Probleme erhaben fühlen kann, kommt die Lachlust.

207 Vgl. Lypp, 1986, S. 441.

Wechsel zwischen zwei Kontexten, der überraschend und abrupt einsetzend Lachen auslöst. Lypp streicht diesen „nicht-hierarchischen Bezug" innerhalb der Freien Komik heraus, und stellt fest: „Die basale Komik, über die wir Kinder lachen sehen und auf der alle andere Komik aufruht, entsteht rein durch die Verschiebung von Kontexten [...], nicht aber durch die Kollision verschiedener Ranghöhen [...]"[208] Das hierarchische Element, das Lachen der Befreiung, tritt erst zur Freien Komik hinzu.[209] Diese Feststellung ist für Lypp zentral, da sich hier der wahre – und wieder nicht-hierarchische – Unterschied zwischen erwachsenem und kindlichem HUMOR manifestiert:

> [Die Komik der Befreiung] setzt [...] die Erfahrung der Fremdbestimmung voraus. Diese [...] Hinsicht ist es aber, die die Differenz des Komikverhältnisses zwischen Kindern und Erwachsenen ausmacht, nicht ein Mangel an Kompetenz des Komischen, sondern unterschiedliche Erfahrungen mit der Normenwelt liegen der divergierenden Auffassung des Komischen von Kindern und Erwachsenen zugrunde.[210]

An einem Textbeispiel von Heinrich Hannover, der Geschichte „Von dem weißen Hund Schips" (1983), demonstriert Lypp die Manifestation von Freier Komik und Komik der Befreiung in der Kinderliteratur. Schips wünscht im Laufe der Geschichte, verschiedene Farben anzunehmen. Sobald er den Wunsch äußert, kommt ein Kind angelaufen und übergießt ihn mit einer fast immer essbaren Flüssigkeit der entsprechenden Farbe: Tinte (die nicht-essbare Ausnahme) für Schwarz, Himbeersaft für Rot und so weiter. Hier zeigt sich Freie Komik: Schips verwandelt sich, bleibt aber zugleich immer Schips. Die Geschichte enthält zudem eine Normverletzung und damit Komik der Befreiung. „[D]as Anmalen und gar Ablecken eines Haustiers stehen unter Verbot. Die Geschichte führt die ungestrafte Übertretung dieses Verbots vor Augen und löst damit das triumphale Lachen der Befreiung aus."[211]

[208] Vgl. ebd., S. 443. Lypp grenzt Henrichs Theorie dabei vor allem ab von den – ihren Ausführungen nach zu begrenzten – Erklärungen von Henri Bergson und Karlheinz Stierle. Bergsons Theorie besagt, dass etwas Mechanisches, etwas Starres oder im wahrsten Wortsinne Automatisches an Stelle des Lebendigen komisch wirkt, etwa ein Roboter. Stierle dagegen behauptet es sei „die im Mechanischen sich ausdrückende Fremdbestimmtheit" (Lypp 1986, S. 443), die komisch wirke. Es geht nun nicht länger ausschließlich um die Opposition zwischen Mechanischem und Lebendigem, sondern um einen Kontrollverlust.

[209] Vgl. ebd. Sowie Kapitel I 1.4.

[210] Vgl. ebd., S. 443f.

[211] Vgl. ebd., S. 445f.

Die Geschichte von Schips enthält noch ein weiteres wichtiges Element kinderliterarischer Komik: „Die Kinder in der Geschichte geben sich gemeinschaftlich einem Exzess hin, sie feiern eine Orgie, in der das Kreatürliche (Tier, Matsch) und das Sinnliche (Farben, Ablecken des geliebten Haustiers) ungehemmt bejaht werden."[212] Ganz wie Bachtin es beim mittelalterlichen Karneval diagnostiziert, so spricht auch Lypp dieser kindlichen Feier des Karnevalesken eine bewusste Kritik an Autoritäten und Normen ab. Damit ist Lypp bei der Frage nach der sozialisierenden beziehungsweise emanzipatorischen Funktion von Kinderliteratur angelangt. Gerade Letztere ist aber häufig eher ein Anliegen von Erwachsenen. Junge Kinder verfügen noch nicht über so viele Erfahrungen mit der Welt, als dass sie daran gezielt Kritik üben könnten. (Womit nicht gesagt sein soll, dass Kinder nicht von Missständen wissen oder sie erfahren könnten.) Den Verfassern kritischer Kinderliteratur geht es daher auch häufig darum, auf einen bestimmten Missstand erst hinzuweisen oder darum, Kritikfähigkeit generell zu fördern. Dazu eignet sich HUMOR allerdings nur bedingt. Im schlimmsten Fall wird er daher als Feind engagierter Kinderliteratur betrachtet. Dennoch ist es aber auch gelungen, gerade den karnevalesken HUMOR für gesellschaftskritische Kinderliteratur nutzbar zu machen, wiewohl diese Funktion für das Kind nicht immer durchsichtig sein mag.

Lypp führt unter Anderem das Beispiel von Christine Nöstlingers „Sim Sala Bim" (1982) an. Darin tun sich drei Personen zusammen, die über „extreme, aber einseitige Fähigkeiten"[213] verfügen. Sim hat starke Arme, Sala hat kräftige und schnelle Beine, und Bim ist im wahrsten Sinne des Wortes der Kopf des Trios. Sie tun sich zu einer einzigen Person zusammen, natürlich mit dem Namen „Simsalabim". Die Autorität in Gestalt eines Polizisten befiehlt den dreien sich zu trennen. Widerspruch gibt es von einem Kind. Durch seine groteske Gestalt ist Simsalabim unbequem, er ist auffallende Kritik an der (noch) nicht perfekten Gesellschaft[214], aber auch karnevalesker Lachanlass für den kindlichen Leser.

Schließlich identifiziert Lypp drei wichtige Aufgaben von HUMOR in Kinderliteratur:

> 1. In der [Kinderliteratur] überlebt die „Literatur als Karneval": Das Materiell-Leibliche wird in Bildern von grotesker Übersteigerung zum Anlaß des eklatanten Lachens [...]. 2. In der [Kinderliteratur]wird das

[212] Vgl. ebd., S. 446f.

[213] Vgl. ebd.

[214] Vgl. ebd.

> ursprünglich Komische erkennbar, auf das alle andere Komik aufbaut: die plötzliche Verwandlung von etwas in etwas anderes (instantane Kontextverschiebung). [...] 3. In der [Kinderliteratur] hat die „Komik der Befreiung" [...] sowohl integrative als auch emanzipatorische Funktion.[215]

Die Begriffe „integrativ" und „emanzipatorisch" entlehnt Lypp einem Artikel von Helmers[216], wobei integrative Kinderliteratur danach strebt, bestehende gesellschaftliche Werte zu bestätigen, während die emanzipatorische Funktion darin besteht, besagte Werte in Frage zu stellen und den kindlichen Leser zum kritischen Denken anzuregen. Lypps Feststellung, dass die „Komik der Befreiung" beide Funktionen in sich trage ist insofern besonders interessant, als dies auch auf den kästnerschen HUMOR zutrifft, wie die Analyse später zeigen wird. Die wichtigste Aussage des Beitrags ist jedoch, dass es zwar Unterschiede zwischen dem gibt, was für Erwachsene und Kinder komisch ist, dass jedoch eine hierarchische Sichtweise der beiden, die kinderliterarischen HUMOR auf eine niedrige Stufe stellt, verfehlt ist.

In ihrem Beitrag „Tiere und Narren" (1992) geht Lypp genauer auf zwei spezifische Erscheinungsformen des Komischen ein. HUMORvolle Tiergestalten blicken in der Kinderliteratur auf eine lange Tradition zurück, etwa vom 16. Jahrhundert bis hin zu den Comics der Gegenwart. Ähnliches gilt für die so genannten Narren, deren Attraktion hauptsächlich darin besteht, dass sie gefahrlos Kritik an Autoritäten äußern können.[217] Selbst wenn Kinder nicht jede konkrete Anspielung oder verdeckte Kritik verstanden haben dürften, so Lypp, waren „[...] Tier und Narr Elemente allgemeiner Kommunikation, an der Kinder teilhaben konnten".[218]

Ein karnevaleskes Beispiel der Narrenfigur ist der Grobian, eine Figur der Erziehungsliteratur, die nicht mit gutem Beispiel vorangehen, sondern durch schlechtes Beispiel abschrecken will. Grobian tut alles, was sich nicht gehört und begründet dieses auch noch: „Vor dem Essen darf man die Hände nicht waschen, weil man sie wieder abtrocknen muß und in dieser Zeit ein anderer den besten Platz am Tisch besetzen könnte [...]; gelbe Zähne sind schön, denn sie haben die Farbe des Goldes und dergleichen mehr."[219] Der HUMOR

215 Vgl. ebd., S. 451.

216 Helmers, Hermann (1975): Humor in der Kinder- und Jugendliteratur. In: Doderer: *Lexikon der Kinder- und Jugendliteratur*. S. 578–579.

217 Vgl. auch Bachtin 1965 und Kapitel I 1.3.

218 Vgl. Lypp 1992, S. 47.

219 Vgl. ebd., S. 49.

des Grobianismus liegt in dieser Verkehrung der Regeln, aber auch in der „ins Groteske ausufernden Leiblichkeit".[220] Das Werk steht am Anfang der erzieherisch orientierten Kinderliteratur; Lypp erwähnt, dass der *Grobian* als „Stammvater"[221] Heinrich Hoffmanns *Struwwelpeter* (1845) gilt, dessen HUMOR weit schwärzer ist. Dieser pädagogische, nicht der HUMORistische Trend ist es, der sich zunächst in der Entwicklung der Kinderliteratur fortsetzt. Im 18. Jahrhundert ist Vergnügen zwar weiterhin erlaubt, vor allem in der Kinderliteratur, die sich zunehmend als eigene Gattung etabliert. „Das Komische war damit allerdings nicht gemeint. Dem Kind Vergnügen bereiten konnte bei der bedrückenden Dominanz moralischer Schriften schon ein naturkundliches Buch, das dann ‚Insektenbelustigung ‚hieß' [sic]."[222] Es ist diskussionswürdig, ob die „Belustigung" tatsächlich „gleichberechtigt" neben der Belehrung stand oder ob sie nicht ganz im Dienste der Unterweisung steht.

Ab dem 19. Jahrhundert ist nach Lypp zusätzlich die Komik der Befreiung auf dem Vormarsch. Die Tierfigur dient nun zunehmend der Karikatur. Das Medium Bilderbogen, zunächst sowohl für Kinder als auch für Erwachsene gedacht, richtet sich zunehmend an die Jüngsten. Auch weichen deutsche Autoren oder Karikaturisten der Zensur nach 1848 aus, indem sie vermeintlich harmlose Kinderliteratur produzieren. Über diese Verbindung mit der gesellschaftskritischen Satire verlieren die Tiere in der Kinderliteratur den rein belustigenden Charakter und bekommen durch die Komik der Befreiung eine dunkle Seite.

Zusammenfassend benennt Lypp drei verschiedene Arten und Funktionen der Tier- beziehungsweise Narrenfigur: Erstens „[d]as Tier in der didaktischen Narrenrede"[223], wobei die Tiere Menschen repräsentieren, wie in Fabel oder Karikatur. Die zweite Ausprägung nennt Lypp: „Die grobianische Revolte. Der Aufstand gegen die Zivilisation".[224] Hierbei steht das genussvoll kreatürliche Verhalten im Kontrast zu zivilisatorischen Konventionen. Drittens gibt es noch „[d]ie clowneske Imitatio"[225], wobei Tiere wiederum Menschen nachahmen. Tier- und Menschengestalt, Tier- und

[220] Vgl. ebd., S. 50.

[221] Vgl. ebd.

[222] Vgl. ebd.

[223] Vgl. ebd., S. 55.

[224] Vgl. ebd.

[225] Vgl. ebd.

Menschenwelt vermischen sich auf karnevaleske Weise und wirken durch diese Wandelbarkeit komisch.
Lypp hat nachgewiesen, dass weite Teile kinderliterarischen HUMORS ursprünglich aus der allgemeinen Lachkultur stammen. Daraus ergibt sich ihre Forderung, „daß das Komische nicht in die Kinderecke gestellt gehört, weil es ursprünglich von da nicht herkam".[226] Zudem kritisiert Lypp den Standard moderner kinderliterarischer Komik, der ihrer Meinung nach zu niedrig ausfällt. Die im Überfluss vorhandenen Spielzeugtiere und Comicfiguren sagten „allesamt nicht mehr, als daß das Kind sich amüsieren darf".[227] Während Lypp die „nicht erzieherisch gegängelte kinderliterarische Komik"[228] positiv bewertet, so reicht ihr diese einfache Aussage nicht. Sie beklagt: „Wahrhaft unerhörter Spaß ist in der ständig heiteren Betriebsamkeit der Kinderliteratur seltener geworden."[229] Lypp plädiert dafür, Kindern auch öffentlich bedeutsameren HUMOR zuzumuten. Gleichzeitig fordert sie die Erwachsenen dazu auf (oder heraus), selber den (kinderliterarischen) HUMOR wieder zu entdecken und nicht als minderwertig abzutun.

Karl Ernst Maier 1981: Heitere Kindheit, heitere Kinderliteratur

Weniger detailliert und umfassend als Lypps Theorie, aber ebenfalls sehr fruchtbar sind Karl Ernst Maiers Überlegungen zur „heiteren Kinderliteratur"[230]. Wie um die Begriffsverwirrung komplett zu machen, spricht Maier in seinem Aufsatz weder von Komik noch von HUMOR, sondern von „heiter" und „Heiterkeit". Er definiert gleich zu Beginn: „‚Heiter' meint hier zunächst nicht eine spezielle Emotion, sondern steht für eine breite Skala positiver Gefühle und Stimmungen, die vom oberflächlich-leichten Vergnügtsein und Lustigsein bis zur tiefempfundenen Freude und zum nachdenklichen Humor reicht."[231] Seine Auffassung von „Humor" entspricht offenbar unserer Definition von HUMOR 1, da er ihn den Gefühlen zuordnet. Obwohl er „heiter" sehr weit als definiert, dürfte das „heitere Moment im Kinderbuch", das diese Gefühle hervorruft[232], unserem Begriff

[226] Vgl. ebd., S. 56.

[227] Vgl. ebd.

[228] Vgl. ebd., S. 55.

[229] Vgl. ebd., S. 56.

[230] Vgl. Maier 1981.

[231] Ebd., S. 245.

[232] Maier spricht dem „heiteren Moment im Kinderbuch" diese Wirkung nicht ausdrücklich zu, jedoch legen seine Definition von „heiter" und seine späteren Analysen der Textbeispiele

von HUMOR 2 entsprechen. Dabei trennt Maier anhand von Textbeispielen für Kinder verständliche Formen des literarisch Heiteren von solchen, die ihnen noch unverständlich sind.

Wie später Lypp, so stellt auch Maier den HUMOR einer Person in Bezug zur Lebenserfahrung: „Richtig ist, daß der Humor des Kindes wesentlich von der Gesamtentwicklung der kindlichen Person, ihrem kognitiven, emotionalen und sprachlichen Entwicklungsstand abhängig ist und von der sich daraus ergebenden altersgemäßen Wahrnehmung und Beurteilung der Umwelt.“[233] Daran schließt Maier seine nicht belegte Prämisse von der „heiteren Kindheit“[234] an, welche die Grundlage für sein Verständnis von heiterer Kinderliteratur und ihrem Sinn bildet:

> Es dürfte als sicher und durch alltägliche Erfahrung als empirisch erwiesen gelten, daß der Kindheit insgesamt das Merkmal der Heiterkeit und der inneren Leichtigkeit eigen ist. [...] Betrübte und pessimistische Kinder sind das Produkt einer kinderfeindlichen Umwelt. [...] Prinzipiell und anthropologisch gesehen und [...] auch noch für den überwiegenden Bereich in unserer gesellschaftlichen Wirklichkeit gilt das Faktum der heiteren Kindheit.[235]

Unabhängig vom Wahrheitsgehalt dieser Theorie, für die Maier keine Belege anführt, ist seiner zweiten These zuzustimmen: „Zur Begründung heiterer Kinderliteratur ist sicherlich diejenige nicht hoch genug einzuschätzen, welche auf die Bereitschaft der Kinder, gerne zu lachen verweist. [...] Das Kind ist nicht nur zur Heiterkeit [...] bereit, sondern auch ihrer bedürftig.“[236]

Nach Maier ist Heiterkeit eine prinzipielle „Grundstimmung“, die dazu beiträgt, sich in der Welt nicht fremd zu fühlen und offen sowie Gefahren oder Unbill gegenüber gelassen zu bleiben.[237] Sie entspricht in diesem Sinne HUMOR 1. Wie dieser ist sie aber laut Maier nicht so zu verstehen, „Menschen dahin zu bringen, allen Dingen und Zuständen vorbehaltlos

---

diese Bedeutung nahe. Das besagte Moment kann nur in Bezug auf die Gefühle des Lesers heiter sein. Vgl. zum Begriff der Heiterkeit auch Weinrich 2001 sowie Kapitel I 1.1.

233 Vgl. Maier 1981, S. 245.

234 Vgl. ebd.

235 Vgl. ebd.

236 Vgl. ebd., S. 246.

237 Vgl. ebd.

zuzustimmen."[238] Damit geht er auf Kritik ein, die gegenüber komischer Kinderliteratur geäußert wird.

> Manchen Kritikern und Gesellschaftsverbesserern erscheinen Freude und Heiterkeit im Zusammenhang mit Umweltbegegnung als irritierend und gefährlich. Angeblich verzerren sie die Realitäten, indem sie Häßliches und Verderbtes als heil und hell erscheinen lassen [...]. Jene [...] Kritiker, die die Wirklichkeit nur „ungeschminkt" sehen wollen und denen alles Tun und Handeln nur dann sinnvoll erscheint, wenn gesellschaftsverändernde Absicht besteht, fordern auch von der Kindergeschichte harte Realität [...].[239]

Dieser Kritik wirft Maier Einseitigkeit vor und hält dagegen, dass zu späterer Lebenstauglichkeit auch die Heiterkeit gehört, mit der die Unvollkommenheit der Welt bewältigt werden kann, nicht nur die Kenntnis dieser Unvollkommenheit. Zudem „wird übersehen, dass Literatur nicht nur der Wirklichkeitsbegegnung dient, sondern auch eine Funktion erfüllt, die dem Sein und der Entwicklung des Individuums förderlich ist."[240] Als Funktionen spezifisch heiterer Literatur nennt er die folgenden: die „Verringerung von Eintönigkeit und Langeweile" und entwicklungspsychologisch die „Hebung von Selbstsicherheit und Ichstärke". Ebenso könnten durch „scherzhaften Spott" und den „Spaß an Fehlern und Mißerfolgen von Autoritätspersonen" Aggressionen schadlos abgebaut werden.[241]

Allerdings sind laut Maier Kindern nur bestimmte Formen des literarisch Komischen zugänglich. Ironie und Satire seien Kindern nicht oder nur sehr bedingt verständlich, Witz und Humor kämen zwar auch beim Kind vor, unterschieden sich aber gravierend von denen der Erwachsenen. Der Inhalt des Kinderwitzes sei „normalerweise viel einfacher, in [seinem] Wirklichkeitszusammenhang durchschaubarer als der Erwachsenenwitz".[242] Ebenso spricht Maier dem Kind das tiefere, philosophische Verständnis für HUMOR (1) ab. Dieser könne Kinder, wenn er in Literatur dargestellt wird, zwar erreichen, aber vollständig verstehen, geschweige denn das Komische darin entdecken, könnten sie noch nicht. Er verdeutlicht dies am Beispiel eines

238 Vgl. ebd.

239 Vgl. ebd.

240 Vgl. ebd., S. 247.

241 Vgl. ebd.

242 Vgl. ebd.

Romans, der erst nachträglich zum kinderliterarischen Klassiker wurde, Miguel Cervantes de Saavedras *Don Quijote*:

> Der kindliche Leser wird dem kulturkritischen Grundton wenig Aufmerksamkeit entgegenbringen, von dem verstehenden und liebevollen Humor wird er jedoch nicht unberührt bleiben, was in der Sympathie für den grotesken Abenteurer, den „Ritter von der traurigen Gestalt", zum Ausdruck kommt. Die volle Beteiligung gilt aber nicht dem Humor, sondern den absurden Szenen, auf die sich Don Quijote immer wieder einläßt.[243]

Nachdem Maier somit die „schwierigen Formen" heiterer Literatur ausgesondert hat, stellt er vier Elemente vor, in denen sich literarische Komik seines Erachtens für Kinder voll verständlich manifestieren kann: die Kleinkindergeschichte, die ungewöhnlichen Figuren, die Kasperlgeschichte sowie Schelmereien und Streiche.

Die Kleinkindergeschichte bezieht ihre Komik auf die Weise, die Helmers hinsichtlich der sprachlichen Fehlleistung durch kleine Kinder beschrieben hat (vgl. Kapitel I 1.4), nur dass die Fehlleistung für Maier nicht unbedingt sprachlicher Natur sein muss. Dass es sich bei der hierdurch ausgelösten Heiterkeit nicht um Schadenfreude handelt, geht aus der besonderen Position der Kinder hervor:

> [Die Geschichten] unterstreichen durch die Gegenwart der Geschwister und der Erwachsenen die Ausnahmestellung der Kleinen, lassen aber [...] erkennen, daß sie trotz und vielleicht gerade wegen ihrer Fehler und Unzulänglichkeiten [...] besonders umsorgt werden. In einer solchen Situation ist es selbstverständlich, daß das Lachen kein Auslachen und Verspotten, sondern ein Belachen ist [...].[244]

Trotzdem entsteht das Belachen durch Distanz, in dem Bewusstsein des älteren Kindes, dass ihm diese Fehler nicht unterlaufen würden.

Nicht nur kleine Kinder können lustig handeln, es gibt auch andere Arten von personengebundener Komik, nämlich dann wenn Figuren ihrer Rolle zuwider handeln. Hinzu tritt außerdem häufig eine Mischung mit dem

243 Vgl. ebd., S. 248.

244 Vgl. ebd., S. 249.

Phantastischen, wodurch die betreffenden Figuren übernatürliche Fähigkeiten besitzen.[245]
Kein Held mit übernatürlichen Fähigkeiten, aber dennoch eine ganz besondere Figur ist der Kasperl. Er enthält Charakterzüge des unerfahrenen Kleinkindes, ohne aber dem Zuschauer (oder Leser) das Gefühl der Überlegenheit zu vermitteln. Vor allem sein ungeheurer Einfallsreichtum macht ihn nach Maier so attraktiv für die Kinder: „Er ist gutmütig und beherzt zugleich, leichtfertig und doch zielstrebig, bequem und doch voller Tatkraft, einfältig und doch erfolgreich. Seine Aktivitäten sind nicht intelligent eingefädelt, sondern entspringen einer naiv-unkomplizierten Denkweise, die auf dem Wege direkten und handfesten Tuns eine unmißverständliche Lösung liefert."[246] In Anlehnung an Helmers weist Maier auch auf die – gewollten – sprachlichen Fehlleistungen[247] des Kasperls hin. Das Lachen über diese bestätigt, wie Maier mit Helmers bemerkt, die den Kindern bekannte Norm und stärkt darüber auch das Gruppengefühl. Nicht umsonst besteht das Publikum im Kasperltheater gewöhnlich aus mehr als einem Kind. Obgleich Komik häufig auf einem Normbruch beruht, so ist Maier jedoch insofern zu widersprechen, als dies nicht immer der Fall ist, wie das Konzept der Freien Komik verdeutlicht.
Die letzte Form des Heiteren, der Maier sich in seinem Aufsatz zuwendet, sind Schelmereien und Streiche. Erstmals nennt er hier eine konkrete Altersgruppe, für die diese Form besonders attraktiv ist, nämlich das „Alter um 10 bis 11 Jahre",[248] ohne jedoch anzugeben, worauf diese Alterseinschränkung beruhen soll. Gleich zu Anfang stellt er fest, dass Streiche und Schelmereien am lustigsten wirken, wenn sie nicht bedrohlich oder gefährlich sind. Vielmehr geht es „um das spielerische Üben von Schlauheit und Phantasie, um das Auskosten einer Überlegenheit".[249] Hier zeigen sich wieder die wichtigen Elemente von HUMOR: Spiel, Einfallsreichtum und Phantasie sowie der Normbruch. Wiewohl auch hier der für diese Forschungsrichtung so typische Ansatz auffällt, das kindliche Lachen von jedem Verdacht der Schadenfreude rein zu halten, so bleibt Maiers Aussage hier dennoch glaubwürdig.

---

245 Ein bekanntes Beispiel für eine solche ungewöhnliche Figur ist Pamela Lyndon Travers' *Mary Poppins* (1934), die eben keine regelkonform handelnde Gouvernante ist, sondern ihre Zöglinge regelmäßig mit magischen Abenteuern und unerwartetem Verhalten überrascht.

246 Vgl. Maier 1981., S. 250.

247 Beispielsweise „Nudel Tag" statt „Guten Tag"; vgl. ebd.

248 Vgl. ebd., S. 251.

249 Vgl. ebd.

Allerdings geht es mit dem Einfallsreichtum, durch den die Schelmen und Lausbuben sich über Regeln hinweg setzen, auch um die ganz egoistische, ungehemmte Befriedigung der eigenen Wünsche. Letzteres ist ein starkes Element der Lügengeschichte, die Maier auch in diesem Abschnitt darstellt. Als „Prototyp des Genres" nennt er *Münchhausens wunderbare Reisen und Abenteuer zu Wasser und zu Lande* (1786, erste Kinderausgabe 1842). Auch hier liegt ein Normbruch vor, nicht primär darin, dass Lügen normalerweise verboten sind, sondern in der Unmöglichkeit des Erzählten.

> Für die Kinder liegt der Reiz dieser Geschichten einmal darin, daß der Inhalt mit seiner offensichtlichen Diskrepanz zum tatsächlichen Geschehen – ähnlich den Nonsenserzählungen – die spielerische Phantasie des Kindes anregt und gleichzeitig den Realitätssinn herausfordert. Zum andern liegt der Reiz in dem Mitauskosten des Spaßes, den der Erzähler am Übertreiben und Sprüchemachen hat.[250]

Während Maier die uns schon bekannten komischen Elemente des Regelbruchs und des Spielerischen in seiner Analyse bestätigt, so tritt bei ihm in neuer Deutlichkeit das Kriterium der Originalität hinzu. In gewisser Weise gehört es vielleicht zum Aspekt der Überraschung, des Unerwarteten. Zu Recht betont Maier immer wieder, die Freude am heiteren Text liege unter Anderem in der Freude am Einfallsreichtum der komischen Helden.

Reinbert Tabbert 1984: Komisches und Phantastisches

Wie schon Karl Ernst Maier, so identifiziert auch Reinbert Tabbert verschiedene Typen des kinderliterarisch Komischen. Dabei bettet er seine Überlegungen zum Komischen in der Kinderliteratur in die Theorie von der phantastischen Kinderliteratur ein, da sich diese Formen, wie er nachweist, häufig verbinden. Er teilt diese Mischtexte in drei verschiedene Typen ein und weist ihnen jeweils unterschiedliche Effekte und Funktionen zu.
Er beginnt mit einer Erklärung der Tatsache, dass phantastische Erzählungen häufig für ein kindliches Publikum intendiert sind: „In der begründeten Annahme, daß Erwachsene meist weniger dazu bereit sind, die gewohnte Welt für die Dauer einer Geschichte zu vergessen, schreiben diese Autoren [die dem Phantastischen nahe stehen, SÇ] gern für Kinder."[251] Häufig sind

[250] Vgl. ebd. S. 253. Es ist interessant, dass sowohl *Münchhausen* als auch *Don Quijote* und der von Maier an anderer Stelle ebenfalls erwähnte Roman *Gullivers Reisen* sämtlich von Kästner nacherzählt wurden.

[251] Vgl. Tabbert 1984, S. 285.

die dargestellten Welten aber gar nicht durch und durch phantastisch, sondern sie kollidieren mit der uns bekannten Realität. So weist Tabbert darauf hin, dass Alice als ein gewöhnliches Mädchen ins Wunderland gerät; Pippi Langstrumpf dagegen ist ein ungewöhnliches Mädchen innerhalb der gewohnten Realität. Mindestens aber werde die Abweichung von der Realität durch den Erzähler kommentiert. Daraus, dass sich der Erzähler in irgendein Verhältnis zum Phantastischen setzen muss, ergeben sich für Tabbert zwei Möglichkeiten: „Der Erzähler kann sich der fiktiven Welt, die mehr oder minder stark von mythischen und magischen Elementen bestimmt ist, voll Ernst oder voll Humor zuwenden. Aus der humorvollen Zuwendung ergibt sich ein Typ von Literatur, der für viele der Inbegriff von Kinderliteratur ist – die komisch-phantastische Erzählung."[252]

In Anlehnung an Helmers nennt Tabbert das „In-Frage-Stellen von Normen" als Element kinderliterarischen HUMORS, das jedoch auf einer „grundsätzlichen Überzeugung von der Ordnung der Welt" heraus komisch wirkt.[253] Im vorliegenden Zusammenhang ist auch seine Nähe zum Spiel zu betonen sowie seine „besondere Gefühlsqualität [...]".[254] Mit dieser Qualität ist die HUMORvolle Fähigkeit gemeint, Hässlichem und Abstoßendem den Schrekken zu nehmen. Weiter nennt Tabbert die sogenannte „dargestellte Kindlichkeit" als eine Komponente der komisch-phantastischen Kinderliteratur. „An komisch-phantastischen Kindererzählungen ist [...] zu beobachten, daß vorzugsweise die phantastischen Elemente Merkmale von Kindlichkeit aufweisen."[255] Häufig äußert sich das im Verhalten der entsprechenden Figuren, Tabbert nennt unter Anderem Astrid Lindgrens *Karlsson vom Dach* (1955) oder Paul Maars Sams aus *Eine Woche voller Samstage* (1978). Beide verfolgen genusssüchtig und ohne Hemmungen die Befriedigung ihrer Bedürfnisse, eben wie das Kleinkind. „Das Kindliche kann als etwas Infantiles, Egozentrisches, Beschränktes erscheinen, das mit vernünftigen Normen der Erwachsenen nicht vereinbar ist, oder als etwas Frisches, Junges und Ungebrochenes, das geeignet ist, die langweilige und konventionalisierte Erwachsenengesellschaft nicht nur zu verspotten, sondern auch zu revitalisieren."[256] Mit anderen Worten, die Tendenz kann auch hier konservativ oder emanzipatorisch sein. Daraus ergeben sich für Tabbert zwei Typen der

252 Ebd., S. 285.

253 Vgl. ebd.

254 Vgl. ebd.

255 Vgl. ebd., S. 286.

256 Ebd.

komisch-phantastischen Kinderliteratur. Es gibt aber auch Texte, in denen die Tendenz nicht eindeutig ist: „Bücher wie Endes *Jim Knopf* oder Janssons *Drollige Gesellschaft* [...] enthalten durchgängig Merkmale eines kindlichen Weltbildes, ohne daß ein für allemal ausgemacht ist, wie diese gewertet werden.“[257] Diese ordnet Tabbert dem dritten Typ zu, in dem zwar fantastische Elemente und Figuren auftauchen, jedoch so mit einer realistisch dargestellten Welt vermischt sind, dass sie, so Tabbert „kaum als etwas Besonderes hervor[treten]“.[258] In alledem äußert sich weder Kritik an der kindlichen, phantastischen Welt, noch an den aus unserer Realität bekannten Normen. Das Spiel mit der Imagination scheint hier Selbstzweck.
Abschließend betrachtet Tabbert die jeweiligen „Funktionen und Wertaspekte“[259] der drei Typen. Dabei warnt er vor einer „Trivisalisierungstendenz“ in der komisch-phantastischen Kinderliteratur, die er immer dort sieht, wo „primär auf Wunschbefriedigung und Heiterkeitserfolge“[260] gesetzt wird. Sowohl Bücher des ersten, als auch des zweiten Typs dienen neben der integrierenden oder kritischen Funktion auch der Identifikation der Kinder mit Figuren, in deren Gestalt sie sich über den Alltag hinaus bewegen können. Genau darin liegt aber eben auch die Gefahr, die Tabbert formuliert.

Der vorangehende Forschungsüberblick hat gezeigt, dass Komik in der Kinderliteratur eine lange Tradition hat. Allerdings hat die weitgehende Ignoranz der Literaturwissenschaft gegenüber dem kinderliterarisch Komischen eine fast ebenso lange Tradition. Dies beruht zum großen Teil auf einem unzulänglichen Bild der Erwachsenen vom Kind, wie Lypp zu Recht hervorhebt. Durch die Konzentration auf die geringere Lebenserfahrung des Kindes und die daraus resultierenden Grenzen seiner kognitiven Leistungen (nicht Fähigkeiten!) tendieren Erwachsene dazu, Kinder und die Literatur, die sich an Kinder richtet, als intellektuell und ästhetisch unter der Erwachsenenliteratur stehend wahrzunehmen. Die wichtigste Erkenntnis aus den hier versammelten Stimmen der Forschung ist jedoch die, dass zwischen HUMOR für Kinder und dem für Erwachsene keine wie auch immer definierte Hierarchie bestehen sollte. Sowohl Lypp als auch Maier weisen nachdrücklich darauf hin, dass eine größere Wertschätzung und eine eingehendere Beschäftigung mit kindlichem HUMOR seitens der Erwachsenen der

257 Vgl. ebd., S. 286f.

258 Vgl. ebd., S. 289f.

259 Vgl. ebd., S. 291.

260 Vgl. ebd.

Kommunikation zwischen Kindern und Erwachsenen und einem tieferen Verständnis zwischen beiden dienlich wären.
Zusammenfassend lassen sich anhand der hier vorgestellten Beiträge folgende Elemente, Funktionen und Manifestationen kinderliterarischen HUMORS feststellen:
Dominante Elemente des HUMORS in Kinderliteratur sind:

- Freie Komik
- Der Normbruch
- Das Karnevalistische

Weiterhin stellten die Forscher die folgenden Funktionen des HUMORS fest:

- Integrierende Funktion durch begrenzte Identifikation mit beziehungsweise Belachen der Regel brechenden Figuren
- Emanzipatorische Funktion durch HUMORvolles Infrage-Stellen von Normen
- Unterhaltung (wobei die Gefahr der Trivialisierung bestehen kann)
- Stärkung des Selbstbewusstseins und Entwicklung von Humor 2
- Harmlose Trieb- und Aggressionsabfuhr

Kinderliterarischer HUMOR manifestiert sich in den folgenden Elementen oder Gattungen:

- In komischen Tierfiguren
- In Narrenfiguren
- In Figuren vom Typ des Grobian
- In der Figur des Kasper beziehungsweise in Kaspergeschichten
- In der Figur des fehlenden Kleinkindes beziehungsweise in der Kleinkindergeschichte
- In Schelmereien und Streichen
- In Lügengeschichten
- In der Kombination mit dem Phantastischen, wobei die Figuren mit übernatürlichen Fähigkeiten ausgestattet werden oder Situationen besonders deutlich über die Normalität hinausgehen können.

Es wird sich zeigen, dass viele der hier festgestellten Elemente, Funktionen und Manifestationen von HUMOR sich auch in Erich Kästners Kinderliteratur nachweisen lassen.

Die deutsche Literatur ist einäugig.
Das lachende Auge fehlt.
Erich Kästner
Heiterkeit in Dur und Moll, S. 21.

3 Das lachende Auge: Erich Kästners HUMORverständnis

Das voranstehende Zitat aus *Heiterkeit in Dur und Moll* (1958) zeigt deutlich, wie schmerzlich Kästner Komik oder HUMOR in der deutschen Literatur vermisste. Und man kann ohne Übertreibung feststellen, dass er sein Möglichstes tat das „lachende Auge" (wieder) einzusetzen. Vor seinem kinderliterarischen Werk und dem HUMOR in diesen Texten, soll daher Kästners eigenes HUMOR-Verständnis näher ergründet werden. Dazu folgt die Verfasserin zunächst den Spuren, die Kästner selbst in seinem literarischen Werk hinterlassen hat, ausgehend von seiner expliziten Wertschätzung von Jean Pauls *Vorschule der Ästhetik*. Funde aus dem Kästner-Archiv im Deutschen Literaturarchiv Marbach bieten zusätzlich einen Einblick in den alltäglichen HUMOR 2, den Kästner im Alltag produzierte. Kleine Notizen an seine Sekretärin Elfriede Mechnig enthalten häufig Scherze oder Wortspiele. Anschließend wird die Rolle von HUMOR in Kästners pädagogischem Konzept beleuchtet. Hier spielt insbesondere HUMOR 1 eine Rolle, wozu er im Aufsatz „Die vier archimedischen Punkte" (1952) wichtige und aufschlussreiche Bemerkungen macht.
Das Element der Subversion wird besonders behandelt, da diese, so die Hypothese der Verfasserin, sehr häufig in engem Zusammenhang mit Kästners HUMOR 2 steht, als Strukturelement ebenso wie als beabsichtigte Wirkung.

3.1 Kästner und HUMOR

Des Forschers dringendstes Problem bei der Untersuchung des kästnerschen HUMORs besteht darin, dass nicht bekannt ist, was der Autor selbst genau unter <Humor> verstand, so dass sich bisher auch kein Kästner-Forscher an eine spezifische Definition gewagt hat. Allgemeine Einigkeit herrscht darüber, dass Kästners Werke in mehr oder weniger großem Ausmaß HUMORistisch sind. Kästner selbst nimmt darauf in „Kästner über Kästner" Bezug, indem er etwas spöttisch bemerkt, er besitze das, „was Leute, die nichts davon verstehen, seinen ‚unverwüstlichen und sonnigen Humor' zu nennen belieben".[261] Bekannt ist auch, dass er selbst HUMOR, Komik und Heiterkeit durchaus für wichtig erachtete und sich mehrfach in dieser Hinsicht geäußert hat. Eine eigene HUMORtheorie seinerseits liegt nicht vor. Dem Forscher ist es also überlassen, aus Selbstzeugnissen und der Anwendung humoristischer Elemente im literarischen Werk Kästners HUMOR zu rekonstruieren. Zwei Texte sind hierfür von besonderer Bedeutung, das Vorwort zu dem von Kästner herausgegebenen Band *Heiterkeit in Dur und Moll* sowie der Aufsatz „Die vier archimedischen Punkte". Des Weiteren finden sich Hinweise zu Kästners Interesse an kindlichem HUMOR in den Stoffsammlungen, die einige Aufzeichnungen von HUMORistischen Äußerungen von Kindern enthalten.

Als erstes soll jedoch Kästners Verhältnis zur HUMOR-Theorie Jean Pauls betrachtet werden, über dessen *Vorschule der Ästhetik* Kästner schreibt: „[A]uf das Buch hinzuweisen, scheint mir unerläßlich. Es hat mir, als ich Student war und Schriftsteller werden wollte, viel bedeutet."[262] Was ihn jedoch speziell an Jean Pauls Theorie beeindruckte oder wo und wie er sie in seinem eigenen Werk angewandt hat, darüber gibt es von Kästner selbst keine Auskunft. Daher soll hier der Versuch angestellt werden, Jean Pauls HUMORtheorie auf Kästners Werk anzuwenden, soweit dies möglich ist.

Bei Jean Paul entsteht HUMOR 2 als die rasche Wahrnehmung eines zweifachen Kontrastes durch das Subjekt, einmal eines objektiven (Widerspruch zwischen einem angestrebten Ziel und einer zu diesem Zweck ausgeführten Handlung), und gleichzeitig eines subjektiven (Widerspruch zwischen der wahrgenommenen Handlung und dem Wissen des beobachtenden Subjekts um ihre Unzulänglichkeit). Es ist also zu untersuchen, inwiefern HUMOR 2 in Kästners Literatur diesem Konzept folgt.

HUMOR 1 ist für Jean Paul die Fähigkeit, der endlichen und unvollkommenen Welt als ganzer einen lächerlichen Kontrast unterzuschieben. Das Subjekt kann sich auf diese Weise über die Welt erheben und aus ihrer Unvollkommenheit noch einen Lustgewinn erzielen. Hier gilt es nach Spuren dieses Humorverständnisses in Kästners Texten zu suchen.

Zumindest eine Übereinstimmung zwischen Jean Paul und Kästner ist offenkundig, nämlich die jeweilige Wertschätzung von HUMOR. Allein die Tatsache, dass Jean Paul humoristischer Poesie zwei volle Programme (das VII. und VIII.) seiner Vorschule widmet, die Programme über das Lächerliche und den Witz gar nicht mitgerechnet, zeigt den hohen Stellenwert, den

261 „Kästner über Kästner" in *Die kleine Freiheit*, EKW II, S. 327.

262 *Heiterkeit in Dur und Moll*, S. 19. Siehe außerdem Kapitel I 1.2.

er diesem Phänomen zuschreibt. Aufschlussreich ist auch der Titel des §54: *Notwendigkeit deutscher witziger Kultur.*[263] Witz ist eine Form des Lächerlichen (in unserer Terminologie also von HUMOR 2) und deshalb so wichtig, weil er Freiheit des Geistes erfordert und auch schenkt. Die Bedeutung des Wortes <Witz> schwankt bei Jean Paul zwischen dem französischen <esprit>, also einer geistigen Fähigkeit, und der modernen, also einer witzigen Komposition. Am ehesten ist <Witz> in der *Vorschule* eine Qualität bestimmter literarischer oder mündlicher Kurzformen. Er entsteht, wenn zwischen zwei unterschiedlichen Dingen eine (nicht auf den ersten Blick ersichtliche) Gemeinsamkeit gefunden wird.[264] Man muss also flexibel sein, sich von herkömmlichen Vorstellungen lösen können, um diese Gemeinsamkeit zu entdecken. Eben diese Freiheit fehlt seinen deutschen Zeitgenossen, befindet Jean Paul, obwohl ihnen nicht jedes Talent zum Witz fehlt: „Uns fehlt zwar Geschmack für den Witz, aber gar nicht Anlage zu ihm. Wir haben Phantasie; und die Phantasie kann sich leicht zum Witz einbücken [...]. Da dem Deutschen folglich zum Witze nichts fehlet als die Freiheit: so geb' er sich doch diese!“[265]
Auch Kästner ist, rund 150 Jahre später, noch der Ansicht, den Deutschen im Allgemeinen und der deutschen Literatur im Besonderen fehle es an HUMOR. Im bereits erwähnten Vorwort zu *Heiterkeit in Dur und Moll* äußert er sich satirisch zu diesem Mangel:

> O diese Wichtigtuer und Wichtigtunichtgute! Sie schreiben und sprechen von tragischen Konflikten, vom Ödipuskomplex, vom epischen Drama, von der Metaphysik des Nichts und vom Einbruch des Absoluten, daß ihnen Hören und Sehen vergeht! Aber von der heiteren Kunst, dem höchsten Kleinod der Zweibeiner, sprechen die deutschen Dichter und Denker und vor allem die Hinterdreindenker allenfalls am 29. Februar. Sie nehmen nur den Ernst ernst. Sie stehen wie Kontrolleure am Eingang des deutschen Pantheons, und wer hinein will, muß das Lachen an der Garderobe abgeben. Die deutsche Literatur ist einäugig. Das lachende Auge fehlt.[266]

Aber wie Jean Paul, so ist auch Kästner davon überzeugt, dass dieser Zustand sich ändern lässt, wie seine eigene heitere Literatur beweist. Das (literarisch)

[263] Vgl. ebd., S. 199.

[264] Vgl. ebd., S. 169f.

[265] Vgl. Jean Paul 1990, S. 200.

[266] Vgl. *Heiterkeit in Dur und Moll*, S. 21.

Heitere hat ein Imageproblem, kein künstlerisches. Um in Kästners Bild zu bleiben, könnte man sagen: Die deutsche Literatur ist zwar nicht einäugig, jedoch wird das lachende Auge häufiger zugedrückt. Daran hat sich bis heute nichts Gravierendes geändert. Bereits in den Ausführungen zum kinderliterarisch Komischen in Kapitel I 2 wurde deutlich, dass Anspruch und Komik allzu oft als Gegensätze eingestuft werden; und Kästner formuliert in einem Epigramm: „Die leichte Kunst / ist seichte Kunst. / Die feine Kunst / ist keine Kunst."[267] Nun ist klar, dass die leichte Kunst nicht immer seicht sein muss, ebenso wenig wie die „feine" (also ernste) Kunst immer langweilig und leserfern ist. Im Gegenteil, auch die ernste Kunst will eine Form von Vergnügen oder Lust hervorrufen und auf einer Ebene auch unterhalten, während die komische Kunst ihrerseits durchaus ernste Ziele hat. Nicht selten transportiert HUMOR 2 eine bestimmte Botschaft, indem eine positive Sache oder Person belacht beziehungsweise negative Sachverhalte oder Personen verlacht werden. Es sind diese Ziele und es ist diese Transportfunktion des HUMORS 2, an denen Kästner gelegen ist. Gewiss ist ihm auch das Lachen, das HUMOR 2 hervorruft, ein Wert. In Anlehnung an Aristoteles mythische Definition des Menschen als lachendes Tier, die er in *Heiterkeit in Dur und Moll* zitiert, kommt Kästner zu dem Schluss: „Wer unter uns nicht lachen und nicht lächeln könnte, der wäre ein Tier in Menschengestalt."[268]

Kästner war jedoch nicht nur ein HUMORistischer Schriftsteller, sondern auch in seinem Leben hatte HUMOR 2 seinen Platz. Immerhin verband ihn mit dem Karikaturisten Erich Ohser nicht nur eine berufliche Beziehung, sondern auch eine enge Freundschaft. Notizzettel an seine Sekretärin Elfriede Mechnig zeugen von Kästners eigener HUMORproduktion im Alltag. Dies beginnt bei der HUMORvollen Anrede seiner Mitarbeiterin als „&Co", die sich tatsächlich auf sämtlichen Notizen an sie findet. (Der Spitzname bezieht sich auf Kästners scherzhafte Bezeichnung seiner Arbeit als „kleine Versfabrik" unter dem Namen „Kästner &Co".[269]) Aber auch sonst sind die Aufträge oder Anträge manchmal spielerisch-witzig formuliert, wie etwa diese Erkundigung: „Haben wir keine größeren Kartoffeln, wie sich's für die dümmsten Bauern ziemt? Zum Schälen sind ganz kleine so unbegabt

[267] „Die leichte Muse" in *Kurz und bündig*, EKW I, S. 289.

[268] Vgl. *Heiterkeit in Dur und Moll*, S. 14.

[269] Vgl. „Kurzgefaßter Lebenslauf" in *Gesang zwischen den Stühlen*, EKW I, S. 136.

/ Ihr EK."[270] Auf einem anderen Zettel stehen zu oberst die folgenden Besorgungsaufträge:

Liebe &Co! 4000,- ——— Streichhölzer

Als sei Kästner die potentielle Missverständlichkeit der Notiz nachträglich klar geworden, findet sich darunter der Hinweis: „Aber nicht für das ganze Geld!"[271] Offenbar gab es im Büroalltag bei „Kästner & Co" durchaus das ein oder Andere zu lachen.

Allerdings scheint HUMOR für Kästner hauptsächlich HUMOR 1 zu bedeuten. Ein erster Hinweis darauf liegt in seiner expliziten Wertschätzung Jean Pauls, welche nahelegt dass Kästner dessen Begrifflichkeit übernommen hat. Unter HUMOR würde er demnach die Fähigkeit verstehen, die fehlerhafte Welt absichtlich als lächerlichen Kontrast zu einer gedachten perfekten zu verstehen und auf diese Weise gelassen und lächelnd (oder sogar lachend) hinzunehmen.[272] Tatsächlich bestätigt eine Stelle in Kästners „Kleiner Neujahrsansprache vor jungen Leuten", dem Artikel „Die vier archimedischen Punkte", diese Vermutung. Dort wird eindeutig HUMOR 1 als ein Schlüsselwert genannt:

> *Punkt 4:* Jeder Mensch erwerbe sich Humor! Das ist nicht unmöglich. Denn immer und überall ist es einigen gelungen. Der Humor rückt den Augenblick an die richtige Stelle. Er lehrt uns die wahre Größenordnung und die gültige Perspektive. Er macht die Erde zu einem kleinen Stern, die Weltgeschichte zu einem Atemzug und uns selber bescheiden. Das ist viel. Bevor man das Erb- und Erzübel, die Eitelkeit, nicht totgelacht hat, kann man nicht beginnen, das zu werden, was man ist: ein Mensch.[273]

---

[270] *A: Kästner Zugang 2002 / Verschiedenes / Konvolut Notizen auf Kalenderblättern für Elfriede Mechnig.* Einzusehen im Deutschen Literaturarchiv Marbach.

[271] *A: Kästner Zugang 2002 / Verschiedenes / Konvolut Notizen auf Kalenderblättern für Elfriede Mechnig.* Einzusehen im Deutschen Literaturarchiv Marbach. Unterstreichungen wie hier dargestellt im Original.

[272] Vgl. Jean Paul 1990 und Kapitel I 1.2.

[273] „Die vier archimedischen Punkte" in *Die kleine Freiheit,* EKW II, S. 283. Hervorhebung im Original.

„Viel" ist es allerdings, was Kästner dem HUMOR zutraut. Ein Element zur Menschwerdung soll er sein. Damit ist Kästners Verständnis von HUMOR als einer Charaktereigenschaft bewiesen, darüber hinaus sein pädagogischer Anspruch, der auch hier zum Tragen kommt und durch den der HUMOR seinen Zweck erhält.[274] HUMOR 1 gehört für Kästner zum vollwertigen Menschen, wie er auch das Lachen mit Aristoteles als im wahrsten Sinne des Wortes für den Menschen wesentlich bezeichnet hat. Wie in Kapitel I 1.2 dargestellt, so bedeutet „Humor" bei Jean Paul, die Welt absichtlich als lächerlichen Kontrast zu verstehen. Das Lächerliche, man erinnert sich, entsteht nach Jean Paul in der Literatur durch einen Irrtum, über den der Lachende aufgeklärt ist, also in dem Kontrast zwischen dem bekannten, aber nicht praktizierten, zweckmäßigen – und dem tatsächlichen irrigen Handeln.[275] Der Humorist, wie Jean Paul ihn versteht, betrachtet die Unvollkommenheit der Welt im Kontrast mit einer gedachten perfekten als einen solchen lächerlichen Irrtum. Als Gegenteil des Erhabenen werden die Unvollkommenheiten, mit Humor betrachtet, damit lächerlich und klein. Diese Verkleinerung des vermeintlich Wichtigen in der fehlbaren Welt meint Kästner, wenn er schreibt, Humor mache „die Erde zu einem kleinen Stern, die Weltgeschichte zu einem Atemzug". Durch diese Verkleinerung macht Humor auch die Menschen bescheiden. Bereits bei der Darstellung von Jean Pauls Humorbegriff wurde betont, dass zum HUMOR 1 auch Distanz gehört. Kästner impliziert, dass man sich durch HUMOR 1 auch von sich selbst distanzieren – und damit über sich selbst lachen kann. Durch diese Distanz wird auch die Selbsterziehung möglich, da man das eigene Selbst als fehlerhaft erkennt, ohne jedoch darüber ärgerlich zu werden oder gar zu resignieren.[276] Kästner fügt also dem Humorverständnis Jean Pauls, bei dem es hauptsächlich um den Umgang mit der äußeren Welt ging, eine erzieherische und selbst-erzieherische Dimension hinzu. Die nähere Betrachtung von Kästners pädagogischem Konzept sowie die spätere Textanalyse werden zeigen, dass und wie er HUMOR 1 als Erziehungsziel ebenso wie als Erziehungsstrategie handhabt.

Ein Absatz in *Heiterkeit in Dur und Moll* legt jedoch nahe, dass Kästner zumindest gelegentlich mit „Humor" auch HUMOR 2 meinte:

[274] Vgl. auch im Folgenden II 2.

[275] Vgl. Jean Paul 1990, S. 109f.

[276] Dies erinnert wiederum an Freud, für den im Humor das Über-Ich zum Ich spricht wie ein wohlmeinender Erwachsener zu einem Kind. Vgl. Freud 2004, S. 258 und Kapitel I 1.2.

> Den Humor und seine kleineren Geschwister, also die Komik, die Satire, die Groteske, die Parodie, das Burleske, die Ironie und die naive Heiterkeit, gibt es bei allen Völkern und bei wenigen Menschen, in allen Literaturen der Welt und sehr selten. Am rarsten jedoch ist der Humor in der deutschen Literatur. Und in der deutschen Literaturgeschichte und Literaturkritik ist man darauf stolz![277]

Im Satz „Am rarsten jedoch ist der Humor in der deutschen Literatur" verwendet Kästner zum ersten und einzigen Male in aller Deutlichkeit das Wort „Humor" in der Bedeutung von HUMOR 2. Dieser Sprachgebrauch, sowie die metaphorische geschwisterliche Beziehung zwischen „Humor" und den Subkategorien des Komischen zeigen, das Kästners Humorbegriff ebenfalls die beiden Bedeutungen umfasst, die in der vorliegenden Arbeit definiert wurden, nämlich HUMOR als Charaktereigenschaft und HUMOR als Lachen hervorrufende Botschaft. Allerdings ist Kästners Definition, die man aus dieser Schrift herauslesen kann, eher eine holistische als eine geteilte. Der Sprachgebrauch im fraglichen Satz, indem Kästner feststellt, „Humor" sei in der deutschen Literatur selten, ist nicht als eine plötzlich Bedeutungsänderung von „Humor" zu verstehen, sondern eher als ein Toto pro Parte, da er „Humor" als übergeordneten Begriff verwendet, der die „kleineren Geschwister" mit einschließt.

Zusammenfassend lässt sich also feststellen, dass Kästner unter „Humor" zunächst HUMOR 1 versteht, wobei der Begriff im weiteren Sinne aber auch HUMOR 2 in sich schließt. Um HUMOR 2 zu bezeichnen, benutzt Kästner allerdings vorwiegend die Begriffe „das Komische" oder „Heiterkeit". Es ist jedoch auch im Hinblick auf seinen Sprachgebrauch legitim, von „Kästners Humor" im Sinne sowohl von HUMOR 1 also auch im Sinne von HUMOR 2 zu sprechen. Im Folgenden soll näher erörtert werden, welche Rolle HUMOR in beiden Bedeutungen in Kästners pädagogischem Konzept spielt, das sich wiederum stark in seiner Kinderliteratur spiegelt.

[277] Vgl. *Heiterkeit in Dur und Moll*, S. 20.

Jeder Mensch erwerbe sich Humor!
Erich Kästner: „Die vier archimedischen Punkte"
Die kleine Freiheit, EKW II, S. 283.

3.2 Humor als Erziehungsziel und erzieherische Strategie

Im Text „Die vier archimedischen Punkte" wird deutlich, dass Humor für Kästner nicht nur eine literarische, sondern vor allem eine moralpädagogische Funktion hat. Um diese Funktion besser zu verstehen, lohnt ein Blick auf die drei anderen „archimedischen Punkte". Als vierter steht der Humor zwar an exponierter Stelle, jedoch bietet diese Position nicht genügend Grund für die Annahme, er sei für Kästner gravierend wichtiger als die anderen, nämlich das Gewissen, Vorbilder und die Erinnerung an die eigene Kindheit. Es sind dieses die Punkte oder Werte, an denen sich der Mensch Kästners Ansicht nach orientieren sollte, um ein verantwortungsbewusstes, ethisch gutes Leben zu führen:

> Archimedes suchte, für die physikalische Welt, den einen festen Punkt, von dem aus er sich's zutraute, sie aus den Angeln zu heben. Die soziale, moralische und politische Welt, die Welt der Menschen, nicht aus den Angeln, sondern in die rechten Angeln hineinzuheben, dafür gibt es für jeden von uns mehr als einen archimedischen Punkt.[278]

Die vier Punkte, die Kästner daraufhin aufzählt, sollen „Angelpunkte" sein, „Programmpunkte, wenn man so will".[279] In einer Welt, in der Werte sich ständig wandeln oder verloren gehen, will Kästner mit seinen „archimedischen Punkten" Orientierungshilfe bieten. Man beachte, dass der Text wenige Jahre nach Kriegsende entstanden ist, also als Zeit, in der viele Menschen unter dem starken Eindruck von Wertewandel und Wertverlust standen. Für Kästner und Gleichgesinnte war schon das Regime im Dritten Reich von Wertverlust geprägt gewesen, in der Verantwortung, Freiheit, ein Menschenleben plötzlich nicht mehr zählten. Zu Kriegsende sah sich die deutsche Bevölkerung moralisch ebenso wie materiell auf einem Trümmerfeld, da auch die vom Nazi-Regime vertretenen Werte plötzlich wegfielen. Noch deutlich unter dem Eindruck dieses Wertevakuums bietet Kästner nun seine archimedischen Punkte als Leitfaden für junge Menschen an.

---

[278] „Die vier archimedischen Punkte" in: *Die kleine Freiheit*, EKW II, S. 282.

[279] Ebd., S. 283.

An erster Stelle steht dabei: „Jeder Mensch höre auf sein Gewissen. Das ist möglich. Denn er besitzt eines. [...] Diese Uhr mag leiser oder lauter ticken, – sie geht stets richtig."[280] Diese Aussage beweist eine wichtige Grundannahme Kästners, nämlich die, das jeder Mensch im Grunde wisse, was richtig und was falsch sei. Die Aufforderung lautet nicht, das Gewissen zu kultivieren oder sich eines zuzulegen. Der Mensch „besitzt eines" und es „geht stets richtig". Diese grundlegend positive Einschätzung des Menschen ist die Basis für Kästners Glauben an dessen Erziehbarkeit und ebenso für seinen satirischen HUMOR 2 – was ihn erbittert und was er verhöhnt ist eben nicht die Schlechtigkeit der Menschen, sondern ihr mangelndes Bemühen trotz ihrer Fähigkeit zum Guten. Zwei weitere grundlegende Fähigkeiten fasst Kästner unter die nächsten beiden archimedischen Punkte:

> Punkt 2: Jeder Mensch suche sich Vorbilder! Das ist möglich. Denn es existieren welche. Und es ist unwichtig, ob es sich dabei um einen großen toten Dichter, um Mahatma Ghandi oder um Onkel Fritz aus Braunschweig handelt, wenn es nur ein Mensch ist, der im gegebenen Augenblick ohne Wimperzucken das gesagt und getan hätte, wovor wir zögern. Das Vorbild ist ein Kompaß, der sich nicht irrt und uns Weg und Ziel weist.
> Punkt 3: Jeder Mensch gedenke immer seiner Kindheit! Das ist möglich. Denn er hat ein Gedächtnis. [...] Sich der Kindheit wahrhaft erinnern, das heißt: plötzlich und ohne langes Überlegen wieder wissen was echt und falsch, was gut und böse ist. Die meisten vergessen ihre Kindheit wie einen Schirm und lassen sie irgendwo in der Vergangenheit stehen. Und doch können nicht vierzig, nicht fünfzig spätere Jahre des Lernens und Erfahrens den seelischen Feingehalt des ersten Jahrzehnts aufwiegen. Die Kindheit ist unser Leuchtturm.[281]

Der Parallelismus unter den einzelnen Abschnitten fällt ins Auge. Nicht nur syntaktisch, wodurch die Möglichkeit den Anweisungen zu folgen unterstrichen wird, sondern auch inhaltlich. Durch die Metaphern der Uhr, des Kompass und des Leuchtturms wird die Orientierungshilfe, die Gewissen, Vorbilder und Kindheit bieten können, verdeutlicht. Sie alle dienen dem gleichen Zweck: Im Vergleich mit ihnen im konkreten Fall herauszufinden, welche Handlung die richtige ist. Die Vorbilder sowie die erinnerte Kindheit lassen sich als Erweiterungen des Gewissens betrachten. Sollte der Abgleich

[280] Ebd., S. 282.

[281] Vgl. ebd., S. 282f.

mit sich selber, mit dem eigenen Gewissen kein zufrieden stellendes Resultat liefern, so kann man sich mit einem externen Vorbild, oder mit dem eigenen, früheren Selbst vergleichen, die laut Kästner unfehlbare moralische Autoritäten darstellen. Die positive Einschätzung der Kindheitserinnerung korrespondiert mit Kästners Äußerung, „Kinder [...] seien dem Guten noch so nahe wie Stubennachbarn".[282] Dies ist die Grundlage für den pädagogischen Anspruch seiner Kinderliteratur im Besonderen. Kinder lassen sich erziehen, man kann „sie lehren, die Tür [zum benachbarten Guten, SÇ] behutsam aufzuklinken"[283]. Jugendliche und Erwachsene können sich selber erziehen, indem sie durch ihre Erinnerung wieder zu Kindern werden.
Nach der Betrachtung der ersten drei archimedischen Punkte, Gewissen, Vorbilder und Erinnerung an die Kindheit, wird offenbar, dass HUMOR 1 eine Sonderstellung einnimmt. Er ist keine angeborene, grundsätzlich verfügbare Fähigkeit, er ist erst zu erwerben. Überdies fehlt der affirmative Satz: „Das ist möglich." Immerhin gesteht der Autor zu: „Das ist nicht unmöglich." Aber der Erwerb von HUMOR 1 scheint eine schwierigere Angelegenheit zu sein. Kästner bietet auch keinerlei Anregungen dazu, wie HUMOR 1 zu erwerben sei. Dagegen führt er aus, worin die Orientierungshilfe des HUMOR 1 besteht: Während Gewissen, Vorbilder und Kindheitserinnerung dazu dienen können, eine bestimmte Handlung zu werten, so „[rückt der Humor] den Augenblick an die richtige Stelle". Die ersten drei archimedischen Punkte dienen dem Menschen zur Orientierung für sein weiteres Vorgehen, der Humor dient der Ortung der Person selbst. Er ist, um in Kästners geographischem Bild zu bleiben, der „Sie befinden sich hier"-Pfeil auf der moralischen Landkarte. Dies entspricht freilich genau der Funktion, die auch Jean Paul dem Humor zuweist, nämlich die Welt einschließlich des Subjektes in eine neue, eine angenehmere Perspektive zu rücken.
Nun gibt Kästner, wie gesagt, keine konkreten Hinweise darauf, wie HUMOR 1 zu erwerben sei, aber es liegt nahe, auf die von ihm empfohlenen Vorbilder zurückzugreifen. Wie die Analyse später detaillierter zeigen wird, hat Kästner in seiner Kinderliteratur verschiedene Figuren geschaffen, die HUMOR 1 besitzen und damit, ebenso wie reale Personen, eine Vorbildfunktion erfüllen. Nicht selten handelt es sich dabei um positive Erwachsenenfiguren, wie etwa Emils Großmutter.[284] Kinderfiguren demonstrieren HUMOR 1 nicht so deutlich. Hier äußert sich HUMOR eher in seiner zweiten

[282] „Kästner über Kästner" in *Die kleine Freiheit*, EKW II S. 326.

[283] Ebd.

[284] Vgl. die Analyse der Großmutter in Kapitel II 2.

Bedeutung durch Handlungen oder Worte, die eher dazu dienen, Missstände aktiv, manchmal auf komische Weise zu beseitigen. Ein Beispiel dafür ist etwa Martin Thalers Reaktion auf das arrogante Verhalten älterer Mitschüler, die einen den Jüngeren zustehenden Raum nicht räumen wollen: „[...] Da stieß Martin die Umstehenden beiseite, trat dicht ans Klavier und schlug den Deckel zu! [...] Dem schönen Theodor war der Klavierdeckel auf die Finger gefallen. Sein hübsches Fotografiergesicht verzerrte sich vor Wut."[285] Die Situation wirkt durch den Sieg über eine vermeintliche Autorität komisch, Martin zeigt aber keinen Humor, eher im Gegenteil. Er nimmt die Situation sehr ernst. Er produziert Humor 2 durch sein respektloses Handeln, aber dies entspringt keiner Einstellung im Sinne von Humor 1. Die Kinderfiguren sind natürlich ebenso zur Identifikation geschaffen wie die der positiven Erwachsenen. Sie führen allerdings primär andere Werte als Humor 1 vor. Hier ist es eher Humor 2, der dazu dient, die Kinderfiguren sympathisch und die Handlung interessant zu gestalten. Kurt Beutler weist in seinem Buch *Erich Kästner. Eine literaturpädagogische Untersuchung* (1967) darauf hin, wie Kästner vor allem durch die Sprache der kindlichen Figuren diese dem kindlichen Leser näher bringt. Zu Recht betont er die „humoristische"[286] Tendenz in der Redeweise Gustavs mit der Hupe, etwa indem er Emils Situation so beschreibt: „Stellt sich mit Koffer und Blumenkohl hinter die Zeitungsbude und spielt mit sich selber Verstecken!"[287] Dass Kästner von Kindern produzierten Humor 2 genau beobachtet hat, geht vor allem aus zwei Dokumenten hervor, die sich in seinen hinterlassenen Stoffsammlungen finden. So existiert ein Blatt, das mit „Susannes Kindermund" überschrieben ist und etliche kindlich-naive, komische Äußerungen besagter Susanne enthält, wie die folgenden:

„Papi, weißt du, warum du ein Junge bist? Weil du Hosenträger anhast!"
„Das Eisbein kommt vom Eisbär".
„Kann man unser Menschenfleisch essen, wenn es geschlachtet ist?"
„Unsere Eisenbahn heißt deutsche Reis-Bahn, weil man mit ihr reist!"[288]

Leider ist aus den Notizen nicht ersichtlich, in welcher Beziehung Kästner zu dem Mädchen stand. Das gleiche gilt für ein weiteres Blatt, was Aussprüche der Zwillinge Eberhard und Manfred enthält, wobei die Niederschriften teilweise schon Witzform haben. So wird berichtet, wie die

[285] Vgl. *Klassenzimmer*, S. 55f.

[286] Beutler 1967, S. 176f. Vgl. dazu auch Kapitel II 2 und II 4.

[287] Emil, S. 246.

[288] Alle Zitate aus „Susannes Kindermund" in A:Kästner / Verschiedenes / Konvolut Stoffe. Mappe 1 (Stoffe I 1934) im Deutschen Literaturarchiv Marbach am Neckar.

Jungen scheinbar fasziniert den Weihnachtliedern lauschen, die ihre Mutter vorträgt, um dann trocken zu fragen: „Was hast du 'n eigentlich in Singen gehabt?"[289] Des Weiteren finden sich Notizen zu kindlichen Wortneubildungen wie „riesenklein" oder „schniekanieren"[290] sowie die Dokumentation sprachlicher Fehlleistungen, ganz im Einklang mit Helmers' Theorie produziert von Adelheid, anscheinend der jüngeren Schwester der Zwillinge: „Buntspecht heißt bei ihr Buntspeck".[291] Keine dieser Äußerungen taucht in den Kinderbüchern wieder auf, so dass über den Zweck der Dokumentation nur spekuliert werden kann. Kästner mag sie tatsächlich zur literarischen Nutzung notiert haben. Auf jeden Fall sind sie Hinweise darauf, dass er Sprache und HUMOR 2 seiner Kinderfiguren nicht nur aus dem eigenen Gedächtnis, sondern aus der Beobachtung seiner Umgebung entlehnte. Dass viele Kinder sich und ihre Sprache in Kästners Kinderliteratur wieder fanden, ist bei dem großen Erfolg der Bücher anzunehmen. Gerade durch ihre (ehemalige) Aktualität und durch den starken Wandel, dem Jugendsprache naturgemäß unterworfen ist, geht dieser Identifikationsfaktor allmählich verloren. Trotzdem bleibt der HUMOR vieler Textstellen erhalten, ebenso wie seine Sympathie fördernde Wirkung. Man erinnere sich, welche Bedeutung Kästner in „Die vier archimedischen Punkte" Vorbildern einräumt. Die Vorbildwirkung sympathischer Figuren, die in unterhaltenden Geschichten agieren, kann als bedeutend wichtiger eingestuft werden als moralisierende Belehrungen.[292] Die Analyse der Kinderbücher in der vorliegenden Arbeit wird zeigen, wie (unter Anderem) durch HUMORvolle Hinweise oder HUMORistische Charaktere Wertvorstellungen mindestens ebenso deutlich und weitaus vergnüglicher vermittelt werden können.

Vorgreifend kann außerdem schon verraten werden, dass Kästners HUMOR häufig subversiver Natur ist, und zwar mehr als es ohnehin in der Natur der

[289] A:Kästner / Verschiedenes / Konvolut Stoffe. Mappe 2, 1. Februar 1941.

[290] „Susannes Kindermund".

[291] A:Kästner / Verschiedenes / Konvolut Stoffe. Mappe 2, 1. Februar 1941.

[292] Zu Recht sind etwa die Nachdenkereien in *Pünktchen und Anton* für ihre etwas belehrende Art kritisiert worden. Vgl. etwa Bäumler 1984, aber auch Steck-Meier 1999. Allerdings ist auch eine Lesart möglich, nach der Kästner in den Nachdenkereien die belehrende und moralisierende Tradition in der Kinderliteratur parodiert. Diese Interpretation lässt sich auch dadurch stützen, dass in der Theaterfassung zu *Pünktchen* die Nachdenkereien von einer Figur namens „Herr Zeigefinger" vorgetragen werden, was in der Tat eine Parodie auf den sprichwörtlichen „erhobenen Zeigefinger" sein kann. Die Verfasserin hegt jedoch Zweifel daran, dass eine etwaige parodistische Absicht für den kindlichen Leser der Romanfassung durchsichtig ist. (Den Hinweis auf die Möglichkeit einer Parodie verdanke ich Professor Dr. Stefan Neuhaus, im Viva Voce Gespräch am 03.09. 2007.)

Sache liegt.[293] Häufig sind die betreffenden Situationen solche, in denen die Kinder die Oberhand haben, entweder als Produzenten von Komik oder indirekt durch die Tatsache, dass Erwachsene die Opfer komischer Zwischenfälle oder Missgeschicke werden. Die solcherart vermittelte Subversion ist im Zusammenhang mit Kinderliteratur von besonderer Bedeutung. Davon soll als nächstes die Rede sein.

[293] Man erinnere sich, dass Theoretiker von Aristoteles über Bachtin bis Helmers und Palmer den Normbruch, also die kurzzeitige Auflehnung gegen die Regel als grundlegendes Element von Humor betrachten. (Vgl. dazu Kapitel I 1.2).

„Ich habe nämlich die Erfahrung gemacht, dass Humoristen immer etwas Subversives an sich haben."
Roger Graf: Die haarsträubenden Fälle des Philip Maloney. Das trojanische Pferd. Folge 89. Erstausstrahlung: DRS 3, 07.02.1993

3.3 Humor und Subversion – Kinder an die Macht

Dass Kästner nicht nur in die Erziehung, sondern auch und vor allem in die Erziehbarkeit des Menschen große Hoffnungen setzte, war nach seinen eigenen Angaben ein wichtiger Grund für ihn, überhaupt Kinderliteratur zu verfassen. Obwohl manche seiner stark erzieherischen Einschübe heute teils moralisierend wirken können, so liegt seinem pädagogischen Konzept durchaus kein Bild vom Kind als einem defizitären Wesen zugrunde. Im Gegenteil sah er im Kind den besseren Menschen, der allerdings der richtigen Lenkung bedarf. Kaum eine Biografie kommt ohne das folgende Zitat aus, mit dem Kästner selbst seine pädagogische Ambition erklärte und das seiner Selbstklassifizierung als „Schulmeister" unmittelbar vorausgeht:

> Die Attacken, sagte er, die er, mit seinem als Lanze eingelegten Bleistift gegen die Trägheit der Herzen und gegen die Unbelehrbarkeit der Köpfe ritte, strengten sein Gemüt derartig an, daß er hinterdrein, wenn die Rosinante wieder im Stall stünde und ihren Hafer fräße, jedesmal von neuem das unausrottbare Bedürfnis verspüre, Kindern Geschichten zu erzählen. Das täte ihm über die Maßen wohl. Denn Kinder, das glaube und wisse er, seien dem Guten noch so nahe, wie Stubennachbarn. Man müsse sie nur lehren, die Tür behutsam aufzuklinken.[294]

Auf den ersten Blick kann das Zitat als Abwertung der Kinderliteratur missverstanden werden, dahingehend, dass Kästner sie als bloße Entspannungsübungen nach dem Verfassen seiner Satiren für Erwachsene betrachtete. Schaut man aber genau hin, so erklärt er an dieser Stelle die kindlichen Leser für das dankbarere, lohnendere Publikum. Von den Geschichten für Kinder aber erhofft er sich tatsächlich eine Wirkung. Sie sind „dem Guten" nahe genug, dass sie sich noch zu vernünftigen, verantwortlichen, eben „guten" Menschen entwickeln können. Ihre Köpfe sind zwar kleiner, vielleicht auch noch nicht so kognitiv leistungsfähig wie die der Erwachsenen – aber eben nicht unbelehrbar.

294 „Kästner über Kästner" in *Die kleine Freiheit*, EKW II, S. 326.

Genauso stellt Kästner seine (positiven) Kinderfiguren dar: Als vernünftige, selbstständige Wesen, die recht gut ohne die Erwachsenen zurechtkommen, ja ihnen häufig sogar überlegen sind. In seinen Kinderbüchern ergreifen die Kinder die Initiative; in den Geschichten gelangen, in den Worten des Rocksängers Herbert Grönemeyer, „Kinder an die Macht".[295] Schon aus diesem Ansatz begründet sich die Subversion, die Kästners Kinderliteratur über weite Strecken durchzieht. Kinder lehnen sich, wie Pünktchen, aktiv gegen die Regeln der Erwachsenen auf. Sie bekämpfen und überlisten, wie Emil und die Detektive oder Mäxchen, erfolgreich kriminelle Erwachsene. Oder sie wissen, wie Lotte und Luise, besser, was richtig für die Erwachsenen ist, als diese selber. Dies sind hochgradig subversive, stellenweise utopische Manifestationen von Kindern als den kompetenteren Menschen.

Humor ist nicht das einzige, aber ein probates Mittel, um solche Subversion darzustellen, zu unterstreichen und zu verstärken. Wie die vorangehende Theorie gezeigt hat, ist Subversion schon ein wesentlicher Teil von Humor, da jede Manifestation von Humor auf einer Abweichung vom Normalen beruht. Außerdem kann auch die Produktion von Humor 2 subversiv sein, wenn er nämlich in der Situation, die eben ernst genommen werden soll, unangebracht ist. Und unfreiwillig produzierter Humor 2 kann subversiv sein, wenn er in dem Missgeschick einer Autorität(sperson) besteht.

Nun ist einzuwenden, dass Kästners kinderliterarische Texte mit ihrer Betonung und Vermittlung klassischer bürgerlicher Werte wie Vernunft, Fleiß, Verantwortungsbewusstsein, Loyalität und dergleichen mehr kaum unter die emanzipatorische Kinderliteratur zu rechnen sind, also solche, die tradierte Werte grundsätzlich in Frage stellt (vgl. dazu auch Kapitel I 2.2). Insbesondere die Kinderfiguren vom Typ des Musterknaben scheinen alles andere als subversive Elemente zu sein. Es trifft auch tatsächlich zu, dass Kästners Kinderliteratur in ihrem Werteverständnis eindeutig integrativ ist, also etablierte Werte bewahren will. Aber gerade die Vermittlung dieser Werte geschieht häufig auf subversive Weise: Vor allem sind es, wie gesagt, oft die Kinder, die in ihrem Verhalten untereinander und gegenüber den Erwachsenen die fraglichen Werte vermitteln. Zwar treten durchaus auch positive Erwachsenenfiguren auf, die als gute Erzieher fungieren, etwa Emils Großmutter, Doktor Johann „Justus" Bökh oder Professor Jokus von Pokus. Allerdings kommt ihnen innerhalb der Romanhandlung eher eine beratende und beschützende Funktion zu, während die Kindergestalten, wiewohl

[295] Grönemeyers Single „Kinder an die Macht" erschien 1986. Obwohl Grönemeyer freilich kein Zeitgenosse Kästners ist, zeigt das Lied ein ähnliches Vertrauen in das Gute in Kindern.

hin und wieder auf die Erwachsenen angewiesen, doch weitgehend autonom bleiben. Auch werden nur wenige Regeln fraglos übernommen. Durch ihren HUMOR (2) stellen die Kinder, wie es in der Natur der Sache liegt, immer wieder Regeln und Normen in Frage, wenn auch nur kurzfristig. Zwar kehren sie, und hier erfüllt Kästners Kinderliteratur ihre integrative Funktion, schließlich immer wieder zu der Erkenntnis der tradierten Werte zurück, wie etwa Pünktchen am Ende des Romans. Zuvor jedoch wurden die Regeln, auf HUMORvolle und spielerische Weise, herausgefordert oder gebrochen und ihre allgemeine Verbindlichkeit erschüttert. Die Notwendigkeit von Regeln selbst stellt Kästner nicht in Frage, aber er vermittelt einen Wert, welcher zu den wichtigsten zählt: Regeln vor ihrer Akzeptanz zu hinterfragen. Die Analyse des HUMORs in den ausgewählten Texten wird dies weiter verdeutlichen.

Seid glücklich so sehr ihr könnt!
Und seid so lustig, dass euch
vor Lachen der kleine Bauch weh tut!
Nur: Macht euch nichts vor,
und lasst euch nichts vormachen.
Erich Kästner: Das fliegende Klassenzimmer
EKW, S. 49.

Teil II
Kästners fröhliche Kinderwelt: Die Analyse

An dieser Stelle ist das Herzstück der Arbeit, der Analyse von Kästners kinderliterarischem HUMOR, beinahe erreicht, doch zunächst noch ein paar Erläuterungen zum methodischen Rahmen.

1 Ordnung muss sein: Methodik und allgemeine Ergebnisse

„‚Ordnung muss sein', sagte Onkel Karl und schmiß auch noch den letzten Teller an die Wand."[296] Auch ein Literaturwissenschaftler muss ordnungsliebend sein und feste Grundlagen für die beabsichtigte Analyse schaffen. Ehe sich das Augenmerk auf die konkreten Manifestationen in Erich Kästners Kinderbüchern richtet, sollen die angewandte Methodik sowie die ersten allgemeinen Ergebnisse dargestellt werden.

1.1 Textanalyse trifft Korpuslinguistik

Ziel der Untersuchung war es, die Form und Häufigkeit sowie die Häufigkeit der einzelnen Formen dieser Manifestationen festzustellen. Im Vorhergehenden wurden die Erscheinungsformen von HUMOR 2 bereits in die Grobkategorien *Figur, Situation* und *Sprache* eingeteilt. HUMOR 1 bildet in dieser Untersuchung eine Kategorie für sich. Um festzustellen, wie sich HUMOR in Kästners Kinderbüchern äußert, wurden alle neun ausgewählten Bücher systematisch durchgesehen und sämtliche HUMORvollen Stellen in einer dreispaltigen Tabelle erfasst, welche hier aus Platzgründen nicht angehängt wurde, jedoch im Deutschen Literaturarchiv Marbach einzusehen ist.

[296] *Emil 2*, S. 305.

Insgesamt ergab sich ein Korpus von 1490 Textstellen. Bisher lag keine solche Sammlung HUMORvoller Stellen in Kästners Kinderliteratur vor. Die vorliegende Untersuchung ermöglicht eine aussagekräftige, doch grobe Kategorisierung der gefundenen Textstellen, anhand derer sich die vorherrschenden Tendenzen des kästnerschen kinderliterarischen HUMORS feststellen lassen. Im Wesentlichen ergaben sich bei Sichtung der Primärtexte, drei Hauptformen von HUMOR in Erich Kästners Kinderliteratur: (1) HUMORistische Charaktere, also Gestalten, die zum Lachen reizen, (2) Handlungsbezogener HUMOR, also Situationskomik und (3) sprachbezogener HUMOR, also Phänomene wie Wortspiele, Wortneubildungen oder witzige Vergleiche.
Wichtig ist dabei in erster Linie, dass die Zuordnungsvorraussetzungen geklärt sind.[297] Im Rahmen der festgelegten Definitionen kann man dann den Eigenschaften, Funktionen und Tendenzen des kästnerschen HUMORS auf die Spur kommen. Dennoch werden im Einzelfall Streitfälle bleiben. Die hier erarbeiteten HUMORdefinitionen schließen immer das individuelle Subjekt mit ein, das HUMOR als solchen erkennen und einordnen muss. Es wurde bereits erläutert, dass dabei die persönliche sowie die kulturelle Agenda eine wichtige Rolle spielen. Insofern ist es nicht auszuschließen, ja es ist sogar fast sicher, dass andere Leser und Forscher manche Stelle zu diesem Korpus hinzugefügt und andere ausgelassen, sie anderen Kategorien zugeordnet oder überhaupt andere Kategorien angewandt hätten. Dennoch lässt sich, wenigstens in unserem gegenwärtigen Kulturraum, eine intersubjektive Einigkeit darüber erzielen, an welchen Textstellen sich HUMOR manifestiert und wie. Gerade deshalb wurden die Kategorien auch so grob gefasst. Es ist nicht Ziel der vorliegenden Untersuchung, die Einzelfälle im Detail zu diskutieren und eindeutig zuzuordnen. Vielmehr soll ein allgemeiner, aber dadurch auch gültiger Eindruck davon entstehen, wie und wie häufig sich HUMOR in Erich Kästners kinderliterarischem Werk äußert, sowie welche Funktion diesen Manifestationen jeweils im Text zukommt.
Die angewandte Methode ist gewöhnlich eher in der quantitativen Forschung oder in der Diskursanalyse zu Hause, insbesondere als einem Teilgebiet der angewandten Linguistik. Diskursanalyse in diesem Sinne beschäftigt sich mit der Funktion von Sprache innerhalb bestimmter Kontexte, wie McCarthy, Matthiessen und Slade in ihrem Artikel „Discourse Analysis" definieren: „Discourse analysis is the analysis of language in its social context".[298] Der Kontext ist entscheidend, wie sich auch in der Definition des Begriffs

[297] Vgl. dazu von Heydebrand / Winko 1996, S. 108f.

[298] Vgl. McCarthy / Matthiessen / Slade 2002, S. 57.

Diskurs von denselben Autoren zeigt: „Life is a constant flow of discourse – of language functioning in one of the many contexts that together make up a culture.“[299] Auch HUMOR 2 kann als ein solcher kulturell bedingter und Kultur konstituierender Kontext betrachtet werden. In dieser Hinsicht handelt es sich bei der vorliegenden Arbeit um Diskursanalyse oder Textlinguistik. Auch hier wird versucht, Bedeutungen in einem bestimmten Kontext zu erfassen; die Untersuchung soll dazu beitragen, die Merkmale zu identifizieren, die HUMOR als solchen ausmachen und seine Funktion im gegebenen Kontext festzustellen. Die deskriptive Ebene der Untersuchung, also die reine Sammlung der HUMORvollen Textstellen, ließe sich am ehesten mit dem Feld der systemisch funktionalen Linguistik (SFL) vergleichen, deren Fragestellung McCarthy, Matthiessen und Slade so beschreiben: „Functional descriptions seek to explain the nature and organization of language according to what it has to do […]“.[300] Ein Ziel der vorliegenden Arbeit ist es ebenfalls, die „Natur und Organisation“ der HUMORvollen Sprache im Kontext der Texte aufzudecken. Im Gegensatz zur SFL geht es jedoch nicht um eine soziale Interaktion. Gewiss interagieren auch Autor und Leserschaft miteinander, aber dies konstituiert nur eine sehr indirekte Beziehung und ist für die Textanalyse von wenig Belang. Die vorliegende Arbeit teilt vor allem das Streben nach Objektivität mit der Linguistik, insbesondere mit der Korpuslinguistik. Reppen und Simpson (2002) nennen drei Charakteristika der Korpuslinguistik, die auch auf die hier vorliegende Analyse der Texte Kästners zutreffen: (1) Korpuslinguistik ist eine empirische Untersuchungsmethode um sprachliche Muster[301] zu analysieren. (2) Sie bedient sich dabei eines Korpus, also einer großen, systematisch zusammengetragenen Textmenge. (3) Korpuslinguistik nutzt sowohl die quantitative als auch die qualitative Analyse.[302] Auch bei dieser Arbeit handelt es sich um eine empirische Untersuchung mit dem Ziel, das oder die Muster des kästnerschen HUMORS zu ergründen. Dazu wurde ein Korpus angelegt, welches zwar verglichen

---

[299] Vgl. ebd., S. 55.

[300] Vgl. ebd., S. 66.

[301] Zwar beziehen sich die Autoren an dieser Stelle auf „natural texts“, also auf Alltagssprache und nicht auf Kunsttexte; aber allgemein gesprochen wird Korpuslinguistik auf Texte jeder Art angewandt.

[302] Vgl. Reppen / Simpson 2002, S. 93. Das vierte Merkmal ist die „umfangreiche Nutzung“ von Computerprogrammen bei der Analyse. Dies ist das einzige Element, das die vorliegende Arbeit nicht mit der Korpuslinguistik wie von Reppen und Simpson beschrieben teilt. Kein Computerprogramm der Welt kann gegenwärtig entscheiden, ob und warum eine Textstelle HUMOR ausdrückt; eine Auswertung und Analyse musste dem menschlichen (und potentiell fehlbaren) Gehirn der Verfasserin überlassen bleiben.

mit den Korpora, deren sich die Linguistik üblicherweise bedient, sehr klein ist[303], jedoch innerhalb der analysierten Texte Vollständigkeit anstrebt. Schließlich müssen auch für die vorliegende Analyse qualitative ebenso wie quantitative Methoden angewandt werden, denn die Statistik allein gibt keine hinreichende Auskunft über Struktur oder Funktion von HUMOR im Text. Auch McCarthy, Matthiessen und Slade stellen fest: „[...] statistical facts raise the question *'Why?'*, and answers can only be found by looking at the context of the texts in the corpus."[304] Genau das wird in dieser Untersuchung geschehen. Es handelt sich also um einen Methoden-Mix, eine Textanalyse, die sich in der Datengewinnung an die Korpuslinguistik anlehnt.

303 McCarthy, Matthiessen und Slade geben den erstrebenswerten Umfang eines Korpus für die Diskursanalyse mit 100–400 Millionen Wörter an (Vgl. McCarthy / Matthiessen / Slade 2002, S. 70).

304 Vgl. ebd., S. 70, Hervorhebung im Original.

Statistiken sind mit Vorsicht zu genießen
und mit Verstand einzusetzen.
Carl Hahn

1.2 Das Korpus in Zahlen

Erich Kästners Kinderbücher umfassen verschiedene Genres: Am prominentesten ist das des Umweltromans[305], zu dem die beiden *Emil*-Bände, *Pünktchen*, *Lottchen* und *Klassenzimmer* gehören. *35. Mai* dagegen kann der phantastischen Literatur zugeordnet werden, *Konferenz* ist eher märchen- oder fabelhaft, die beiden *Kleiner Mann*-Bände stellen eine Mischform aus phantastischer und realistischer Literatur dar. Aber so unterschiedlich die Themen und Handlungen der untersuchten Bücher auch sein mögen, sie alle enthalten HUMORvolle Stellen, und zwar in oft in ähnlichem Umfang. Das folgende Diagramm zeigt die Anzahl komischer Textstellen in Relation zur Seitenzahl der jeweiligen Bücher, wobei die Anzahl der Seiten sich auf die Hanser Werkausgabe bezieht. (Einzig bei *Konferenz* wurden besonders stark bebilderte Seiten von der Gesamtseitenzahl abgezogen.)

[305] Das Wort <Umweltroman> ist eine Analogbildung zu <Umweltgeschichte>. Nach Peter Scheiner entsteht die Umweltgeschichte zu Beginn des 20. Jahrhunderts aus dem Wunsch heraus, „den Wirklichkeitssinn des Kindes" zu fördern (vgl. Scheiner 1984, S. 38f.) „In realistischen *Umweltgeschichten*, die aus der Perspektive des Kindes Ausschnitte der ihm zugeordneten Erlebniswelt darstellen [...], zeichnen sich erste Ansätze eines realistischen Stilprinzips ab, das die moralische Sinnkonstruktion von Wirklichkeitsbildern durch Darstellungsmethoden ersetzt, die sich an der Art und Weise kindlicher Wirklichkeitserfahrung orientieren. (Ebd., S. 39, Hervorhebung im Original.) Diese Merkmale finden sich auch in Kästners realistischen Kinderromanen.

Anzahl der HUMORvollen Textstellen pro Seite

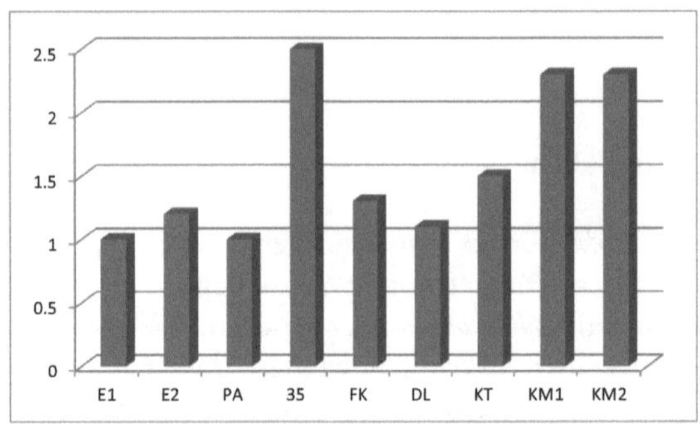

* E1 = Emil 1; E2 = Emil 2; PA = Pünktchen; 35 = 35. Mai; FK = Klassenzimmer; DL = Lottchen; KT = Konferenz; KM1 = Kleiner Mann 1; KM2 = Kleiner Mann 2

Wie man sieht, fallen die Romane, die phantastische Elemente enthalten, sowie das Bilderbuch durch eine größere Anzahl HUMORvoller Textstellen auf. Daher lässt sich vermuten, dass dies durch den Inhalt bedingt ist, der durch häufigere Normabweichung (nämlich in den phantastischen Elementen) auch häufiger HUMORvoll ist. Dies wird sich jedoch in der genaueren Untersuchung der einzelnen HUMORformen zeigen.

In den Umweltromanen sind die entsprechenden Textstellen äußerst ähnlich verteilt, sämtliche Werte bewegen sich zwischen 1,1 und 1,3 Manifestationen von HUMOR pro Seite. Obwohl die Abweichung gering ist, mag es erstaunen, dass gerade *Emil 2* einen höheren Wert aufweist als *Emil*, *Pünktchen* oder *Lottchen*. Zu Recht ist das Buch als Kästners schwächstes kritisiert worden, etwa von Beutler (1967), der den Roman als „von der Spannung her äußerst schwach konstruiert […] "bezeichnet.[306] Allerdings entdeckte die Verfasserin überraschend eine Fülle HUMORvoller Textstellen in dem bisher als eher langweilig übergangenen Roman. Ein Blick auf die Verteilung der

[306] Vgl. Beutler 1967, S. 170. Auch Esther Steck-Meier stellt in ihrer Erzähltextanalyse von 1999 fest: „Es fehlt eine klare Handlungsstrategie […]. Die strukturelle Gestaltung […] ist […] streckenweise etwas zähflüssig." (Vgl. Steck-Meier 1999, S. 276.) Allerdings entdeckte Steck-Meier, wie die Verfasserin dieser Arbeit, positive Überraschungen im Roman, auch wenn sie sich nicht auf HUMOR bezieht, sondern auf den Reifungsprozess, den Emil durchläuft, während er sich mit der bevorstehenden Heirat seiner Mutter auseinandersetzt: „Bei sorgfältigem Lesen wird man dennoch von einer Nebenhandlungsführung überrascht, die konsequent durchgezogen und zu einer eindrücklichen Lösung gebracht wird." (Vgl. ebd.)

verschiedenen HUMORformen ergibt, dass *Emil 2* eine vergleichsweise große Menge sprachlichen HUMORS enthält.[307]

Verteilung der HUMORkategorien in Emil 2

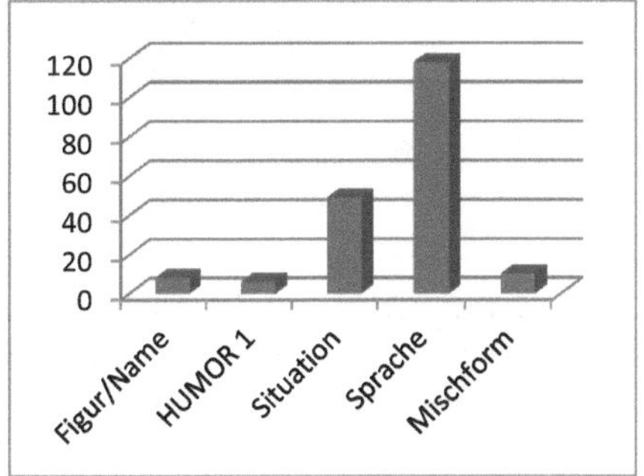

Die Überraschung besteht darin, überhaupt derart viel HUMOR in einem Buch zu finden, das den Leser vergleichsweise wenig anspricht. Diese Auffälligkeit legt den Schluss nahe, dass HUMOR allein noch keine gelungene Handlung garantiert, aber auch, dass *Emil 2* bisher unterschätzt wurde. Die Verteilung der HUMORformen in *Emil 2* ist keine Überraschung, da sie exemplarisch für fast alle der ausgewählten Bücher ist. Das unten stehende Diagramm zeigt die verschiedenen Formen in ganz ähnlichen Proportionen.

[307] Eine vollständige Übersicht über die HUMORformen in jedem einzelnen der ausgewählten Bücher findet sich im Anhang auf S. 73. Die Kategorie „Name" wurde hier als eigenes Element aufgeführt. In der Analyse werden komische Namen jedoch teils im Zusammenhang mit den Figuren behandelt, sofern diese vom Erzähler benannt wurden; Namen, die Figuren von anderen Charakteren beigelegt werden, also Spitz- oder Schimpfnamen, werden unter der Grobkategorie Sprache behandelt.

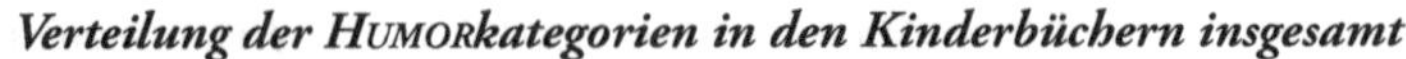

Verteilung der HUMORkategorien in den Kinderbüchern insgesamt

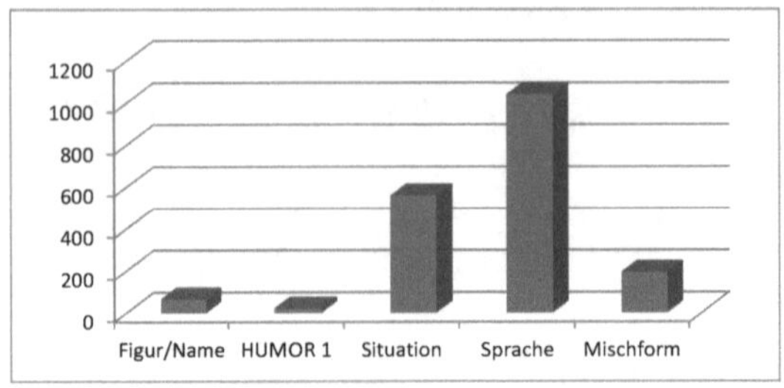

Dabei ist zu betonen, dass die Manifestationen der HUMORformen nicht unbedingt dasselbe sind wie die Textstellen. In einer einzelnen Textstelle können sich zwei oder mehr Formen manifestieren. Dementsprechend wurden einzelne Zitate zur Bestimmung der Formen mehrfach gezählt. Eine Textstelle etwa, in der sich HUMOR sowohl in Sprache als auch durch die dargestellte Situation manifestiert (was häufig vorkommt), wurde dreimal gezählt, nämlich einmal als „Sprache", einmal als „Situation" und einmal als „Mischform". Daher ist die Gesamtzahl, die sich aus den Daten über die Formen ergibt, höher als die der tatsächlichen Textstellen, die im ersten Diagramm berücksichtigt wurde. Betrachtet man die Verteilung der HUMORformen, so besteht der mit Abstand größte Teil in sprachlichem HUMOR, und komische Situationen nehmen den zweiten Platz ein. In unterschiedlicher Verteilung, jedoch allgemein in bedeutendem Abstand folgen Figuren, Namen und HUMOR. 195 Textstellen (13 Prozent) sind Mischformen. Auch dieser Anteil ist in den meisten Büchern ähnlich. Die einzige Ausnahme bildet *35. Mai*, wie das nächste Diagramm zeigt. Hier fällt ein deutlich höherer Anteil an situationsbedingtem HUMOR auf, der sogar noch häufiger auftritt als HUMORvolle Sprache.

Verteilung der Humorkategorien in 35. Mai

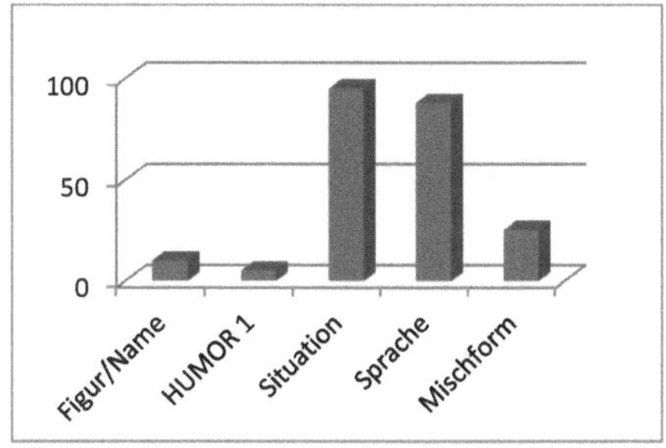

Nicht ganz so hoch, aber außergewöhnlich hoch ist der Anteil komischer Situationen auch in der *Konferenz* (s. Anhang). In den meisten anderen Büchern tritt HUMORvolle Sprache deutlich öfter, nicht selten etwa doppelt so häufig auf wie HUMORvolle Situationen, wie das Diagramm zur Verteilung der HUMORformen zeigt. Allerdings ist bei beiden Büchern, *35. Mai* und *Konferenz* der Abstand zwischen komischen Situationen und sprachlicher Komik sehr gering. Was zuvor über die Häufigkeit von HUMOR in den phantastischen Büchern gemutmaßt wurde, konkretisiert sich im Korpus: Die phantastische Handlung bietet durch ihre Normabweichungen mehr Anlass zu situationsbedingtem HUMOR 2. Die beiden *Kleiner Mann* Romane sind davon ausgenommen und entsprechen in der Verteilung der HUMORformen den Umweltromanen, wiewohl sie eine auffallend große Gesamtzahl HUMORvoller Textstellen aufweisen. Dass Quantität in der Textanalyse nur sehr bedingte Aussagekraft besitzt, zeigt sich auch an der geringen Anzahl von Textstellen, in denen sich HUMOR 1 konkret manifestiert. Das liegt vor allem daran, dass dieser als Geisteshaltung stark personengebunden ist und sich dementsprechend vor allem in bestimmten Figuren entfaltet (vgl. Kapitel II 2.4). Die Analyse wird jedoch zeigen, dass geringe Quantität mitnichten auf eine geringe Bedeutung von HUMOR 1 in Kästners kinderliterarischem Werk hinweist.

Soviel zu den ersten Eindrücken, die sich beim Gesamtüberblick ergeben. Im Folgenden werden die Ergebnisse der Kategorisierung genauer betrachtet und exemplarische Textstellen ausführlicher analysiert. Um eintönige Wiederholungen zu vermeiden, wird dabei nicht Buch für Buch behandelt, sondern Kategorie für Kategorie. Hierdurch wird ein tieferes Verständnis der einzelnen kästnerschen HUMORformen sowie ihrer Anwendung und Funktionen erreicht. HUMOR 1 wird, da seine Manifestationen vergleichsweise selten sind, an den passenden Stellen in den jeweiligen Grobkategorien mitbehandelt.

Pünktchen [...] sagte: „Am liebsten möchte ich ein Zwilling sein.
[...] Keiner wüßte, wer ich bin und wer sie ist.
Und wenn man dächte, ich bin es, ist sie es."
Erich Kästner: Pünktchen und Anton
EKW VII, S. 458.

2 HUMORvolle Figuren und Namen: Kleine Leute und lustige Leute

Der phantasiebegabten Titelheldin Pünktchen, dem exzentrischen Direktor Brausewetter aus den *Kleiner Mann*-Romanen, dem lächerlichen General Zornmüller aus der *Konferenz* – ihnen und vielen anderen ist dieser Teil der Analyse gewidmet. Obwohl die Figuren zahlenmäßig die kleinste Kategorie darstellen, haben sie keinesfalls die geringste Bedeutung. Im Gegenteil: Ohne sie wäre keine Romanhandlung denkbar, mit ihnen identifiziert sich der Leser, beziehungsweise sie sorgen für Widerstände und Spannung. Es lässt sich leicht einsehen, wie unerlässlich auch und gerade komische Figuren für den Unterhaltungswert eines Textes sind. Wie sich zeigen wird, leisten sie aber noch erheblich mehr.
Die Figuren (und ihre Namen) in Kästners Kinderbüchern sind auf sehr unterschiedliche Weise komisch. Man lacht mit ihnen oder über sie, und wo die Leser über die Figuren lachen, geschieht dies mit unterschiedlich viel Sympathie. Zuweilen ist eine Figur als Ganzes komisch oder lächerlich, andere sind durch ihr Handeln beziehungsweise Reden eine Quelle von HUMOR. Im Folgenden werden die Figuren in verschiedene Typen unterteilt: Der erste Typ wird vom bereits erwähnten Pünktchen repräsentiert und ist der der vorwiegend HUMOR 2 produzierenden Figur. Direktor Brausewetter vertritt den zweiten Typus, der unfreiwillig komisch, dabei aber durchaus liebenswert ist. Anders verhält es sich bei Typ drei, wie ihn General Zornmüller verkörpert, nämlich der unsympathischen lächerlichen Figur. Endlich gibt es noch den vierten Typ, nämlich jene Figuren, die echten HUMOR 1 an den Tag legen. Das Paradebeispiel für diesen Typ ist die Großmutter aus den *Emil*-Romanen.

2.1 Der Pünktchen-Typ: Phantasievolle Spaßmacher

Pünktchen ist in ihrem Tun und Reden eine fleißige Produzentin von HUMOR 2, und sie bedient dabei eine Vielzahl dessen, was in Kapitel I 2.2 als besonders ansprechend für Kinder herausgefiltert wurde: Pünktchen

liebt das Spiel, sie verkleidet sich und schlüpft in verschiedene Rollen. Auf sprachlicher Ebene bedient sie sich der (unsinnigen) Collage und erfindet neue Wörter.
Pünktchens zeitweilige Verwandlung ist zuweilen karnevalesk-grotesk:

> Sie hatte die rote Morgenjacke ihres Vaters angezogen und ein Kopfkissen darunter gewürgt, so daß sie einer runden, verbeulten Teekanne glich. Die dünnen, nackten Beine, die unter der Jacke vorguckten, wirkten wie Trommelstöcke. Auf dem Kopf schaukelte Bertas Sonntagshut. [...] In der einen Hand hielt Pünktchen das Nudelholz und einen aufgespannten Regenschirm, in der anderen einen Bindfaden. An dem Bindfaden war eine Bratpfanne festgebunden, und in der Bratpfanne, die klappernd hinter dem Kind hergondelte, saß Piefke, der Dackel, und runzelte die Stirn.[308]

Die Verkleidung entspricht genau dem von Henrich beschriebenen Konzept der Freien Komik: Pünktchens Erscheinung hat sich gewandelt, aber sie ist immer noch Pünktchen. Hinzu kommt ein Normbruch in mehrfacher Hinsicht. Normalerweise sollte eine neunjährige Fabrikantentochter der 1930er Jahre nicht in einem derartigen Aufzug erscheinen, welcher nicht nur unangemessen ist, sondern auch jeglicher praktischer Funktion entbehrt. Die Verkleidung dient einzig dem Vergnügen der Figur (und des Lesers). Dies wirft nun die Frage auf, ob es sich hier um bloße Subversion handelt, oder ob der augenscheinliche Bruch die Norm indirekt bestätigt, also eine integrative Funktion erfüllt. Um dieser Frage nachzugehen, muss man Pünktchens HUMOR 2 und ihren Charakter etwas genauer betrachten. Pünktchen ist selbstbewusst, kreativ, verfügt über eine große Menge Phantasie und benimmt sich Erwachsenen gegenüber nicht immer korrekt. Sie gibt sich im Friseursalon unbekümmert ihrem Spiel hin, fragt Fleischermeister Bullrich über seine künstlerischen Fähigkeiten aus und lässt die eher respektlose Befragung in der Bemerkung gipfeln: „Nehmen Sie's mir nicht übel, aber so etwas von Talentlosigkeit ist mir in meinem ganzen Leben noch nicht vorgekommen!"[309] Ernstere Konsequenzen hat Pünktchens Verhalten aber nicht. In dem ganzen Roman wird sie für ihre Regelverstöße kaum einmal getadelt, geschweige denn bestraft. Die einzigen Ausnahmen

[308] Vgl. *Pünktchen*, S. 457. Pünktchens Verkleidung ist hier grotesk im eigentlichen Sinne nach Bachtin: Durch das Kopfkissen unter der Morgenjacke sprengt ihre Erscheinung die Grenzen ihres natürlichen Körpers (vgl. Kapitel I 1.2).

[309] Ebd., S. 474.

sind der scharfe Ausruf: „Luise!“[310] durch den Vater, der damit Pünktchens Phantasieren über eine Zwillingsschwester abbricht, und Kinderfräulein Andachts Insistieren auf standesgemäßer Ausgehkleidung zum Spaziergang.[311] Dabei ist die erzieherische Anweisung von Fräulein Andacht, für die der Leser wenig Sympathie hat, ohnehin von geringer Bedeutung. Allein der Erzähler kritisiert in der elften Nachdenkerei scharf, dass Pünktchen mit ihrem Kinderfräulein betteln geht, ohne ihre Eltern zu informieren. Aber dass ihre Verstöße gegen Regeln wie Zurückhaltung gegenüber Erwachsenen, Tischmanieren (sie planscht in der Suppe herum[312]) oder Kleiderordnung folgenlos bleiben, lässt darauf schließen, dass durch diese HUMORvollen Normbrüche Subversion ausgedrückt wird.

Aber nicht nur Regelbrüche kennzeichnen Pünktchens Verhalten, sie legt auch eine besondere Kreativität an den Tag. Das zeigt sich darin, wie sie völlig heterogene Elemente zu kombinieren weiß. Ebenso bunt zusammengewürfelt wie ihre Verkleidung ist das Potpourri, zu dem sie die Slogans auf den Werbeplakaten im Friseursalon verarbeitet: „Benutzen Sie Dralles neue Haarfrisur, Sie erhalten in meinem Geschäft alle einschlägigen Preise [...].“[313] Schließlich wendet Pünktchen diese Patchworktechnik auch bei ihren Wortneubildungen an, etwa in „Wärmometer“.[314]

Eben diese Phantasie befähigt Pünktchen auch dazu, Dinge in ihr Spiel einzubauen und für ihre Zwecke umzudeuten. So wird einmal ihr Zeigefinger zum Rasiermesser, ein anderes Mal Piefke zum bösen Wolf. Derartige Umdeutungen sind wohl jedem bekannt, der Kindern einmal beim Spiel zugesehen hat oder sich an die eigene Kindheit erinnert. Jedoch sind nicht alle derartigen Phantasiespiele komisch. Der HUMOR dieser Stellen entsteht dadurch, dass die Titelheldin den Transfer von der Realität in ihre Phantasiewelt nicht vollständig vollzieht. So fragt sie Piefke bei seiner Rasur: „Ist Ihnen mein Zeigefinger scharf genug?“[315] (und nicht „Ist Ihnen das Rasiermesser scharf genug?“). Desgleichen kann sie auch gleichzeitig das Rotkäppchen spielen und Piefke, dem „Wolf“, energisch befehlen: „Fressen sollst du mich!“[316] In derartigen Brüchen manifestiert sich die Freie Komik:

---

310 Vgl. ebd., S. 459.

311 Vgl. ebd., S. 463f.

312 Vgl. ebd., S. 458.

313 Vgl. ebd., S. 473

314 Vgl. ebd., S. 471.

315 Vgl. ebd., S. 473.

316 Vgl. ebd., S. 463.

Pünktchen, beziehungsweise die von ihr im Spiel genutzten Gegenstände und Piefke verwandeln sich im Spiel, bleiben aber gleichzeitig in der Realität erhalten, wobei beides unerwartet miteinander kollidiert. Überhaupt zeigt Pünktchens HUMOR 2 stets deutlich das Element des Spielerischen und des Ausprobierens. Dies korrespondiert mit der Theorie Helmers', dass HUMOR 2 in der Sprache von Kindern dazu genutzt werde, Regeln und ihre Verbindlichkeit auszutesten. Indem Pünktchen gegen Normen verstößt, erprobt sie ihre Grenzen. Dadurch bietet sie sich dem kindlichen Leser in besonderem Maße als Identifikationsfigur an, da jedem Kind dieses Spiel mit Grenzen vertraut ist.

Auch in ihren Beziehungen zu Anderen bestimmt HUMOR Pünktchens Verhalten. In der Beziehung mit Anton ist sie zu Beginn oft die treibende Kraft und bildet einen Gegenpol zur Ernsthaftigkeit des kästnerschen Musterknaben. So unterhält sie ihn mit ihren Wortneubildungen und bringt ihn gleich darauf mit dem Gelächter-Spiel erfolgreich zum Lachen. Allerdings verfügt auch Anton über Phantasie, im letzten Kapitel ist er es, der die Idee zum Spiel liefert:

> „Jetzt hab ich's!" rief er. „Wir spielen: Im Faltboot über den Ozean." [...] Neben dem Tisch stand eine Waschschüssel mit Wasser. [...] Anton stieg mitten auf dem Ozean aus, holte Salz und streute es in die Waschschüssel. „Meerwasser muß salzig sein", behauptete er. [...] „Jetzt kommt ein scheußlicher Sturm", sagte Anton, stieg aus und wakkelte an dem Tisch. [...] Anton war der Wind und heulte.[317]

Hier zeigt sich einer der Berührungspunkte zwischen diesen beiden Kindern aus völlig unterschiedlichen sozialen Schichten (was den Reiz des Romans ausmacht): Primär sind sie durch die (in Antons Fall traurige) Bettelei auf der Brücke verbunden; aber auch in ihrem spielerischen HUMOR finden sie eine gemeinsame Ebene.

Von Pünktchens Verhalten gegenüber Erwachsenen war bereits die Rede. In der Beziehung zu diesen befähigt ihr HUMORvolles, manchmal respektloses Auftreten sie dazu, sich selbstbewusst zu behaupten. So ist sie nicht Opfer ihres Kindermädchens, sondern folgt ihr – oder eben nicht – mehr nach ihrem eigenen Gutdünken. (Gerade das wird ihr vom Erzähler so streng vorgeworfen.) Halbbewusst durchschaut sie die Abhängigkeit Fräulein Andachts von ihrem Bräutigam und dessen unsympathischen Charakter: „Das

[317] Vgl. ebd., S. 541.

ist Robert, der Teufel“[318], stellt sie ihn Anton vor und fragt ihr Kinderfräulein an anderer Stelle ebenso ungeniert: „Und Sie schenken das ganze Geld ihrem Bräutigam? [...] Da kann der aber lachen.“[319] Pünktchens Fähigkeit, Erwachsene mit ihren Fehlern und ohne falschen (und auch zuweilen ohne angebrachten) Respekt wahrzunehmen, macht es ihr möglich, sich bei Antons Klassenlehrer Herrn Bremser für den Freund einzusetzen. Sie fertigt den Lehrer dabei ebenso schonungslos ab wie Fleischermeister Bullrich:

> „Nun hören Sie mal gut zu“, sagte sie. „Antons Mutter ist sehr krank. Sie war im Krankenhaus, dort hat man ihr eine Pflanze herausgeschnitten, nein, ein Gewächs, und nun liegt sie seit Wochen zu Haus im Bett und kann nicht arbeiten.“ „Das wußte ich nicht“, sagte Herr Bremser. „Nun liegt sie also im Bett und kann nicht kochen. Aber jemand muß doch kochen! Und wissen Sie, wer kocht? Anton kocht. [...]“ „Das wußte ich nicht“, sagte Herr Bremser. „Sie kann auch seit Wochen kein Geld verdienen. Aber jemand muß doch Geld verdienen. Und wissen Sie, wer das Geld verdient? Anton verdient das Geld. Das wußten Sie nicht, natürlich.“ Pünktchen wurde ärgerlich. „Was wissen Sie denn eigentlich?“ Die anderen Lehrer lachten.[320]

Die Lehrer lachen über Pünktchens letzte Bemerkung, die sie als komischen Regelbruch wahrnehmen. Wichtig ist in dieser Szene aber Pünktchens leidenschaftliches Plädoyer für den Freund. Erst ihre Persönlichkeit als Produzentin von HUMOR 2 in diesem Sinne, ihre Tendenz, geregelte Verhaltensgrenzen zu übertreten, machen ihr diesen Einsatz möglich. Ihre Sprache, auch die kleine Fehlleistung, aufgrund derer sie das „Gewächs“ zuerst als „Pflanze“ bezeichnet, lockern die ernste Szene ein wenig auf und helfen dem Leser, auch in der erbosten, hier sehr ernsthaften Person, immer noch das lustige Pünktchen zu erkennen. Pünktchens Rolle als positives Vorbild wird selbst in der elften Nachdenkerei „Von der Lüge“ nicht negiert, obwohl diese, wie Steck-Meier nachvollziehbar kritisiert, unberechtigt scharf ausfällt: „Pünktchen lügt aber die Eltern im ganzen Text nie explizit an, allenfalls implizit durch ihr Verhalten. Deshalb ist m.E. der Ausdruck ‚Von der Lüge‘ [...] schlecht resp. ungenau gewählt. Es sollte eher heissen: ‚Von

---

318 Vgl. ebd., S. 478.

319 Vgl. ebd., S. 489. Es ließe sich fragen, ob das Fehlverhalten der Erwachsenen in Pünktchens Umgebung, die allzu beschäftigten Eltern und das unehrliche Kindermädchen, überhaupt der Grund dafür ist, dass sie Erwachsenen generell mit wenig Respekt begegnet, jedoch führt dies hier zu weit.

320 Vgl. ebd., S. 499f.

der Täuschung' o.ä."[321] Trotzdem erhält der Erzähler selbst in seiner rigiden Verurteilung Pünktchens das im Ganzen positive Bild der Figur. Die Nachdenkerei schließt mit der optimistischen Äußerung: „Wir wollen hoffen, daß sie sich, durch ihre Erlebnisse belehrt, bessert und das Lügen künftig bleiben lässt."[322] So unterscheidet der Erzähler zwischen Pünktchens negativen Verhalten und ihrem insgesamt positiven Charakter, der sich durch ihren HUMOR besonders zur Identifikation anbietet.

Weitere *phantasievolle Spaßmacher* sind Pony Hütchen und Gustav aus den *Emil*-Romanen sowie Matthias „Matz" Selbmann aus *Klassenzimmer*. Wie Pünktchen haben sie alle kästnersche Musterknaben als Gegenpole[323], von denen sie sich in Sprache und Verhalten deutlich unterscheiden. Beutler hat auf die Bedeutung hingewiesen, die der spezifischen Sprache einer Figur hinsichtlich ihres Charakters zukommt:

> Haben die Kindergestalten ihre gemeinsame Sprache, so zeigen sich doch trotz der altersgemäßen Gemeinsamkeit feinere Unterschiede in der Ausdrucksform, die sich aus der Verschiedenheit der psychologischen Typen ergeben. [...] Emil spricht trotz einer prinzipiell gemeinsamen umgangssprachlichen Ausdrucksform korrekter, „gesitteter" als Gustav. So sind für Emil die syntaktisch korrekt aufgebauten Sätze kennzeichnend, innerhalb deren nur einzelne kraftstarke Modewörter wie „kolossal", „famos" oder „Donnerwetter" existieren [...] Stark von ihnen [Emil und dem Professor, SÇ] abgehoben erscheint der viskose Typ des weniger intellektuell, dafür aber gemütvoller strukturierten Gustav, dessen Sprechweise auffallend einfach, nach Ton und Redewendungen vulgär, aber nicht ordinär, dabei auch bildhaft-konkret ist.[324]

Beutler nennt als Beispiele für Gustavs „vulgäre" sowie „bildhaft-konkrete" Sprache Ausdrücke wie diese: „Also, ich finde die Sache mit dem Dieb knorke"[325] oder „Mensch, das reinste Theater. Zum Quietschen."[326] Beutler weist außerdem darauf hin, dass Matz aus *Klassenzimmer* sich sehr ähnlich

321 Vgl. Steck-Meier 1999, S. 197f.

322 Vgl. *Pünktchen*, S. 517.

323 Gustav und Pony Hütchen steht Emil gegenüber, Matthias der Klassenprimus Martin Thaler.

324 Beutler 1967, S. 176f.

325 *Emil 1*, S. 247.

326 Ebd., S. 268.

ausdrückt, wenn auch ohne das Berliner Lokalkolorit; typisch für ihn ist dagegen die Formel „Teufel, Teufel!" als Einleitung[327]: „‚Teufel, Teufel! Wenn ich das gewußt hätte', sagte Matthias kauend [...]".[328] Auch hier ist die Sprache sehr bildhaft und kraftstark. Pony Hütchen gebraucht vergleichbare Wendungen, wenn auch weniger Kraftausdrücke. Ähnlich wie Pünktchen verhält sie sich Erwachsenen gegenüber unbefangen, was sich etwa in ihrem Dialog mit einem Bahnbeamten zeigt:

> „Wir warten nämlich dort drüben am Blumenstand auf meinen Vetter Emil." „Freut mich, freut mich", sagte der Mann. „Wieso freut Sie das, Herr Inspektor?" fragte Pony neugierig und spielte mit ihrer Radklingel. Der Beamte antwortete nicht und drehte dem Kinde den Rücken zu. „Na, Sie sind aber ein ulkiger Knabe", sagte Pony beleidigt.[329]

Die Sprache dient einerseits, wie Beutler feststellt, zur sozialen und psychologischen Verortung der Figuren. Andererseits stellt diese Sprache selbst in vielen Fällen HUMOR 2 dar. Hier zeigt sich bereits, wie schwierig es ist, die verschiedenen Kategorien tatsächlich zu trennen.

Die Sprache der hier untersuchten Figuren unterstreicht, wie Beutler feststellt, auch diejenigen Charakterzüge, die sie zu komischen Figuren machen: Die genannten Kinder sind selbstbewusst, verhalten sich nicht übermäßig regelkonform und zeigen verhältnismäßig wenig Respekt vor Autoritätspersonen. Dadurch haben sie erst die Freiheit, ihren vielfach durch Normbrüche gekennzeichneten HUMOR 2 zu entwickeln. So gehört zu Gustav, ebenso untrennbar wie seine Sprache, seine Hupe, die sogar Teil seines Namens wird. Alle anderen Detektive haben einen Nachnamen: Vom kleinen Dienstag ist überhaupt nur der Nachname bekannt, des Professors bürgerlicher Name ist Theodor Haberland, Emil hat den ungewöhnlichen Nachnamen Tischbein, und von Pony erfahren wir, dass sie Heimbold heißt.[330] Gustavs Nachname

---

327 Vgl. Beutler 1976, S. 178.

328 *Klassenzimmer*, S. 79.

329 *Emil 1*, S. 242f. Indem Pony die Phrase „Freut mich" wörtlich nimmt, zeigt ihr noch kindlicher Sprachgebrauch Ähnlichkeit mit dem Pünktchens, die den Unterschied zwischen „Gewächs" im Sinne eines Tumors und einer Pflanze nicht gleich begreift.

330 Vgl. *Emil 1*, S. 207. Es ist interessant, dass der Name ausdrücklich als „bloß ein Spitzname" (ebd.) gekennzeichnet wird, aber jede weitere Erklärung fehlt. Auf kreuzberg24.net zieht ein Blogger bei der Beschreibung eines nach der Figur benannten Ladens Ponys Äußeres – Hut und Ponyfrisur – zur Erklärung heran. Diese Interpretation ist insofern sinnvoll, als der kurzgeschnittene Bob mit Pony, mit dem Walter Trier das Mädchen darstellt, ein Kennzeichen der „neuen Frau" der 1920er Jahre ist. Obwohl sie noch Kinder sind, liegt

allein bleibt unbekannt, er ist einfach „Gustav mit der Hupe". Dass die Hupe buchstäblich zu Gustav gehört wie sein Name, ist schon ein Normbruch. Außerdem setzt er sie gelegentlich bewusst ein, um Andere zu überraschen oder zu erschrecken, auch Emil wird Opfer dieses milden Streichs: „Plötzlich hupte es dicht hinter Emil! Er sprang erschrocken zur Seite, fuhr herum und sah einen Jungen stehen, der ihn auslachte."[331] Ein leicht subversives Element erhält das Gehupe, wenn Gustav es an dem erwachsenen Journalisten ausprobiert, der gar nicht zufällig Kästner heißt: „Unterwegs hupte Gustav. Und sie freuten sich, als Herr Kästner erschrak."[332] Schon das Verb „freuen" in explizitem Bezug auf den Schrecken Herrn Kästners legt hier (rein morphologisch) nahe, dass die Jungen hier zumindest ein Stück weit die in der Kinderliteraturforschung so ängstlich geleugnete Schadenfreude empfinden. Übergroße pädagogische Besorgnis erübrigt sich jedoch, da keinerlei Schaden angerichtet wurde; zugleich lässt sich auch vermuten, dass die Freude zugleich von dem reinen Normbruch herrührt (analog zu dem kindlichen Vergnügen an sprachlichen Fehlleistungen, wie es Helmers beschreibt[333]).

Obwohl sie bedeutend weniger produziert, steht Pony Hütchen dennoch Pünktchen als HUMORproduzentin am nächsten, nicht nur weil sie ein Mädchen ist. Auch in ihrem HUMOR 2 ist das Element des Spielerischen stark: „Pony Hütchen stieg auf einen Stuhl, taktierte, als wäre eine Kapelle im Zimmer, und sang [...]"[334] Auch Ponys Dialog mit dem Bahnbeamten erinnert in der Ungeniertheit ihrer Sprache an Pünktchens Befragung des Fleischermeisters. Beide Figuren stellen also den Typ des selbstbewussten Mädchens dar, das selbstständig denkt und handelt und durch seine Kreativität Intelligenz beweist.[335]

Die Figur Ponys zeigt aber nicht nur Parallelen mit Pünktchen, sondern auch mit Gustav. Wie Gustav gebraucht Pony kraftstarke, umgangssprachli-

---

Kästners selbstbewussten Mädchenfiguren dieses Frauenbild zugrunde. Mehr zum Bild der „neuen Frau" findet sich etwa bei Fiege (2009).

331 *Emil 1*, S. 245f.

332 Ebd., S. 287.

333 Vgl. Helmers 1965 und Kapitel I 1.4.

334 *Emil 1*, S. 293.

335 Der scharfsinnige Leser wird freilich bemerkt haben, dass Pünktchen, obwohl sie hier als Leitfigur gewählt wurde, als Mädchentyp nach dem Beispiel Ponys konstruiert ist und nicht umgekehrt, da *Emil 1* zwei Jahre vor *Pünktchen* erschien. Für weiteren Ausführungen zu den Frauen- und Mädchenfiguren in Kästners Kinderbüchern vgl. besonders Haywood 1999.

che Ausdrücke wie „Ei Potz! [...] Nun haut's Dreizehn!" Auch ist sie, ebenso wie ein Junge, dazu bereit, sich auf Kämpfe einzulassen. Tatsächlich ist Emil von seiner Kusine als einziges in Erinnerung, „daß sie während des letzten Besuchs [...] mit ihm hatte boxen wollen."[336] Ähnlich wie Gustav ist Pony außerdem mit einem Accessoire ausgestattet, nämlich ihrem Fahrrad, von dem sie sich ungern trennt.[337] Zum Bahnhof etwa soll sie es zunächst nicht mitnehmen. „Doch sie hatte so lange gemaunzt, bis die Großmutter erklärte: ‚Nimm's mit, alberne Liese!' Nun war die alberne Liese guter Laune und freute sich auf Emils respektvollen Blick."[338]
Zusammenfassend lassen sich die komischen Figuren vom Typ Pünktchens als sympathische Identifikationsfiguren bezeichnen, insbesondere, da alle Figuren dieses Typs Kinder sind. Der HUMOR 2, den sie produzieren, besteht in der Hauptsache aus Norm- und Regelbrüchen. Diese bestehen jedoch nicht nur in der Übertretung von Benimmregeln, sondern auch und gerade im spielerischen Experimentieren mit sprachlichen Strukturen, sowohl auf der semantischen als auch auf der morphologischen Ebene. Pony und vor allem Pünktchen kombinieren außerdem im Phantasiespiel verschiedene Realitätsebenen und legen dabei teilweise große Kreativität an den Tag. Da die HUMORvollen Normverletzungen keine schädlichen sind und wo sie Benimmregeln, speziell das Verhalten Erwachsenen gegenüber betreffen, kaum je Konsequenzen haben, überwiegt ein positiver Eindruck. Die HUMOR-Produktion stellt sich überwiegend als ein Charakterzug dar, der dazu dient, die jeweilige Figur sympathisch zu gestalten. Zusätzlich zeigen sich aber wiederum durch den HUMOR 2 andere Charaktereigenschaften wie Selbstbewusstsein und Kreativität.

[336] Vgl. *Emil 1*, S. 227.

[337] In Anbetracht der Ähnlichkeiten zwischen Pony und Gustav ist es wenig erstaunlich, dass in die erste Verfilmung von *Emil und die Detektive* (1931, Regie: Gerhard Lamprecht) eine kleine Romanze zwischen diesen beiden Figuren eingebaut wurde.

[338] Vgl. *Emil 1*, S. 242.

Und Direktor Brausewetter zog einen schwarzen
und einen weißen Handschuh über.
Nun konnte kommen, was wollte.
Erich Kästner: Der kleine Mann und die kleine Miss
EKW VIII, S. 458.

2.2 Der Brausewetter-Typ: Sympathische Exzentriker

Der zweite Typ wird exemplarisch von Direktor Brausewetter aus den *Kleiner Mann*-Romanen verkörpert. Auch diese Figuren produzieren HUMOR 2, allerdings eher unfreiwillig. Dabei werden sie jedoch nicht verlacht, sondern ihre Schrullen sind sympathisch komisch, ohne etwas Negatives darzustellen. Außer in Direktor Brausewetter manifestiert dieser Typ sich noch in Mister Drinkwater sowie, mit leichten Abstrichen, in Doktor Hornbostel. Ansonsten lassen sich noch der Wachtmeister Lurje aus *Emil 1*, Professor Kreuzkamm aus *Klassenzimmer* und Hofrat Strobl aus *Lottchen,* die dicke Berta aus *Pünktchen* sowie Petersilie aus *35. Mai* dieser Kategorie zuordnen. Direktor Brausewetter verfügt über außergewöhnliche Mittel, seine jeweilige Gefühlslage auszudrücken und zu verarbeiten, nämlich seine pomadisierten Schnurrbartspitzen sowie eine große Anzahl Handschuhe in Schwarz, Weiß und jeder Menge Grautönen. Diese passen zu seinem stets gepflegten und würdevollen Auftreten, wie er es auch in der Krisensituation, als Mäxchen entführt wird, bewahrt: „Er [Brausewetter, SÇ] trug den Zylinder in der Hand und an den Händen, wie immer außer im Bett, Glacéhandschuhe. Ihre Farbe war heute mittelgrau. Schwarze Handschuhe zog er nur bei Begräbnissen an und weiße nur bei fröhlichen und festlichen Anlässen. In Handschuhfarben war er äußerst wählerisch."[339] Während dies klar eine von der Norm abweichende und komische Art ist, Gefühle zu zeigen, wird sie von der Erzählinstanz jedoch nicht verspottet, sondern explizit als eine Strategie, den Alltag zu bewältigen, dargestellt:

> [D]er Zirkusdirektor hat nichts zu lachen. Er ließe sich am ehesten mit einem Bürgermeister vergleichen. [...] Der Zirkus ist ein Dorf, das reist. [...] Jeden Monat oder jeden zweiten Monat wohnt man woanders. Man bricht das Dorf kurzerhand und über Nacht ab. Und schon am nächsten, spätestens am übernächsten Tag steht das gleiche Dorf, als sei nichts gewesen, am Rande einer anderen Großstadt und

[339] *Kleiner Mann 1*, S. 491.

> in einem anderen Land mit einer anderen Sprache. [...] Es wird gearbeitet. [...] Jeder Mann funktioniert wie ein Rädchen im Uhrwerk. [...] Und wer hat die ganze Uhr im Kopf und unterm Zylinder? Der Herr Direktor. [...] Dazu braucht man Nerven wie Stricke. Oder, wie Direktor Brausewetter, viele graue und schwarze Handschuhe.[340]

Dass Direktor Brausewetter ausdrucksstarke Handschuhe und Schnurrbartspitzen besitzt, und eben keine „Nerven wie Stricke", macht ihn als Mensch sympathisch. Seine Eigenart ist keine Schwäche, sondern hilft ihm im Gegenteil, mit seiner eigentlichen Schwäche, nämlich der seiner Nerven, umzugehen. Ein schönes Beispiel dafür ist das Wechselbad der Gefühle und Handschuhe, das Brausewetter während der Verhandlung mit dem Filmproduzenten John F. Drinkwater erlebt:

> [...] Direktor Brausewetter [...] trug mausgraue Handschuhe. Sozusagen Halbtrauer. Die pomadisierten Schnurrbartspitzen trug er auf halbmast. Vielleicht war der Filmonkel aus Amerika noch immer auf ihn böse. [...] Drinkwater zündete sich eine große schwarze Zigarre an und erklärte dann: „Ich möchte Mäxchen Pichelsteiners Lebensgeschichte verfilmen, und er muß die Rolle natürlich selber spielen. [...]" „Und wer spielt den Zirkusdirektor?" fragte Direktor Brausewetter vorsichtig. Drinkwater lächelte. „Selbstverständlich Sie! Oder wissen Sie einen besseren? Nein? Ich auch nicht." Brausewetters welke Schnurrbartspitzen richteten sich wieder auf. Dann zog er, heimlich unterm Tisch, seine grauen Handschuhe aus und steckte sie weg. Kurz darauf trug er schneeweiße Handschuhe![341]

Den häufigen Handschuhwechsel kommentiert der Erzähler verständnisvoll: „Das brauchte er zum Leben. Warum auch nicht? Es gibt schlechtere Gewohnheiten. Und die meisten sind teurer."[342] Der Direktor bietet sich eben durch seine menschliche Schwäche als Identifikationsfigur an. Seine mehrfach betonte Tüchtigkeit macht ihn nachahmenswert, seine durch Handschuhe und Schnurrbartspitzen abgefangene Nervosität macht ihn aber dabei zu einem erreichbaren Vorbild. Im Hinblick auf ein kindliches Publikum ist allerdings zu vermuten, dass sich die jungen Leser eher Mäxchen zur primären Identifikationsfigur wählen. Für sie kann Brausewetter

[340] Vgl. *Kleiner Mann 2*, S. 587.

[341] Ebd., S. 561.

[342] Ebd.

den Typ des Erwachsenen repräsentieren, der weder perfekt ist, noch vorgibt, es zu sein, kurz gesagt: der zeigt, dass Erwachsene auch Menschen sind. Interessant auch Brausewetters Name, der nicht im herkömmlichen Sinne sprechend ist, sondern eher das Gegenteil dessen ausdrückt, was den Charakter seines Trägers ausmacht. Er ist durchaus nicht aufbrausend und auch die Verwandtschaft mit dem Ausdruck „Donnerwetter" scheint fehl am Platz. Höchstens „Donnerwetter" als Ausdruck des Respekts ließe sich mit dem Zirkusdirektor in Verbindung bringen, wie es in einem Wortspiel in *Kleiner Mann 2* getan wird: „Auf so etwas verstand er sich, der Herr Brausewetter, Donnerbrausewetter noch einmal! (Oder gefällt euch ‚Brausedonnerwetter noch einmal' besser?)"[343]
Unbequemerweise bilden die Figuren vom Typ Brausewetter hinsichtlich ihrer Charaktere und ihrer Funktionen im Text eine weit weniger homogene Gruppe, als dies beim Pünktchen-Typ der Fall ist. Während bei Direktor Brausewetter seine unverstellte menschliche Schwäche ein herausragendes Merkmal ist, so treten Mister Drinkwater und Doktor Hornbostel bedeutend selbstbewusster auf. Wie Brausewetter produzieren sie jedoch durch ihre Eigentümlichkeiten Humor 2. So trägt Drinkwater, genau wie Brausewetter, das Gegenteil eines sprechenden Namens, wie Mäxchen bemerkt: „‚Nur eines verstehe ich nicht: wieso ein Mann, der so gerne Whisky trinkt, ausgerechnet Drinkwater heißt.'"[344] Komisch wirken jedoch vor allem seine außergewöhnlichen Schlafgewohnheiten:

> „Ich schlafe nur zweimal im Jahr", pflegte er zu sagen, „einmal im Juli und das zweite Mal im Dezember, dann aber den ganzen Monat hindurch, Tag für Tag, vierundzwanzig Stunden lang, da kenne ich kein Erbarmen." Wenn die Reporter staunten und fragten, ob er denn nicht wenigstens gelegentlich aufstehe, um eine Kleinigkeit zu essen, antwortete er: „Nein. Von halben Sachen halte ich nichts. Ich verbringe die Schlafmonate auf meiner Jacht ‚Sleepwell' und habe, außer dem Kapitän und der Besatzung, zwei zuverlässige Angestellte an Bord. Der eine muß für mich essen, und der zweite muß sich statt meiner waschen." Ob er log oder nicht, war ihm nicht anzumerken.[345]

Diese Textstelle wirft freilich das Problem auf, wo Drinkwater tatsächlich einzuordnen ist, da der Erzähler explizit die Möglichkeit zulässt, dass die

343 *Kleiner Mann 1*, S. 523.

344 *Kleiner Mann 2*, S. 573.

345 Ebd., S. 556.

außergewöhnlichen Schlafgewohnheiten gar nicht existieren. Sollte es sich um einen Scherz beziehungsweise eine Lügengeschichte Drinkwaters handeln, so wäre er als Figur eher der ersten Gruppe zuzuordnen, die bewusst durch ihr Sprechen und Handeln HUMOR 2 produziert. Allerdings scheinen sich Drinkwaters Angaben im achten Kapitel zu bestätigen, als Mäxchen und der Jokus im Dezember einen Anruf anlässlich der Fernsehausstrahlung des Films über den Kleinen Mann erhalten:

> [...] der Jokus rief: „Hallo Hänschenklein! Ich denke, du schläfst?" „Nein. Ich habe mich wecken lassen. Die Sendung war sehr gut. Ich kann mit euch und ihr könnt mit mir zufrieden sein. Und somit: Gute Nacht allerseits." „Wo steckst du denn?" fragte der Jokus. Da sagte eine fremde Stimme: „Hier spricht der Bordfunker der Jacht ‚Sleepwell'. Mister Drinkwater schläft bereits wieder. [...]"[346]

Aufgrund dieser Stelle wurde beschlossen, Drinkwater in die zweite Kategorie aufzunehmen, wiewohl er durchaus auch freiwillig HUMOR 2 produziert. So quittiert er die tiefen Verbeugungen der Hotelangestellten mit der scherzhaften Frage: „Was suchen Sie?"[347] Er ist also eine ungewöhnliche und ungewöhnlich komische Figur zugleich.
Eindeutig unfreiwillige Komik produziert Doktor Hornbostel, der eine verhältnismäßig kleine, aber wichtige Rolle in *Kleiner Mann 1* spielt. Er gehört zu den ersten beiden Menschen, die von dem kleinen Artisten und vom Jokus nach Strich und Faden bestohlen werden und somit den Ruhm der Nummer „Der große Dieb und der Kleine Mann" begründen. Sein Name passt tatsächlich zu ihm, wobei er im Wesentlichen durch seine Phonetik komisch wirkt.[348] Eine Ähnlichkeit mit den Wörtern „Horn" und „borstig" besteht jedoch auch, was beabsichtigt scheint. In Übereinstimmung mit allem, was diese Wörter suggerieren sowie mit dem Klang seines Namens präsentiert sich der Rechtsanwalt, als ihn der Jokus in die Manege bittet: „‚Doktor Hornbostel', schnarrte er zackig."[349] Dabei steht seine „zackige" Förmlichkeit im Kontrast zu der komischen Situation, in der er sich befindet, als ihm durch die Künste des Zauberers und seines kleinen Gehilfen seine Uhr, Schnürsenkel und vieles mehr abhandenkommen. Im

---

346 Ebd., S. 636.

347 Ebd., S. 555

348 Man erinnere sich daran, dass Helmers Untersuchung belegt, wie derartige phonetische Phänomene speziell auf Kinder komisch wirken. Vgl. Helmers 1965 und Kapitel I 1.4.

349 *Kleiner Mann 1*, S. 435.

Gegensatz zu seinem Leidensgenossen, dem dicken Herrn Mager, der sich mit HUMOR 1 in sein Geschick findet (und deshalb in der vierten Gruppe behandelt wird), findet Doktor Hornbostel die Stehlerei gar nicht komisch. „‚Genug gescherzt!', sagte er düster. ‚Ersuche dringend um Rückgabe meiner Krawatte!'"[350] Am Ende der Nummer, als Herrn Mager noch die Hosenträger abgenommen werden, beginnt Hornbostel sogar, sich richtiggehend zu fürchten, sehr zur Freude des Zirkuspublikums (und vermutlich der Leser): „Und als der Doktor Hornbostel […] nervös das Jackett aufschlug und seine Hosenträger suchte, lachten die Leute noch viel mehr. Aber er hatte sie noch, atmete auf und wischte sich die Stirn. Er schwitzte vor Angst."[351] Obwohl Hornbostel dieser Angst wegen beim Leser schon wieder Mitleid erregt, überwiegt der komische Eindruck, der sich aus dem Kontrast zwischen der Förmlichkeit und dem anzunehmenden gesellschaftlichen Status des promovierten Rechtsanwalts und der komischen Situation ergibt, der er hilflos ausgeliefert ist. Das gleiche Mitleid verhindert zugleich, dass Doktor Hornbostel zu einer unsympathischen Figur wird.

Namen, die in ihrer lautlichen Gestaltung milde komisch klingen, tragen auch Professor Kreuzkamm und Hofrat Strobl. Ihre Einordnung in das hier verwendete Typenraster ist ebenfalls nicht ganz einfach; wie bei Mister Drinkwater mischt sich bei ihnen absichtlich produzierter HUMOR 2 mit unfreiwilliger Komik, was sowohl für Ihre Umwelt als auch für den Leser nicht leicht zu unterscheiden ist. Im Falle Professor Kreuzkamms besteht gerade in dieser Vermischung die Eigenart seines Wesens:

> Professor Kreuzkamm war ein seltsamer Mann. Sie [seine Schüler, SÇ] hatten immer ein bißchen Angst vor ihm. Er konnte nämlich nicht lachen. Es ist allerdings ebenso gut möglich, daß er nur nicht lachen wollte! […] Die Angelegenheit wurde aber dadurch noch erschwert, daß er, obwohl er selber nie lachte, Dinge sage, über die man lachen mußte! […] Nun mußte ihm Martin also gestehen, daß die Diktathefte verbrannt waren. […] „Die Realschüler haben gestern Nachmittag unsere Diktathefte verbrannt." Der Lehrer blieb stehen. „Habt ihr sie darum gebeten?" fragte er. Martin wußte wieder einmal nicht, ob er lachen sollte.[352]

---

[350] Ebd., S. 442.

[351] Vgl. ebd.

[352] Vgl. *Klassenzimmer*, S. 104f.

Diese Art von trockenem HUMOR 2 ist einmalig in Kästners Kinderbüchern. Obwohl sie auf die Schüler explizit leicht beängstigend wirkt, können sie sich der komischen Wirkung nicht entziehen. Vor allem, als der Professor sich von seiner eigenen Eigenschaft als Vater eines der Klassenkameraden, nämlich Rudis, der beim Überfall der Realschüler die Diktathefte eingebüßt hat, soweit distanziert, dass er sich selber tadelt:

> „Haben deine Eltern etwas bemerkt?“ „Nein“, antwortete Rudi. „Das scheinen ja nette Eltern zu sein“, meinte der Professor ärgerlich. Ein paar Schüler lachten. Es war aber auch komisch, daß der Professor auf sich selber schimpfte. [...] „Richte deinem Vater einen schönen Gruß von mir aus, und er solle künftig besser auf dich aufpassen!“ Nun lachte die ganze Klasse.[353]

Kreuzkamm wird bei allem HUMOR aber auch explizit als fähiger Lehrer beschrieben: „Aber man lernte eine Masse in seinen Stunden. Und das war ja schließlich auch etwas wert.“[354] Tatsächlich ist er nicht nur in der Lage, seinen Schülern Fachwissen zu vermitteln, sondern auch Lektionen, die das alltägliche Leben betreffen, etwa mit der kleinen Strafarbeit, als er Uli im Papierkorb an der Decke baumelnd entdeckt. Fünfmal sollen die Schüler einen Satz aufschreiben, der viel Wahres enthält: „‚An allem Unfug, der passiert, sind nicht etwa nur die schuld, die ihn tun, sondern auch die, die ihn nicht verhindern‘, erklärte der Professor.“[355] Rückblickend hat dieser Satz in einem Kinderbuch von 1931, einer Zeit also, in der sich die Wolken des Nationalsozialismus über Deutschland zusammenballten, eine besonders tiefe Bedeutung. Spätestens an dieser Stelle wird Professor Kreuzkamm zu einer vorbildlichen Lehrerfigur. Im Gegensatz zu den bisher besprochenen Figuren bleibt dabei fraglich, ob sein etwas schräger HUMOR dazu beiträgt, ihn sympathischer zu gestalten. Auf jeden Fall aber macht er ihn interessanter und die Szenen mit ihm unterhaltsam.

Hofrat Strobl in *Lottchen* wirkt teilweise unfreiwillig komisch, ist aber zugleich nicht ohne echten Witz. Gleich bei seiner Einführung in die Geschichte wird er gewissermaßen Objekt einer Jean Paulschen Ungereimtheit, da er, im Gegensatz zu seinem Hund, Lotte für Luise hält und somit dem Tier unterlegen erscheint:

---

353 Vgl. ebd., S. 106.

354 Vgl. ebd., S. 105.

355 Vgl. ebd., S. 108.

> Als Peperl am Tisch angekommen ist, beschnuppert er das kleine Mädchen und zieht sich, ohne Grüß Gott, eiligst zum Herrn Hofrat zurück. „So ein blödes Viech!" bemerkt dieser ungnädig. „Erkennt seine beste Freundin nicht wieder! [...] Und da reden die Leut immer, ganz g'schwolln, vom untrüglichen Instinkt der Tiere!" Lottchen aber denkt bei sich: ‚Ein Glück, daß die Hofräte nicht so gescheit wie der Peperl sind!'[356]

Vom Standpunkt des Hofrats aus ist seine Reaktion völlig berechtigt. Dennoch wirkt die Szene für den wissenden Leser komisch, vor allem, da die Unwissenheit des Hofrats mit der Erkenntnis des Hundes kontrastiert wird. Gewiss lässt sich argumentieren, dass diese Szene eher in den Bereich der Situationskomik gehört. Dennoch wird der Hofrat unter den hier vorgestellten Typ gefasst, da besagte Situation auch durch seine eigene Rede verstärkt wird, mit der er den Glauben an den „untrüglichen Instinkt der Tiere" (der sich ja gerade bestätigt hat) verspottet. Recht weit hinten im Buch, im zehnten von zwölf Kapiteln, gibt der Erzähler eine explizite Charakterisierung des Hofrats: „Jovial und ein bisschen laut wie immer."[357] Dies bezieht sich auf die Art des etablierten Arztes mit typischen Wendungen wie: „‚Haben *wir* heute endlich Appetit?'"[358] Unter „jovial" mag der Erzähler auch den gelegentlichen subtileren HUMOR 2 Strobls fassen. So erinnert er Resi, die vor Verblüffung über das plötzliche Auftauchen der Zwillingsmutter ganz abwesend ist, scherzhaft-ironisch an ihre Pflichten als Hausmädchen: „‚Wenn S' wieder einigermaßen zu sich gekommen sein werden', sagt der Hofrat amüsiert, ‚helfen S' mir vielleicht aus dem Mantel. Aber lassen S' sich nur Zeit.'"[359] Tatsächlich zeigt der Hofrat hier auch HUMOR 1. Das Wort „amüsiert" sowie das Adverb „geduldig", das seinen Worten wenige Zeilen später zugeordnet ist, zeigen deutlich, dass er Resis Fehlverhalten mit Amüsement quittiert. Ein wenig schärfer verfährt er mit dem Kapellmeister Palfy, wobei er gute Menschenkenntnis und eine fast schonungslose Offenheit beweist:

> Er wendet sich an die junge Frau. „Werden S' so lange bleiben können, bis das Luiserl – ein Schmarrn – bis das Lottchen, mein ich, wieder beisamm ist?" „Ich werd wohl können, Herr Hofrat, und ich möcht schon!" „Na also", meint der alte Herr. „Der Herr Exgemahl wird sich

---

[356] *Lottchen*, S. 189.

[357] Ebd., S. 237.

[358] Ebd., Hervorhebung SÇ.

[359] Ebd.

> halt drein fügen müssen." Palfy öffnet den Mund. „Lassen S' nur", sagt der Hofrat spöttisch. „Das Künstlerherz wird Ihnen natürlich bluten. Soviel Leut in der Wohnung! Aber nur Geduld, – bald werden S' wieder hübsch allein sein." Er hat's heute in sich, der Hofrat.[360]

Dieses Verhalten ist an der Grenze zur Boshaftigkeit und erinnert eher an die Schärfe, womit der Arzt zuvor Peperls vermeintliche Dummheit kommentiert hat. Dennoch wirkt sein Verhalten eher komisch als gehässig, da er insgesamt als positive Figur gezeichnet wird, und vor allem echte Zuneigung zu den beiden Protagonistinnen zeigt, wenn auch versteckt hinter der ihm eigentümlichen Ironie: „‚Ihr seids mir ein paar Intriganten', knurrt er, ‚ein paar ganz gefährliche!' […]" Er streckt beide Hände aus und mit jeder seiner Pranken fährt er zärtlich über einen Mädchenkopf. Dann hustet er energisch, steht auf und sagt: ‚Komm, Peperl, reiß dich von den zwei trügerischen Weibsbildern los!'"[361]

Humor 2 ist dem Hofrat insofern wesenseigen, als er ihn in verschiedenen Situationen dazu benutzt, sich von seiner Umwelt oder seinen eigenen Gefühlen zu distanzieren. Tadel oder Spott werden durch diesen Humor gemildert. Indem sein Spott jedoch Palfy trifft, der sowohl als Vater wie auch als Künstler eine Autoritätsfigur ist[362], erhält sein Humor eine subversive Note. Andererseits verwendet Strobl Humor auch als Barriere seinen eigenen Gefühlen gegenüber, wie in der Anrede an die Zwillinge. Das energische Husten deutet an, dass er bemüht ist, sich nicht von seiner Rührung überwältigen zu lassen. Hinsichtlich dieser Distanz-Funktion besteht eine starke Ähnlichkeit zu Humor 1, der teilweise gleichzeitig auftritt. So könnte die zuletzt zitierte Szene auch als ein Beispiel für Humor 1 gelesen werden, da der Hofrat die Mädchen scherzhaft tadelt, anstatt über ihr Verwirrspiel verärgert zu sein. Wie keine andere Figur kombiniert sich im Hofrat Strobl der Produzent mit dem Objekt von Humor. Durch seinen leicht subversiven Humor kann sich auch der kindliche Leser ein wenig mit dem „alten Herrn" identifizieren. Andererseits fällt auch der distinguierte Arzt auf das Verwechslungsspiel der Zwillinge herein und wird dadurch zum Objekt von Humor 2, was wiederum ein subversives Element darstellt.

Ähnlich ambivalent ist die Figur des Wachtmeisters Lurje, der zunächst unfreiwillig komisch erscheint, indem er Emils Nachnamen ständig verfälscht.

---

360 Ebd., S. 239.

361 Ebd., S. 238.

362 Seine Autorität wird im Buch allerdings nicht nur von Hofrat Strobl, sondern auch vom Erzähler mehrfach explizit angegriffen und untergraben. Vgl. dazu Kapitel II 4.1.

Auf die Korrekturen seiner Fehlleistung reagiert er jedoch mit so ausgeprägter Gemütsruhe, dass sich die Frage stellt, ob Lurje nicht vielleicht absichtlich scherzt.

> „Aha!" sagte Herr Lurje und kaute. „Emil Stuhlbein. [...]" „Tischbein heiß ich", korrigierte Emil. „Jacke wie Hose", sagte Herr Lurje [...] Dann klopfte er an eine Tür. Eine Stimme rief „Herein!" Lurje öffnete die Tür ein wenig und sagte kauend: „Der kleine Detektiv ist da, Herr Kommissar. Emil Fischbein. [...]" „Tischbein heiß ich", erklärte Emil nachdrücklich. „Auch 'n ganz hübscher Name", sagte Herr Lurje und gab Emil einen Stoß, daß er in das Zimmer purzelte. [...] Dann verabschiedete man sich. Und Emil ging mit Herrn Kästner zu Kriminalwachtmeister Lurje zurück. Der kaute noch immer und sagte: „Aha, der kleine Überbein!"[363]

Gerade der Kommentar „Auch 'n ganz hübscher Name" macht es schwierig, das Verhalten Lurjes zu deuten. Es kann sich um Humor 1 handeln, der den Fokus von der eigenen Fehlleistung ab- und stattdessen auf die (irrelevante) Frage nach der Schönheit des Namens wendet. Dabei könnte Selbstironie mitschwingen. Andererseits ist es möglich, dass Lurje bewusst mit Emils Namen spielt. Alle seine Fehlleistungen sind von gegenständlicher Bedeutung, wie der korrekte Name „Tischbein". Kein einziges Mal äußert Lurje einen semantisch leeren Versprecher wie beispielsweise ‚Bischbein'. Vor allem in Kombination mit dem Stoß, der Emil „ins Zimmer [purzeln]" lässt, scheint es möglich, dass der Wachtmeister absichtlich seinen Spaß mit dem Jungen treibt. Umgekehrt lässt sich dieser Stoß auch als weiterer Beweis echter Tollpatschigkeit lesen. Was immer die Motivation ist, komisch bleibt die Fehlleistung als solche.

Abschließend werden die beiden einzigen weiblichen Figuren des Brausewetter-Typs näher betrachtet, die dicke Berta aus *Pünktchen* und Petersilie aus *35. Mai*. Dass ansonsten nur männliche Charaktere zu dieser Gruppe gehören, mag auf den ersten Blick zur Kritik einiger Forscherinnen passen, die monieren, dass Kästner Frauengestalten überhaupt in seinem Werk vernachlässigt.[364] Unter dieser Prämisse ließe sich argumentieren, dass dementsprechend wenig komische Mädchen- und Frauengestalten vorhanden sind. Aber dieses Argument stünde meines Erachtens auf wackeligen Füßen. Es mögen die Mädchen- und Frauengestalten auch im Hinblick auf Humor

[363] Vgl. *Emil 1*, S. 283f. und S. 287.

[364] Vgl. etwa Bäumler 1984, Klüger 1997 oder Haywood 1999.

in Kästners Kinderliteratur zahlenmäßig unterrepräsentiert sein, dafür aber gibt es so farbige Figuren wie Pünktchen, so extreme Vertreterinnen wie Petersilie und die wirklich weise Großmutter Emils. Dies beweist, dass Kästner weiblichen Personen generell sowohl HUMOR zutraut als auch Bedeutung beimisst.
Dem Humorforscher mögen Bachtins Ausführungen zur karnevalesken Komik der ausufernden Leiblichkeit im Ohr klingen, wenn er sich dem Dienstmädchen Berta aus *Pünktchen* zuwendet. Das Adjektiv „dick" begleitet ihren Namen so häufig, dass es schon als Teil desselben angesehen werden kann. Der Deutung von Marianne Bäumler, dass Kästner die Figur durch dieses Charakteristikum herabsetze, ist nicht zuzustimmen. Bäumler interpretiert insbesondere den Satz „Die dicke Berta setzte sich in Trab und kugelte durch die Tür"[365] als „verächtlich[]" und sieht Berta durch die Formulierung auf ein „monströses Etwas" reduziert.[366] Sie versäumt aber zu belegen, warum Bertas Korpulenz etwas Monströses sein soll. Wahr ist, dass der Ausdruck „kugeln" nicht der modernen politischen Korrektheit entspricht, da kein Verb verwendet wird, das typischerweise menschliche Fortbewegung bezeichnet. Dies allein macht Berta jedoch kaum zum „seelenlosen Gegenstand"[367], wie Bäumler interpretiert. Viel eher lässt sich argumentieren, dass der HUMORvolle Umgang mit Bertas Korpulenz eben verhindert, dass dieses Merkmal als etwas Negatives wahrgenommen wird. Das Dick-Sein gehört zur positiven Figur Bertas und wird dadurch ebenfalls zu einem positiven – oder wenigstens nicht zum negativen – Zug. Und dass Berta eine positive Figur ist, ist unbestritten. Sie ist die einzige, die sich aufmerksam um Pünktchen kümmert, und vor allem ist sie diejenige, die, von Anton vorgewarnt, den Einbrecher stellt, der sich ins Haus schleicht. Ihre Sprache ähnelt derjenigen Gustavs oder Ponys, sie ist bildhaft, emotional und unkompliziert. Während Bäumler kritisiert, Berta lehne sich nicht gegen den „arroganten Befehlston"[368] Direktor Pogges auf, lässt sich an Bertas Sprache das Gegenteil ablesen: „‚Soll ich verhungern?' fragte er [Direktor Pogge, SÇ] ärgerlich. ‚Bloß nicht!' sagte Berta. ‚Aber die gnädige Frau ist noch in der Stadt, und ich dachte…' Herr Pogge stand auf. ‚Wenn Sie noch einmal denken, kriegen Sie morgen keinen Ausgang', erklärte er. ‚Los! Essen! […]'" Bäumler ist insofern zuzustimmen, als der Ton des Arbeitgebers

365 *Pünktchen*, S. 456.

366 Vgl. Bäumler 1984, S. 46.

367 Vgl. ebd.

368 Vgl. ebd.

– zumindest nach heutigen Maßstäben (über deren Relevanz zur Interpretation des Romans diskutiert werden kann) – unangemessen ist. Allerdings übersieht die Forscherin, dass Bertas Erwiderung auf die rhetorische Frage Pogges, ob er „verhungern" soll, keineswegs von Unterwürfigkeit zeugt. Indem sie seine Übertreibung wörtlich nimmt, produziert sie HUMOR 2 und dies gar auf Kosten des Direktors.

Berta revoltiert zwar nicht ernsthaft und offen gegen die herrschende Gesellschaftsordnung, beweist aber in ihren Urteilen eine klare Sicht der Verhältnisse. So äußert sie sich respektlos über Frau Pogge, die ihr Kind weitgehend vernachlässigt: „‚Meine Gnädige, die sollte man mit 'nem nassen Lappen erschlagen.'"[369] Noch respektloser ist die Bemerkung, die sie direkt an ihre Dienstherrin richtet, als diese bemerkt: „‚Ich verliere den Verstand.'" Schon Pünktchen nimmt diese Äußerung wörtlich und bittet frech „‚Ach ja, Mutti, mach das mal!'" Berta nimmt das Sprachspiel auf und überschreitet gleichzeitig die Grenze zwischen Arbeitnehmer und Arbeitgeber, indem sie kommentiert: „‚Ist nicht mehr nötig!'"[370] Diese Grenzüberschreitung, die der Erzähler explizit als „eigentlich ziemlich unverschämt"[371] bezeichnet, in Kombination mit dem Wörtlich-Nehmen stellt hochgradig subversiven HUMOR dar, der Berta nicht nur als komische, sondern auch als selbstbewusste Figur kennzeichnet, deren Dienstbotenstellung sie keineswegs zum kritik- oder gedankenlosen Geschöpf degradiert. Viel eher ist Berta als Figur zu betrachten, die mit der erwähnten Klarsichtigkeit die Verhältnisse im Hause Pogge formuliert, auch wenn ihr die Details nicht genau bekannt sind. Herrn Pogge scheint etwas aufzufallen, allerdings erschöpfen sich seine Nachforschungen in dem Satz „‚Meine Tochter sieht blaß aus'", welcher durch die Bestätigung heischende Frage an Fräulein Andacht „‚Finden Sie nicht auch?'" zusätzlich abgeschwächt wird. Das lakonische „‚Nein'" des Kinderfräuleins reicht aus, weitere Fragen zu unterbinden.[372] Berta dagegen setzt Fräulein Andacht stärker unter Druck und lässt sich nicht so leicht abfertigen:

> „[...] Wollen Sie mir gefälligst erklären, warum das Kind in der letzten Zeit so auffällig blaß aussieht und solche Ringe unter den Augen hat? Und warum es früh nicht aus dem Bett will?" „Pünktchen wächst", meinte die Andacht. „Sie müßte Lebertran einnehmen oder Eisen."

369 *Pünktchen*, S. 459.

370 Vgl. ebd., S. 533.

371 Vgl. ebd.

372 Vgl. *Pünktchen*, S. 457.

> „Sie sind mir schon längst ein Haar in der Suppe", sagte Berta. „Wenn ich mal dahinterkäme, daß Sie Heimlichkeiten haben, dann trinken *Sie* den Lebertran, und zwar gleich mit der Flasche!"[373]

Auch in dieser Rede wendet durch ihre Übertreibung Berta HUMOR 2 an. Dadurch wird die Drohung etwas entschärft, und gleichzeitig Bertas positiver Charakter bestätigt. Als HUMORvolles, ehrliches und aufmerksames Mitglied des Haushalts bildet sie den Gegenpol zum verlachten und unehrlichen Kinderfräulein.[374] Dass ihr HUMOR häufig subversiv gefärbt ist und sich gegen das Fehlverhalten der Erwachsenen im Hause Pogge richtet, rückt Berta eher in die Nähe der Kindergestalt Pünktchen. In diesem Sinne ist sie eine Figur, die zwischen Kinder- und Erwachsenenwelt vermitteln kann.
Die letzte Gestalt, die hier besprochen werden soll, ist nicht nur die zweite weibliche Figur des Brausewetter-Typs, sondern vor allem die einzige Kinderfigur in dieser Kategorie, nämlich die schwarz-weiß-karierte Petersilie. Ihre Bedeutung ergibt sich weniger aus ihrem Handeln oder Sprechen, sondern vor allem aus ihrer Beziehung zu Konrad, dessen Herz sie rasch erobert, wenn ihre Bekanntschaft auch nur kurz ist:

> Konrad unterhielt sich mit Petersilie. Er war traurig. Das Mädchen hatte ihm nämlich erzählt, sie habe keine Zeit mehr. [...]Petersilie [...] stand auf, gab dem Jungen die Hand, nickte dem Onkel und dem alten Häuptling zu und hüpfte davon. „Heul nicht, mein Sohn", sprach Ringelhuth. „Iß lieber!" Aber Konrad war der Appetit vergangen. Er schluckte die Tränen hinunter und meinte, sie müßten nun auch gehen. Ohne Petersilie mache ihm die ganze Südsee keine Freude.[375]

Petersilie ist fast ausschließlich in ihrer absurden, schwarz-weiß-gekästelten Erscheinung komisch (die sie ihrer Abstammung vom Südseehäuptling und einer Holländerin verdankt). Dass sie dem „Walfisch" (subversiv) die Zunge herausstreckt und ihn damit verärgert, wirkt nur teilweise komisch, da von dem großen Tier zunächst eine ernsthafte Bedrohung ausgeht. Dafür ist die absurde Erscheinung der Südseeprinzessin umso kraftvoller und mit das Ausgefallenste was den Protagonisten auf ihrer phantastischen Reise begegnet.

373 Ebd., S. 481. Hervorhebung im Original.

374 Zur genaueren Analyse Fräulein Andachts siehe Kapitel II 2.3.

375 *35. Mai*, S. 605.

Das Merkmal, das alle Figuren des Brausewetter-Typs teilen, ist die Verankerung komischer Eigenschaften in ihrem Wesen, wobei dieser HUMOR die einzelnen Figuren nur umso sympathischer macht. Ihre Fehler und Macken werden dadurch gemildert beziehungsweise zu sympathischen Merkmalen ihrer Menschlichkeit. Da die meisten Charaktere Erwachsene sind, bieten sie sich dem kindlichen Leser nicht primär als Identifikationsfiguren an. Sie zeigen aber, dass auch die Welt der Erwachsenen nicht perfekt, nicht unbedingt ehrwürdig und nicht allmächtig ist. Um die Bedeutung dieser Funktion zu ermessen, ist die Entstehungszeit der Kinderbücher zu berücksichtigen. In der modernen Kinderliteratur ist die Autonomie des Kindes ebenso wie die Fehlbarkeit der Erwachsenen fast eine Selbstverständlichkeit. Gerade Kästners frühe Kinderromane waren aber mit die ersten, die tatsächlich die Lebenswelt der Kinder auffassten, ohne erzieherische Belehrung explizit in den Vordergrund zu stellen. Auch wenn die Botschaft heute weniger einmalig ist, so ist sie doch nicht weniger attraktiv oder tröstlich. Was Petersilie angeht, so fehlt ihr freilich dieses spezielle subversive Wirkung, da sie selbst ein Kind ist. Sie ist am ehesten als ein Element Freier Komik zu betrachten. Insofern hat auch sie durchaus etwas Subversives an sich, da sie nicht nur den Regeln der Erwachsenen entgegensteht, sondern denen des ganzen Universums. Was bei keiner der Figuren unterschätzt werden sollte, ist ihr Unterhaltungswert. Da es sich ausnahmslos um Nebenfiguren handelt, die also die Handlung der jeweiligen Geschichte nicht ständig beeinflussen, ist diese Anreicherung der Handlung als eine ihrer eigentlichen Aufgaben zu verstehen. Gehäuft tritt dieser Figurentyp, der HUMOR 2 als eine wesentliche Eigenschaft in sich trägt, in den Romanen mit phantastischer Färbung auf, nämlich in den *Kleiner Mann*-Romanen sowie im *35. Mai* je dreimal. Dies zeigt eine Verbindung dieser Figuren mit der jeweiligen Welt, deren Teil sie sind und deren Phantastik und Reiz sie zum Teil ausmachen.[376] Sie alle, auch die Figuren aus den Umweltromanen, tragen durch die mit ihnen verbundenen Details dazu bei, ihrer Geschichte Farbe und eben HUMOR zu verleihen.

[376] Brausewetter, Hornbostel und Drinkwater sind zwar keine intrinsisch phantastischen Figuren wie etwa Häuptling Rabenaas, jedoch durchaus mit besonderen Welten verbunden, die von der Norm, wenn auch nicht von der Realität, abweichen. So gehört Drinkwater zur Welt des Films, Brausewetter und Hornbostel (soweit es ihre Rollen im Roman betrifft) sind mit dem Zirkus verbunden.

„Sie sollten nicht Zornmüller, sondern Schlaumeier heißen!"
Erich Kästner: Die Konferenz der Tiere
EKW VIII, S. 315

2.3 Der Zornmüller-Typ: Versöhnte Gegenspieler

Während die soeben besprochenen Figuren lediglich belacht werden, so werden die Figuren des hier besprochenen Typs eindeutig dem Verlachen im Sinne Aristoteles' preisgegeben. Das Paradebeispiel hierfür ist General (beziehungsweise Feldmarschall) Zornmüller. Er repräsentiert zunächst alles, wogegen die Tiere kämpfen. Indem er den Tieren in einer formal-bürokratischen Mission nahelegt, ihre Kampagne für den Weltfrieden zu beenden, steht er für die Bürokratie, die echte Hilfe verzögert oder unmöglich macht. Sein militärischer Rang schafft eine Assoziation zum Krieg, der für die Tiere den größten Schrecken darstellt und unter dessen Eindruck das Bilderbuch 1949 entstand. So repräsentiert er genau die Elemente, welche die Tiere in ihren ersten beiden Attacken aus dem Weg zu räumen versuchen: durch seine Uniform das Militär sowie durch seinen Auftrag die Akten und die Bürokratie. Sein sprechender Name unterstreicht durch das Morphem „Zorn-" den negativen Eindruck, verleiht der Figur eine Aura der Aggressivität, und beinhaltet überdies einen Hinweis auf die Gefühle der Staatsoberhäupter den Tieren gegenüber. Der Name ist auch das Erste was die Tiere zur Zielscheibe ihres HUMORS machen:

> „Mein Name ist General Zornmüller", erklärte der Herr. Der Elefant sagte gemütlich: „Machen Sie sich nichts draus! Schließlich ist es nicht Ihre Schuld!" „Wenn Sie Admiral Wutmeier hießen", meinte der Löwe Alois, „wär's auch nicht besser." Weil die Tiere lachten, bekam Herr Zornmüller einen puterroten Kopf. „Hier ist die Protestnote der Kapstadter Konferenz!" [...] Die Tiere lasen die Protestnote. „Wenn ich nicht so blond wäre", knurrte der Löwe, „könnte ich mich..." „Hör auf!" warnte der Eisbär. „Sonst niese ich dich samt dem zornigen Herrn Müller vom Dach herunter!"[377]

Die Tiere zeigen hier HUMOR 1, indem sie zunächst den Fokus von Zornmüllers Auftrag zu seinem Namen hin verschieben. Mit Helmers ließe sich an dieser Stelle vielleicht noch behaupten, dass die Tiere (und potentiell der

[377] Vgl. *Konferenz*, S. 296.

Leser) über das Sprachspiel als solches lachen und nicht unbedingt über Herrn Zornmüller als Person. Andererseits ist nicht nur ein Name besonders eng mit seinem Träger verbunden; auch die Tatsache, dass die Tiere scherzen, statt sich ernsthaft nach dem Anliegen des Generals zu erkundigen, zeigt eine Missachtung seines Amtes und insofern seiner selbst. Diese Missachtung wird noch dadurch betont, dass die Tiere (und teilweise auch der Erzähler) den Titel „General" ignorieren und die zivile Anrede „Herr Zornmüller" benutzen. Eisbär Paul wandelt gar den ersten Teil „Zorn-" in ein Adjektiv um, so dass von General Zornmüller nur noch ein schlichter „Herr Müller" übrig bleibt. Alles dies lässt sich als Angriff auf die Person werten, umso mehr, als diese sich in dieser Szene noch in der Uniform und dem offiziellen Auftrag erschöpft. Im Gegensatz zu den Tieren zeigt Zornmüller hier zunächst keinen HUMOR, er wertet ihr Lachen eindeutig als Verlachen und ist dementsprechend verärgert. Noch eindeutiger ist eine zweite Situation, in der Zornmüller endgültig der Lächerlichkeit preisgegeben ist, als nämlich die Tiere beschließen, sämtliche Uniformen zu vernichten:

> „Was ist denn das schon wieder?" fragt er [Zornmüller, SÇ] ärgerlich. [...] Um es gleich zu sagen: Es waren Motten! Diese sausenden Mottenwolken [...] sanken, sich teilend, wie dichte graue Schleier auf jeden Herab, der eine Uniform trug. [...] So schnell, wie sie gekommen waren, schwebten die Wolken wieder hoch [...] bis die Sonne wieder schien und man denken konnte, das Ganze sei nur ein Traum gewesen! Wenn man sich aber im Saal umsah und die Soldaten betrachtete [...], merkte man, daß es beileibe kein Traum gewesen war... Sie sahen toll aus... Von Feldmarschall Zornmüller wollen wir gar nicht erst reden. Er hatte nur noch seinen Säbel an...[378]

Die Schilderung wird durch eine deutliche Illustration ergänzt, auf der Zornmüller, verschämt gekrümmt, mit seinem Säbel zu sehen ist. Mitleid wird an dieser Stelle kaum hervorgerufen, da die Entblößung Zornmüllers in einem scharfen Kontrast zu seiner Machtposition steht, die sich durch die Beförderung zum Feldmarschall noch verstärkt hat. Im Gegensatz zur ersten Szene gebraucht der Erzähler hier auch den Titel „Feldmarschall", womit der militärische Rang betont wird. Kurz vor der Szene, in der die Motten einfallen, wird auch die Uniform als Merkmal dieses Rangs hervorgehoben: „Und Feldmarschall Zornmüller hatte so viel echtes Gold an der Uniform, daß er

[378] *Konferenz*, S. 302f.

sich auf seinen Säbel stützen mußte, um nicht zusammenzubrechen."[379] Auch die explizit „ärgerlich" gestellte Frage „Was ist denn das schon wieder?" verschärft den Kontrast zwischen der potentiell bedrohlichen Führungsperson, die sich noch Herr der Lage wähnt, und dem wenige Augenblicke später nicht nur seiner Uniform, sondern mit ihr auch eines Teils seiner Würde im wahrsten Sinne des Wortes entkleideten Feldmarschalls. Es ist dieser plötzliche und sehr greifbare Kontrast, der den äußerst subversiven HUMOR 2 dieser Szene ausmacht. Überdies wird das Tabu Nacktheit verletzt, was nicht nur einen allgemeinen Regelbruch darstellt sondern auch auch die Autorität des Feldmarschalls untergräbt.
Trotz allem hat Kästner in Zornmüller eben keinen Un-Menschen dargestellt, kein herzloses Monster, sondern einen fehlbaren Menschen, der am Anfang zwar herrisch und verstockt erscheint, sich aber endlich doch von den Tieren rühren lässt, gemeinsam mit den anderen Politikern und Soldaten, die zuvor als eher gesichtslose Masse erschienen.

> Die Kinder, alle Kinder auf der ganzen Welt, waren wie vom Erdboden verschwunden... Vor dem Konferenzgebäude in Kapstadt, Südafrika, stauten sich Zehntausende verzweifelter Menschen. [...] Die Artilleristen bewachten zwar noch das Portal. Aber sie hatten ihre Kanonen umgedreht. Die Mündungen waren jetzt auf das Gebäude gerichtet. Denn auch Artilleristen haben Kinder... Im großen Verhandlungssaal saßen die Staatsmänner auf ihren Plätzen und blickten ratlos auf ihre Notizblöcke. Auch ihre Kinder und Enkel waren ja verschwunden! Feldmarschall Zornmüller biß sich auf den Schnurrbart. Wo mochte jetzt der kleine Philipp sein, sein jüngster Enkel, der später einmal sein Nachfolger und mindestens Generaladmiral oder Admiralgeneral hätte werden sollen?[380]

Zwar sind Zornmüllers Gedanken hier noch stark militärisch ausgerichtet, aber darüber liegt die Sorge um das Enkelkind; insbesondere im Kontext der bewegend dargestellten Verzweiflung der anderen Zivilisten, Soldaten und Staatsmänner. Ausdrücklich werden diese hier in ihrem menschlichen, nicht bloß ihrem funktionalen Kontext gezeigt: „Auch Artilleristen haben Kinder..." In diesem Satz steckt die Kernbedeutung: „Auch sie sind

---

379 Ebd., S. 302. Eine kleine Unstimmigkeit besteht darin, dass weder der Erzähler noch Walter Triers Illustration der Szene verraten, wo das Gold geblieben ist, das die Motten ebensowenig gefressen haben können wie den Säbel. Für den HUMOR der Szene ist diese Frage jedoch irrelevant.

380 Ebd., S. 306f.

Menschen", sie erschöpfen sich nicht in ihrer, in *Konferenz* als schädlich dargestellten Funktion.

Für diese Arbeit noch relevanter (und vergnüglicher) ist ein anderer, früherer Hinweis auf Zornmüllers Menschlichkeit. Zwar reagiert er auf die Verspottung in der Szene im Hochhaus der Tiere verärgert, äußert wenig später jedoch nicht uneleganten, leisen HUMOR 1, als die Tiere ihrerseits ärgerlich werden und ihn hinauswerfen: „‚Scheren Sie sich nach Kapstadt zurück!' rief Leopold, die Giraffe. ‚Mit dem größten Vergnügen', meinte Herr Zornmüller, ‚ich warte nur auf eine schriftliche Erklärung Ihrerseits!'"[381] Hier ignoriert der General bewusst die pejorative Wendung „Scheren Sie sich zurück" und greift nur den Inhalt des Abreisens auf, so dass ein HUMORvoller Widerspruch entsteht: Normalerweise erwartet man nicht, dass es einer Person Vergnügen bereitet, der Aufforderung, sich fortzuscheren, nachzukommen.

Sogar General Zornmüller besitzt also HUMOR 1, beziehungsweise die Fähigkeit, HUMOR 2 zu produzieren, wie auch gegen Ende des Buches angedeutet wird, als ihn ein Mädchen im allgemeinen Jubel über den erreichten Weltfrieden auf die Wange küsst: „Er tat, als ob ihm das gar nicht recht sei, und gab deshalb dem jungen Mädchen den Kuß rasch wieder zurück. Das junge Mädchen nahm es ihm aber nicht etwa übel, sondern sagte lachend: ‚Sie sollten nicht Zornmüller, sondern Schlaumeier heißen!'"[382] Zornmüllers HUMOR 2 wird hier subtil durch Reaktion des jungen Mädchens markiert, das den vorgeblichen Widerwillen als HUMOR auffasst, eben weil ein Widerspruch besteht zwischen Zornmüllers gespielt unwilliger Reaktion auf den empfangenen Kuss (– vom Erzähler explizit markiert mit den Worten „Er tat, als ob" –) und der freiwilligen Wiederholung desselben. Während Zornmüller selbst noch halb versucht, seinen Charakter als bärbeißiger Militär zu wahren, zeigt er hier zugleich eine freundliche Seite, die eines gewissen Witzes nicht entbehrt. Wie zur Belohnung wird erneut mit seinem Namen gespielt – jedoch diesmal mit einem schmeichelhaften Ergebnis. Der Betrachter des Bilderbuches sieht noch eine andere Wandlung: Auf dem entsprechenden Bild sieht man den überrascht wirkenden Zornmüller, fest umschlungen und geküsst vom besagten Mädchen – in Zivil. Trotz seines halbherzigen Widerstrebens wandelt er sich zuletzt vom grimmigen Feldmarschall zu einem Menschen, der eben dadurch, dass er sich verändern kann, Sympathie erringt. Wie sich im Weiteren zeigen wird, macht nicht

[381] Ebd., S.296f.

[382] Ebd., S. 315.

jede der negativen Figuren eine derartig positive Wandlung durch; jedoch ist allen Figuren des Zornmüller-Typs gemeinsam, dass sie sich eher durch menschliche Schwäche als durch Bösartigkeit auszeichnen.
Fräulein Andacht in *Pünktchen* bleibt bis zuletzt in ihr Fehlverhalten verstrickt und läuft am Ende, im wahrsten Sinne des Wortes, vor den möglichen Konsequenzen davon. Auch zeigt sie, im Gegensatz zu Zornmüller, an keiner Stelle selbst HUMOR. In Bezug auf diese Figur dient HUMOR 2 tatsächlich nur dem Verlachen ihrer negativen Eigenschaften. So heißt es gleich bei ihrer Einführung: „Sie war sehr groß, sehr mager und sehr verrückt.“[383] Die Reihung von „groß“, „mager“ und „verrückt“ stellt eine eher seelische Eigenschaft in eine Reihe mit den physischen Merkmalen, wie überhaupt Fräulein Andachts Äußeres dazu benutzt wird, ihren negativen Charakter zu betonen. Als groß und mager (nicht „schlank“) ist sie weder eine attraktive noch eine sympathische Erscheinung. Ihre Magerkeit ist außerdem Teil des bereits erwähnten Kontrasts zu der sympathisch gezeichneten dicken Berta (s. Kapitel II 2.1). In ihrer Reizlosigkeit liegt aber auch ein Grund für die Schwäche des Kinderfräuleins. „Fräulein Andacht hatte, weil sie so groß und mager war, eigentlich nicht mehr geglaubt, daß sie einen Bräutigam bekäme, und nun hatte sie seit vierzehn Tagen doch einen. Wenn er bloß nicht so streng gewesen wäre! Fortwährend kommandierte er sie herum, und wenn sie nicht gleich gehorchte, blickte er sie so unheimlich an, daß ihr die Ohren abstanden.“[384] Einerseits wird Fräulein Andacht durch den Hinweis „daß ihr die Ohren abstanden“ hier noch ein weiteres unattraktives Merkmal zugefügt. Auf der anderen Seite wird bereits eine Erklärung dafür geliefert, warum sie den kriminellen Absichten ihres Verlobten nachgibt, was sie von einiger Schuld entlastet. Ohne Abstriche negativ gezeichnet wird hier der Bräutigam Robert. Dass er seine Braut „[f]ortwährend [herumkommandiert]“ weckt Mitleid mit dem Kinderfräulein. Komisch ist zwar der Vergleich, der Roberts Blick als so unheimlich beschreibt „daß ihr die Ohren abstanden“. Allerdings geht diese Komik nur teilweise auf Kosten Fräulein Andachts, da das Bild den Druck betont, unter dem sie steht. Bäumlers Interpretation, die betreffende Textstelle reduziere Fräulein Andacht „[a]uf ein ulkiges Objekt“[385], ist nur teilweise zuzustimmen. Einerseits schränkt der HUMOR an dieser Stelle das Mitleid mit dem Kindermädchen durchaus ein, da erneut auf ihre unansehnliche Gestalt Bezug genommen wird. Andererseits

383 *Pünktchen*, S. 456.

384 Ebd., S. 478.

385 Vgl. Bäumler 1984, S. 47.

trägt der Vergleich wiederum dazu bei, die Schilderung der bedrohlichen Figur aufzulockern und als komisches Element eventuelle Angstgefühle, die „Robert, der Teufel" auslösen könnte, abzumildern. Bäumler schießt über das Ziel hinaus, wenn sie bemängelt: „Daß die moralische Labilität dieser Frau [Fräulein Andacht, SÇ] und ihre Anspruchslosigkeit in bezug auf die Wahl eines Partners eng mit ihrer konkreten Situation als Hausangestellte zusammenhängen, sie womöglich schon sehr früh aus dem Haus mußte, da keine Ausbildung zu finanzieren war, wird nicht problematisiert."[386] Dieser Kritikpunkt weicht zu weit vom Text ab; ein denkbarer Hintergrund der Figur, der im Text mit keinem Wort erwähnt wird, kann nicht Grundlage der Interpretation sein. Der genannte – ausschließlich von Bäumler unterstellte – Zusammenhang wird „nicht problematisiert", weil er im Text gar nicht existiert. Zudem übersieht Bäumler die zuvor erwähnte Entlastung Fräulein Andachts durch die Verschiebung der Hauptschuld auf den Bräutigam, die in einer unmittelbar anschließenden Textstelle fortgeführt wird:

> „Hast du kapiert?" fragte er, beugte sich weit vor und funkelte sie böse an. „Willst du das wirklich tun, Robert?" fragte sie ängstlich, „Ich habe zweihundert Mark auf der Sparkasse, die kannst du haben." „Deine paar Groschen, dämliche Ziege!" sagte er. Woraus man sieht, daß er kein sehr vornehmer Kavalier war.[387]

Explizit wird hier das Benehmen des Bräutigams getadelt, nicht das Fräulein Andachts, die sich sogar bemüht, Robert vom geplanten Einbruch abzubringen. Die Schwäche des Kinderfräuleins ist zwar verwerflich, da sie ihren Schützling in der Tat nicht zum Betteln missbrauchen dürfte und sich ihrem Bräutigam idealerweise widersetzen sollte. Allerdings wird die Schwäche mit der Einschüchterung durch den unheimlichen Bräutigam erklärt, dem Fräulein Andachts sich aus Mangel an alternativen Partnern unterwirft. Ein weiterer Hinweis darauf, dass ihre Negativität eher in Schwäche als in Bösartigkeit besteht, liegt auch darin, dass sie sowohl Berta als auch Pünktchen generell unterlegen ist. Pünktchen überrascht Fräulein Andacht dabei, wie sie den Plan für Roberts Einbruch zeichnet. Obwohl Pünktchen nicht erkennt, worum es sich bei der Zeichnung handelt, gelingt es ihr, dem Kinderfräulein später mit ihrem Wissen einen Schrecken einzujagen: „‚Sie alte Neugierde!', sagte Pünktchen. ‚Ich frage Sie doch auch nicht, was das für komische Zeichnungen sind, die Sie machen.' Da schwieg Fräulein

386 Vgl. ebd., S. 47f.

387 *Pünktchen*, S. 478.

Andacht, als hätte es geblitzt.“[388] Auch Berta konfrontiert Fräulein Andacht mit ihrem Verdacht gegen sie, wie in Kapitel 2.1 beschrieben wurde. Zudem beschimpft sie das Kinderfräulein mit so kreativen Ausdrücken wie „hinterlistige Hopfenstange“.[389] In diesem Wortgefecht ist Fräulein Andacht eindeutig die Verliererin, was auch der Erzähler dokumentiert: „Fräulein Andacht hielt sich beide Ohren zu, kniff vor Wut die Augen klein und schob wie eine Giraffe durch den Korridor.“[390] Der komische Vergleich führt die Herabsetzung des Kinderfräuleins fort. Gleichzeitig ist jedoch zu bedenken, dass eine komische Herabsetzung in der Wirkung auf den Leser weniger scharf ausfällt. Anstatt Angst oder Aggressivität gegenüber der Figur zu entwickeln, verlacht man sie. Gerade in der Kinderliteratur ist dies eine gute Alternative, mit der starke negative Gefühle umgangen werden können.

Dies trifft auch auf eine Figur zu, die potentiell durchaus Furcht einflößend ist, den kahlen Otto aus *Kleiner Mann 1*, einen der Entführer Mäxchens. Auch sein Äußeres kennzeichnet ihn als unsympathisch. Er ist ein „großer, glatzköpfiger Mensch“[391], mit „rotgeränderten Schlitzaugen“[392] und „abstehende[n] Ohren [...] [w]ie ein Gesicht mit Henkeln“.[393] Ähnlich wie bei der „*dicken* Berta“ begleitet auch Ottos Namen häufig das Adjektiv „kahl“ als prominentestes Merkmal, insbesondere (aber nicht ausschließlich), wenn andere Figuren über ihn sprechen, wie in Mäxchen Feststellung: „Denn wenn ich den Jokus anrufe, kommt er sofort und dreht dem kahlen Otto den Hals um. [...]“[394] Ottos zweite hervorstechende Eigenschaft ist seine Alkoholabhängigkeit. Diese wird nicht als Krankheit problematisiert; da Otto ohnedies eine Negativfigur ist, wird kein Mitleid evoziert. Vielmehr dient der Alkoholismus dazu, Ottos mangelnde Intelligenz einerseits zu unterstreichen und andererseits zu begründen. Am Ende der Entführungsepisode ist sein Verlangen nach Schnaps mit ein Auslöser, dass er bereitwillig die Wohnung verlässt, um für Mäxchen Baldrian gegen die fingierten Magenkrämpfe zu besorgen – und eben Alkohol für sich selbst. Somit ist seine Sucht ein Schlüsselfaktor für Mäxchens Befreiung. Noch relevanter für die vorliegende Arbeit sind Ottos alkoholbedingte sprachliche Fehlleistungen,

388 Vgl. ebd., S. 491.

389 Vgl. ebd., S. 481. Eine nähere Betrachtung der Schimpfwörter erfolgt in Kapitel II 4.4, im Rahmen der Analyse sprachlichen HUMORS 2.

390 Vgl. ebd., S. 481.

391 Vgl. *Kleiner Mann 1*, S. 493.

392 Vgl. ebd., S. 498.

393 Vgl. ebd., S. 504.

394 Vgl. ebd., S. 509.

da sie den komischen Zug seiner Figur zum größten Teil ausmachen. Ein Beispiel dafür ist die Szene, in der er Mäxchen von Señor Lopez erzählt. Nonsens wie „das vierte Drittel" ebenso wie Artikulationsschwierigkeiten, beispielsweise mit den „Hazi… Hazi… Haziendas" entsprechen genau der Art von Sprachkomik, die Helmers als besonders ansprechend für Kinder geschildert hat.[395] Hierdurch, wie auch durch eine legere Beschreibung von Ottos Trunkenheit, „Voll wie eine Strandhaubitze"[396] wirken sowohl die Situation als auch die Figur eher komisch als bedrohlich oder (in Bezug auf die Alkoholsucht) Mitleid erregend. Dies wird explizit im Text ausgedrückt, da sogar der Entführte selbst sich der Komik von Ottos Monolog nicht entziehen kann: „Das war zuviel für Mäxchen. Er kicherte."[397]
Da Otto ständig betrunken ist, bleibt die Möglichkeit offen, auch seine Dummheit dem Alkoholmissbrauch zuzuschreiben, wenngleich eine eindeutige Unterscheidung nicht möglich ist. So zeigt er sich in Bildungsfragen dem kleinen Mann unterlegen. „‚Wenn irgendwo 'n Gemälde geklaut wird, das wenigstens 'ne Million kostet, hängt's 'ne Woche später in seiner unterirdischen Galerie. Ob das nun 'n echter Adolf Dürer oder 'n Remscheid oder so 'n moderner Maler ist wie der berühmte Inkasso…' ‚Picasso', korrigierte Mäxchen. ‚Und Rembrandt und Albrecht Dürer.'"[398] Das allein sind zwar nur Bildungslücken, die noch nicht unbedingt auf mangelnde Intelligenz hinweisen. Sie dienen hier dennoch dazu, das Bild von Otto als geistesarm zu verdichten, nachdem Bernhard ihn schon bei der Einführung der beiden Entführer abkanzelt: „‚Du bist kein Mann für Einfälle'".[399] Durch Ottos Dummheit wird die bedrohliche Entführungssituation in zweifacher Hinsicht aufgelockert: Erstens sorgt sie für komische Fehlleistungen und zweitens lässt sie die Hoffnung zu, dass es Mäxchen am Ende doch gelingen wird, die Entführer auszutricksen (was ja auch der Fall ist).
Ebensowenig wie die anderen Figuren dieses Typs ist Otto durch und durch schlecht. Die bedrohliche Entführerfigur ist Bernhard, dessen Stimme so kalt ist, „als komme sie geradewegs aus dem Eisschrank".[400] Über Otto

395 Man erinnere sich, dass Helmers sogar das Beispiel eines Betrunkenen zitiert, der Heiterkeit bei den befragten Kindern auslöst. Vgl. Helmers 1965, S. 31f. Und Kapitel I 1.4.

396 Vgl. *Kleiner Mann 1*, S. 509.

397 Vgl. ebd., S. 503.

398 Vgl. ebd.

399 Vgl. ebd., S. 493.

400 Vgl. ebd., S. 499.

dagegen sagt Mäxchen: „Für einen Räuber hat er sich nämlich ganz nett zu mir benommen. Er ist mehr dumm als böse.“[401]

So zeigt die Analyse der verlachten negativen Charaktere, dass sie keine reinen Bösewichter sind, sondern sehr menschliche Mischtypen darstellen. Ihre Rolle in den jeweiligen Kinderbüchern ist zwar negativ, aber durch ihre Schwächen, die jeweils auch den HUMOR 2 ausmachen, wird ihre Schuld reduziert und es wird möglich, ein Mindestmaß an Sympathie für sie zu empfinden. Situationen, die durch das Handeln dieser Negativfiguren extrem spannungsgeladen oder düster sein könnten, werden durch den entsprechenden HUMOR 2 aufgelockert. Wo andere Charaktere die Figuren vom Zornmüller-Typ explizit verlachen, wie etwa die Tiere den General, stellt dies ein kleines Stück poetische Gerechtigkeit dar. Das Verlachen erscheint durch die unangenehmen Züge der jeweiligen Figur verdient. Die negativen Figuren produzieren nicht absichtlich selber HUMOR 2; vielmehr entsteht er von außen her und wird ihnen gewissermaßen übergestülpt. Das Gegenteil trifft auf die Charaktere des folgenden Typs zu, denjenigen die wahren HUMOR 1 zeigen.

[401] Vgl. *Kleiner Mann 2*, S. 549.

„[...] Ich bin fast nie ernst.
Es lohnt sich zu selten."
Erich Kästner: Emil und die drei Zwillinge
EKW VII, S. 355.

2.4 Der Großmutter-Typ: Echte HUMORisten

> Dann verneigte sie sich und sagte: „Klotilde Seelenbinder." „Ist das ein neuer Beruf?" fragte die Großmutter. „Nein. Ich heiße so." „Sie Ärmste!" rief die Großmutter. „Gehen Sie doch mal zum Arzt. Vielleicht verschreibt Ihnen der einen anderen Namen." „Ist das Ihr Ernst?" fragte Klotilde. „Nein", erwiderte die Großmutter. „Nein, Sie kluges Geschöpf. Ich bin fast nie ernst. Es lohnt sich zu selten."[402]

Das Motto dieses Kapitels hat Kästner Emils gewitzter Großmutter in den Mund gelegt. Ihre Aussage kann geradezu als Definition von HUMOR 1 gelten und gibt genau die Ansichten von Jean Paul und Freud wieder: Den Widrigkeiten des Lebens ernst zu begegnen lohnt sich fast nie, besser ist es, HUMOR zu zeigen. Ihr HUMOR ist jedoch nicht nur eine augenblicklich angewandte Strategie, sondern vielmehr ein Stück Lebensweisheit. Die Großmutter ist gerade im zweiten *Emil*-Roman, dem das Zitat entstammt, diejenige, an die sich sowohl Emil als auch seine Mutter Rat suchend wenden. Tatsächlich ist sie in der Lage, durch ihre Lebenserfahrung Emil dabei zu helfen, seinen Weg zu finden, mit den Heiratsgedanken seiner Mutter umzugehen.[403] Steck-Meier bezeichnet die Großmutter in diesem Zusammenhang als „erwachsene Ratgeberin mit einem sehr verständnisvollen Herzen".[404] Die Figur ist also nicht in erster Linie als HUMOR 2-Produzentin angelegt (wie die Figuren vom Pünktchen- oder Brausewetter-Typ), sondern zusätzlich mit Weisheit und Lebenserfahrung ausgestattet. Kästner illustriert an dieser Figur, wie Weisheit und HUMOR Hand in Hand gehen. In Kapitel I 3 wurde auf Kästners Forderung, jeder Mensch möge sich Humor erwerben, eingegangen. Während in dem Artikel „Die vier archimedischen Punkte", dem das Zitat entstammt, nähere Erläuterungen dazu fehlen, wie dieser Erwerb zu bewerkstelligen sei, bietet das Beispiel der Großmutter

---

[402] *Emil 2*, S. 355.

[403] Vgl. ebd., S. 439f.

[404] Vgl. Steck-Meier 1998, S. 278.

einige Anhaltspunkte. Ihr HUMOR ist eng verwoben mit ihrem Alter. Ihr programmatischer Satz, dass ernst Sein sich selten lohne, deutet an, dass es sich dabei um eine Erfahrung handelt, die sie mehrfach im Leben gemacht hat. Zudem spricht die Großmutter selbst hin und wieder ihr Alter spielerisch an. So bezeichnet sie sich selbst als „alte Schachtel“[405] oder sie scherzt mit ihrer altersbedingten Krankheit, wenn sie Emil Geld zusteckt und auf sein Sträuben hin droht: „‚Entweder du nimmst es, oder ich kriege vor Wut Rheumatismus‘“.[406] Zugleich vertritt sie aber auch den Standpunkt, dass das geistige Alter zählt, wenn sie mit milder Selbstironie bemerkt: „Uns jungen Mädchen ist das Tanzen angeboren.“[407]
Das Produzieren von HUMOR 2 ist seinerseits Teil des HUMORS 1 der Großmutter. Man denke in diesem Zusammenhang auch an die Verwandtschaft der Wörter ‚Weisheit‘ und ‚Witz‘. Die Großmutter ist ‚witzig‘ im doppelten Sinne: Sie weiß vieles, ist weise und zeigt dieses Wissen oft in HUMORvoller, witziger Form. Ein Beispiel dafür ist ihre Schlussbemerkung am Ende von *Emil 1*:

> „Nun, vielleicht hat die Geschichte auch ihr Gutes gehabt“, meinte Tante Martha. „Natürlich“, meinte Emil. „Eine Lehre habe ich bestimmt daraus gezogen: Man soll keinem Menschen trauen.“ Und seine Mutter meinte: „Ich habe gelernt, daß man Kinder niemals allein verreisen lassen soll.“ „Quatsch“, brummte die Großmutter. „Alles verkehrt!“ […] „“Du meinst also, aus der Sache ließe sich gar nichts lernen?“ fragte Tante Martha. „Doch“, behauptete die Großmutter. „Was denn?“ fragten die anderen wie aus einem Munde. „Geld soll man immer nur per Postanweisung schicken“, brummte die Großmutter und kicherte wie eine Spieldose.[408]

Hier zieht die Großmutter eine Lehre aus ihrer Erfahrung, aber eine völlig andere als Emil und seine Mutter. Beide sprechen eine negative Regel aus, sie haben gelernt, was man nicht tun soll. Insbesondere die Lehre, die Emil aus dem Erlebnis zieht, ist zudem in ihrer Universalität, gerade für ein so junges Kind, extrem pessimistisch, da er ein Stück Glauben an die Men-

405 *Emil 2*, S. 360.

406 *Emil 1*, S. 291.

407 *Emil 2*, S. 379.

408 Vgl. *Emil 1*, S. 301f.

schen im Allgemeinen verloren zu haben scheint.[409] Die Großmutter dagegen formuliert eine positive „man soll"-Regel und verschiebt den Blickwinkel: Plötzlich steht nicht mehr die Gefahr im Vordergrund, sondern die praktische Frage, wie Geld am besten zu überweisen sei. Auch hierin beweist die Großmutter HUMOR 1. Obwohl der Geldtransport fraglos mit den reflektierten Ereignissen entscheidend zusammenhängt, verschiebt sie den Fokus auf etwas eigentlich Nebensächliches, was durch ihr Kichern explizit als HUMOR markiert wird.

Die nähere Betrachtung der Großmutter bestätigt, dass nämlich in dieser Figur das Vorbild eines Menschen zu sehen ist, der sich erfolgreich HUMOR 1 erworben hat. Nur ein Problem taucht in der eingangs zitierten Textstelle auf: Zwar gibt die Großmutter das Programm HUMOR 1 äußerst treffend wieder, aber dabei ist nicht zu übersehen, dass dem eine Art HUMOR 2 vorangeht, die auf Kosten einer Anderen, nämlich Klotildes, produziert wird. Zu Recht kritisiert Haywood, dass die Köchin zumeist einer „herablassenden Behandlung" durch Andere ausgesetzt ist, wobei die Großmutter keine Ausnahme zu machen scheint.[410] Es ist jedoch die Frage, inwiefern dies grundsätzlich der Vorbildfunktion der Großmutter und ihres HUMORS abträglich ist. Dass sie sich über Klotildes Namen lustig macht, ist nicht wegzudiskutieren. Dabei belässt sie es jedoch nicht bei einer plumpen Verspottung. Vielmehr empfiehlt die Großmutter Klotilde indirekt, die (harmlosen) Witzeleien über ihren Namen mit HUMOR 1 zu nehmen, indem sie ihr ihre generell HUMORistische Weltsicht mitteilt.

Obwohl noch andere Figuren HUMOR 1 zeigen, ist es bei keiner anderen so explizit wie bei der Großmutter. Die weitere Analyse wird zeigen, dass sich HUMOR 1 ansonsten meist indirekt in bestimmten Situationen oder Äußerungen zeigt. Eine kurze, aber eindrucksvolle Demonstration der freudschen Theorie vom auf Kosten von Ärger gebildeten HUMOR liefert der dicke Herr Mager in *Kleiner Mann 1*. Durch den Widerspruch zwischen Name und Statur ist in der Figur selbst schon Komik oder HUMOR 2 verankert, so dass man sie auch dem Brausewetter-Typ zuordnen könnte.[411] Aber Herr Mager ist ein echter HUMORist. Wie Doktor Hornbostel wird Herr Mager im Zirkus ausgeraubt. Während der Erste mit Ärger und Angst reagiert, zeigt Mager HUMOR 1: „[…] der Jokus […] gab […] beiden die Hand und

[409] Der Leser kann sich jedoch damit trösten, dass Emil seine Aussage kaum ernst meinen kann. Schließlich hat er sich den Detektiven und den anderen Kindern anvertraut und dabei gute Freunde gefunden.

[410] Vgl. Haywood 1999, S. 81.

[411] Vgl. dazu die Analyse von Doktor Hornbostel in Kapitel 2.2.

bedankte sich herzlich für ihre Mitwirkung. ‚Gern geschehen', antwortete der dicke Herr Mager. ‚Aber lassen Sie meine Hand los, ja? Sonst klauen Sie mir die auch noch!'"[412] Anstatt sich zu ärgern, verwandelt Herr Mager seine Unsicherheit in eine HUMORvolle Übertreibung.
Die letzte Figur, die hier besprochen werden soll, zeigt ihren HUMOR 1 nicht in direkten Äußerungen. Onkel Ringelhuth aus *35. Mai* beweist dafür in seinem Handeln HUMOR 1, denn er hat die nötige Fähigkeit zur Distanz. Selbst den phantastischsten Situationen vermag er sich anzugleichen. So gelingt den Reisenden zweimal der Eintritt in eine Welt, weil der Onkel sich den jeweiligen Regeln angemessen verhält, das erste Mal vor dem Schlaraffenland:

> Konrad [...] hielt sich am Zaun fest und wollte sich hochziehen. Aber Ringelhuth packte den Jungen an den Füßen. „Du bist ein maßloses Schaf, mein Sohn", flüsterte er. „Glaubst du wirklich, daß man kletternd ins Scharaffenland gelangt? Da drüben leben bekanntlich die faulsten Menschen, die es auf der ganzen Welt gibt. Die werden doch nicht klettern!" Aber der Junge gab nicht nach. Er klammerte sich an dem Zaun fest und zog den Körper langsam hinauf. [...] Da aber tauchte von drüben unvermittelt eine gewaltige Hand auf und verabreichte Konrad eine solche Ohrfeige, daß er den Zaun losließ, neben dem Pferd ins Gras fiel und sich die Backe hielt. „Da hast du's", sagte der Onkel. [...] Er [...] lehnte sich an einen Baum und rief: „Wenn sich diese Kerle einbilden sollten, daß wir klettern, dann haben sie sich geschnitten. Lieber bleiben wir draußen." Dann gähnte er herzzerreißend und sagte verdrießlich: „Das beste wird sein, wir schlafen ein paar Runden." Kaum hatte er ausgeredet, da ging in dem Zaun eine Tür auf [...].[413]

Der Onkel bleibt zwar ein Erwachsener und erfüllt die Rolle des Erziehers, indem er Konrad zurechtweist und Ratschläge gibt. Aber er kann sich von der gewohnten, alltäglichen Welt genug distanzieren, um die Regeln der phantastischen zu durchschauen. Anstatt vor dem Hindernis aufzugeben, lässt er sich auf das Schlaraffenland ein. Noch mehr Kreativität ist vor den Toren der Burg zur Großen Vergangenheit gefragt, wo zwar die Regel klar ist, jedoch die Mittel fehlen.

---

412 Vgl. *Kleiner Mann 1*, S. 442.

413 Vgl. *35. Mai*, S. 560.

> Aber nach einigem Suchen fanden sie am Burggraben ein kleines Schild. Auf dem Schild stand: ‚*Die Burg zur Großen Vergangenheit* Einlaß erfolgt nach drei Trompetenstößen gez. Der Burgintendant'[.] „Wo sollen wir vor lauter Angst drei Trompetenstöße hernehmen?" fragte der Onkel verärgert. [...] Ringelhuth [...] rundete die Hände vorm Mund, holte tief Atem und machte „Täterätätä! Täterätätä! Täterätätä!" Dafür, daß er ein Apotheker ohne Trompete war, trompetete er gar nicht übel. Nun rasselte die Zugbrücke herunter [...].[414]

Trotz seines anfänglichen Ärgers meistert der Onkel dank seiner Flexibilität und Kreativität auch diese Situation. Gleichzeitig produziert er mit seinem Verhalten HUMOR 2. Der Erzähler markiert dieses mit den ironischen Worten: „Dafür, daß er ein Apotheker ohne Trompete war [...]"

Auch wenn es bei diesen Beispielen nicht darum geht, ein Missgeschick zu verwinden, so zeigt Onkel Ringelhuths Verhalten dennoch HUMOR 1, seine HUMORfähigkeit ist die Grundlage für sein Verhalten. Wie der HUMOR im Sinne Jean Pauls, mit dem man über die fehlbare Welt mit ihren Widersinnigkeiten lachen kann, ermöglicht seine Sichtweise dem Onkel, mit der Situation fertig zu werden, wenn die Welt um ihn herum unsinnig wird. Auf der gleichen Basis beruht auch seine Kreativität: Da er sich von den Grenzen eines alltäglichen Denkens befreien kann, ist sein Verstand offen, neue Wege zu entdecken.

An den Beispielen der Großmutter und Ringelhuths zeigt sich, dass mit HUMOR 1 andere Eigenschaften eng verknüpft sind, namentlich Weisheit, die Fähigkeit, sich vom Alltag zu distanzieren und darauf beruhend Kreativität. Diese Tugenden und HUMOR 1 bedingen sich gegenseitig. Die Figuren des Großmutter-Typs unterstreichen damit den hohen Stellenwert des HUMORS, wie Kästner ihn auch in *Die vier archimedischen Punkte* formuliert hat: HUMOR „rückt den Augenblick an die richtige Stelle".[415]

---

[414] Vgl. *35. Mai*, S. 570f.

[415] Vgl. „Die vier archimedischen Punkte" in *Die kleine Freiheit,* EKW II, S. 283 sowie Kapitel I 3.

Und dann klingelte es doch!
Der Junge rannte hinaus, öffnete und kam blaß zurück.
„Das große schwarze Pferd steht draußen", flüsterte er
Erich Kästner: Der 35. Mai oder Konrad reitet in die Südsee
EKW VII, S. 551.

2.5 Andere Figuren, andere Namen

Der Leser wird in der Analyse vielleicht die eine oder andere Figur vermisst haben, deshalb noch ein paar Worte zu Figuren, die bewusst ausgelassen wurden. Dazu gehören vor allem die Tiere in *Konferenz* sowie praktisch das gesamte Personal des *35. Mai*, von den Schlaraffen über die historischen Gestalten in der Burg zur Großen Vergangenheit bis hin zum Häuptling Rabenaas. Sie wurden hier eher als Teil ihrer Umgebung gewertet, denn als eigenständige Charaktere. Obwohl einzelne Vertreter, wie etwa der dicke Seidelbast oder Häuptling Rabenaas, individuell und detailliert geschildert werden, beziehen sie ihre Komik nicht so sehr aus ihrem Charakter als vielmehr aus der Funktion, die sie in ihrer Welt einnehmen. Ihnen wird man in der Analyse der Situationskomik wieder begegnen. Ebenso sind die historischen Gestalten in der Burg zur Großen Vergangenheit nicht als Figur komisch, sondern erst in dem Kontext, in den die Geschichte sie verrückt.
Ähnliches lässt sich von den Hauptfiguren in *Konferenz* sagen. Maria Lypp hat zwar ausgeführt, dass Tiergestalten in der kinderliterarischen Komik eine wichtige Rolle spielen, jedoch gelten sie in der vorliegenden Arbeit nicht als komische Figuren. Zwar sorgt ihre Anthropomorphisierung durchaus für Komik; allerdings ist dies ein so generelles Charaktermerkmal, dass es für die Figurenanalyse nicht viel hergibt. Dass die Tiere sprechen und handeln wie Menschen, wirkt eher märchenhaft. Einmal vom Leser akzeptiert, erregt dieses Element fürderhin kein Aufsehen und keine Lachlust. Komisch sind dagegen einzelne Situationen, in denen menschliches Verhalten und tierische Eigenschaften kollidieren. Auch darauf wird in der Analyse der HUMORvollen Situationen näher eingegangen.
Allerdings gibt es im *35. Mai* einen Sonderfall unter Kästners Tierfiguren, nämlich das große schwarze Pferd Negro Kaballo. Er ist nicht primär als sprechendes Tier komisch, obgleich er in reichlich komische Situationen verwickelt ist. Steck-Meier stellt jedoch zutreffend fest, dass Negro Kaballo als „Pferd mit Gymnasialbildung"[416] nicht nur anthropomorphisiert ist,

[416] Vgl. *35. Mai*, S. 552.

sondern eine sehr elegante Figur darstellt: „Das Pferd [...] wird von Onkel und Neffe wie ein vornehmer Mitmensch mit ausgesuchter Höflichkeit beehrt und z.B. immer gesiezt. Es ist äusserst gebildet [...] und in der Lage, wie ein Mensch zu handeln [...]."[417] Dazu trägt das Pferd auch einen komischen Namen, und zwar einen sprechenden, was in der Literatur eine lange Tradition hat. Auch wenn der Gebrauch der fremden Sprache es leicht verschleiert – „Negro Kaballo" bedeutet ja nichts anderes als „schwarzes Pferd". Weitere Beispiele für sprechende Namen sind „Zornmüller" oder in den beiden *Kleiner Mann*-Romanen die Namen der Artisten, etwa des Kunstreiters Galoppinski oder der drei schönen Luftspringerinnen Marzipan. Der Erzähler selbst kommentiert: „Sie sahen zum Anbeißen aus. Kein Wunder, daß sie Marzipan hießen!"[418] Es bleibt offen, ob es sich tatsächlich um bürgerliche oder um Künstlernamen handelt. Für die komische Wirkung ist dies jedoch ohne Belang. Der Nachname von Professor Jokus von Pokus ist selbstredend ein deutlicher Hinweis auf die Zauberkunst, die er ausübt. Zusammen mit dem Vornamen ergibt sich die phonetische Ähnlichkeit zu der Zauberformel „Hokuspokus". Interessant für die vorliegende Arbeit ist außerdem die Tatsache, dass der Vorname des Professors das lateinische Wort für ‚Scherz' oder ‚Witz' ist. Allerdings ist der Professor, trotz gelegentlicher Scherzworte oder ironischer Bemerkungen, kein notorischer Produzent von Humor 2. Andererseits ist es schwer, an einen Zufall zu glauben, da Kästner mit seiner humanistischen Bildung die Bedeutung des Wortes ‚jokus' bekannt gewesen sein muss. So bleibt nur, den Namen selbst als Humor 2 aufzufassen und in ihm ein besonders schönes Beispiel für sprechende Namen zu bewundern. Diese bilden eine von vier Kategorien, in die sich die komischen Namen unterteilen lassen. Die zweite Art komischer Namen besteht in denjenigen, die praktisch das Gegenteil der sprechenden sind, die also eigentlich überhaupt nicht zu ihrem Träger passen. Beispiele dafür wären die Namen Mager oder Brausewetter, die genau das Gegenteil der Eigenschaften ausdrücken, welche die Figuren tatsächlich besitzen (so dass sich eine Inkongruenz ergibt.) Die dritte Kategorie stellen diejenigen Namen vor, die zwar mit alltäglichen Wörtern identisch sind, jedoch dadurch nichts über ihren Träger aussagen. Dazu gehört Emils Nachname Tischbein, noch komischer wirkt der des kleinen Dienstag. Gerade dass die Wörter hier ihrer alltäglichen Bedeutung enthoben und zu Namen werden, macht die Komik aus. Ein extremer Fall ist der Name der auch ansonsten extrem ungewöhnlichen Figur Petersilies.

---

417 Vgl. Steck-Meier 1999, S. 209f.

418 *Kleiner Mann 1*, S. 428.

Ihr Vater steht ihr mit dem Namen „Rabenaas" um nichts nach, wobei hier die ansonsten pejorative Konnotation die Komik noch verstärkt.
Die letzte Kategorie der komischen Namen bilden diejenigen, die keine eigene Bedeutung haben, aber durch ihren Klang HUMORvoll wirken.[419] Hierher gehören der Name „Hornbostel" oder auch der Name des Diebes in *Emil 1*, der sich durch die Verwendung der verschiedenen Alias ungebührlich in die Länge zieht bis hin zu „Grundeis-Müller-Kießling".
Es zeigt sich, dass nicht jeder HUMORvolle Name unbedingt an eine ausgesprochen komische Figur gebunden sein muss. Gerade im Bereich der sprechenden Namen oder Spitznamen stellt der Name ganz allein für sich die Komik dar. Einige Fälle werden daher auch als Unterkategorie von Sprachkomik behandelt. Da jedoch ein Name eng zu seinem Träger gehört, wurden sie bereits hier angesprochen.

[419] Zur komischen, wobei scheinbar unmotivierten, Wirkung bestimmter Lautketten vgl. Helmers 1965 und Kapitel I 1.4.

„Never knowingly be serious!"
Doctor Who, Staffel 6,
Folge 8: Let's Kill Hitler
Erstausstrahlung 27 August 2011,
BBC 1

2.6 Die Funktionen der lustigen Leute

Es ist nun möglich, die Funktionen zusammenzufassen, welche die HUMORvollen Figuren jeweils im Text erfüllen. Dabei ist zwischen generellen und typspezifischen Funktionen zu unterscheiden. Bei allen Typen dient HUMOR:

- dem Hervorrufen von Sympathie für die jeweilige Figur
- der Unterhaltung
- der Abmilderung von Kritik und/oder Spott (dies bezieht sich sowohl auf Äußerungen der Figuren selbst als auch auf Kritik/Spott deren Objekt sie werden)
- Subversion (in verschiedenen Ausprägungen und Graden)

Zu den typspezifischen Funktionen gehören:

- Identifikation des Lesers insbesondere mit dem Pünktchen-Typ (in weit schwächerem Maße auch mit Figuren der anderen Typen)[420]
- Beispielhafte Darstellung von Kreativität und Spiel durch den Pünktchen-Typ
- Beispielhafte Darstellung des kreativen Umgangs mit Schwächen bzw. Lebenssituationen durch den Brausewetter-Typ
- Verlachen der Figuren des Zornmüller-Typs und damit Verharmlosung bzw. ihrer Darstellung als mehr schwach denn boshaft

[420] Hirsch weist darauf hin, dass es eine allgemeine Tendenz dazu gibt, sich mit dem Produzenten von HUMOR 2 zu identifizieren und an dessen Witz (in beiderlei Sinne) teilzuhaben. Das Erfolgsgefühl beim Verstehen ist für ihn integraler Teil der Lust am Witz: *„Was ist ein Junggeselle? Das ist einer, dem zum Glück die Frau fehlt.* Wenn man die Pointe verstanden hat, war man selbst geistvoll. Herzlichen Glückwunsch!" (Vgl. Hirsch 2001, S. 34; Hervorhebung im Original.) Dererlei Identifikation ist auch dann möglich, wenn der HUMORproduzent eine literarische Figur ist. Insbesondere wenn es sich um erwachsene Charaktere handelt, eröffnet HUMOR die Möglichkeit, dass auch kindliche Leser sich besser in die betreffende Figur hineinversetzen können, indem sie an ihrem HUMOR teilhaben.

- Abmilderung von Aggression oder Gefahr, die von Zornmüller-Typen ausgeht[421]
- Beispielhafte Darstellung von HUMOR 1 durch den Großmutter-Typ.

Wie man sieht, finden sich auch die beiden Kategorien der positiven und negativen Funktionen wieder. Die Lösung von Spannung oder Abmilderung von Kritik sind als negative Funktionen zu bezeichnen. Die Evokation von Sympathie, die Einführung weiterer positiver Eigenschaften wie Kreativität oder Klugheit sowie Unterhaltung und daran anknüpfend die Funktion der Leser-Text-Bindung dagegen stellen positive Funktionen dar.
Die Subversion wahrt ihren ambivalenten Status als teils positive, teils negative Funktion, indem sie bestehende Regeln ignoriert und bricht, wodurch aber neue Handlungsmöglichkeiten geschaffen werden. Wie in Kapitel II 1.3 bereits hervorgehoben wurde, ist Subversion gerade in Kinderliteratur von großer Bedeutung, da Kinder sich besonders intensiv und beinahe ständig mit Regeln auseinanderzusetzen haben. Gleichzeitig kann Subversion in der Literatur zum Nachdenken darüber anregen, wann und welche Regeln zu befolgen sind. Gerade der HUMOR 2 der Pünktchen-Typen erfüllt durch Subversion sowohl eine integrative, als auch eine emanzipatorische Funktion: Die kindlichen Figuren demonstrieren eine gewisse Distanz zu Regeln, insbesondere den Höflichkeitsnormen, und dadurch die Fähigkeit zu selbstständigem Denken und freierem Handeln, unabhängig vom Schutz oder auch dem Wohlwollen der Erwachsenen. Andererseits ist die Subversion nicht Selbstzweck. Etliche tradierte Werte wie Ehrlichkeit, Loyalität und respektvoller Umgang mit den Mitmenschen (der noch Kritik erlaubt) werden nicht nur durch den Erzähler nachdrücklich vertreten (am deutlichsten in den Nachdenkereien in Pünktchen), sondern auch von den Pünktchen-Typen selbst in ihrem Handeln. Auch die Gesetze der Höflichkeit erfahren durch die spielerischen Normbrüche eine indirekte Bestätigung: Pünktchens respektloses Verhalten beim Friseur ist kein gesellschaftspolitisches Revoltieren, sondern wirkt nur dann lustig, wenn der Leser die Regeln der Höflichkeit anerkennt, die hier verletzt werden (wobei der Regelbruch harmlos bleibt).

[421] Nach Brunken empfinden gerade jüngere Kinder es als angenehm, wenn aufgebaute Spannung sogleich wieder eingeschränkt wird, so dass sie keine allzustarken Angstgefühle entwickeln. Brunken stellt dies im Hinblick auf die schablonenartigen und vorhersehbaren Spannungssituationen in Enid Blytons *Fünf Freunde*-Büchern fest. (Vgl. Brunken 1997, S. 414.) Es lässt sich leicht nachvollziehen, dass ein ähnlicher Effekt eintritt, wenn die Spannung statt durch Vorhersehbarkeit durch HUMOR herabgesetzt wird.

Soweit decken sich die Funktionen der HUMORvollen Figuren größtenteils mit denen, die in Teil I der vorliegenden Arbeit als allgemeine Funktionen von HUMOR identifiziert wurden. Die weitere Analyse wird zeigen, inwieweit diese Funktionen auch von den anderen Kategorien kästnerschen HUMORS erfüllt werden.

Mittlerweise saßen die
Staatsmänner in Kapstadt
zusammen, kauten vor Wut
an den Fingernägeln und
schämten sich.
Erich Kästner: Die Konferenz der Tiere
EKW VIII, S. 300.

3 Humor in der Handlung: Kleine Leute und großer Unsinn

Ebenso substantiell für einen literarischen Text wie die Figuren ist die Handlung. Auch hier kann sich Humor manifestieren. Häufig ist dies untrennbar mit den Figuren verbunden, da sie die Handelnden sind. Während jedoch vorher jene Art von Humor im Mittelpunkt stand, die als Wesensart den betreffenden Figuren intrinsisch ist, so richtet sich das Augenmerk nun auf komische Situationen, deren Humor 2 nicht vom Charakter der Handelnden abhängig ist.
Kästners Kinderbücher stecken voller Situationen, die überraschend, verspielt oder völlig absurd zum Lachen reizen. Ebenso wie die Figuren lassen sich auch komische Situationen in Kategorien unterteilen. Da es ungleich mehr Situationen als Figuren gibt, in denen sich Humor manifestiert, so ließen sich auch wesentlich mehr Kategorien aufstellen (deren Unterkategorien praktisch bis ins Unübersichtliche weiter aufgeteilt werden könnten). Um die Übersichtlichkeit der Analyse zu gewährleisten, werden die hier untersuchten Situationen wieder recht grob eingeteilt. Gerade indem das Augenmerk sich mehr auf die typischen Gemeinsamkeiten richtet, statt sich in Einzelheiten zu verlieren, lässt sich ein guter Eindruck davon gewinnen, wie der kästnersche situative Humor gestaltet ist und was ihn einzigartig macht.
In Bezug auf die Handlung lassen sich Kästners Kinderbücher zunächst in phantastische beziehungsweise surrealistische und realistische einteilen. Dementsprechend können auch die komischen Situationen zunächst in realistische Situationskomik und völlig absurde, unrealistische Situationen, die eben aus dieser Absurdität ihren Humor 2 beziehen. Tatsächlich finden sich letztere fast ausschließlich in *35. Mai* und *Konferenz* sowie in den surrealistischen *Kleiner Mann*-Romanen. In den Umweltromanen tritt das Absurde als surrealistisches Element auf, etwa in Träumen; oder auch in sprachlichen Bildern (die in Kapitel 4.5 behandelt werden). Komische

realistische Situationen dagegen finden sich auch in den phantastischen beziehungsweise surrealistischen Büchern.
Realistische Situationen lassen sich weiter unterteilen in HUMOR, der von Figuren produziert wird und solchen, der geschieht, also durch äußere Umstände an die Figuren herantritt. Zu ersteren gehören (potentiell subversive) Norm- und Regelbrüche, aber auch das Lustvoll-Spielerische und Karnevaleske. Weitgehend unabhängig vom spezifischen Charakter einer Figur dagegen sind Ungereimtheiten im Sinne Jean Pauls[422] sowie Missgeschicke, die im Film häufig den so genannten Slapstick ausmachen. Wichtig ist hier nur, dass irgendjemand da ist, der Opfer des Missgeschicks werden kann, beziehungsweise aufgrund mangelnder Informationen (welche jedoch dem Leser bekannt sind) ein Fehlverhalten an den Tag legen. Insofern entspringen auch diese Situationen dem Tun oder Sprechen der Figur, beruhen jedoch auf Umständen, die sich der Kontrolle des betreffenden Charakters entziehen.
Wir erhalten demnach fünf Oberkategorien HUMORvoller Situationen: (1) Norm- und Regelbrüche; (2) Missgeschicke und Fehlleistungen – welche sowohl realistische als auch nicht-realistische Situationen beinhalten; (3) karnevalistische und Verkleidungs-Situationen, die klar dem Realistischen zuzuordnen sind; (4) das Absurde und Phantastische in den entsprechenden Kinderbüchern und (5) das Surrealistische in den realistischen Romanen.
Es wird sich zeigen, dass gerade die Situationen schwer voneinander zu trennen sind und vielfach Überschneidungen auftreten. Dies trifft insbesondere auf Normbrüche zu: Obwohl sie im engeren Sinne eine eigene Kategorie darstellen, so bilden sie im weiteren Sinne die Basis einer jeden HUMORvollen Situation, nämlich insofern als HUMOR (2) einer Inkongruenz bedarf. Eine andere Schwierigkeit besteht darin, dass der situativ bedingte HUMOR häufig Verbindungen mit dem sprachlichen eingeht, wie sich an verschiedenen Beispielen zeigen wird. Dies soll einer groben, übersichtlichen Kategorisierung nicht im Wege stehen, muss aber bei der Einteilung bedacht werden.

3.1 Wenn Staatsmänner an den Nägeln kauen: Norm- und Regelbrüche

Vor der Analyse phantastischer und realistischer Situationen, muss die Basis allen situativ bedingten HUMORS 2 ergründet werden. Henrichs Ausführungen zur Freien Komik[423] zeigen, dass HUMOR 2 zunächst immer auf

[422] Zum Begriff der Ungereimtheit nach Jean Paul vgl. Kapitel I 1.2.

[423] Vgl. Henrich 1976 sowie Kapitel I 1.4.

dem Unerwarteten beruht. Besonders deutlich zeigt sich dies an komischen Situationen. Im Grunde ist jede von ihnen zuerst eine Abweichung von der Norm, manchmal sogar von konkreten Regeln. Mit „Regeln" sind hier zumeist Regeln des sozialen Verhaltens (im weitesten Sinne) gemeint. Es kann sich auch um syntaktische oder semantische Regeln handeln, diese Art von HUMOR 2 gehört jedoch zum sprachlichen, welcher später behandelt wird. Wenn aber politische Abgeordnete vergessen, was sich gehört und wie selbstvergessene Kinder an den Fingernägeln kauen, wie in dem Zitat aus Konferenz, das diesem Kapitel voransteht, so ist das der Bruch einer Verhaltensregel. Die Vorschrift, nicht an den Nägeln zu kauen, ist Teil eines Regelwerks, gegen das insbesondere Erwachsene nicht verstoßen sollten. Hier sind diese Erwachsenen durch ihr Amt mit zusätzlicher – im Buch stark negativ besetzter – Autorität ausgestattet, was die Szene besonders subversiv macht. Sie untergräbt gleichermaßen die Verbindlichkeit der Regel wie auch die Autorität derjenigen, die sie brechen. Ähnlich funktioniert dies auch in einer weniger handlungstragenden, harmloseren Szene in *Pünktchen*, wobei allerdings wiederum eine amtliche Autorität involviert ist, nämlich keine geringere als die Polizei. Im Anschluss an die Ergreifung des Einbrechers, findet eine kleine Party statt: „Im Korridor tanzte die dicke Berta mit einem Polizisten Tango. Ein anderer Polizist stand am Reisegrammophon und drehte die Kurbel."[424] Wiewohl hier im Gegensatz zu *Konferenz* keine sinistere Autorität angegriffen wird, so betont die Szene den sorglos-subversiven Charakter Bertas[425], im Kontrast zur ob des Regelbruchs entsetzten (und generell unsympathisch gezeichneten) Frau Pogge, welche ihr Dienstmädchen „entrüstet" zur Ordnung ruft („Aber Berta!").[426] Dadurch wird auch die Autorität der gesellschaftlich hochstehenden Arbeitgeber angegriffen (wobei Herr Pogge diese durch sein vorbildliches Verhalten wiederherstellt).[427] Zwar wird keine generelle Verhaltensregel gebrochen, aber Berta und die Polizisten verhalten sich weder dem Ernst der Lage noch der Würde der jeweiligen Autoritäten angemessen. Auch das ist Subversion. Zusätzlich mag

424 Vgl. *Pünktchen*, S. 533.

425 Vgl. dazu die Analyse Bertas in Kapitel II 2.2.

426 Vgl. *Pünktchen*, S. 533. Auch Direktor Pogge zeigt sich mit dem Stubenrabatz nicht einverstanden, äußert dies jedoch HUMORvoller als seine Frau indem er übertreibt: „Haben Sie sich mit einer ganzen Polizeikompanie verlobt?" (Ebd.)

427 Pogges Dankbarkeitsbekundung gegenüber Berta erstens durch Handschlag und zweitens durch eine finanzielle Belohnung wird in der anschließenden Nachdenkerei vom Erzähler ausdrücklich als „tadellos" bezeichnet. (Vgl. *Pünktchen*, S. 537.)

die Szene der Entspannung im Anschluss an den potentiell gefährlichen Einbruch dienen.[428]
Gerade für Kinder reizvoll ist ein Regelbruch Piefkes in *Pünktchen*, der allerdings mit einem unbeabsichtigten Missgeschick während der gespielten Ozeanreise beginnt:

> Und Piefke fiel, weil haushohe Wellen kamen, in die Schüssel mit Birnenkompott, daß es nur so spritzte. [...] Piefke hatte sich zusammengerollt und leckte sich begeistert das Fell. Es schmeckte nach Birnentunke. [...] und dann räumten sie das Zimmer auf. Piefke wollte sich aus freien Stücken noch einmal in das Birnenkompott setzen [...].[429]

Obgleich der Dackel keine Autorität besitzt, die sich unterminieren ließe, ist diese Szene mindestens ebenso HUMORvoll wie die zuvor zitierte, da hier gegen eine besonders strenge Regel, geradezu ein Tabu verstoßen wird: Mit Essen spielt man nicht. (Und man setzt sich erst recht nicht hinein.) So manifestiert sich in dieser Szene auch das bei Lypp und Bachtin betonte Element Körperlichkeit.[430]
Da die Regeln wie die, nicht mit Essen zu matschen oder nicht an den Nägeln zu kauen, so allgemein verbindlich sind, dass sich die meisten Leute die meiste Zeit daran halten, stellen sie zugleich Normen dar. Aber nicht jede Norm ist auch eine Regel. Regelbrüche werden, zumindest potentiell, vom Umfeld sanktioniert, Normbrüche machen dieses nicht unbedingt erforderlich. Ein Beispiel für einen Normbruch, der jedoch keine bestehende Regel verletzt, ist die ungewöhnliche Strafe, die der Justus in *Klassenzimmer* seinen Schülern androht:

> „[...] Der [Justus, SÇ] machte uns einen haushohen Krach. Wir verrieten aber nichts. Da drohte er: Wenn die Fahne nicht binnen drei Tagen in den Händen der Realschüler sei, dürften wir ihn zwei Wochen lang nicht grüßen." „Eine kuriose Drohung", meinte der Nichtraucher und lächelte nachdenklich. „Wirkte sie denn?" „Wie Backpflaumen", sagte Johnny.[431]

---

[428] Zur Spannungsauflösung in Kinderliteratur vgl. Brunken 1997, S. 414 und auch Kapitel II 2.6.

[429] Vgl. *Pünktchen*, S. 541 und 542.

[430] Die Episode zeigt deutliche Parallelen zur Geschichte vom Hund Schips, der sich mit verschiedenen Lebensmitteln übergießen lässt und sie anschließend wieder abschleckt. Vgl. Lypp 1986 sowie Kapitel I 2.2.

[431] Vgl. *Klassenzimmer*, S. 67.

Wie der Nichtraucher richtig feststellt, ist diese Art der Drohung „kurios“. Es gibt aber keine Verhaltensregel die besagt, dass ein Lehrer sich von seinen Schülern grüßen lassen muss, auch wenn dieser Zustand durchaus die Norm ist. Hier besteht der HUMOR 2 darin, dass eben keine bestehende soziale Regel verletzt wird und dass etwas vermeintlich Harmloses bei den Schülern so großen Eindruck macht. Dies ist der eigentliche Normbruch.
Weniger komplex (und auch weniger komisch) ist das Verhalten der Frau Jakob, die in *Emil 1* mit dem Titelhelden im Zug reist und „sich den linken Schuh ausgezogen hatte, weil er drückte [...]. Dabei turnte sie im Takte mit den gequetschten Zehen im linken Strumpf herum. Emil schaute interessiert zu.“[432] Es zeigt sich hier einmal mehr, wie eng HUMOR 2 der Sprache und der Situation oft zusammenhängen. Die Komik entsteht nicht nur durch das beschriebene Verhalten, sondern auch durch den Gebrauch des salopp-übertreibenden Verbs „herumturnen“. Dies sind freilich Nuancen, aber wichtige, die entscheidend zur Wirkung der Textstelle beitragen. Der Normbruch ist hier weniger komplex als in dem zuvor zitierten Beispiel, er wird allerdings durch Emils explizit beschriebenes Interesse zusätzlich markiert. Der HUMOR 2 dieser Stelle ist nicht der intensivste oder feinsinnigste. Das Motiv wird jedoch im betreffenden Kapitel immer wieder aufgegriffen, was die Komik verstärkt. Aufgrund der absurden Erzählungen von Herrn Grundeis stehen Frau Jakob nicht etwa die Haare zu Berge, sondern „vor Angst die Zehen still“[433], worin sich noch einmal der Unterschied zwischen Norm- und Regelbruch zeigt. Vor Angst die Zehen still zu halten ist ungewöhnlich, steht aber unter keinerlei gesellschaftlicher Sanktion.
Obgleich derartige Stellen nicht spektakulär sind, ist ihre Bedeutung für die Erzählstruktur nicht zu unterschätzen. Für die Atmosphäre, für die Schaffung eines bestimmten Hintergrundes sind sie unverzichtbar. Denkt man sich die Szenen im Eisenbahnabteil ohne Frau Jakob, so fehlt die entspannte Heiterkeit, die den Kontrast zu dem unheimlichen Herrn Grundeis und der späteren plötzlichen Entdeckung des Diebstahls bildet. Es sind Details wie diese, die das Interesse des Lesers kontinuierlich aufrechterhalten. Damit soll freilich nicht gesagt sein, dass ausschließlich HUMOR 2 für eine bunte Szenerie und Leserbindung sorgen kann. Nicht jedes interessante Detail ist auch komisch.[434] Im Zusammenhang der vorliegenden Analyse lässt sich

---

432 Vgl. *Emil 1*, S. 224.

433 Vgl. ebd.

434 Man denke etwa an so konkrete Ortsbenennungen wie in *Klassenzimmer* („Vor den Eden-Lichtspielen am Barbarossaplatz [...]“, S. 69) oder die genaue Landschaftsbeschreibung in *Lottchen* („Lilienhaften Türkenbund und vielblütigen lilafarbenen Enzian. Und Moos mit

jedoch feststellen, dass die Funktion solcher weniger wichtigen HUMORvollen Stellen eben in diesem Beitrag zum Gewebe der Erzählung besteht.

Ganz ähnlich verhält es sich mit den erzählten oder hypothetischen Situationen. Streng genommen ließen sie sich auch bei sprachlichem HUMOR 2 einordnen, da sie sich vielfach auf Äußerungen beziehen, die ein „Was-wäre-wenn"-Szenario zur Darstellung oder Verdeutlichung eines Sachverhalts oder einer Meinung entwerfen. So erklärt Emils Großmutter nach der Varietévorführung: „‚Der Salto hat mir gut gefallen' [...]. ‚Den muss ich morgen mal üben.'"[435] Mit Selbstironie entwirft die Großmutter einen hypothetischen Normbruch, der durch die Diskrepanz zwischen Person und Handlung komisch wirkt. Aber auch der Erzähler bedient sich hin und wieder hypothetischer Situationen. So spekuliert er im Vorwort zu *Klassenzimmer* über den Verbleib seines grünen Bleistifts: „Vielleicht hatte ihn auch Eduard, das bildhübsche Kalb, für einen Grashalm gehalten und verschluckt."[436] Dass diese Situationen auch innerhalb der Geschichte keine Realität besitzen, schmälert nicht ihren HUMOR 2. Im zweiten Fall handelt es sich um ein Missgeschick und damit auch um einen Normbruch, da Kälber eben sonst keine Bleistifte fressen. Das gleiche gilt für negierte Situationen. Mit einer solchen widerspricht der Kleine Mann dem Vergleich Prinz Osrams, als man Mäxchens Miniatur-Kronenhut neben dem des Königs an der Garderobe betrachtet: „‚Sie sehen wie David und Goliath aus', meinte Osram. ‚Nein', sagte Mäxchen, ‚David und Goliath hingen nicht an der Garderobe.'"[437] Eine jede Äußerung, selbst eine negative, evoziert notwendig eine Vorstellung des Geäußerten. Und so erzeugt auch hier der negierte Vergleich HUMOR 2, da die Vorstellung der beiden biblischen Gestalten an einer Garderobe einen geradezu absurden Normbruch darstellt. Zugleich – wieder einmal lassen sich situativ bedingter und sprachlicher HUMOR 2 nicht trennen – handelt es sich um eine absichtliche Bedeutungsverschiebung, da Mäxchen Osrams Vergleich wörtlich nimmt.

Wie sich an den hier zitierten Beispielen zeigt, können Normbrüche entweder realistisch bleiben oder in den Bereich des Absurden oder auch Phantastischen fallen. Die Drohung des Justus, seine Schüler dürften ihn nicht mehr grüßen, ist ungewöhnlich, aber nicht unrealisierbar. Dass David und Goliath an der Garderobe hängen, ist schlicht unmöglich. Allen gemeinsam

kleinen spitzen Helmen auf dem Kopf." S. 210), die ein detailliertes Bild der Szene liefern, ohne komisch zu sein.

[435] Vgl. *Emil 2*, S. 447.

[436] Vgl. *Klassenzimmer*, S. 46.

[437] Vgl. *Kleiner Mann 2*, S. 622.

ist aber das Überschreiten einer normativen Grenze in einer nicht bedrohlichen und für Dritte unschädlichen Art – nach Henrich die Basis jeden HUMORS 2 und die Basis jedes situativ bedingten HUMORS.

Als später Hänsel und Gretel vor dem knusprigen Pfefferkuchenhaus ankommen [...], beugt sich Fräulein Irene Gerlach [...] hinüber, schiebt [ihr] die Konfektschachtel zu und flüstert: „Willst Du auch ein bißchen knuspern?" Lottchen [...] macht eine wild abwehrende Geste. Dabei fegt sie leider die Konfektschachtel von der Brüstung, und unten im Parkett regnet's vorübergehend, wie aufs Stichwort, Pralinen!
Erich Kästner: Das doppelte Lottchen
EKW VIII, S. 199.

3.2 Wenn es Pralinen regnet: Missgeschicke und Fehlleistungen

Es passiert Kindern und Erwachsenen, sympathischen wie unsympathischen Figuren: Missgeschicke, Versehen und Fehlleistungen, die Vergesslichkeit, Unwissenheit oder einfach Pech offenbaren. Zur Verteidigung des lachenden Lesers sei gleich vorausgeschickt: Diese Art HUMOR 2 evoziert nicht nur Schadenfreude. Mit Helmers lässt sich sagen, dass (wenigstens teilweise) sehr wohl auch die schiere Abweichung von der Norm belacht wird. Auch wenn Emil und seine Freunde eifrig einkaufen gehen, obwohl im Hause gar nichts fehlt, ist dies komisch.[438] Obwohl es ganz ehrlich doch lustiger ist, wenn General Zornmüller plötzlich ohne Uniform dasteht. Insbesondere in einem Fall wie dem letztgenannten zeigen Situationen mit Missgeschikken eine stark subversive Tendenz, welche (wie schon früher besprochen) nicht nur eine interessante Funktion, sondern auch selbst einen Auslöser von HUMOR 2 darstellt. Deshalb werden hier auch Situationen behandelt, die unter die Kategorie Streich fallen. Sie stellen ebenfalls in gewisser Weise Missgeschicke dar, wenn auch von Dritten initiierte.
Missgeschicke können (1) auf kleinerer oder größerer Ungeschicktheit beruhen, sie können (2) Unwissenheit des Betroffenen entlarven, oder, wie gesagt, (3) von Anderen absichtlich inszeniert sein. Zur ersten Art des Missgeschicks gehören auch Fehlleistungen. Die häufigste ist die bereits von Helmers besprochene sprachliche Fehlleistung, diese wird jedoch erst in Kapitel II 4 als Teil sprachlicher Komik behandelt. Hier wurde die Bezeichnung „Fehlleistung" aber auch für andere Denk- oder Handlungsfehler

[438] Vgl. *Emil 2*, S. 393.

übernommen. Ein Beispiel ist die unermüdliche Arbeit des Regenwurms Fridolin aus *Konferenz*, der sich fleißig bis nach Australien gräbt, um dort zu erfahren, dass die Konferenz schon längst vorbei ist.[439] Eine andere typische Ungeschicklichkeit der ersten Kategorie ist der in der Überschrift erwähnte Pralinenregen in *Lottchen*, den Lotte verursacht, als sie mit einer „wild abwehrende[n] Geste" Fräulein Gerlachs Pralinenschachtel von der Logenbrüstung stößt.[440] Das Gelächter der anderen Opernbesucher gilt aber nicht der Ungeschicklichkeit des Kindes, das den Vorfall verursacht, sondern vielmehr der Überraschung über die herabfallenden Süßigkeiten. Hinzu kommt, dass das Geschehen, bei aller Abweichung von der Norm, auf eigentümliche Weise recht gut zu der Oper vom Knusperhaus passt. Lotte ist zwar unfreiwillige Produzentin, aber nicht Objekt des HUMORS 2 in dieser Szene. Noch deutlicher ist in dieser Hinsicht die Lage des Schauspielers im Vorwort zu *Emil 2*, dem sein missliches Geschick (mindestens) zehn Eier im Glas beschert:

> „Das halte ich nicht länger aus", rief der Schauspieler, der den Herrn Grundeis zu spielen hatte, ärgerlich. „Davon wird man ja magenkrank! Zwei Eier im Glas soll ich essen! Das steht im Film-Manuskript! Zwei Eier! Nicht mehr! Nun hab ich schon acht Eier gefressen, und ihr seid mit der Aufnahme immer noch nicht zufrieden!" „Das hilft nun alles nichts", sagte der Regisseur. „Die Aufnahme muß immer noch einmal gemacht werden, mein Lieber." Der Schauspieler setzte sich den steifen Hut auf, blickte gequält zum Himmel empor, winkte dem Kellner und erklärte traurig: „Herr Ober, bitte noch zwei Eier im Glas!"[441]

Ungeschickt sind hier allerhöchstens die anderen am Film beteiligten Personen, aber im Grunde handelt es sich bei dieser Art von Missgeschick einfach um Pech. Auch hier wird nicht der schuldlose Schauspieler verlacht, sondern die Situation als solche, die ihn zu einem so ungewöhnlichen Menü zwingt. Ein Beispiel für die zweite Kategorie der Fehlleistungen oder auch Fehleinschätzungen ist das Missverständnis zwischen dem Erzähler und dem Kellner Nietenführ im Vorwort zu *Emil 1*: „‚Herr Nietenführ, kennen Sie Schiller?' ‚Schiller? Meinen Sie den Schiller, der in der Waldschlößchenbrauerei Lagerverwalter ist?'"[442] Fehleinschätzungen der zweiten Kategorie,

[439] Vgl. *Konferenz*, S. 316.

[440] Vgl. *Lottchen*, S. 199.

[441] *Emil 2*, S. 313f.

[442] *Emil 1*, S. 197.

also diejenigen, die auf Unwissenheit beruhen, könnte man, im weiteren Sinne, auch als Ungereimtheiten auffassen. Der Fehler geschieht schließlich aus Mangel an Information. Die Figur selbst kann ihre Fehlleistung nicht, oder wenigstens nicht im Vorhinein als solche erkennen. Der Leser dagegen verfügt (hoffentlich) über genügend Information, um das HUMORvolle Missverständnis zu durchschauen. Schmerzhafte Folgen hat Unwissenheit für Gustav in *Emil 2*, als er mit seinen Freunden barfuß zum Strand laufen will:

> Gustav ging vom Weg herunter und wollte im Gras weitergehen. Es war aber gar kein Gras, sondern Strandhafer. Und der schnitt ihm in die Waden, so daß er wütend „Aua!" schrie und auf den Kies zurückkam. Emil erklärte: „Der Strandhafer enthält viel Kieselsäure." Gustav sagte: „Ich hätte nie gedacht, daß Kieselsäure so spitz ist. Da kann man genau so gut zwischen Rasiermessern herumlaufen."[443]

Noch deutlicher als beim vorangehenden Beispiel mit dem Oberkellner Nietenführ wird hier eigentlich zweierlei belacht: nämlich nicht nur das Missgeschick mit den zerschnittenen Waden, sondern vielmehr auch die irrtümliche Verwechslung des Strandhafers mit Gras. Insbesondere mit Rücksicht auf die unangenehmen Folgen von Gustavs Unwissenheit lässt sich nicht abstreiten, dass der HUMOR 2 hier unter anderem auf Schadenfreude beruht. So fragwürdig dies pädagogisch auch ist, wäre es doch falsch, die Szene auf die Evokation dieses Gefühls zu reduzieren. Es ist ebenso auch die Abweichung von der Norm gepaart mit der überraschenden Plötzlichkeit des Geschehens, die das Lachen hervorruft. Diese Mischung aus Normbruch und Schadenfreude ist typisch für Missgeschicke in Kästners Kinderromanen – und nicht nur hier. Wo immer ein Missgeschick geschieht, also jemand in kleinerem oder größerem Umfang zu Schaden kommt, lässt sich das niedere Gefühl der Schadenfreude nicht ganz vermeiden. Die in Kapitel I 2. dargestellten Bemühungen verschiedener Forscher, Schadenfreude aus dem Bereich des kindlichen HUMORS zu verbannen, zeigen, wie häufig dieses Phänomen faktisch auftritt. Tatsächlich kommt es bei Kästner sogar vor, dass die Schadenfreude explizit genannt und durchaus nicht verurteilt wird. Wiederum ist Gustav in *Emil 2* das Opfer eines solchen Malheurs und der Schadenfreude seiner Freunde (sowie mutmaßlich der Leser). Dabei ist er diesmal nicht unmittelbar selbst für sein Missgeschick verantwortlich, obwohl er sich beinahe gegenüber Justizrat Haberland über das Abenteuer der

[443] *Emil 2*, S. 364. Freilich zeigt Gustav hier selbst HUMOR 1, indem er Emils Belehrung scherzhaft umdeutet und die Kieselsäure als als „spitz" bezeichnet.

Jungen in Abwesenheit der Erwachsenen verplappert. Allerdings ist in dieser Szene auch etwas Pech dabei:

> Gustav war natürlich vorlaut und sagte: „Manchmal ist es trotzdem ganz praktisch, daß es Erwachsene gibt." Die Jungen erschraken. Emil trat Gustav energisch auf den Fuß. Gustav schnitt eine Grimasse. „Was hast du denn?" fragte Justizrat Haberland. „Magenschmerzen", erklärte Gustav notgedrungen. Der Justizrat stand sofort auf und holte die Baldriantropfen herbei. Und obwohl Gustav kerngesund war, mußte er Baldrian schlucken. Die Freunde grinsten vor Schadenfreude wie die Vollmonde.[444]

Es erstaunt, dass ein Schriftsteller wie Kästner der sich nach eigenen Aussagen der Erziehung und Moral so stark verpflichtet fühlte, eine derart unfreundliche Emotion wie Schadenfreude so unkommentiert, ja schon fast positiv konnotiert stehen lässt. Auf den ersten Blick muss dies Bedenken wecken. Andererseits ist zu beachten, dass die dargestellte Situation äußerst harmlos ist. Das unnötige Schlucken von Baldriantropfen verdient, wenn schon keine Schadenfreude, so doch auch kein übergroßes Mitleid. Die Jungen zeigen also durch ihre Schadenfreude keine unerklärliche Grausamkeit oder Gefühlskälte. Schadenfreude ist aber insofern heikel, als sie genau diese beiden Eigenschaften verraten oder befördern könnte. Wo dies nicht der Fall ist, ist auch die Schadenfreude nicht bedenklich. Dass der Erzähler Schadenfreude im Sinne von Gefühl- und Rücksichtslosigkeit durchaus nicht propagiert, zeigt sowohl die überwiegende Mehrheit der Handlungen der Figuren also auch die erzieherischen Erzählerkommentare. Es ist daher schon fast eine Erleichterung, wenn ein Musterknabe wie Emil auch einmal kindlich-unbedachte Schadenfreude an den Tag legt.
Ebenso wie zu den Missgeschicken aus Ungeschick oder Pech gehört diese harmlose Schadenfreude auch zur dritten Kategorie der Streiche oder Manipulationen. Hier liegt die Ursache des Missgeschicks außerhalb der Kontrolle des Opfers. So heißt es in *Klassenzimmer*: „Die meisten Schüler liefen

[444] Ebd., S. 434. Einen kleinen Hinweis darauf, dass die Schadenfreude der Jungen hier vom Erzähler nicht verurteilt wird, bietet der Vergleich mit „Vollmonden". Fast derselbe Vergleich findet sich in *Klassenzimmer*, wo Martin, Matthias, Uli, Sebastian und Johnny nach dem Lob des Justus „strahlten wie fünf kleine Vollmonde" (S. 91). Beide Male drückt der Vergleich die Intensität des Lächelns aus. Die Gegenüberstellung der beiden Textstellen zeigt, dass bis auf das im Vergleich zu „strahlen" salopper konnotierte „grinsen" kein negatives Wort benutzt wird, um das Lächeln aus Schadenfreude zu beschreiben. Es steht beinahe gleichwertig neben dem Lächeln aus Freude über ein Lob.

in den Park hinaus, beschossen sich mit Schneebällen oder rüttelten, wenn jemand gedankenvoll des Wegs kam, mit aller Kraft an den Bäumen, daß der Schnee schwer aus den Zweigen prasselte."[445] Wer eine solche Ladung Schnee abbekommt, ist weder ungeschickt noch unwissend. Gerade in Situationen dieser Form vereinen sich eigentlich zwei Regelbrüche: Zunächst weicht die Lage, in welche die Figur gerät, die Ziel des Streiches ist, an sich von der Norm ab. (Obschon es auch natürliche Auslöser für den plötzlichen Schneefall aus Bäumen gibt, sind auch diese die Ausnahme.) Zugleich ist aber auch die Handlung derjenigen, die Anderen den Streich spielen, ein Regelbruch. Insofern enthalten alle diese Situationen ein besonders starkes subversives Element. Zur vollen Entfaltung kommt diese Subversion dann, wenn Autoritätspersonen durch die Manipulation Anderer bloßgestellt werden, wie etwa Feldmarschall Zornmüller, als er in der bereits zitierten Szene seine Uniform einbüßt. Die Szene vereinigt in sich eine ganze Reihe von Norm- und Regelbrüchen: den Angriff einer Autoritätsperson, deren Bloßstellung im wahrsten Sinne des Wortes sowie den Bruch des Tabus der Nacktheit. Hinzu tritt außerdem eine gewisse Befriedigung über die poetische Gerechtigkeit der Situation, da es sich bei Zornmüller um eine negative Figur handelt.[446]

Man kann jedoch die Tatsache nicht übergehen, dass Missgeschicke im Allgemeinen, und vor allem die durch Dritte ausgelösten, eben nicht nur die reine Freude am Regelbruch, sondern daneben auch Schadenfreude evozieren, wenigstens im Wortsinne: der Schaden Anderer ist Auslöser für Freude, oder genauer: HUMOR 2. Das Verhältnis von Schadenfreude und einfacher Lust an der Normwidrigkeit der Situation variiert je nach Situation. Wenn gerade Streiche (oder allgemeiner Manipulationen) im verstärkten Maße Schadenfreude evozieren, so liegt dies an den beteiligten Figuren, nämlich einmal den HUMORproduzenten, die die Manipulation vornehmen, und auf der anderen Seite das oder die Opfer dieser Manipulation. Tendenziell bieten sich manipulierende Figuren eher zur Identifikation an, wodurch der Leser nicht nur am HUMOR 2, sondern auch am Triumph über das Gelingen des Streiches teilhat, sofern die Situation kein Mitleid evoziert. Ist dagegen das Opfer des Streiches eine ausgesprochen sympathische Figur, so verhindert diese Sympathie die Identifizierung mit den HUMORproduzenten selbst dann, wenn das Mitleid mit dem Opfer den HUMOR der Situation nicht völlig unterminiert. Ein Beispiel hierfür ist die bereits erwähnte Szene in

---

445 Vgl. *Klassenzimmer*, S. 52.

446 Vgl. zu dieser Szene auch Kapitel II 2.3.

Klassenzimmer, in der Uli Opfer eines Streiches wird: „Ein paar Externe, von Georg Kunzendorf angestiftet, hatten Uli in den Papierkorb gesetzt und den Papierkorb an den zwei Haken, die zum Aufhängen der Landkarte dienten, hochgezogen. [...] Und nun hing Uli oben unter der Zimmerdecke und schaute mit knallrotem Kopf aus dem Körbchen.“[447] Das Mitleid mit dem schüchternen Uli überschattet zwar den HUMOR, dennoch bleibt die Situation eine komische. Man verlacht an dieser Stelle nicht das Opfer, sondern belacht den Normbruch, durch den ein Schüler von seinem Platz am Pult unter die Decke verfrachtet wird. Matthias' Zorn, der nur mit Gewalt am Eingreifen gehindert werden kann, macht deutlich, dass das Quälen eines Schwächeren durchaus kein Grund zum Lachen ist.

Schadenfreude ist zwar Teil dieses Vergnügens, wird vom Erzähler jedoch so gelenkt, dass sie nur dort auftreten kann, wo das Missgeschick für das Opfer ausgesprochen harmlos ist. Dass Schadenfreude nicht als solche und rigoros abgelehnt wird, erzeugt Bedenken, die jedoch beim Blick auf die im Gesamtwerk vertretenen Werte relativ klein bleiben. Zudem kann die Schadenfreude, welche Figuren empfinden, dazu beitragen, diese menschlicher zu gestalten und somit die Identifikation des Lesers mit den Figuren und ihren kleinen Schwächen unterstützen. Zurück zu unbeschwertem HUMOR 2 führt uns die Analyse des Karnevalesken im modernen, engeren Sinne.

[447] Vgl. *Klassenzimmer*, S. 106.

„Und wer bist du denn, du kleines Mädchen?"
fragte der Direktor [...]. Da nahm das kleine Mädchen
die blonde Perücke [...] ab. Und im nächsten Augenblick lachten
mehr als zweihundert Schüler, daß die Wände wackelten.
„Stöcker!" schrien sie.
Erich Kästner: Das fliegende Klassenzimmer
EKW VIII, S.137.

3.3 Wenn Jungen Mädchen spielen: Karneval und Verkleidung

Bereits Michail Bachtin hat festgestellt, dass der Reiz des Karneval in der Umkehrung der alltäglichen Welt, der Beurlaubung von der Norm besteht. Insofern erfüllt sich auch im karnevalesken Humor 2 das Basisprinzip der Freien Komik. Der Unterschied zu den Normbrüchen im Allgemeinen besteht darin, dass die Grenzen hier besonders deutlich übertreten werden. Normbrüche, wie sie oben in Kapitel II 3.1 beschrieben wurden, können bewusst oder unbewusst geschehen, der Verkleidung ist stets eine bewusste Abweichung von der Regel und geschieht, wo sie der Produktion von Humor 2 dient, ausdrücklich um dieser Abweichung willen. Bachtins Theorie ist bei der Betrachtung der betreffenden Textstellen in Kästners Kinderbüchern durchaus von Nutzen, allerdings muss man beachten, dass seine Ausführungen sich ursprünglich auf einen anderen Kontext beziehen. Seine Theorie entwickelt Bachtin aus der Erforschung und Beschreibung des tatsächlichen mittelalterlichen Karnevals; literarisch befasst er sich konkret mit Rabelais. In keiner der hier zu besprechenden Szenen kommt Karneval in genau dieser Bedeutung vor. Dennoch lassen sich bestimmt Situationen in Kästners Kinderbüchern als im bachtinschen Sinne karnevalesk bezeichnen, insofern als sie ebenfalls die fröhliche Verkehrung der Norm feiern. Der Unterschied zwischen dem von Bachtin beschriebenen tatsächlichen Karneval und den Verkleidungssituationen bei Kästner besteht im Grunde in ihrer Kausalität: Im Karneval steht die Umkehrung am Anfang – weil die Verkehrung der Welt gefeiert wird, bedienen sich die Feiernden bestimmter Masken (etwa der des schwangeren Todes oder des Narrenkönigs). Das Kostüm illustriert gewissermaßen die Idee. Die Kinderfiguren bei Kästner dagegen wählen ihre Verkleidung, um durch sie die Normalität zu durchbrechen. Hier ist das Kostüm nicht nur Illustration, sondern in noch stärkerem Maße Mittel und Werkzeug des Normbruchs. Hierin besteht auch das stark spielerische Element der Verkleidung in Kästners kinderliterarischer Komik. Verkleidet kann das Kind nicht nur die eigene Normalität verlassen, sondern auch,

positiv formuliert, das Anders-Sein ausprobieren. Dies ist jedoch ein Aspekt, der nur teilweise bewusst ist und stark vom Zweck der Verkleidung abhängt. So dient die Kostümierung der Schüler in *Klassenzimmer* vor allem der Darstellung des Theaterstücks, während Pünktchen sich aus reiner Lust am Spiel verkleidet.
Die Erfahrung mit Alterität durch Verkleidung taucht in Kästners Werk an verschiedenen Stellen auf. Im Jungeninternat in *Klassenzimmer* helfen die männlichen Schüler dem Mangel an Mädchen durch Maskerade ab, denn im Stück gibt es auch eine weibliche Rolle:

> Uli Simmern spielte die Schwester eines der ‚fahrenden Schüler'. Er hatte sich von seiner Base Ursel ein Dirndlkleid schicken lassen. Und beim Friseur Krüger wollten sie eine blonde Gretchenperücke leihen. Eine Perücke mit langen geflochtenen Zöpfen. Sie waren am vergangenen Sonnabend, als sie Ausgang gehabt hatten, dort gewesen und hatten Uli die Perücke aufgesetzt. Er war nicht wiederzuerkennen gewesen.[448]

Hier mag der Leser noch argwöhnen, es handle sich um die Betonung der femininen, oder negativ ausgedrückt: nicht maskulinen Seite des kleinen, schüchternen Uli, die durch seine Rolle als Mädchen im Stück betont und der Lächerlichkeit preisgegeben wird. Dies stünde allerdings im Kontrast zu dem Ernst und der Professionalität, mit der sich die Schüler dem Theaterspiel widmen. Obwohl Ulis Charakter und physische Erscheinung durchaus mit der Mädchenrolle im Zusammenhang stehen, wird spätestens bei der tatsächlichen Aufführung deutlich, dass das Spiel mit den Geschlechtern als überraschender Normbruch für HUMOR 2 sorgt, ohne dabei jemanden herabzusetzen. Im Zitat, das diesem Kapitel voransteht, steckt schließlich nicht mehr Ulli unter der Perücke, sondern der Quartaner Stöcker. Dass die Schüler lachen „daß die Wände wackelten"[449], zeigt deutlich, wie sehr die Überraschung Teil des HUMORS ist, da die Spannung so plötzlich auf unerwartete Weise gelöst wird. Nicht überraschend, aber ebenfalls komisch ist die Verkleidung eines Primaners im selben Roman als „Dame": „Der lange Thierbach hatte sich, von der Köchin wahrscheinlich, den Hut geborgt. Er hatte ihn schief auf den Kopf gesetzt und bewegte sich, vom Arm des Partners krampfhaft elegant umfangen, als sei er eine junge Dame."[450] Hier

[448] Ebd., S. 57.

[449] Klassenzimmer, S.137.

[450] Ebd., S. 54.

besteht keine eigentliche Notwendigkeit für die Verkleidung, wie im Falle der Schauspieler, sondern es geht tatsächlich darum, das Vorhandensein des anderen Geschlechts vorzutäuschen. Komisch wirkt neben dem Geschlechtertausch hier auch die Befangenheit, welche dieser freiwillige Rollenwechsel auslöst. Als eindeutig beabsichtigte Produktion von HUMOR 2 seitens der betreffenden Figur taucht die Verkleidung als Dame in *Emil 2* wieder auf:

> Der Professor und Gustav kamen im Badeanzug, Emil in seiner roten Badehose. [...] Der Professor hatte den Panamahut seines Vaters auf dem Kopf und schwenkte einen dicken Spazierstock. Emil hatte Ponys Sommermäntelchen umgehängt, trug ihren gelben Strohhut mit den roten Lackkirschen und hatte einen buntgestreiften Sonnenschirm aufgespannt, den er, wie eine leicht verrückte Dame, hochnäsig über dem Rasen balancierte. Gustav sah am abnormsten aus. Er hatte das Kapotthütchen von Emils Großmutter aufgesetzt und es mit den schwarzseidenen Kreuzbändern unterm Kinn festgebunden. So fest, daß er den Mund kaum aufkriegte. Vor den Augen trug er seine Motorradbrille. In der einen Hand schwenkte er zierlich Ponys Handtäschchen. In der anderen schleppte er einen Koffer.[451]

In dieser Szene tritt verstärkt das spielerische Element hervor. Sowohl Emil als auch Gustav scheinen die feminine Erscheinung als größtmögliche Abweichung von ihrer alltäglichen Gestalt gewählt zu haben. Ansonsten erinnert der verrückte Aufzug stark an Pünktchens unsinnige Verkleidung (die ebenfalls einen auffälligen Hut enthält).[452] In beiden Fällen entsteht die Komik durch eine doppelte Inkongruenz: Erstens passt die Aufmachung jeweils nicht zu den Trägern, und zweitens sind die Verkleidungen unsinnige, weil unpraktische Kombinationen völlig unterschiedlicher Bestandteile. Im Falle Pünktchens unterstreicht diese Art des Nonsens ihren ebenso verspielten wie kreativen Charakter. Auch in *Emil 2* dient die zitierte Szene der Charakterisierung der Jungen, die sich von den Kindern des ersten Bandes in Teenager verwandelt haben. Das Ausprobieren neuer und auch befremdlicher Rollen, das auch ein Sich-selbst-Ausprobieren ist, passt, so spielerisch und unernst es hier erscheint, sehr gut zu diesem Alter. Auch die Großmutter sieht in

---

[451] *Emil 2*, S. 361f. Eine Veränderung der Lebenswelt mag hier eine leichte Verschiebung in der HUMORrezeption bewirken und insbesondere das Spiel mit den Geschlechterrollen noch verstärken: Während der Professor und Gustav mit ihren Badeanzügen 1935 lediglich als schicklich bekleidet galten, so ist der Badeanzug für den modernen kindlichen Leser ein ausschließlich feminines Kleidungsstück.

[452] Vgl. *Pünktchen*, S. 457 sowie Kapitel II 2.1.

dem Verhalten der drei eine alterstypische Erscheinung, wie ihre Antwort an Pony verrät: „Pony sah zur Großmutter hinüber. ‚Was fehlt denn den Jungens? Ist es was Schlimmes?' ‚Bewahre', sagte die Großmutter. ‚Eine ganz normale Krankheit. Man nennt sie die Flegeljahre.'"[453]

Eine Ausnahme unter den Verkleidungen bildet die Kleidung der Erwachsenen in der Verkehrten Welt im *35. Mai*. Im Gegensatz zu den Kostümierungen der Kinderfiguren in den anderen Romanen geschieht die Verkleidung hier nicht freiwillig. Dennoch geht es auch hier um das Ausprobieren einer Rolle. Die Erwachsenen werden gezwungen, sich in die Lage der Kinder zu versetzen, die sie so schlecht behandeln. Die Verkehrte und andere phantastische Welten werden auch im nächsten Abschnitt wieder auftauchen.

[453] Vgl. *Emil 2*, S. 363.

Die Tiger erschraken.
Der größte von ihnen zog ein weißes Tuch
aus der Tasche und hielt es hoch.
Erich Kästner: Das fliegende Klassenzimmer
EKW VIII, S. 137.

3.4 Wenn Tiger Taschen haben: Absurdes und Phantastisches

Wenn Tintenfische ins Wasser schreiben, wenn kleine Mädchen schwarz-weiß-kariert sind, oder wenn Kängurumännchen Skat spielen, und das vielleicht auch noch am 35. Mai, dann ist das entweder absurd, oder „am Globus [sind] zwei bis drei Schrauben locker"[454] (was auch absurd ist). Wie gesagt finden sich derartige Situationen weitgehend in den nicht-realistischen Büchern, also *35. Mai*, *Konferenz* und den beiden *Kleiner Mann*-Romanen. Der nicht-realistische Humor kann mit der Thematisierung eines Problems verbunden sein, andere Stellen scheinen auf karnevaleske Art, aus der puren Lust am Absurden, das Unmögliche zu feiern, und sind damit eine Art Abenteuerspielplatz für die Phantasie. Bevor man jedoch näher auf diese verschiedenen Spielarten des absurden und phantastischen Humors eingeht, müssen die Begriffe des Absurden sowie des Phantastischen geklärt werden.

Das Absurde wird hier in seiner Grundbedeutung als Unharmonisches, Inkongruentes verstanden, abgeleitet vom lateinischen <absurdus>. Die Verbindung zum Humor liegt auf der Hand: Schon früher wurde dargelegt, wie Palmer die Inkongruenz als ein wesentliches Merkmal von Humor 2 hervorhebt.[455] In der Literaturwissenschaft wird der Begriff des Absurden in Anlehnung an Beckett, Camus und Sartre mit dem Existentialismus in Verbindung gebracht und bezieht sich, vor allem seit Martin Esslins Standardwerk *The Theatre of the Absurd* (1961), häufig auf das Drama. Absurd ist im Sinne der genannten Schriftsteller das Paradoxon des Lebens, in dem kein Sinn gefunden werden kann, wobei für den Menschen ein Sinn doch lebensnotwendig ist. In der Literatur, die diesem Axiom folgt, tritt also hauptsächlich die dunkle Seite des Absurden hervor. Nach Esslin hat aber sogar hier der Humor seinen Platz, und zwar im Sinne unserer Definition von Humor 1. In *The Theatre of the Absurd* schreibt er: „The misfortunes of

[454] Vgl. *35. Mai*, S. 549.

[455] Vgl. Kapitel I 1.2 und Palmer 1994, S. 98fff.

characters we view with a cold, critical unidentified eye *are* funny."[456] Der Unterschied zum wohlwollenden HUMOR 1 der Romantik besteht darin, dass nicht die Fehlbarkeit, sondern die Sinnlosigkeit der Welt verlacht wird. Beiden gemeinsam ist jedoch, dass sie dem Menschen eine gelassenere Einstellung zum Leben ermöglichen.
Wenn man aber auf die ursprüngliche Bedeutung des Begriffes zurückkommt, so kann das Absurde, wie oben erläutert, durchaus auch Teil und Auslöser von HUMOR 2 sein. Was Haas und Klingberg für die Phantastik feststellen, gilt ebenso für das Absurde:

> [...] in der phantastischen Literatur für Erwachsene [entstehen] Schrekken, Angst, Grauen, der Schauder vor einem das Netz des alltäglichen und gesichert Erklärbaren zerreißenden Geschehen; die phantastische Kinder- und Jugendliteratur dagegen münzt diese Konfrontation zweier Wirklichkeiten auch in Komik, Spiel und satirische Pointierung um [...].[457]

Eben dasselbe lässt sich auch vom Absurden sagen: Während es in der Erwachsenenliteratur auf Sinnentleerung und Galgenhumor bezogen ist, so eröffnet sich in der Kinder- und Jugendliteratur auch das komische Spektrum des Absurden. Dass Kästner das in diesem Sinne Absurde schon sehr früh beschäftigt hat, zeigt das Vorwort zu *Emil 1*:

> Eigentlich hatte ich ein ganz anderes Buch schreiben wollen. Ein Buch, in dem, vor lauter Angst, die Tiger mit den Zähnen und die Dattelpalmen mit den Kokosnüssen klappern sollten. Und das kleine schwarzweiß karierte Kannibalenmädchen, das quer durch den Stillen Ozean schwamm, um sich bei Drinkwater & Co. in Frisco eine Zahnbürste zu holen, sollte Petersilie heißen. Nur mit dem Vornamen, natürlich. [...] Plötzlich wußte ich nicht mehr, wieviel Beine ein Walfisch hat.[458]

Offenbar geht es hier nicht um die Frage nach dem Sinn des Lebens, sondern um die Frage danach, wieviel Unsinn sich in einem Text unterbringen lässt. Gleichzeitig manifestiert sich hier HUMOR 2, der sich wohl am besten mit Henrichs Konzept der Freien Komik beschreiben lässt: In jedem Element vereinen sich Bekanntes und Unbekanntes, das Bekannte bleibt erkennbar,

[456] Esslin 31991, S. 411f. Hervorhebung im Original.
[457] Vgl. Haas / Klingberg 1984, S. 269.
[458] Vgl. *Emil 1*, S. 195.

aber mit einer unerhörten Änderung: Petersilie ist trotz ihrer karierten Haut immer noch ein Mädchen; ebenso sind die Kokosnuss tragenden Dattelpalmen noch die richtigen Bäume, nur mit den falschen Früchten. Das Wort „Walfisch" greift einen populären Irrtum auf und fügt durch die Frage nach den Beinen eine weitere Absurdität hinzu. Hier offenbart der Erzähler eine geradezu überschäumende Lust am Absurden, die zunächst zugunsten des Umweltromans zurückgestellt wird.[459] Später jedoch tauchen fast alle Elemente dieser Textstelle im *35. Mai* wieder auf; der Name „Drinkwater" findet in *Kleiner Mann 2* Verwendung.

Wenden wir uns nun dem Phantastischen zu. Mit dem *35. Mai* ist doch noch der geplante Südseeroman entstanden[460], welcher der phantastischen Literatur zuzurechnen ist. Im Unterschied zum Absurden, welches für sich allein bestehen kann (wie im absurden Theater), erhält „[d]as Phantastische [...] sein Echtheitszertifikat vom Realismus", wie Haas und Klingberg erläutern.[461] Erst der Zusammenstoß zwischen Realistischem und Unrealistischem macht die phantastische Geschichte aus. Haas und Klingberg definieren phantastische Texte als solche, in denen „einer realistisch gezeichneten, empirisch-alltäglich bestimmten Welt eine Welt des Irrational-Unerklärbaren gegenüber [steht], in der das Außergewöhnliche geschieht."[462] Innerhalb dieses Wunderbaren kann wiederum, als eine Unterart, das Absurde auftreten. Gerade *35. Mai* stellt eine interessante Kombination dieser beiden Arten des Nicht-Realistischen dar. Er enthält einerseits die klassischen Elemente der phantastischen Reise: Durch den Schrank[463] gelangen die Protagonisten in

---

459 Das Vorwort wendet sich von dem gescheiterten Südseeroman zu einem fiktiven Gespräch mit dem Oberkellner Nietenführ. Dabei wird die Auffassung vertreten, ein Schriftsteller müsse unmittelbare oder wenigstens mittelbare Erfahrung von den Dingen haben, über die er schreibt. (Vgl. *Emil 1*, S. 196–199.) Damit scheint ein Kästner ein Kunstverständnis zu vertreten, dass realistische Texte den nicht-realistischen vorzieht. Dieser Eindruck wird jedoch spätestens mit Erscheinen des *35. Mai* revidiert.

460 Die Frage nach den Beinen des „Walfisches" wurde damit gelöst, dass er, ganz realistisch, keine hat.

461 Vgl. Georges Jaquemin: „Über das Phantastische in der Literatur." In: Zondergeld (Hg.): Phaicon 2, S. 49. Zitiert nach Haas / Klingberg 1984.

462 Haas / Klingberg 1984, S. 269.

463 Das Motiv des Schranks als Eingang in eine alternative Wirklichkeit findet sich bereits in Kästners Theaterstück *Klaus im Schrank* (1927). Neuhaus verfolgt das Motiv bis zu E.T.A Hoffmanns *Nußknacker und Mausekönig* (1816) zurück, in dem die Protagonistin Marie dem lebendig gewordenen Nussknacker durch einen Schrank ins Puppenreich folgt (vgl. Neuhaus 2000, S. 25). Aus heutiger Sicht ist auch die Verbindung zu Clive Staples Lewis' zweitem Band der *Chronicles of Narnia*, *The Lion, the Witch and the Wardrobe* (1950) unverkennbar, in dem die kindlichen Helden ebenfalls durch einen Schrank in die phantastische

phantastische Welten. Allerdings erhält auch die Welt, aus der sie kommen, mit dem Datum etwas Absurdes, und das gleich im ersten Satz: „Es war am 35. Mai. Und da ist es natürlich kein Wunder, daß sich Onkel Ringelhuth über nichts wunderte. [...] Aber am 35. Mai muß der Mensch auf das äußerste gefasst sein.“[464] Obwohl dies von vornherein, wie Steck-Meier richtig feststellt, „die Absicht erklärt, eine Lügengeschichte zu schreiben“, und der Leser sich gleich dem Onkel über nichts mehr wundern sollte, tritt gleichzeitig das Gegenteil ein: Die Erwartung auf viele weitere Absurditäten wird geweckt. Dadurch werden jedoch die Absurditäten nicht weniger widersprüchlich und erstaunlich. Vielmehr wird dem Leser suggeriert, dass er in eine Welt eintauchen kann, in der alles möglich ist. Diese Erschaffung einer irrealen Welt durch ein nicht-existentes und, anders als in der Sciene Fiction, niemals erreichbares Datum ist ungewöhnlich für die phantastische Literatur und ein originelles Mittel, das Erzählte explizit außerhalb des Normalen zu stellen. Dies wirft sogar die Frage auf, ob es sich beim *35. Mai* überhaupt um eine phantastische Geschichte im Sinne von Haas und Klingberg handelt, da auch die Welt außerhalb des Schrankes nicht völlig realistisch ist. Was jedoch erhalten bleibt ist der Zusammenstoß des Realistischen, durch den das Wunderbare weiterhin erstaunlich bleibt. Immer wieder vermischen sich Realistisches und Unrealistisches zu unauflöslichen Einheiten. So wirkt der Auftritt von Negro Kaballo wie eine eher märchenhafte Szene, denn weder Onkel noch Neffe verwundern sich über das sprechende Pferd:

> Und als sich beide umdrehten, stand ein großes schwarzes Pferd vor ihnen und fragte höflich: „Haben Sie vielleicht zufällig ein Stück Zukker bei sich?“ Konrad und der Onkel schüttelten die Köpfe. „Dann entschuldigen Sie bitte die Störung“, meinte das große schwarze Pferd, zog seinen Strohhut und wollte gehen. Onkel Ringelhuth griff in die Tasche und fragte: „Kann ich Ihnen mit einer Zigarette dienen?“ „Danke nein“, sagte das Pferd traurig, „ich bin Nichtraucher.“[465]

Die Begegnung mit dem sprechenden Tier ist nicht weiter als auffällig gekennzeichnet. Hier scheint sich zu bestätigen, was eingangs voraus geschickt wurde, dass sich nämlich die Protagonisten über nichts wundern. Als Negro Kaballo später allerdings in der Wohnung des Onkels auftaucht, reagiert

Welt Narnia gelangen. Ob eine direkte Verbindung zwischen Lewis' Werk und dem knapp 20 Jahre älteren *35. Mai* besteht, wäre andernorts zu erforschen.

[464] *35. Mai*, S. 549.

[465] Ebd., S. 549f.

Konrad deutlich entgeistert: „Der Junge rannte hinaus, öffnete und kam blaß zurück. ‚Das große schwarze Pferd steht draußen', flüsterte er. ‚Herein damit!' befahl Onkel Ringelhuth."[466] Wenn schon die Sprache des Pferdes nicht erstaunlich war, so wird sein direktes Eindringen in die Wohnung als private Welt des Onkels doch als außergewöhnlich hervorgehoben. Nur der Onkel reagiert gelassen. Der wunderbare Besuch des sprechenden Pferdes erhält also zwei Wertungen: Einmal als Phantastisches, durch Konrad, und durch seinen Onkel als ein Ereignis, das mit alltäglichen Gesten akzeptiert wird. Damit wird einerseits die Unterscheidung von Phantastischem und Realistischem innerhalb des Textes gewahrt, zugleich aber erfährt die gesamte Welt des Romans eine Erweiterung.

Dies ist auch die primäre und grundsätzliche Funktion des Nicht-Realen: Eine Erweiterung der Möglichkeiten über die empirisch-realistische Wirklichkeit hinaus. Der *35. Mai* bleibt dabei eine der ergiebigsten Quellen für derartige Textstellen in Kästners Kinderliteratur. Geradezu systematisch durchwandern die Helden die verschiedenen Welten, von denen jede eine eigene Lehre für sich bereithält. Erst in der Südsee steigert sich das Absurde, fast explosionsartig, zur reinen Lust am Unsinn. Die vier Stationen zuvor stellen jeweils bekannte, wiewohl leicht modernisierte Topoi dar: Die Helden besuchen das Schlaraffenland, sehen das Vergangene (in der Burg zur Großen Vergangenheit) und das Zukünftige (in Elektropolis) sowie die Verkehrte Welt, in der Kinder und Erwachsene die Rollen getauscht haben. Jede dieser phantastischen Welten repräsentiert einen bestimmten Menschheitstraum, wobei auch jeweils die Schattenseiten dieses Traums ergründet werden.

Da ist zunächst das Schlaraffenland, in dem sich die alte Phantasie vom faulen Leben mit moderner Technologie paart. Kästners Version enthält keine gebratenen Hühner, die den Menschen geradewegs in den Mund fliegen und auch keine Flüsse aus Limonade, dafür aber Automaten-Bäume:

> „Sieh nur Onkel!" brüllte der Junge „Hier wachsen Kirschen und Äpfel und Birnen und Pflaumen auf ein und demselben Baum!" Auf dem Baumstamm befand sich ein Automat mit Griffen und Inschriften. „Am linken Griff einmal ziehen: 1 geschälter zerteilter Apfel", stand zu lesen. „Am linken Griff zweimal ziehen: 1 gemischtes Kompott." „Am rechten Griff einmal ziehen: 1 Stück Pflaumenkuchen mit Schlagsahne."[467]

---

[466] Ebd., S. 551.

[467] Ebd., S. 560f.

Die absurde Mischung aus Obstbäumen und Automatenrestaurant entspricht wiederum dem Konzept der Freien Komik. So erscheint das Schlaraffenland zunächst nicht nur bequem, sondern auch komisch-unterhaltsam. Das Lustvoll-Körperliche des Schlaraffenland-Mythos stellt sich in der Figur des Präsidenten Seidelbast dar. Dieser entpuppt sich im Übrigen ebenfalls als eine Figur, die den Transfer von der empirisch-realistischen Welt in die phantastische vollzogen hat, denn er ist ein ehemaliger Schulkamerad Konrads: „‚Der dicke Seidelbast ist doch in unserer Schule elfmal sitzengeblieben, weil er so faul war [...] In der dritten Klasse hat er dann geheiratet und ist aus der Stadt fortgezogen. [...] Daß er Präsident im Schlaraffenland geworden ist, davon hatten wir keine Ahnung.'"[468] Statt für exzessive Faulheit und Gefräßigkeit bestraft zu werden, darf Seidelbast nun nicht nur beides ungehemmt genießen, er bringt es auch noch zu einer angesehenen Persönlichkeit. Allerdings ist er auch derjenige, der die Besucher mit dem ersten Manko des Schlaraffenlandes bekannt macht: der Langeweile. Auch das Schlaraffenland hat seine strengen Regeln, gleichwohl es andere sind als in der normalen Welt. Die Schlaraffen dürfen nicht nur dick und faul sein, sie müssen es sogar. Seidelbast spricht das Problem direkt an und präsentiert zunächst auch eine Lösung: Auf der Versuchsstation werden Vorstellungen zur Wirklichkeit.

> „Einem normalen Schlaraffen genügen die vierundzwanzig Stunden des Tags gerade zum Essen und zum Schlafen" sagte Seidelbast. „Sie dürfen nicht vergessen, daß Einwohner, die weniger als zweieinhalb Zentner wiegen, des Landes verwiesen werden. Nun gibt es aber auch unter denen, die das Nationalgewicht mühelos aufbringen, ausgesprochen lebhafte Naturen. Was soll man tun? Langeweile zehrt. [...] Die Bevölkerungsdichte könnte sinken. Es galt, einen Ausweg zu suchen. Ich schmeichle mir, ihn gefunden zu haben. Hier ist die Station. [...] Was man hier denkt, entsteht in Wirklichkeit".[469]

Mit der Versuchsstation ist zwar einerseits das Problem der Langeweile behoben, andererseits entsteht hier jedoch ein neues Problem: Es wird nämlich allzu aufregend. Zwar geht das Abenteuer mit dem Löwen, den ein Schlaraffe ins Dasein ruft, noch gut aus. Aber zugleich wird deutlich, dass des Menschen Wille durchaus nicht immer sein Himmelreich ist. Kästners

[468] Vgl. ebd., S. 562f.

[469] Vgl. ebd., S. 566.

Schlaraffenland erweitert sich hier noch einmal dem Original[470] gegenüber. Nicht nur Wünsche, die Essen und Wohlleben betreffen, werden wahr, sondern alles, was man sich denken kann. Damit ergibt sich aber auch eine neue Schattenseite. Abgesehen von gefährlichen Wünschen, wie dem Löwen, werden hier nämlich auch gehässige Wünsche wahr:

> Plötzlich wurde Onkel Ringelhuth immer kleiner und kleiner. [...] Konrad bückte sich, nahm den winzigen Onkel in die Hand und sagte: „Ich habe mir nämlich ausgedacht, du wärest so klein wie auf der Photographie, die wir zu Hause haben." [...] Der Junge sagte aber zu seinem Onkel: „Du häßlicher Zwerg!" und steckte ihn in die Brusttasche. [...] „Also, wie du willst", sagte der Onkel. „Dafür sollst du zur Strafe ganz geschwind einen einzigartigen Wasserkopf kriegen. Und grüne Haare. Und statt der Finger zehn Frankfurter Würstchen." Und so geschah's. [...] Da mußte Konrad weinen. [...] Und Seidelbast meinte, sie hätten sich eher was Hübsches vorstellen und dem andern was Gutes wünschen sollen. „Aber so sind die Menschen", knurrte er weise.[471]

Seidelbasts Bemerkung erscheint ein wenig unangemessen, angesichts der Tatsache, dass er selbst herzlich über den Onkel gelacht hat. Dennoch hat er mit seinem Kommentar nicht unrecht: So wundervoll es sein mag, sich jeden Wunsch erfüllen zu können, so wenig sind die Menschen auf Dauer dazu in der Lage, eine solche Gabe nützlich anzuwenden. Es ist in dieser Hinsicht auch bemerkenswert, dass das Pferd die einzige Figur ist, die ihren Wunsch nicht bereut. Das kluge Tier kann die gewünschten Gegenstände, nämlich seine Rollschuhe, bis ans Ziel der Reise behalten.

Steck-Meier kommt in ihrer Interpretation des *35. Mai* zu dem Schluss, dass „der an sich wünschbare Zustand des Aufenthalts im Schlaraffenland [...] ab adsurdum geführt [wird], was auf die drei Besucher ernüchternd wirkt."[472] Tatsächlich sind hier nicht nur einzelne komische Details absurd (etwa die Automaten-Bäume), sondern auch die Erkenntnis, dass das Wünsche Erfüllen doch nicht die Erfüllung aller Wünsche ist. Wie wenig das Schlaraffenland eine Antwort auf die soziale Ungerechtigkeit in der Realität

[470] Die vermutlich früheste Beschreibung des Schlaraffenlandes findet sich in: Sebastian Brant: *Das Narrenschiff* (1494).

[471] Vgl. *35. Mai*, S. 567 und 568f.

[472] Vgl. Steck-Meier 1999, S. 211. Man beachte, dass auch Steck-Meier in Bezug auf das Schlaraffenland die Wendung „ad absurdum" gebraucht.

bereithält, verdeutlicht Steck-Meier mit der Abschiedsszene zwischen den Reisenden und Seidelbast:

> „Haben Sie noch viel Platz im Schlaraffenland?" fragte Ringelhuth zum Abschied. „Warum?" fragte der Präsident. „Wir haben viele Leute bei uns, die nichts zu tun und nichts zu essen haben", antwortete der Onkel. „Verschonen Sie uns mit denen!" rief Seidelbast. „Die Kerle wollen ja arbeiten! Sowas können wir hier nicht brauchen." „Schade", sagte das Pferd.[473]

Steck-Meier bemerkt dazu: „Die Antwort des Präsidenten wirkt eher zynisch als nur ironisch; der Kommentar des Pferdes ist lakonisch und etwas resigniert."[474] Mit dem Schlaraffenland lassen die Reisenden und der Leser auch eine Illusion hinter sich. Dank der zahlreichen komischen Details, von den Automaten-Bäumen über die Omelette legenden Hühner bis hin zur Versuchsstation, ist der Eindruck von Desillusionierung und Resignation jedoch nicht überwältigend.

Nach einem ganz ähnlichen Muster verlaufen auch die Aufenthalte in den anderen Welten, wobei naturgemäß andere Wünsche beziehungsweise Ängste evoziert werden. Insbesondere die Episode in der Burg zur Großen Vergangenheit, in der berühmte historische Gestalten sportliche Wettkämpfe abhalten, ist eine Feier subversiver Kritik. Von Barbarossa über Theodor Körner und Novalis bis hin zu Wallenstein werden Helden der Lächerlichkeit preisgegeben. Dies ist auch für den heutigen Leser vergnüglich[475], als das Buch 1932 veröffentlicht wurde, dürfte es einigermaßen spektakulär gewesen sein. Man muss bedenken, dass es, am Vorabend der Naziherrschaft wie auch bis 1945, üblich war, der Jugend die „Große Vergangenheit" als goldenes Zeitalter vorzuhalten, um auf diese Weise Heldenmut und ein Überlegenheitsgefühl wachzurufen. Die Episode in der Ritterburg ist deshalb in zweifacher Hinsicht subversiv: Sie richtet sich nicht nur gegen die historischen Gestalten selbst, sondern auch gegen ein populäres Werteverständnis und das Gefühl deutscher Größe.

---

473 *35. Mai*, S. 569.

474 Steck-Meier 1999, S. 211.

475 Allerdings ist zu bedenken, dass viele der historischen Gestalten dem modernen kindlichen Leser nicht mehr so ohne Weiteres bekannt sein dürften, wie es 1932 der Fall war. Da jedoch weiterhin durchsichtig ist, dass es sich um berühmte und in ihrer Zeit mächtige Menschen handelt, bleibt die subversive Komik erhalten.

Die Demontage der historischen Größen erfolgt auf unterschiedliche Weise, wie die folgenden Beispiele zeigen. Als Fürst und Feldherr wird etwa August der Starke zwar als körperlich leistungsfähiger Kugelstoßer beschrieben, dabei begeht er jedoch durch seine Eitelkeit eine intellektuelle Fehlleistung:

> August der Starke nahm den Filmfritzen beiseite und wisperte mit ihm. Dann packte er die Kugel und warf sie, während der junge Mann kurbelte, hoch im Bogen in den Sand. Etwas später stellte er sich vor dem Apparat in Heldenpositur, lächelte königlich vor sich hin und fragte, ob er ein paar passende Worte sprechen solle. „Wie Sie wollen", erwiderte der junge Mann. „Ich drehe aber stumm." Ringelhuth und Konrad suchten lachend das Weite.[476]

Die deutschen Dichter Theodor Körner und Fürst Hardenberg (Novalis) wiederum sind ihren Gegnern im Tennis, Ajax I und Ajax II, den griechischen Helden der Ilias, unterlegen. Julius Cäsar wird bei diesem Tennismatch Opfer einer slapstickartigen Episode:

> „Welch alberne Beschäftigung, einen so kleinen leichten Ball hinüber und herüber zu schlagen", sagte Julius Cäsar. „Wenn es wenigstens eine Kanonenkugel gewesen wäre!" Plötzlich schrie er gellend auf. Theodor Körner, der bekanntlich schwach auf der Rückhand war, hatte den Ball ausgeschlagen und ihn, natürlich ohne jede niedrige Absicht, Julius Cäsar mitten ins Gesicht gefeuert. Nun saß der römische Diktator da, hielt sich die Römernase und hatte Tränen in den Augen. „Wenn es wenigstens eine Kanonenkugel gewesen wäre!" sagte Ringelhuth anzüglich, und Konrad fiel vor Lachen vom Stuhl.[477]

Wenn der Erzähler auch Theodor Körner „jede niedrige Absicht" abspricht, so lässt sich dennoch nicht abstreiten, dass die Komik dieser Szene zum Teil auf dem niedrigen Gefühl der Schadenfreude beruht. Allerdings wirkt nicht nur das Missgeschick als solches komisch. Mindestens genauso wichtig ist, dass das Opfer erstens eine arrogant gezeichnete Figur ist und zweitens niemand anders als der große Julius Cäsar, wodurch die Szene poetische Gerechtigkeit ausdrückt und zugleich einen subversiven Zug erhält. Tatsächlich stellt diese

---

[476] *35. Mai*, S. 572.

[477] Ebd., S. 573. Die Szene könnte als sehr freie Variante des Sprichworts „Die Feder ist mächtiger als das Schwert" gelesen werden, da der Feldherr Cäsar durch einen Dichter der Lächerlichkeit preisgegeben wird (wenn auch unbeabsichtigt). Dem steht allerdings entgegen, dass Körner und Novalis wiederum zwei antiken Kriegshelden unterlegen sind.

Szene eine Mischung aus situations- und sprachlich bedingten HUMOR dar; erst der explizit „anzüglich[e]“ Kommentar des Onkels verhindert mögliches Mitleid mit Cäsar und sorgt dafür, dass die Situation unzweifelhaft komisch wirkt. Zugleich lenkt die Bemerkung das Augenmerk zurück auf die stark militärische Einstellung des römischen Feldherrn, welche eigentlich im Mittelpunkt der Kritik steht.
Da die meisten Helden in der Burg zur Großen Vergangenheit Feldherren sind sowie in Anbetracht der Entstehungszeit des Buches ist dieses Kapitel eine generelle Kritik an der Verherrlichung des Krieges. Besonders deutlich äußert sich diese in der Begegnung mit Wallenstein und Hannibal, die mit Zinnsoldaten Krieg spielen. Als Konrad, der die Szene zunächst auch als Spiel begreift, Hannibal Ratschläge erteilt, wird beängstigend deutlich, dass sich die rücksichtslose Verschwendung von Soldaten nicht nur auf Figuren aus Zinn bezieht, sondern eine Grundeinstellung ist, die auch vor lebenden Menschen nicht Halt macht:

> Der karthagische Feldherr schüttelte das kühne Haupt und sprach gemessen: „[...] Ich weiche nicht. Und wenn es mich den letzten Soldaten kosten sollte!“ „Na hören Sie mal!“ entgegnete Konrad. „Dafür ist Ihre Armee doch zu schade!“ Jetzt mischte sich Wallenstein ein. [...] „Es kommt nicht darauf an, wieviele Soldaten fallen, sondern darauf, daß man Reserven hat.“ „Ihr seid mir ja zwei Herzchen!“ sagte Ringelhuth zu den Feldherren. „Euch und euresgleichen sollte man überhaupt nur mit Zinnsoldaten Krieg führen lassen.“[478]

Die HUMORvolle Bemerkung des Onkels setzt zwar wiederum die kriegerischen historischen Größen herab, kann jedoch den Ernst der Situation nicht völlig zerstreuen. Allzu wahr ist die Aussage, dass es besser wäre, wenn Kriege „überhaupt nur mit Zinnsoldaten“ geführt würden. Der Ernst der Kriegskritik in diesem Kapitel tritt noch stärker zutage, als Ringelhuth schließlich auch das Spiel mit Zinnsoldaten selbst kritisiert:

> „Ein wahrer Jammer“, meinte Ringelhuth. „Denken Sie nur, Negro Kaballo, mein Neffe spielt zu Hause auch mit Zinnsoldaten!“ „Wieso?“ fragte das Pferd. „Willst du später mal General werden?“ „Nein“, erwiderte der Junge. „Oder einer von den Zinnsoldaten, die sich morgen unter dem Rosenstrauch totschießen lassen?“ „Ich denke ja gar nicht dran“, erklärte Konrad energisch. [...] „Und warum spielst du trotzdem

[478] Ebd., S. 575.

> mit Soldaten?" fragte das Pferd. Konrad schwieg. Onkel Ringelhuth aber sagte: „Warum? Weil ihm sein Vater welche geschenkt hat."[479]

Dieser Dialog und Konrads betretenes Schweigen thematisieren die Verherrlichung ebenso wie die Verharmlosung von Krieg in der Erziehung mit großer Eindringlichkeit. Der kindliche Held wird hier selbst vom Pferd in die Verantwortung genommen und dazu gezwungen, übernommene Muster zu überdenken. Konrad stellt sich dieser Aufgabe. Ihm fällt zwar keine Antwort ein, er versucht aber auch nicht, das kritisierte Spiel zu rechtfertigen oder das Thema abzutun. Erst der Onkel schiebt in seiner Antwort die Verantwortung wieder den erwachsenen Erziehern zu. Die Szene wäre bedrückend, wäre sie nicht im Bereich des Phantastischen angesiedelt. Kein ernster Mensch, sondern ein Pferd stellt Konrad zur Rede.[480] Durch die phantastischen Elemente, die aus der Überschreitung der Grenzen des Normalen ihren HUMOR 2 beziehen, wird das ernste Thema der Kriegskritik aufgelockert, so dass das Vergnügen an der Lügengeschichte ungebrochen bestehen bleibt.
Das Gleiche gilt für das Geschehen der Verkehrten Welt, denn auch hier ist das zugrunde liegende Thema äußerst ernst. Dem Rollentausch zwischen Kindern und Erwachsenen liegt nicht hauptsächlich eine fröhliche Machtübernahme der Kinder zugrunde, sondern die Kinder sehen sich dazu gezwungen, die Erzieherrolle zu übernehmen. Die Notwendigkeit dazu ergibt sich erst aus der Inkompetenz der „schwererziehbaren Eltern"[481], die ihre Kinder vernachlässigen oder gar misshandeln, ihrer Fürsorger- und Erzieherrolle also nicht nachkommen. Aber auch hier sorgt HUMOR 2 dafür, dass das Kapitel nicht allzu bedrückend wirkt. Da Onkel Ringelhuth nur aus Versehen in die Schule geschickt wird und der Besserung gar nicht bedarf, so erhält das Geschehen, soweit es ihn betrifft, einen komischen Zug. Die Verwandlung des Onkels in einen Schüler ist karnevalesk im Sinne Bachtins.

> Da kam nun also der Onkel Ringelhuth aus der hintersten Bank spaziert. Und das Pferd brüllte vor Lachen, als es ihn erblickte. Denn er

[479] Vgl. ebd., S. 576f.

[480] Schmideler verfolgt das Motiv des sprechenden Pferdes, welches durch seine Fremdwahrnehmung der menschlichen Welt die Menschen zur Reflexion anregt, zurück bis zu Jonathan Swifts *Gulliver's Travels. Part IV: A Voyage to the Country of the Houyhnhnms* (1726). Hier leben sprechenden Pferde, die Houyhnhnms, in einer Art Idealgesellschaft. (Vgl. Schmideler 2012, S. 214.)

[481] Vgl. *35. Mai*, S. 580.

> trug kurze Hosen und eine Matrosenjacke und Wadenstrümpfe. Und auf dem Kopf saß ihm eine Matrosenmütze mit langen Bändern. Und auf der Mütze stand: ‚Torpedobootzerstörer Niederschlesien'. „Du gerechter Strohsack", rief Konrad und hielt sich an Babette fest. „Ich gefalle euch wohl nicht?" fragte der Onkel gekränkt.[482]

Die Szene ist umso vergnüglicher, als der Onkel nicht nur ein unfreiwilliger Produzent von HUMOR 2 ist, sondern in der Lage auch HUMOR 1 beweist. Während der Lehrer, Jakob, ihn fälschlicherweise als „ein bißchen dämlich" (statt böse) einschätzt, zeigt Ringelhuth im Gegenteil große geistige Flexibilität.[483] Dass er wie ein schlechter Schüler vom Lehrer abfällig beurteilt wird trägt höchstens noch zum HUMOR 2 der Umkehrsituation bei. Aber nicht nur sein Gelächter in der Klasse, vor allem die gespielt gekränkte Frage „Ich gefalle euch wohl nicht?" zeigt, dass der Onkel die komische Seite der Situation sieht, statt sich erniedrigt zu fühlen. Dadurch bildet er einen umso deutlicheren Kontrast zu den bösen Eltern im Klassenzimmer. Ebenso wie in der Burg zur Großen Vergangenheit ermöglicht hier die geschickte, ja wenn man so will absurde Verknüpfung von HUMOR mit dem ernsten Thema der Kindesmisshandlung eine Auseinandersetzung mit dem Problem, ohne dass Ängste oder Bedrückung wachgerufen werden.
Ebenso wird auch im nächsten Kapitel über die automatische Stadt Elektropolis die Darstellung der katastrophalen Folgen übergroßen Vertrauens in die Technik mit der absurd-komischen Situation aufgelockert, dass eine rückwärts laufende Fabrik aus Endprodukten wie Koffern und Käse wieder lebendige Rinder entstehen lässt.[484] An Elektropolis zeigt sich aber auch, wie zeitgebunden HUMOR 2 sein kann. Zwei Erfindungen, die den Reisenden besonders spektakulär erscheinen, sind in der Realität des 21. Jahrhunderts gang und gäbe:

> Aber kaum hatten sie den Bürgersteig betreten, so fielen sie alle drei der Länge nach um [...] „Hilfe!" schrie Konrad. „Der Fußsteig ist lebendig!" Der Fußsteig war nämlich, damit man nicht zu gehen brauchte, mit einem laufenden Band versehen. [...] Am meisten imponierte ihnen aber folgendes: Ein Herr, der vor ihnen auf dem Trottoir langfuhr,

482 Vgl. ebd., S. 584.

483 Vgl. ebd. Interessanterweise begründet Jakob seine Einschätzung mit der Beobachtung: „Er lacht dauernd". Es ist also gerade Ringelhuths HUMOR 1 der hier – sogar von einer den Erwachsenen moralisch überlegenen Kindergestalt – falsch bewertet wird. Siehe zum HUMOR des Onkels auch Kapitel II 2.4.

484 Vgl. ebd., S. 593.

> trat plötzlich aufs Pflaster, zog einen Telephonhörer aus der Manteltasche, sprach eine Nummer hinein und rief: „Gertrud, hör mal, ich komme heute eine Stunde später zum Abendessen. Ich will vorher noch ins Laboratorium. Wiedersehen, Schatz!" Dann steckte er sein Taschentelephon wieder weg, trat aufs laufende Band, las in einem Buch und fuhr seiner Wege. Konrad und dem Pferd standen die Haare zu Berge.[485]

Die Wirklichkeit hat die Zukunftsphantasien von einst überholt, was neuen HUMOR 2 in die Szene bringt. Die Erfindungen haben zwar ihre Faszination eingebüßt, dafür wirkt das Staunen, ja Entsetzen Konrads und Negro Kaballos aus heutiger Sicht komisch. Wenn man so will, handelt es sich (heute) um eine Ungereimtheit im Sinne Jean Pauls: Der Leser ist mit den genannten Gegenständen vertraut, im Gegensatz zu den Figuren. Erst der Kontrast zwischen dieser Vertrautheit und dem Befremden Konrads und des Pferdes erzeugen den beschriebenen HUMOR 2. Auch hier werden reale Probleme mit phantastischem HUMOR 2 verknüpft, nämlich der Zusammenbruch der durchtechnisierten Welt mit absurden Folgen.

In allen vier Welten, dem Schlaraffenland, der Burg zur Großen Vergangenheit, der verkehrten Welt und in Elektropolis werden Szenarien geschaffen, die alte Träume und die damit verbundenen Gefahren oder Nachteile zeigen. Sie regen dazu an, vordergründige Paradiesvorstellungen kritisch zu überdenken und zu hinterfragen. Dabei wird jedoch kein düsteres Bild einer unveränderlich schlechten Welt entworfen. Die positiven Aspekte bleiben ja erhalten. Auf geschickte Weise werden Probleme angesprochen, jedoch so eng mit absurden und phantastischen Elementen verknüpft, dass sie hauptsächlich Teil der phantastischen Handlung werden und damit keine akute Bedrohung darstellen. Durch den absurden oder phantastischen HUMOR 2 werden die ernsthaften Szenen nicht nur aufgelockert, sondern zugleich von der Realität des Lesers distanziert. Die Kritik an verschiedenen Verklärungen, sei es der Vergangenheit oder der Zukunft, wird damit zu einer zeitlosen Universalbotschaft, ohne dabei zu verängstigen.

Ganz ähnlich wird in der *Konferenz* das Thema Krieg aufgegriffen. Kein Schrecknis wird verschwiegen, dennoch bleibt die vergnügliche Tiergeschichte

---

[485] Vgl. ebd., S. 590 und 591. Was die Szene mit dem Telefongespräch anbelangt, so ist Kästners Phantasie in zweifacher Hinsicht besonders detailgetreu wahr geworden. Zunächst existiert die Bezeichnung „Taschentelefon" tatsächlich, wenn auch nicht im deutschen Sprachraum, sondern im Türkischen, wo Mobiltelefone als „cep telefon, wörtlich: „Taschentelefon", bezeichnet werden.

ohne Brüche bestehen. Nach der Definition von Haas und Klingberg (siehe oben) handelt es sich nicht um eine phantastische Geschichte, da nicht zwei Welten aufeinander treffen. Die sprechenden und – in vieler Hinsicht – menschlich handelnden Tiere lösen bei niemandem Verwunderung aus, sondern sind Teil der beschriebenen Welt. Damit ist das Bilderbuch eher dem Märchenhaften zuzuordnen oder einfach als Tiergeschichte zu lesen.[486]
Kästner variiert den Topos der Tiergestalt als Sympathieträger und Verbündeter des Kindes[487] wieder neu. Zunächst einmal geht es nicht um eine bestimmte Kind-Tier-Beziehung, sondern die Handlung hat globale Ausmaße. „Die Tiere" als den Menschen entgegengesetzte Gruppe tun sich zusammen unter dem Motto „Es geht um *die* Kinder".[488] Dadurch werden die Tiere zu äußerst ambivalenten Figuren: Einerseits werden sie anthropomorphisiert, so dass sie rational denken, sprechen und handeln. Gleichzeitig wird jedoch permanent ihre Verschiedenheit von den Menschen, beziehungsweise den Erwachsenen betont. Schon diese Teil-Anthropomorphisierung ist eine Quelle für HUMOR 2, wie sich im Verlauf der Analyse zeigen wird. Zugleich unterliegt dem ganzen Buch grundsätzlich etwas Subversives, da die Tiere den Menschen überlegen sind. Die Protagonisten, Oskar, Alois und Leopold bringen durchaus kein Verständnis dafür auf, dass die Menschen nicht in Frieden miteinander und verantwortungsbewusst mit der Welt umgehen können. So äußert das Giraffenmännchen Leopold: „„Schreckliche Leute! Und sie könnten's so hübsch haben! Sie tauchen wie die Fische, sie laufen wie wir, sie segeln wie die Enten, sie klettern wie die Gemsen und fliegen wie die Adler. Und was bringen sie mit ihrer Tüchtigkeit zustande?"" Die Antwort bekommt er sofort: „„Kriege!' knurrte der Löwe Alois. ‚Kriege bringen sie zustande und Revolutionen. Und Streiks. Und Hungersnöte. Und neue Krankheiten.'"[489]
Gerhard Haas stellt in seinem Artikel zum Tierbuch richtig fest, dass in *Konferenz* der Unterschied und die Gemeinsamkeit zwischen Menschen und Tieren paradoxerweise zusammenfallen. Die so deutlich betonten Unterschiede, so Haas, lassen sich zusammenfassen in „einem einzigen, allerdings zentralen Punkt: Sie denken und fühlen menschlich, und sie handeln nach einem Prinzip, das man den ‚gesunden Menschenverstand' zu nen-

486 Zur Tiergeschichte vgl. Lypp 1992.

487 Vgl. Lypp 1992 und Kapitel I 2.2.

488 Vgl. etwa *Konferenz*, S. 286, Hervorhebung SÇ.

489 Vgl. ebd., S. 258.

nen pflegt."[490] Dieses Paradox ergibt sich nach Haas aber nicht nur aus der Gestaltung der Tierfiguren, sondern auch und gerade „aus der kreatürlichen Selbstentfremdung des Menschen. Es wird dabei auf einen paradiesischen Ausgangszustand angespielt, den die Menschen verlassen, die Tiere aber bewußtseinsmäßig erhalten haben."[491] Dieser Deutung ist auch insofern zuzustimmen, als die Tiere einen paradiesähnlichen Zustand der Welt anstreben (und schließlich auch durchsetzen).

Diese Ambivalenz zwischen Anthropomorphisierung und ausgesprochener Tierhaftigkeit ist aber, wie gesagt, nicht nur ein Ideal, das dem Menschen den eigenen kritischen Zustand vor Augen führt, sondern dabei auch eine Quelle für eine Fülle komischer Situationen und Umstände. So sind die tierischen Abgeordneten nicht frei vom Laster der Eitelkeit und lassen sich auf mehr oder weniger originelle Art für die Konferenz schön machen. Der Kontrast zwischen dem Tier-Sein der Figuren und dieser menschlichen Art der Vorbereitung wird noch dadurch verstärkt, dass sie zu den verschiedenen Zwecken ganz normale Menschen aufsuchen. Während der Pfau sich wenigstens noch artspezifisch von „einem berühmten Kunstmaler [...] die Radfedern auffrischen"[492] lässt, genießen andere Abgeordnete völlig menschliche Schönheitsbehandlungen:

> Der Vogel Strauß ließ sich beim Friseur die Pleureusen schwungvoll ondulieren. Der Büffel ließ sich die Stirnlocken mit der Brennschere rollen. Und in der Nachbarkabine saß der Löwe Alois schwitzend unter der Haube, weil er für die Konferenz neue Dauerwellen haben wollte. „Diese Hitze!" sagte er stöhnend zu dem Fräulein, das ihm währenddessen die Krallen schnitt und feilte, „die Hitze könnte mich rasend machen! Wenn ich nicht so blond wäre..." „Ich schwärme für blonde Mähnen", meinte die Maniküre und lächelte ihn an. Daraufhin sagte Alois seinen berühmten Satz nicht zu Ende.[493]

In diesen Szenen kollidieren tierische und menschliche Verhaltensweisen auf HUMORvolle Weise. Diese Kollision lässt sich, wenn nicht als phantastisch, so dennoch als absurd bezeichnen, da an sich Unvereinbares aufeinander trifft. Dies beginnt bei grundsätzlichen Sachverhalten. So lässt sich etwa der Löwe zahm die Krallen beschneiden und die Mähne dauerwellen. Dies

---

[490] Haas 1992, S. 182.

[491] Vgl. ebd.

[492] Vgl. *Konferenz*, S. 271.

[493] Ebd., S. 270f.

könnte man noch unter dem Topos der märchenhaften Figur hinnehmen. Dann ergeben sich praktische Fragen wie die, ob die Kabine und die Trokkenhaube groß genug für den Löwen sind – kurz, die Situation ist nach empirisch-realistischen Maßstäben undenkbar. Der HUMOR 2 entsteht jedoch durch diverse Kontraste. Selbst ein sprechender Löwe sitzt auch in der Märchen-Normalität nicht beim menschlichen Friseur. In *Konferenz* fällt das Verhalten umso mehr auf, als ja die Tiere sich ganz bewusst von den Menschen abheben und anders sein wollen als diese. Zudem wird der Löwe häufig mit Attributen assoziiert (beispielsweise mit Stärke, Mut und einer gewissen Bedrohlichkeit), die als maskulin gelten. Gerade dieses Tier sitzt nun unter einer Trockenhaube und lässt sich maniküren, beides Beschäftigungen, die tendenziell eher feminin konnotiert sind. Seine Klage über die Hitze steht überdies wiederum im Kontrast mit dem Sprecher: Ein Löwe sollte Hitze gut vertragen, nicht nur als starkes und zähes Tier – sondern vor allem als Bewohner der Savanne. Eine weitere Schwäche, wenn auch in anderem Sinne, zeigt der Löwe schließlich für die Maniküre. Dieser spezielle Teil der Szene mag eher HUMOR 2 für Erwachsene sein.
Eine besonders interessante Mischung aus anthropomorphen und tierischen Elementen ist auch das „Hochhaus der Tiere" und das Verhalten seiner Bewohner. Wiewohl sich kaum etwas weniger tiergerechtes denken lässt als ein Hochhaus, scheint das Hochhaus der Tiere scheint zunächst ganz auf die Tiere zugeschnitten, worin seine explizit erwähnte Besonderheit besteht:

> Das Hochhaus der Tiere ist bestimmt das merkwürdigste und vielleicht das größte Gebäude der Welt. [...] Es enthält das Hauptpostamt für Brieftauben, ein Hotel für Zugvögel, eine Stellenvermittlung für Tiere, die in den Zoo wollen, eine Tanzschule für Bären, eine Akademie für Dressurlöwen, [...] seinen Kindergarten für Tierbabys, deren Eltern tagsüber arbeiten müssen, ein Waisenhaus, einen Optikerladen für Brillenschlangen, ein Gefängnis für Tierquäler, eine Krebsscherenschleiferei, eine Leuchtfarbenfabrik für Glühwürmchen, [...] Speisesäle für Fleischfresser, Speisesäle für Pflanzenfresser, Aufenthaltsräume für Wiederkäuer und vieles, vieles mehr.[494]

[494] Vgl. ebd., S. 280f. Auch Schmideler stellt fest, dass die „zoomorphe Tierdarstellung der Erzeugung des spezifischen Kästnerhumors [dient]" (vgl. Schmideler 2012, S. 222). Unter zoomorpher Darstellung versteht er eine grundsätzlich biologisch korrekte Gestaltung, zu der „eine betrachtende, auch der Unterhaltung dienende spannende Schilderung von Leben und Verhalten des Tiers" gehört (vgl. ebd. S. 221).

Hier zeigt sich die Verquickung tierischer und menschlicher Eigenschaften auf verschiedene Weise. Teilweise werden menschliche Bedürfnisse schlicht auf die Tiere übertragen, was dem märchenhaften Charakter der Geschichte entspricht. Darunter fällt die Nutzung eines Hotels, einer Technischen Hochschule oder eines Kindergartens. In anderen Teilen des Hochhauses tun Tiere zwar nicht das, was sonst Menschen machen, sondern wofür sie sonst von Menschen genutzt werden: Brieftauben, Tanzbären oder Dressurlöwen sind schließlich keine natürlichen Spezies, sondern von Menschen zur jeweiligen Aufgabe trainiert. Es handelt sich also gewissermaßen um ein zweifach verschachteltes Paradox. Dasselbe gilt für die dritte Art der Räume, in denen ursprünglich menschliche Dienstleistungen angeboten werden, die jedoch bestimmten Tieren aufgrund ihrer Gattung oder ihres Namens zugedacht sind. Anders als bei den Vorbereitungen zur Konferenz nehmen die Tiere hier keine Dienstleistungen von Menschen entgegen, wie sich auf Walter Triers Illustration zeigt: Auch im Optikerladen für Brillenschlangen bedient ein Tier. Diese Situation ist eigentlich als Sprachspiel einzuordnen, denn selbstverständlich hat die Bezeichnung <Brillenschlange> für die Indische Kobra nichts mit deren Sehleistung zu tun.
Dass das Hochhaus der Tiere aber doch nicht immer ganz für seine animalischen Gäste eingerichtet ist, zeigen deren „zuweilen schwer erfüllbare Sonderwünsche".[495]

> Leopold, die Giraffe, verlangte zum Wohnen nicht nur zwei übereinander gelegene Zimmer, man mußte auch noch in die Decke des unteren ein großes Loch schlagen, damit das Tier den Kopf hindurch stecken konnte! [...] Max, die Maus, wollte kein Zimmer, sondern ein Mauseloch. Wo sollte man das in einem so modernen Bau hernehmen? Reinhold, der Stier, trieb's am ärgsten. Er klingelte und sagte, man möge ihm, weil er sich so allein fühle, ein hübsche, bunte Kuh heraufschicken. Dem Hoteldirektor, dem Marabu, sträubte sich das Gefieder.[496]

Der letzte Sonderwunsch ist mit seiner eindeutig sexuellen Anspielung (auch korrespondierend mit den dem Stier zugewiesenen Attributen der Potenz) eher auf Erwachsene zugeschnitten. Für (junge) Kinder ist nachvollziehbar, dass der Stier sich allein fühlt, aber warum sich dem Marabu deshalb das Gefieder sträuben sollte, ist ohne die sexuelle Dimension nicht erkennbar.

---

[495] Vgl. ebd., S. 284.

[496] Vgl. ebd., S. 284f.

Ansonsten besteht der HUMOR 2 auch hier in dem Paradox zwischen der teils anthropomorphisierten, teils ausgesprochen tierischen Figur. Auf die Spitze getrieben wird das Paradox des Hochhauses der Tiere in der rhetorischen Frage nach dem Mauseloch. Dieses würde man in einem „modernen Bau" tatsächlich nicht erwarten, im Hochhaus der Tiere wäre es jedoch angebracht.

Aber nicht nur im Verhalten der Tiere offenbaren sich absurde Kombinationen. Als kleine Details der märchenhaften Erzählwirklichkeit blitzt das Absurde immer wieder auf, etwa die Verbreitung der Einladung zur Konferenz in den Meeren: „Hier schrieben es die Tintenfische mit Riesenbuchstaben ins Wasser."[497] Walter Triers Illustration treibt die Absurdität noch weiter, da der Tintenfisch nicht etwa mit seiner eigenen „Tinte" schreibt, sondern einen Füllfederhalter in einem Tentakel hält. Selbstverständlich ist ein Schriftzug im Wasser nicht möglich, obwohl es im allerersten Moment fast plausibel wirkt.[498] Die Vorstellung fußt einzig auf der semantischen Verbindung des Verbs <schreiben> mit dem Morphem <Tinte->. Der Gedankengang des Lesers fängt sich zwischen dieser Verwandtschaft und der offensichtlichen Unmöglichkeit eines Unterwasser-Schriftzugs, so dass Kants Theorie der Hin-und-Her-Bewegung hier Anwendung finden kann.

Im Gebrauch der Walfische als Transportmittel für die Abgeordneten und später als Versteck für die Kinder dagegen verknüpfen sich die Elemente des Lebendigen und des Mechanischen in absurder Komik.[499] (Gleichzeitig ist dies mit sprachlichem HUMOR verbunden, nämlich mit der konsequenten Verwendung des falschen Terminus „Walfisch".) Besonders hübsch ist dabei die Kombination des absurden Gebrauchs der „Walfische" mit einem einzigen biologisch korrekten Detail: „[D]ie Abgeordneten im Bauch der Walfische – die winkten nicht. Weil Walfische keine Fenster haben."[500] Henri Bergsons Theorie vom Komischen als dem mechanisch erscheinenden

[497] Ebd., S. 269.

[498] Die Szene erinnert ein wenig an Michael Endes „Perpetomobil" aus *Jim Knopf und Lukas der Lokomotivführer* (1960). Dabei wird die Lokomotive Emma mit Hilfe von Magneten bewegt, die durch Stangen an ihr befestigt sind und sie mittels ihrer Anziehungskraft hinter sich herziehen. Auf den ersten Blick plausibel, entpuppt sich Endes Perpetomobil beim Überdenken als Unmöglichkeit. Der kurzfristig so gefoppte Leser empfindet Vergnügen über den eigenen Irrtum sowie über die originelle Täuschung.

[499] Vgl. *Konferenz*, S. 275 und S. 310. Das Motiv des Menschen im „Walfisch" ist freilich keine reine Verbindung eines lebendigen Tieres und eines mechanischen Transportmittels, sondern geht bis auf die biblische Geschichte Jonas zurück.

[500] Vgl. ebd., S. 275.

Lebendigen, obwohl als umfassende HUMORtheorie überlebt, erhält hier einen neuen Gültigkeitsbereich.[501]

Obwohl *Konferenz* keine phantastische Geschichte im Sinne der Definition von Haas und Klingberg ist, prallen auch hier realistische und phantastische Elemente aufeinander. Obwohl das Wunderbare niemanden wundert, so kollidiert es doch immer wieder mit den Gesetzen der empirischen Realität, wie die obigen Beispiele zeigen. Pragmatisches aus der Menschenwelt geht absurde Verbindungen mit der Tierhaftigkeit der Protagonisten ein. Ein weiteres Beispiel besteht etwa darin, dass Oskar beim Zahnarzt zum Spülen „einen Eimer voll Wasser"[502] hingehalten bekommt, dabei aber anscheinend problemlos in den Zahnarztstuhl passt. Susan Tebbutt weist in ihrem Aufsatz über *Konferenz*, „Peace Parable Picture-Book" (2000), auf eine besonders raffinierte Verquickung von Phantastischem und der Realität des Lesers selbst hin. Nicht nur die lebendigen Tiere machen sich auf den Weg zur Konferenz: „Am erstauntesten waren die kleinen Kinder, die in diesen Tagen in ihren Bilderbüchern blätterten. Die Bilderbuchtiere waren nämlich aus den Büchern verschwunden! [...] sie waren mitten in der Nacht aus den Büchern gesprungen und hatten sich auf die Socken gemacht, um ja rechtzeitig im Hochhaus der Tiere zu sein..."[503] Tebbutt erkennt richtig den HUMOR 2 dieser Textstelle, wenn sie schreibt: „There is a sense of mischief in the reference to the story of the conference of animals within the text itself."[504] Textstellen wie diese machen die Geschichte nicht nur attraktiv, weil unterhaltsam, sondern sie laden auch zu einem interaktiven Umgang mit dem Text ein.[505] Der oder die Leser können dem Absurden, wie der eben zitierten Szene oder den schreibenden Tintenfischen, auch anhand der Bilder nachspüren. Dadurch wird ihre eigene Kreativität angeregt. Dadurch gelingt, wie im *35. Mai,* die Verbindung von dem ernsten Problem des Krieges und der Friedenssicherung mit HUMORvoller Unterhaltung, wie Tebbutt festhält: „[...] relatively few works tackle the theme of anti-militarism as charismatically as Kästner."[506]

Wurden bisher absurde und phantastische Textstellen besprochen, die sich bei allem HUMOR 2 auf ernste und reale Probleme bezogen, so sollen hier

---

501 Zu Bergsons Theorie vgl. Lypp 1986 sowie Kapitel I 2.2.

502 Vgl. *Konferenz*, S. 273.

503 Vgl. ebd., S. 279.

504 Tebbutt 2000, S. 81.

505 Gerade bei einem Bilderbuch ist davon auszugehen, dass es auch häufig vorgelesen wird, so dass mehrere Personen sich zusammen mit dem Text und den Bildern beschäftigen können.

506 Vgl. Tebbutt 2000, S. 84.

auch diejenigen nicht unbeachtet bleiben, die sich in der Lust am Unrealistischen selbst ergehen. Das Zitat, das diesem Analyseteil vorangestellt ist, gibt ein schönes Beispiel für das Absurde ab, das im vorletzten Kapitel des *35. Mai* seinen Höhepunkt erreicht. Bei näherem Hinsehen handelt es sich auch hier eigentlich um die originelle Kombination verschiedener Komponenten. Der Äquator wird umgedeutet von einer gedachten Linie in ein empirisch wahrnehmbares Stahlband, das so materiellen Problemen wie Rost ausgesetzt ist. Die Tiere, die den Reisenden in der Südsee begegnen, sind ähnlich den Tierfiguren aus *Konferenz* ambivalente Gestalten, in denen sich anthropomorphe mit ausgesprochen tierischen Zügen auf teils absurde Weise mischen. So geben sich drei Königstiger zwar erst als gefährliche Raubtiere, zeigen später aber nicht nur Zeichen menschlicher Verständigung, sondern auch äußerst merkwürdige Accessoires:

> Die drei Tiger strichen den Schnurrbart, machten je einen Buckel und wollten gerade losspringen, da riß Onkel Ringelhuth seinen Spazierstock an die Backe, als sei er ein geladenes Gewehr, kniff das linke Auge zu und zielte. Die Tiger erschraken. Der größte von ihnen zog ein weißes Tuch aus der Tasche und hielt es hoch. „Ergebt ihr euch?" schrie Konrad. Die drei Königstiger nickten.[507]

Das auffälligste Detail, welches sich gar nicht mit dem Tiger als Tier vereinbaren lässt, ist hier die Tasche, aus welcher der Tiger das Tuch zieht. Da die Tiger nicht mit Kleidung beschrieben wurden, muss die Tasche sich im Fell befinden, also Teil des Tieres selbst sein, was eindeutig absurd ist.

Die menschlichen Bewohner der Südsee stehen den tierischen in Sachen Absurdität in nichts nach, im Gegenteil. Von dem schwarzweiß karierten Mädchen Petersilie war bereits die Rede. Auch ihre Figur ist im Grunde Produkt einer Umdeutung oder Neuinterpretation möglicher Umstände, die in einer Art Scheinlogik mündet. Petersilie erklärt Konrad ihre Musterung: „‚Mein Papa ist ein berühmter schwarzer Südseehäuptling.[508] Und Mutti ist Holländerin. […] Und deshalb bin ich schwarz und weiß gekästelt. Sieht es sehr scheußlich aus?' ‚Das kann ich nicht beurteilen', entgegnete der Junge,

---

[507] *35. Mai*, S. 600.

[508] Eine Abweichung von Petersilies Erklärung besteht in der Beschreibung des Häuptlings als „bronzebrauner Mann" (vgl. *35. Mai*, S. 603), nicht als Schwarzer. Ob dies eine absichtliche Diskrepanz ist, um die Absurdität der Erscheinung des Mädchens weiter zu steigern, oder ob es sich um eine versehentliche Inkongruenz handelt, ist nicht nachzuweisen.

‚Mir gefällt's! […]'"[509] Während der Einfluss der Eltern auf die Hautfarbe auch ein Fakt der empirisch-realistischen Welt ist, so ist das hier dargestellte Ergebnis unmöglich.
Mit dem Häuptling Rabenaas wird die Südsee noch um das Element der Magie bereichert. Dies tritt spätestens dann offen zutage, wenn er mit einem Zauberspruch Onkel Ringelhuths Schrank in den Urwald versetzt, durch den Onkel und Neffe wieder in ihre Welt gelangen. Aber auch für die Schüsse auf den „Walfisch" nutzt der Häuptling eine wenn nicht magische, so doch mindestens absurde Waffe: „‚Nicht, daß ich neugierig wäre', meinte der Onkel. ‚Aber womit haben Sie eigentlich geschossen, Herr Rohrspatz?' […] ‚Mit heißen Bratäpfeln', sagte Häuptling Rabenaas. […] ‚Ich pflege mein Taschenmesser mit Bratäpfeln zu laden.'"[510]
In all diesen Szenen dient die Darstellung des Phantastischen und Absurden keinem konkreten pädagogischen Zweck. Vielmehr gehört alles zur Ausstaffierung der Südsee als einer Welt, in der nichts sicher und alles zu erwarten ist.
Abschließend sollen ein paar nähere Ausführungen den phantastischen Elementen in den *Kleiner Mann*-Romanen gelten. Bei diesen Büchern fällt die Entscheidung, ob es sich um phantastische Erzählungen handle, schwerer als bei den früheren Werken. Einerseits treffen durchaus Realistisches und Phantastisches aufeinander: In eine empirisch-realistische Welt ist das phantastische Pichelstein eingebettet, dessen kleine Bewohner durchaus für Erstaunen sorgen. Steck-Meier löst das Problem, indem sie die *Kleiner Mann*-Romane als „surrealistische Geschichten"[511] einordnet, da nur ein spezifisches nicht-realistisches Element in einer ansonsten realistisch-empirischen Welt vorkommt. Dieser Begriff wird hier übernommen.
Gerade weil die Gestalt des Kleinen Mannes zwar als außergewöhnlich, aber nicht als unnatürlich dargestellt wird, ist sie nur relativ selten eine Quelle für HUMOR 2. Wo dies der Fall ist, so handelt es sich meistens um die Überraschung oder auch eine Fehleinschätzung der Figuren, die Mäxchen das erste Mal zu Gesicht bekommen, wie der Verkäufer, von dem der Jokus die Schaufensterpuppe kaufen möchte. Freilich sind die Nerven dieses Verkäufers schon durch den ungewöhnlichen Wunsch des Käufers strapaziert, als er auch noch den Kleinen Mann erblickt:

[509] Vgl. *35. Mai*, S. 601.

[510] Vgl. ebd., S. 602f.

[511] Vgl. Steck-Meier 1999, S. 33.

> Ehe sich der Angestellte ein wenig erholen konnte, fragte eine Stimme, die er vorher noch gar nicht gehört hatte: „Wozu brauchst du denn die große Puppe mit dem blonden Schnurrbart?" Der Verkäufer starrte entgeistert auf die Brusttasche des seltsamen Kunden. Mäxchen nickte dem Manne freundlich zu und sagte: „Erschrecke Sie bitte nicht!" „Doch!" wimmerte der Verkäufer. „Erst ein Anzug für einen Toten samt Puppe im Fenster und nun noch ein Heinzelmännchen im Jackett, – das ist zuviel!" Er verdrehte die Augen und sank auf den Teppich.[512]

Die seltsame und für den Verkäufer überraschende Erscheinung des Däumlings verursacht eine Reaktion, die der Leser als unnötig und übertrieben einschätzen kann, da ihm der Kleine Mann bereits vertraut ist, während der Verkäufer ihn fälschlich als geisterhaftes „Heinzelmännchen" einordnet. Im weiteren Sinne handelt es sich hier also um eine Ungereimtheit nach Jean Paul. Würde der Leser vollständig den Blickwinkel des Verkäufers einnehmen, so wären dessen Erstaunen und Erschrecken nur zu verständlich. Erst im Kontrast mit dem Wissen des Lesers wirkt seine Reaktion komisch.
Weiter entsteht HUMOR 2 durch die surrealistische Winzigkeit Mäxchens nur dort, wo ihm Missgeschicke zustoßen, wenn er etwa von unfreundlichen Mitschülern in ein Tintenfass gesteckt oder auf die Gardinenstange verbannt wird.[513] Diese Situationen werden jedoch zu sehr vom Mitleid mit dem Protagonisten überlagert, als dass sie wirklich Komik entfalten könnten. Der Topos des Däumlings ist hier, wie bereits erwähnt, mit einer Außenseitergeschichte verbunden, allerdings einer positiven, in der der winzige Protagonist seinen Weg erfolgreich findet und geht. Obwohl gerade die beiden *Kleiner Mann*-Romane voller HUMOR stecken, so beruht dieser häufig nicht auf den surrealistischen Elementen, wie sich im weiteren Verlauf dieser Analyse zeigen wird.
Das Folgende beschäftigt sich noch einmal mit dem Nicht-Realistischen, allerdings in den realistischen Romanen. Dort hat das Surrealistische eine etwas andere Funktion als die bisher besprochenen, weshalb es getrennt von ihnen behandelt wird.

---

512 *Kleiner Mann 1*, S. 413.

513 Vgl. ebd., S. 397.

Das Bett schwebt zum Fenster hinaus.
Erich Kästner: Das doppelte Lottchen
EKW VIII, S. 201.

3.5 Wenn Betten schweben: Surrealistische Traumszenen

Es wurde bereits in der Einführung zu diesem Analyseteil angedeutet, dass auch die realistischen Romane teilweise absurde Elemente enthalten. Diese unterbrechen jedoch keineswegs die Realität der Romane, sondern sie beschränken sich auf den einen Bereich, in dem das Absurde an der Tagesordnung ist: den Traum. Auf dieser Spielwiese des Unterbewussten erleben zwei kindliche Helden realistischer Romane, nämlich Emil und Lotte, sowie auch Mäxchen Pichelsteiner die Auseinandersetzung mit ihren Ängsten und Wünschen. Diese Themen, die die Kinder jeweils beschäftigen, werden jeweils auch direkt angesprochen, entweder im Dialog zwischen den Figuren oder durch den Erzähler (häufig ist beides der Fall). In den Träumen mischt sich Absurdes, das die verzerrten Wünsche und Ängste der Protagonisten repräsentiert, mit Details, die nicht unmittelbar zu dieser Repräsentation gehören, sondern einfach für sich absurd sind. Letztere machen die komische Wirkung des jeweiligen Traums aus, welche jedoch grundsätzlich von den tatsächlichen und dem Leser bekannten Sorgen der jeweiligen Figur überlagert wird. Obwohl es sich also nicht um reinen HUMOR 2 handelt, sollen die Träume aus *Emil 1*, *Lottchen* und *Kleiner Mann 1* hier kurz angesprochen werden, da einzelne Elemente durchaus komisch sind.
Emils Traum hat hauptsächlich seine Angst vor Wachtmeister Jeschke zum Thema, zugleich antizipiert er aber auch die Gefahr, die von dem Herrn im steifen Hut ausgeht. Bezüglich des letzteren verbinden sich die beiden Hauptmerkmale, die Emil bisher an ihm feststellen konnte, nämlich die angebotene Schokolade und der Hut, auf absurde Weise: „Nur einen einzigen Mann sah Emil, der hatte einen steifen Hut aus Schokolade auf, brach ein großes Stück von der Hutkrempe ab und verschlang es."[514] Auch Emils Angst vor dem Einschlafen verfolgt ihn, konsequenterweise, im Traum weiter, obwohl sie hier nicht direkt von dem Mann im steifen Hut und der Sorge um das Geld herrührt, sondern sich auf der Flucht vor dem Wachtmeister

[514] *Emil 1*, S. 228. Der essbare Hut sowie das Verschenken der Schokolade, das bereits vorher als verdächtig geschildert wurde, erinnert an das Knusperhexen-Motiv aus dem Märchen: Auch hier erscheint ein normalerweise nicht essbarer Gegenstand (das Knusperhäuschen) aus Süßigkeiten, dessen Zweck es ist, Kinder zu verführen.

einstellt: „Emil hätte sich am liebsten in eine Ecke gesetzt und geschlafen, denn er war so schrecklich müde und zitterte am ganzen Leibe."[515] Im Traum vermischt sich die Bedrohung, der sich Emil, wenn auch nur dunkel, im Zug ausgesetzt fühlt, mit der Furcht vor dem Wachtmeister, der ihn in Neustadt (im richtigen Leben) bei einem Dumme-Jungen-Streich erwischt hat. Die geträumte Begegnung mit dem Wachtmeister selbst ist mit etlichen Absurditäten ausgeschmückt, die nicht alle in direktem Zusammenhang mit Emils Ängsten stehen:

> Drei mal drei Pferde zogen den Zug. Sie hatten silberne Rollschuhe an den Hufen, fuhren darauf über die Schienen und sangen: Muß i denn, muß i denn zum Städtele hinaus. [...] Da hielt es Emil nicht länger aus und sprang aus dem Zug. Er schlug zwanzig Purzelbäume den Abhang hinunter, aber es schadete ihm nichts. Er stand auf und hielt nach dem Zug Umschau. Der stand still, und die neun Pferde drehten die Köpfe nach Emil um. Wachtmeister Jeschke war aufgesprungen und brüllte: „Hü! Los! Hinter ihm her!" Und da sprangen die neun Pferde aus den Schienen, sprengten auf Emil zu, und die Wagen hüpften wie Gummibälle.[516]

Die Situation ist typisch für den ganzen Traum: Obwohl Emils große Angst, die ihn schließlich zum Sprung aus dem Zug treibt, alles überschattet, stellen die singenden, Rollschuh fahrenden Pferde ein komisches Element dar (welches ja auch im *35. Mai* wieder auftaucht). Gerade das in süddeutschem Dialekt gesungene Lied ist ein besonders starker Bruch, selbst in der Traumhandlung. Abgesehen davon, dass singende Pferde schon absurd sind, passt der Dialekt weder zur Umgebung des Traums, noch zu Emils Herkunft. Die einzige Verbindung zur Handlung besteht darin, dass es sich um ein Reiselied handelt. Die Pferde begnügen sich aber nicht damit, zu singen, Rollschuh zu fahren und einen Zug außerhalb der Gleise zu ziehen, sie können sogar das zweihundertstöckige Hochhaus hinauf klettern, das Emil auf seiner Flucht hinaufsteigt. In dieser Szene wird die Verbindung von HUMOR 2 und Bedrohung besonders deutlich, da sich die amüsant-außergewöhnlichen Pferde in bedrohliche Verfolger verwandeln. Erst gegen Ende des Traumes, nachdem Emil bei seiner Mutter Schutz vor dem Wachtmeister und dem Zug gefunden hat, zeigt sich die Angst wieder, die sich als die stärkste und

---

515 Ebd., S. 230.

516 Vgl. ebd., S. 228f. Hier wird bereits die Idee des Rollschuh fahrenden Pferdes, die im *35. Mai* wieder auftaucht, vorweggenommen.

einzig begründete erweisen wird, nämlich die Angst, das Geld zu verlieren. Genau dieser Schreck beendet aber auch den Traum und ruft Emil in die Wirklichkeit zurück.

Grundsätzlich erfüllt der absurde HUMOR 2 des Traumes hier die gleiche Funktion, wie auch in anderen Verbindungen mit einer Problematik: Ebenso wie Emils Angst den HUMOR 2 überschattet, so lockert zugleich das HUMORvoll Absurde die Schrecken des Traumes auf (zumindest für den Leser).

Ganz ähnlich verhält es sich in Lottes Traum, wiewohl hier, im Gegensatz zu Emils Traum, alle Elemente in ihrer erlebten Realität wiederzufinden sind. Das Absurde entspringt hier nicht nur der Tatsache, dass sie träumt, sondern auch der kurz zuvor gehörten Märchenoper, wie der Erzähler explizit anmerkt: „Das Märchen von den armen Eltern, die, weil sie kein Brot hatten, Hänsel und Gretel in den Wald schickten, mischt sich mit eignen Ängsten und eignem Jammer."[517] Zunächst entsteht in Lottes Traum eine verkehrte Welt: Nicht weil sie zu wenig, sondern weil sie zu viel Brot haben, will der Vater die Kinder fortschicken. Schokolade gibt es auch hier, denn die Zwillinge landen vor einem vergifteten Knusperhaus mit einer zwar schönen, aber bösen Hexe. Der Vater ist ebenfalls der Traum-Umgebung angepasst, denn er „erscheint mit einer großen Säge, wie Holzhauer sie haben"[518] und trennt damit die Zwillinge.

Der Traum wirkt insgesamt noch düsterer und bedrohlicher als derjenige Emils, da die Bedrohung (beinah brutal repräsentiert durch die Säge) akuter ist und Lottes Angst durch ihre Tränen und die der Mutter expliziter dargestellt wird. Wiederum sind es kleine Details, die das Mitleid erregende Geschehen auflockern, etwa das fliegende Bett, das die Zwillinge zunächst davon trägt und zunächst auch das Knusperhaus, das ebenfalls etwas außergewöhnlich ist:

> Und auf der Wiese steht ein aus Konfektschachteln gebautes Haus, mit einem Zaun aus Schokoladentafeln. Vögel zwitschern lustig, im Gras hüpfen Hasen aus Marzipan [...] Als sie [die Zwillinge, SÇ] nun die Wiese mit den Osterhasen, die Schokoladeneier und das Pralinenhaus sehen, klettern sie schnell aus dem Bett und laufen zum Zaun. [...] „Spezialmischung"; liest Luise laut vor. „Und Krokant! Und Nougatfüllung!" „Und bittere Sonderklasse!" ruft Lotte erfreut. (Denn sie ißt auch im Traum nicht gerne Süßes.)[519]

[517] *Lottchen*, S. 201.

[518] Vgl. ebd., S. 202.

[519] Vgl. ebd.

Auch wenn sich das Pralinenschachtelhaus später als vergiftet erweist, so ist die Szene doch eine kurze Auflockerung vor der albtraumhaften Trennung der Zwillinge. Durch die Marzipanhasen und Ostereier wird die Knusperhaus-Szene um Elemente erweitert, die an das Schlaraffenland erinnern und in ihrer heiteren Phantastik milden Humor 2 in den Traum bringen. Eventuell eher für den erwachsenen Leser amüsant ist die Anmerkung des Erzählers über Lottes Freude an der Bitterschokolade. Hier ist es gerade die konsequente Logik, selbst in einem Traum vom Knusperhaus noch Lottes Abneigung gegen Süßes gerecht zu werden, die von der gewöhnlichen Wirrnis eines Traums abweicht und dadurch leicht komisch wirkt. Anders als Emils Traum endet Lottes nicht mit der Rettung vor der drohenden Gefahr, sondern mit dem völligen Verlust ihrer Identität, indem sie zur Hälfte als sie selbst, zur Hälfte als ihre Zwillingsschwester erscheint. Dies ist zwar absurd, jedoch durchaus nicht komisch, da hier Lottes Verzweiflung überwiegt. Der milde Humor 2 der Knusperhaus-Szene bleibt die einzige hellere Stelle in Lottes Albtraum.

Ein böses Ende nimmt auch der Traum des kleinen Mannes, allerdings folgt wenigstens kein böses Erwachen. Von allen drei Traumszenen ist dies die längste, sie erstreckt sich über fast zwei Kapitel. Zunächst handelt es sich um einen Wunschtraum, der erst gegen Ende zum Albtraum wird: Der etwas unheimliche Zauberer Medizinalrat Wachsmuth verschafft Mäxchen die gewünschte normale Größe. Erst am Ende stellt sich heraus, dass er damit auch seine Identität als Kleiner Mann verloren hat, was sich besonders schmerzlich darin äußert, dass ihn selbst sein Ziehvater Jokus nicht mehr erkennt. Entsprechend seiner Länge und dem – zunächst – wunschgemäßen Verlauf enthält dieser Traum ein wenig mehr Humor als die beiden anderen. Da ist zunächst die freundliche Frau Holzer, die Mäxchen auf seinem Weg zum Zauberer behilflich ist und bei der Begegnung mit diesem „Facharzt für Unzufriedene“[520] echten Humor 1 beweist:

> Er [Wachsmuth, SÇ] musterte Frau Holzer kurz vom Scheitel bis zur Sohle und schüttelte den Kopf. […] „Sie sehen so zufrieden aus, daß mir sämtliche Hühneraugen wehtun.“ Sie lachte ihm mitten ins Gesicht. „Herrje, sind Sie ein Giftpilz!“ rief sie. „Sie sollten mal zum Arzt gehen! Beispielsweise zum Doktor Wachsmuth!“[521]

[520] Vgl. etwa *Kleiner Mann 1*, S. 452. Schon die Idee eines Facharztes für Unzufriedene mutet komisch an, ist andererseits aber vor dem Hintergrund des aktuellen Themas Schönheitschirurgie gar nicht so weit von der Wirklichkeit entfernt.

[521] Vgl. ebd., S. 453.

Humor 2 dagegen zeigt sich in verschiedenen kleinen Szenen, etwa das Erschrecken des zwei Meter fünfzig großen Max vor einer Spinne.[522] Auch Mäxchens Begegnung mit dem Jungen, der ihn wegen seiner Begeisterung für sein eigenes Spiegelbild provoziert, wirkt zunächst eher komisch, da sie keine echte Bedrohung darstellt. Die Beschimpfungen wie „„[...] Nächstens gibst du dir noch einen Kuß! Oder machst dir selber einen Heiratsantrag!"“[523], sind nicht nur als Idee oder Abweichung von der Norm der Höflichkeit komisch, sie stellen zugleich auch eine Art der Ungereimtheit dar. Mäxchen erkennt bewusst (sofern man beim Träumen von Bewusstsein sprechen kann): „Aber der Kerl konnte ja nicht wissen, wie alles zusammenhing."[524] Der Leser freilich weiß, wie alles zusammenhängt und ist in dieser Hinsicht dem frechen Jungen überlegen, wodurch dessen Beleidigungen eher komisch wirken, obwohl sie Mäxchen verärgern. Schließlich wirken auch die entstellten Namen des Zirkusdirektors und des Kunstreiters, nämlich „Brausepulver" statt „Brausewetter" und „Traberewski" statt „Galoppinksi", ähnlich einer sprachlichen Fehlleistung, komisch. Gerade diese Abweichung ist allerdings schon von Mäxchens Not überschattet, der nicht mehr der Kleine Mann ist, sondern nur noch ein normaler Junge, der seine Heimat ganz verloren hat. Seine Verzweiflung wird jedoch schnell aufgelöst, da ihm beim Erwachen bereits der Jokus mit Trost und Rat zur Seite steht.

Von allen Traumszenarien ähnelt dieses letzte am ehesten dem Gebrauch des Absurden und Phantastischen, der bereits zuvor besprochen wurde. Anders als Emil und Lotte durchlebt Mäxchen nicht nur bewusste und unbewusste Ängste, sondern sein Traum gibt ihm die Möglichkeit, die Erfüllung seines geheimen Wunsches nach normaler Größe mit allen Konsequenzen durchzuspielen, so dass ihm auch die Nachteile bewusst werden.

So wird der Traum zum Experimentierraum in den realistischen, beziehungsweise surrealistischen Geschichten, in denen die Handlung ansonsten an die Gesetze der empirischen Wirklichkeit gebunden ist. Im Traum können die Ängste und das Leid der Kinder, so irreal sie auch sein mögen (wie im Falle von Emils Angst vor dem Wachtmeister), in ihrer ganzen Tragweite dargestellt werden. Der Humor in den Traumszenen ergibt sich aus der Absurdität, die in diesem Raum möglich ist. Eine Ausnahme ist Mäxchens Traum, in dem etwa der Humor 2 in der Szene mit dem fremden Jungen oder Frau Holzers Humor 1 nicht von den erweiterten Möglichkeiten des

[522] Vgl. ebd., S. 455.

[523] Vgl. ebd., S. 459.

[524] Vgl. ebd.

Traums abhängig sind. Für den Leser dient der HUMOR in den Träumen der Auflockerung. Obgleich er von den Ängsten und Leiden der träumenden Protagonisten überlagert ist, hellt er die dunklen Träume doch ein wenig auf, so dass keine völlige Verzweiflung entsteht. Zugleich sorgt der HUMOR hier für etwas Distanz und markiert die Überzeichnung der Probleme und Ängste im Traum. Dadurch wird Mitleid und Verständnis für den Kummer der Protagonisten evoziert, zugleich jedoch auch vorweggenommen, dass die jeweiligen Probleme nicht so groß sind, wie sie momentan erscheinen. Als einziges der hier analysierten Kinderbücher enthält *Kleiner Mann 1* noch eine weitere Spielart des surrealistischen Elements, nämlich die explizit als solche erdachte Lügengeschichte. Zusammen mit dem Jokus erfindet Mäxchen ein absurdes Szenario, wobei sie das Motiv der verkehrten Welt zugrunde legen, genauer gesagt, eine verkehrte Zirkuswelt:

> „[…] Stell dir einmal vor: Lauter Tiere als Zuschauer! […]“ Er [Mäxchen, SÇ] zog sich vor Vergnügen an den Haaren und rief: „So! Und nun lüge du weiter!“ „Also gut“, sagte der Professor. „Im Orchester trompeten die Elefanten einen Tusch. Dann betritt der Löwe die Manege. Er hat eine Peitsche in der Pfote und einen Zylinder auf der gelben Mähne. […] Vier ernste Tiger rollen einen Käfig in die Manege. In dem Käfig sitzt ein Herr im Frack und knurrt.“ „Schön!“ Mäxchen rieb sich die Hände. „Der Herr bist du!“ […] „[…] Ich komme langsam aus dem Käfig und schimpfe. […] Ein Glühwürmchen zündet den Reifen an. […] Der Löwe haut mir mit dem Peitschenstiel eins über den Hosenboden. […] Und jetzt springe ich mit einem einzigen Satz durch den brennenden Reifen. […]“[525]

Ähnlich wie der Erzähler in *35. Mai*, ja noch deutlicher zeigen hier die Figuren die reine Lust am Fabulieren. HUMOR 2 besteht sowohl in den einzelnen Inkongruenzen der Lügengeschichte (etwa dem distinguierten Professor als vom Löwen verhauenes Dressurtier) als auch in dem Spiel als solchen. Gegen die alltäglichen Konventionen wird die Lüge hier explizit zum vergnüglichen Spiel, sogar zur Kunst ausgebaut.

---

[525] Ebd., S. 409f.

Stunden, wo der Unsinn waltet,
Sind so selten, stört sie nie!
Schöner Unsinn, glaubt mir, Kinder,
Er gehört zur Poesie.
Aus: Bardenklänge aus Deutschlands Wehmutsschachtel, Berlin 1867
Klaus Peter Dencker: Deutsche Unsinnspoesie, S. 3.

2.6 Die Funktionen des großen Unsinns

Die HUMORvollen Situationen in Kästners Kinderliteratur sind ausgesprochen zahlreich und vielseitig, jedoch kristallisieren sich bei der Analyse drei Hauptfunktionen heraus:

- Subversion als (spielerisches) Infrage-Stellen von Grenzen oder als HUMORvolle Herabsetzung von Autoritäten;
- Entschärfung von potentiell bedrückenden oder furchteinflößenden Szenen;
- (in den phantastischen Büchern) das lustvolle Außer-Kraft-setzen der gewohnten Umweltbedingungen, was gerade im *35. Mai* gleichsam als Krafttraining für die Vorstellungskraft betrachtet werden kann.

Gerade die phantastischen Welten stellen einen geschützten Raum da (ganz ähnlich wie die Welt des Karnevals bei Bachtin, vgl. Kapitel I 1.2), in dem Probleme aufgegriffen und sowohl positive als auch negative Szenarien durchgespielt werden können. Dadurch dass sich alles in einer anderen Wirklichkeit abspielt, wird eine Distanz zur Wirklichkeit des Lesers gewahrt, die hilft akute Ängste zu vermeiden. Da Bezüge zur Alltagsrealität vielfach fehlen, ergibt sich zugleich eine Zeitlosigkeit der Problembehandlung. Dies zeigt sich im *35. Mai* in den verschiedenen Welten vom Schlaraffenland bis Elektropolis sowie in *Konferenz*. Wo das Phantastische und Absurde auf diese Weise eingesetzt wird, entstehen universelle Botschaften von dauerhafter, aber nicht Furcht erregender Aktualität.
Die unbegrenzten Möglichkeiten des Phantastischen sind außerdem selbst eine schier unerschöpfliche Quelle für den HUMOR 2, der auf karnevaleske Weise den Unsinn feiert. Dieser HUMOR 2 trägt wesentlich zur Attraktivität des jeweiligen Textes bei und damit zur Leserbindung.[526] Dies trifft auch auf die weniger absurden komischen Textstellen in den *Kleiner Mann*-Bänden

[526] Vgl. zu dieser Funktion auch Kapitel II 2.6.

zu. Die Entwürfe immer neuer Un- und Widersinnigkeiten, wie im Kapitel über die Südsee in *35. Mai*, sind zugleich eine Einladung an den Leser, sich seiner Phantasie zu überlassen und seine Kreativität auszuloten.

Die Subversion in vielseitigen Manifestationen ist jedoch die am stärksten vertretene Funktion der HUMORvollen Situationen. Insofern man Subversion mit der Infragestellung von Regeln und Normen gleichsetzt, ist sie sogar die Basis für den HUMOR 2 der hier analysierten Situationen, denen, wie eingangs bemerkt, immer ein Normbruch im weitesten Sinne zugrunde liegt. Am stärksten und offensichtlichsten tritt Subversion freilich dort zutage, wo Autoritäten angegriffen werden, sei es durch Andere oder durch selbst verursachte Missgeschicke. Bereits bei der Analyse der negativen Figuren in Kapitel II 2.3 wurde darauf hingewiesen, dass das Vergnügen an Missgeschicken dieser Charaktere besonders groß ist. Wenn Feldmarschall Zornmüller seiner Kleidung beraubt wird, oder das Pferd im *35. Mai* dem unangenehmen Herrn Waffelbruch einen Blumentopf auf den Kopf wirft[527], so tritt zu der Lust am Normbruch auch noch das Gefühl der erfüllten poetischen Gerechtigkeit. Eine Erschütterung von Autorität kann aber auch ohne Schadenfreude erzielt werden. Dies geschieht, wenn die Staatsmänner in *Konferenz* sich durch unmanierliches Nägelkauen selbst unterminieren; oder auch wenn abstrakte Man soll Regeln gebrochen werden, wie bei Dakkel Piefkes „Bad" im Birnenkompott.
Die Beispiele in *Klassenzimmer*, etwa Ulis unfreiwilliger Aufenthalt im Papierkorb an der Decke oder die „kuriose Drohung"[528] des Justus, den seine Schüler, wenn sie nicht gehorchen, nicht mehr grüßen dürfen, zeigen ebenfalls dass Subversion sich nicht auf bestimmte Personen beziehen muss. Auch die verkehrte Welt im *35. Mai* ist ein solcher allgemeiner Angriff. Allerdings werden Regeln hier nicht aus purer Lust am Regelbruch verkehrt, sondern als Strafe für die bösen Eltern. Der HUMOR 2 ist hier also eine Mischung aus der Lust an der Umkehrung und der Befriedigung über die Herabsetzung der negativen Erwachsenenfiguren.
Wir begegnen hier wieder Kästners eigenem Anspruch traditionelle Werte zu bestätigen oder stärken[529], jedoch nicht nur durch das positive Beispiel, sondern auch durch die Prüfung der Regeln im Normbruch.[530] Indem man

[527] Vgl. *35. Mai*, S. 554.

[528] S.o. und vgl. *Klassenzimmer*, S. 67.

[529] Vgl. hierzu Kapitel I 3.2.

[530] Vgl. hierzu Bachtin 1985 und Kapitel I 1.2 sowie Helmers 1965 und Kapitel I 1.4.

eine Regel oder Norm bricht, um HUMOR 2 zu produzieren, gibt man ja gerade zu, dass eben der kurzzeitig außer Kraft gesetzte Zustand die Norm ist, gerade weil der Normbruch ein HUMORvoller ist. (Würde die Norm im Ernst und dauerhaft außer Kraft gesetzt, so würden sich vielleicht Mut, vielleicht sogar Revolution in der Situation manifestieren, jedoch kein HUMOR 2.) Wenn also Emil und seine Freunde zum Scherz in verrückter Aufmachung zum Frühstück erscheinen, bestätigen sie damit indirekt die Normalität ihrer alltäglichen Kleidung. Gleichzeitig deckt sich der Bruch von Konventionen, auch in den realistischen Erzählungen, mit Kästners Wertschätzung des kritischen Denkens, so dass der HUMOR auch ein emanzipatorisches Element enthält.[531] Indem die Kinderfiguren über die Stränge schlagen, ohne allerdings Andere zu verletzen, zeigen sie eine gesunde Distanz zu den etablierten Regelsystemen. Der Wert des kritischen Denkens an sich ist zwar nicht neu, er trägt jedoch die potentielle Erneuerung des Konventionellen stets in sich.

Gerade darin liegt auch der Wert des lustvoll-Absurden und Phantastischen. Neben der „bloßen" (und wie mehrfach angemerkt ohnehin unterschätzten) Unterhaltung ermutigen diese Beispiele einer überbordenden Imagination, die eigene Vorstellungskraft zu gebrauchen, sich mit Phantasie eine Alternative zur Realität zu erschaffen. Ganz so geschieht es ja auch bei der gemeinsamen erdachten Lügengeschichte des Jokus und Mäxchens in *Kleiner Mann 1*. Eine rege Vorstellungskraft und die Fähigkeit Alternativen zum Gegebenen zu erdenken aber sind Grundvoraussetzungen für die kritische Betrachtung der eigenen Umwelt und für geistige Flexibilität überhaupt.[532]

[531] Zu den Begriffen von emanzipierter und integrativer Kinderliteratur vgl. Kapitel I 2.2.

[532] Ein eindrucksvolles Beispiel für solche geistige Flexibilität liefert Onkel Ringelhuth, s. Kapitel II 2.4.

„Meerrettich reinigt die Luftwege." „Und noch mehr Meerrettich reinigt die Luftwege noch mehr", erklärte Mäxchen. „Außerdem ist es ein lustiges Essen, weil man dabei weint."
Erich Kästner: Der kleine Mann und die kleine Miss
EKW VIII, S. 643 f.

4 Humor durch Sprache: Kleine Wörter mit großen Unterschieden

Mit Figuren und Situationen wurden bisher Formen von Humor 2 besprochen, die stark mit dem Inhalt der Texte verbunden waren. Beim sprachlich bedingten Humor 2 dagegen können Grammatik und Semantik selbst zum Objekt werden. Dies kann als die elementare Form literarischen Humors bezeichnet werden. Für die Textinterpretation ist der sprachliche Humor 2 von nicht ganz so großer Bedeutung, wie die beiden anderen Formen. Die Analyse befasst sich dafür verstärkt mit den Strukturelementen von Kästners Humor.

Eindeutig bildet sprachlicher Humor die zahlenmäßig stärkste Kategorie von Humor 2 in Kästners kinderliterarischem Werk. Sie umfasst 1045 Textstellen, also gute zwei Drittel von insgesamt 1490 gesammelten Zitaten. Außerdem stellen fast alle 195 Textstellen der Kategorie „Mischform" eine Kombination aus situativ und sprachlich bedingtem Humor 2 dar. Aber die Bedeutung des sprachlichen Humors ergibt sich nicht nur durch seine Quantität. Ein Text *ist* Sprache, sie ist, im wahrsten Sinne des Wortes, das Wesentliche. Der Sprachgebrauch ist es auch, der dasjenige determiniert, was allgemein als der Stil eines Autors bezeichnet wird. Der vorliegende Analyseteil ist deshalb ebenfalls wesentlich für die Bestimmung des Kästner-typischen Stils und Humors.

Während die Worte eines Texts auf semantischer Ebene die Handlung entstehen lassen, so ist die Nuancierung des Ausdrucks eine weitere Ebene, die entscheidend für die herrschende Stimmung ist. So kann der Erzähler Aussagen durch Ironie relativieren, er kann Spannung verstärken oder mildern oder durch Leseranreden einen Eindruck von Oralität vermitteln. Ebenso wie der Erzähler haben auch einzelne Figuren ihre ganz bestimmte Ausdrucksweise. Beutlers Hinweis darauf, dass die Sprache auch für die Gestaltung der Charaktere wichtig ist, wurde bereits angesprochen.[533] Gerade für die Produktion von Humor 2 kann die Ausdrucksweise von

[533] Vgl. Beutler 1967, S. 167f. und Kapitel II 2.1.

konstituierender Bedeutung sein – aber umgekehrt kann auch eine bestimmte Art von HUMOR 2 Merkmal eines bestimmten Sprachstils sein.
Da es sich um die umfangreichste Kategorie handelt, überrascht es nicht, dass hier auch die meisten Unterkategorien eingerichtet wurden, und zwar die folgenden: (1) beabsichtigte sprachliche Norm- und Regelbrüche; (2) sprachliche Fehlleistungen und originelle Wortneubildungen; (3) Wortspiele und spielerische Übertreibungen; (4) Spitz-, Spott oder Schimpfnamen; (5) HUMORvolle Bilder und Vergleiche und schließlich (6) Ironie und Sarkasmus.
Wie bereits Helmers in seiner Untersuchung dargelegt hat, gleicht HUMOR 2 der Sprache dem HUMOR 2 der Handlung darin, dass er von der Norm abweicht.[534] Ob es sich um ein Wortspiel handelt, in dem Wörter eine ungewöhnliche Bedeutung erhalten, um Schimpfwörter oder um eine Neuschöpfung – stets wird mit den Grenzen der alltäglichen Sprache gespielt. Daher werden auch hier zuerst Normbrüche im Allgemeinen untersucht. Im Anschluss daran werden, in Anlehnung an Helmers, die sprachlichen Fehlleistungen in Kästners Kinderbüchern betrachtet (die freilich in diesen Fällen vom Autor beabsichtigt sind). In diesem Zusammenhang werden auch Neukombinationen im Stile der originellen Beschimpfung Onkel Ringelhuths „Du bist ein maßloses Schaf" analysiert.[535] Nicht minder wichtig sind Wortspiele, die im Anschluss daran behandelt werden. Hierauf folgt eine Analyse der für das kindliche Publikum so attraktiven neugeschaffenen Schimpfwörter, die ihrerseits auch eine soziale Norm verletzen. Vergleiche und Bilder bilden wiederum eine eigene Unterkategorie. Zum Schluss werden Textstellen mit Ironie und Sarkasmus untersucht sowie die Frage, ob sie sich überhaupt für kindliche Leser eignen.

4.1 Ganz allgemein: Norm- und Regelbrüche in der Sprache

Es wurde bereits auf die grundlegende Bedeutung von Normbrüchen für HUMOR verwiesen. Bedingung für die komische Wirkung ist, dass der Normbruch weder gefährlich ist noch andauernd erfolgt und einigermaßen plötzlich, das heißt unerwartet auftritt. Alles das lässt sich auch und insbesondere für Normbrüche in der Sprache sagen. Zwar geht von der Verletzung semantischer oder grammatischer Regeln keine unmittelbare Gefahr für Leib und Leben aus, jedoch dürfen die Äußerungen nicht seelisch

[534] Vgl. Helmers 1967 und Kapitel I 1.4.

[535] Vgl. *35. Mai*, S. 559.

verletzend sein. Sprachlicher HUMOR 2 kann jedoch eine soziale Norm, die Etikette verletzen. Dies ist besonders deutlich der Fall, wo Schimpfwörter gebraucht werden. Gustavs Wortneubildung „ihr Feuertüten"[536] in *Emil 2* ist deshalb gleich zweifach HUMORvoll: erstens als Wortneubildung, durch die die Grenzen der Sprache erweitert werden, aber auch und vor allem durch den pejorativen Gebrauch, der gegen die Benimmregeln verstößt. Von schwächerem HUMOR 2 sind aber auch übertriebene Höflichkeitsbezeigungen. So redet Emil seine Mutter mehrfach mit „Frau Tischbein"[537] oder „junge Frau"[538] an. Wenn dieser Sprachgebrauch scherzhaft wirkt, dann durch die Durchbrechung einer Norm, durch die im familiären Kreis unnötige Förmlichkeit. In diesem Sinne könnte man derartige Anreden auch den Übertreibungen zuordnen.

Sprachliche Normbrüche können also auf verschiedenen Ebenen vorgenommen werden: Fehlleistungen oder auch Wortneubildungen sprengen die Grenzen der Morphologie, die normwidrige Anwendung einer an sich nicht komischen Anrede, wie im letztgenannten Beispiel, lässt sich als Bruch auf der sozialen Ebene bezeichnen. Aber auch die semantischen Regeln können HUMORvoll verletzt werden. Dies ist der Fall bei jedem Wortspiel, wo, wie die Bezeichnung schon sagt, mit der Bedeutung eines Wortes oder Ausdrucks gespielt wird, das heißt, ihm eine im Kontext ungewöhnliche und/oder unerwartete Bedeutung beigelegt wird. Auch Umdeutungen gehören zu dieser Art des semantischen Regelbruchs. Wenn etwa Traugott in *Emil 1* das Wort „Studienräte" als Schimpfwort verwendet, sogar noch als ein besonders schlimmes („ein ärgeres [...] fiel ihm nicht ein"), so verändert sich auf überraschende und komische Weise die Alltagsbedeutung des Wortes.[539] Werfen wir nun aber einen genaueren Blick auf solchen sprachlichen HUMOR 2, der sich am treffendsten als einfacher oder allgemeiner Normbruch bezeichnen lässt, ohne einer der anderen Kategorien zuzugehören. Zumeist handelt es sich um semantische Normbrüche, wobei nicht das Gesprochene als solches komisch ist, sondern vielmehr seine Platzierung im situativen Kontext. So belassen es Emil und seine Freunde in *Emil 2* nicht nur bei ihrer absurden Kostümierung[540], sondern sie komplettieren ihren Aufzug am Frühstückstisch auch mit ungewöhnlichem Text: „Und wie aus einem

[536] Vgl. *Emil 2*, etwa S. 394.

[537] Vgl. *Emil 1*, S. 219.

[538] Vgl. ebd., S. 222.

[539] Vgl. ebd., S. 252.

[540] Vgl. dazu Kapitel II 3.5.

Munde riefen sie plötzlich: ‚Guten Abend, die Herrschaften!' [...] Gustav drehte sich um und rief: ‚Kellner! Bedienung! Ist das nun eine Kneipe, oder ist das nun keine Kneipe?'"[541] In dieser Nonsens-Szene sind alle Bedingungen eines komischen Normbruchs erfüllt: Überraschend äußern die Sprecher Dinge, die in der Situation nicht angemessen sind, wobei Dritte jedoch keinerlei Gefahr oder (emotionaler) Verletzung ausgesetzt sind.
Auch Pünktchens ungewöhnliche Benennung von Zahlen entfernt sich weit von der Normalität: „‚Wieviel ist drei mal acht?' ‚Drei mal acht? Drei mal acht ist einhundertzwanzig durch fünf', sagte sie. Herr Direktor Pogge wunderte sich über gar nichts mehr. Er rechnete heimlich nach, und weil's stimmte, aß er weiter."[542] Hier mag Pünktchens Antwort zunächst als Rebellion gegen die väterlichen Fragen erscheinen. Durch ihre Antwort auf die Rechenfrage beweist sie nicht nur Kreativität, sondern sie zeigt sich dem Vater auch ein wenig überlegen. Dieser rechnet „heimlich" nach, will also nicht zugeben, dass ihm die Lösung nicht ebenso präsent ist wie seiner Tochter. Die Außergewöhnlichkeit von Pünktchens Antwort wird markiert durch den Hinweis, dass der Direktor „sich über gar nichts mehr [wunderte]".
Wo Äußerungen nicht situationsgerecht sind, werden manchmal nicht nur Normen, sondern auch (soziale) Regeln gebrochen.[543] Wenn dies eintritt, hat die Rede manchmal etwas Entlarvendes an sich und könnte daher beinahe als Fehlleistung oder Missgeschick eingeordnet werden. Dagegen spricht jedoch, dass die Formulierungen häufig absichtlich gewählt werden. Der Ironie sind sie aber auch nicht zuzurechnen, da die Proposition durchaus einen ernsten Kern hat. Ein Beispiel hierfür ist etwa Matz' Reaktion auf das schwierige Nachholdiktat in *Klassenzimmer*: „‚Hoffentlich überfallen heute die Realschüler den Rudi noch einmal.'"[544] Im Grunde liegt hier eine HUMORvolle Verschiebung des Fokus vor. Natürlich wünscht Matz nicht seinem Klassenkameraden ein weiteres Mal Gefangenschaft, sondern es geht ihm darum, dass die Diktathefte ein weiteres Mal verschwinden möchten. Ganz ähnlich liegt der Fall, wenn Mäxchen seine Fähigkeiten als Kleiner Mann entdeckt:

> „Du aber bist der einzige Lehrling auf der Welt, der lernen soll, was sein Meister nicht kann!" „Wieso? Du kannst doch alles!" „Kann ich in einer Streichholzschachtel schlafen? Kann ich auf der Taube Minna

[541] Vgl. *Emil 2*, S. 362.

[542] *Pünktchen*, S. 458.

[543] Zum Unterschied zwischen Normen und Regeln vgl. Kapitel II 3.1.

[544] *Klassenzimmer*, S. 108.

> im Zimmer herumfliegen? […] Oder kann ich", fragte der Professor, „aus meiner Brusttasche herausschauen? […]" „Nein, das kannst du auch nicht. Herrje, was du alles nicht kannst, lieber Jokus! *Das ist aber fein!*"[545]

Auch hier gilt Mäxchens Freude nicht eigentlich der mangelnden Begabung des Professors, auf Tauben zu fliegen, sondern der Einzigartigkeit der eigenen Fähigkeiten. Gerade weil die Respektlosigkeit unbeabsichtigt ist, wirkt die Rede komisch.
Hin und wieder besteht der Normbruch aber auch in einer Widersprüchlichkeit innerhalb der Rede selbst, wie etwa in der Reaktion Onkel Ringelhuths auf Konrads impulsiven Abschiedskuss am Abend des „35. Mai": „‚Nana', knurrte der Onkel. ‚Gibt mir der Flegel einen Kuß! Das schickt sich doch nicht für Männer.'"[546] Das (milde) Schimpfwort „Flegel" steht an sich im Widerspruch zu dem durchaus nicht frechen Verhalten Konrads. Auf den ersten Blick handelt es sich um einen etwas machohaften Scherz, mit dem Onkel Ringelhuth die emotionale Geste abtut. Andererseits liegt gerade in dem HUMOR 2, mit dem die milde Rüge geäußert wird, auch eine Verspottung eben dieser überzogen maskulinen Haltung. Der Onkel ist nicht wirklich empört, sondern gibt nur – wenig überzeugend – vor, es zu sein. Subtil wird hier also durch den HUMOR 2 ebenso wie durch Konrads leicht normwidriges Handeln ein zur Entstehungszeit des Romans (und vielfach heute noch) gängiges Rollenbild infrage gestellt.
Ebenso wie in der Figurenrede finden sich auch im Erzähltext manchmal Brüche. Häufig handelt es sich dabei um Einschaltungen, durch die der Erzähler plötzlich als Person hervortritt und das Geschehen kommentiert, wie beispielsweise in *Emil 1*: „Gerold lieferte sogar eine ganze Schlackwurst ab. Er hätte sie von seiner Mutter gekriegt, erzählte er. Na ja." Das mag kein ausgesprochen auffälliges Beispiel für HUMOR 2 sein, die plötzliche Einschaltung, „Na ja", die Gerolds Auskunft in Zweifel zieht, wirkt aber als Bruch im Text komisch. Der Erzähler erhebt hier gewissermaßen scherzend den Zeigefinger, was aufdringlich wirken würde, wäre der Einschub nicht eben als solcher HUMORvoll abgeschwächt.
Zusätzlich dienen diese Brüche dazu, einen Eindruck von Oralität zu erwecken. Steck-Meier weist darauf hin, dass insbesondere die beiden *Kleiner Mann*-Romane reich an solchen Einschüben sind, was sie auf die Entstehungsgeschichte der Romane zurückführt: „Die Nähe der mündlichen

[545] *Kleiner Mann 1*, S. 422, Hervorhebung SÇ.

[546] *35. Mai*, S. 607f.

Erzählsituation ist deutlich erkennbar, insbesondere da der Autor die Intention hatte, den Text als Gute-Nacht-Geschichte für seinen Sohn Thomas zu gestalten."[547] In Bezug auf unser Thema handelt es sich um eine plötzliche Veränderung des Erzählverhaltens, was eben als Abweichung von der Norm komisch wirkt. Etwa am Ende des dreizehnten Kapitels in *Kleiner Mann 1* tritt der Erzähler plötzlich an den Leser heran und erscheint nicht länger als allwissende Instanz: „Ob er freilich sofort einschlief, das weiß ich nicht. Denn erstens war es im Zimmer stockdunkel. Und zweitens war ich ja gar nicht im Zimmer."[548] HUMOR 2 entsteht an dieser Stelle auch durch die Reihung der beiden letzten Sätze, wobei der zweite den ersten gewissermaßen unerwartet negiert, was erneut den Wechsel zwischen auktorialem und personalem Erzähler unterstreicht.

Brüche ergeben sich nicht nur durch Kommentare des Erzählers, sondern auch in Formulierungen innerhalb des Erzähltextes, wobei diese vergleichsweise selten sind. An fünf verschiedenen Stellen in den analysierten Büchern finden sich Paare oder Reihungen, von denen mindestens ein Element aus der Reihe tanzt. So ordnet der Erzähler in *Konferenz* die Abgeordneten gewissermaßen den Einrichtungsgegenständen und Schreibutensilien gleich: „Am Morgen des dritten Konferenztages war in Kapstadt alles wieder auf seinem Platz: die Staatshäupter, die Akten, die Schränke, die Mikrophone, die Fernsehleinwand, die Notizblöcke, die Schreibmaschinen, das Durchschlagpapier und die harten und weichen Radiergummis."[549] Immerhin stehen die Staatshäupter an erster Stelle, aber dennoch ist ihre Einreihung unter Gegenstände wie „harte und weiche Radiergummis" deutlich subversiv. Ähnliche Paare oder Reihungen treten auch in der direkten Rede auf. So setzt Rosa Marzipan scherzhaft Mrs. Simpsons Mutterrolle mit ihrer Funktion als Köchin gleich: „‚Sie müssen bleiben', sagte Rosa. ‚Nicht nur Mielchen zuliebe, sondern auch wegen Ihrer Semmelknödel.'"[550] Im Kontext der ernsten Situation hellt dieser Bruch die Stimmung auf. Mrs. Simpsons Minderwertigkeitskomplex, den sie vorher mit den Worten „[…] Ich bin ein überflüssiger Mensch […]" formuliert hat, wird die Spitze genommen. Indem sie Mrs. Simpsons bittere Selbstanklage mit dem Argument entkräftet, sie könne schließlich Semmelknödel machen, gebraucht Rosa eine Fokusverschiebung – und zeigt HUMOR 1.

547 Vgl. Steck-Meier 1999, S. 376.

548 *Kleiner Mann 1*, S. 469.

549 *Konferenz*, S. 302.

550 *Kleiner Mann 2*, S. 647.

Eine dritte Form des Normbruchs ist die Nonsens-Bildungen. Pünktchens Durcheinander-Lesen der Werbeplakate im Friseursalon, was bereits in Kapitel II 2.1 besprochen wurde, ist eine Collagentechnik der Nonsensbildung. Aber auch durch die einfache Kombination zweier oder mehrerer widersprüchlicher oder schlicht unzusammenhängender Elemente kann Nonsens erzeugt werden. Das Schild am Eingang des Schlaraffenlandes in *35.Mai* dürfte gerade deshalb auch den Titel für Band VIII der Hanser Werkausgabe geliefert haben, weil es eine solche HUMORvolle Inkongruenz zeigt: „Eintritt frei! Kinder die Hälfte!“[551] Die Inkongruenz ist aufzulösen, indem man die Sätze als verschiedene Phrasen wertet, die häufig auf Eingangsschildern zu lesen sind. Gleichzeitig bleibt aber der Widerspruch bestehen, dass von einem freien Eintritt kein halber Preis abgezogen werden kann. Die gleiche Technik, also die Kombination zweier Elemente, die eigentlich nichts miteinander zu tun haben, wenden auch verschiedene Kinderfiguren zur spielerischen Bildung von Nonsens-Aussagen an. So behauptet Pünktchen, sie habe „Rheumatismus im Nachthemd“[552], wobei sie ein Kleidungsstück wie einen Körperteil behandelt, also ein Element aus dem Bereich ihrer Kleidung in den ihres Körpers verschiebt. Ebenso funktionieren die Unsinns-Bildungen, mit denen Mäxchen und Mielchen ihre Speisen bezeichnen, welche der Erzähler explizit als „dummes Zeug“ bezeichnet: „‚Heute Mittag gibt's <Quatsch mit Soße>‘, sagten sie dann begeistert, oder <Unsinn mit rechteckigem Kartoffelsalat> […] und was das Tollste ist: Es schmeckte ihnen auch noch!“[553] Hier gibt der Erzähler dem HUMOR 2 eine zusätzliche Wendung, indem er mit dem Hinweis auf den Geschmack aus bloßen Namen tatsächliche Speisen macht. Der „Meerrettich mit noch mehr Meerrettich“ aus dem diesem Kapitel voranstehenden Zitat ist nicht nur ein Unsinnsgericht, sondern auch ein Paradox, denn er ist „ein lustiges Essen, weil man dabei weint.“[554]

Der Erzähler selbst gebraucht ebenfalls Nonsens-Wendungen, die meistens eine Aussage augenzwinkernd ironisieren, wie in *Klassenzimmer*: „Der schöne Theodor erhielt von seiner Tangopartnerin, einem gewissen Fräulein Malwine Schneidig, ein Zigarettenetui, das *beinahe echt* war.“[555] Auch hier werden zwei Elemente zusammengefügt, die nicht zusammenpassen;

---

[551] *35. Mai*, S. 559.

[552] Vgl. *Pünktchen*, S. 514.

[553] *Kleiner Mann 2*, S. 643.

[554] Vgl. ebd., S. 643f.

[555] Vgl. *Klassenzimmer*, S. 142, Hervorhebung SÇ.

ein Material ist entweder echt oder nicht, es kann jedenfalls nicht „beinahe echt" sein. Ebenso wenig ist das Adjektiv „waldig" steigerbar, weshalb auch diese Beschreibung HUMORvoller Nonsens ist: „Mäxchens Eltern und Großeltern und Urgroßeltern und sogar die Ururgroßeltern stammten alle miteinander aus dem Böhmerwald, wo er am waldigsten ist."[556] Hier wird die Nonsensbildung zugleich kombiniert mit einer Wiederholung und Variation eines sprachlichen Elements, indem die Ahnen bis zu den Ururgroßeltern aufgezählt werden, ohne dass dies einen nennenswerten Zuwachs an Information bedeutet. So entsteht eine komische Inkongruenz zwischen der Menge der Wörter, welche durch die Wiederholung noch größer wirkt, und der kleinen Menge an tatsächlich vermittelter Information.

Es zeigt sich, dass sprachlicher HUMOR sich auf äußerst vielfältige Weise und zu sehr verschiedenen Funktionen manifestiert, womöglich in noch stärkerem Maße als der situativ bedingte HUMOR 2. Die Analyse der folgenden Kategorien wird jeweils einen genaueren Blick auf die Erscheinungsformen ermöglichen, die hier teilweise schon angesprochen wurden.

[556] Vgl. *Kleiner Mann 1*, S. 391.

Und wo sind die Reibnuß und das Muskateisen?
Quatsch, das Reibeisen und die Muskatnuß?
Erich Kästner: Das doppelte Lottchen
EKW VIII, S. 196.

4.2 Ganz verkehrt: Fehlbildungen und neue Kombinationen

Hier werden neben den sprachlichen Fehltritten, die eine Figur unabsichtlich tut, auch absichtliche Fehlbildungen oder Wortneubildungen behandelt. Man erinnere sich: Helmers hatte eine Tendenz zum absichtlichen sprachlichen Regelverstoß bei Kindern festgestellt und dieses als eine höhere Entwicklungsstufe auf dem Weg zur Beherrschung der Sprache sowie zur Fähigkeit zum bewussten Humor betrachtet. Aus diesem Grund richtet sich die Analyse nun auf ein Phänomen, das hier als <Neukombination> bezeichnet wird. Dabei werden lexikalisch bekannte Wörter zu ungewöhnlichen Ausdrücken oder nicht logischen Paradigmen zusammengesetzt. Ein Beispiel hierfür ist etwa diese Szene während der Verfolgungsjagd der Detektive in *Emil1*: „Die Jungen *duckten sich* geradezu *vorbildlich*.“[557] Das Adverb „vorbildlich“ ist in Bezug auf „sich ducken“ ungewöhnlich. Obwohl derartige Textstellen nicht immer intensiv komisch sind, liegt hier ein Schlüssel zur Bestimmung von Kästners einzigartigem Stil. Eng mit den neuen Kombinationen verwandt ist eine Art sprachlichen HUMORS 2, die in dieser Analyse <Abwandlung> genannt wird. Dabei handelt es sich um Abwandlungen bekannter Redensarten oder Ausdrücke, etwa „Sie wurden hellgelb vor Neid“[558], anstelle von einfach „gelb“ oder „grün vor Neid.“ Der HUMOR 2 solcher Stellen lässt sich am besten mit dem Konzept der Freien Komik erklären: Etwas Bekanntes wandelt sich unerwartet in etwas Neues, wobei aber die ursprüngliche Form erkennbar bleibt. Zugleich entsteht aber durch diese Übertretung früherer sprachlicher Grenzen eine treffendere Formulierung. Dies mag die Frage aufwerfen, warum nicht jede neue Formulierung oder Wortneubildung komisch ist. Sonst wäre beispielsweise jede Universitätsvorlesung eine sehr lustige Angelegenheit, da es fast immer neue Begriffe zu erlernen gibt, ganz zu schweigen vom Erlernen einer Fremdsprache. Die Theorien von Henrich und Helmers ebenso wie Palmers Erklärungen helfen, das Phänomen zu begreifen. Henrich macht es zur Bedingung für Freie Komik und damit allen HUMOR 2, dass die Veränderung

[557] *Emil 1*, S. 258, Hervorhebung SÇ.

[558] *Klassenzimmer*, S. 142.

überraschend eintritt. (Der Lernende aber erwartet das Neue.) Palmer hat außerdem auf die Relevanz des situativen Rahmens hingewiesen. Grundsätzlich muss die Situation die Grundstimmung für HUMOR 2 erlauben und schaffen. Das ist beim Lesen eines (Kinder)Buchs weitaus wahrscheinlicher als in einer Lehrveranstaltung (wobei auch dort HUMOR freilich nicht ausgeschlossen ist). Und schließlich: Wie in Kapitel I 1.4 dargestellt wurde, legt Helmers' Studie nahe, dass Kinder tatsächlich dazu neigen, absichtliche wie auch unabsichtliche Abweichungen und Neubildungen komisch zu finden, einfach als bloße Abweichung von der Norm. Dies entspricht auch der These Ringmayrs, Kinder fänden an unaufgelösten Inkongruenzen (und solche sind ohne tieferen Sinn geformte Wörter) Gefallen (vgl. dazu Kapitel I 2.1). Kommen wir aber zunächst auf die unabsichtlichen Fehlleistungen zurück. In Kästners Kinderliteratur basieren diese Fehlleistungen häufig auf einfachen Versehen – sowohl von Kindern als auch von Erwachsenen, wobei sich die betroffenen Figuren häufig selbst korrigieren. In anderen Fällen offenbart die Fehlleistung jedoch auch Unwissenheit des Sprechers oder kindliche Naivität im Sinne Freuds. Vor allem Pünktchen macht häufiger derartige Schnitzer, wobei sie Begriffe, die ihren Horizont (noch) übersteigen, durch bekannte Wörter ersetzt. So ist ihr der Begriff eines „Gewächses", womit Anton den Tumor seiner Mutter meint, offenbar fremd:

> „Was für ein Gewächs hatte sie denn?" fragte Pünktchen. „Eines mit Blüten und Blättern und einem Blumentopf und so? Hatte sie das denn aus Versehen verschluckt?" „Sicher nicht", sagte er. „Davon müßte ich doch was wissen. Nein, es war ihr innerlich gewachsen." „Eine Geranie oder eine Stechpalme?", fragte Pünktchen neugierig. „Nein, nein, das muß Haut und Fleisch sein, was im Innern wächst. [...]"[559]

Aber auch Antons Erklärungen verhindern nicht, dass Pünktchen im Gespräch mit Herrn Bremser erneut über das „Gewächs" stolpert: „„Sie war im Krankenhaus, dort hat man ihr eine Pflanze herausgeschnitten, nein ein Gewächs [...].'"[560]

Auch der Erzähler produziert gelegentlich Fehlleistungen, was den oben erläuterten Effekt der Oralität verstärkt und, neben dem Bruch, der in solchen Einschaltungen ohnehin vorliegt, ein zusätzliches HUMORvolles Element darstellt. In *Kleiner Mann 2* findet sich im Erzähltext folgende Verdrehung: „Aber dann fiel er doch nicht um, weil er sich rechtzeitig an Mister

[559] Vgl. *Pünktchen*, S. 476.

[560] Ebd., S. 500.

Drinkwaters Lehnstuhl, nein, an dessen Stuhllehne festhielt."[561] Derartige Fehlleistungen verstoßen nicht nur gegen die sprachliche Norm (was im vorliegenden Fall auch nur bedingt zutrifft, da „Lehnstuhl" ein normales Wort ist), sondern sie stellen zugleich auch eine Art Missgeschick dar. Gerade wenn ein solches der erzählenden Instanz unterläuft, birgt dies auch ein entschieden subversives Moment in sich. Der Erzähler ist ein Erwachsener, der durch seine Funktion mit besonderer Autorität ausgestattet ist. Umso größer der Bruch und umso intensiver die Subversion, wenn sogar diese im Rahmen der Erzählung mächtige Instanz einen Fehler macht. Besonders schön ist daher auch das Ende der bereits zuvor erwähnten Aufzählung der Zirkusreisenden in *Kleiner Mann 1*: „[...] Direktor Brausewetter, [...] seinen vier Töchtern und zwei Söhnen und den Schwiegersöhnen und Schwiegertöchtern und den sieben Enkeln und den – jetzt hab ich tatsächlich den Faden verloren... Was wollte ich eigentlich erzählen? Ich weiß es schon wieder."[562] Den Faden zu verlieren ist für einen Erzähler ein noch ärgeres Missgeschick als eine reine sprachliche Fehlleistung auf der Wortebene. Wenn schon der Erzähler der eigenen Erzählung nicht mehr folgen kann, so untergräbt er damit beinahe die eigene Existenz. Es handelt sich hier also, wenn man so will, um eine Art Selbst-Subversion, mit welcher der Erzähler die eigene Instanz untergräbt.

Auch sonst können sprachliche Fehlleistungen Subversion transportieren oder eine Person sogar generell lächerlich machen. Bereits bei der Analyse der Negativfiguren in Kapitel II 2.3 wurde darauf hingewiesen, dass die Dummheit oder Trunksucht des kahlen Otto mit vielen Fehlleistungen illustriert wird. Auch nach seiner Verhaftung, in halbwegs nüchternem Zustand ändert sich an seiner Redeweise wenig. So tadelt er Mäxchens Flucht vorwurfsvoll: „Was soll bloß aus der Welt werden, wenn schon so kleine Jungs so heimtürkisch sind!"[563] Aber nicht immer werden die Sprecher durch Fehlleistungen herabgesetzt. So unterläuft auch Kommissar Steinbeiß ein Fehler, was dem positiven Eindruck der Figur jedoch keinen Abbruch tut. Interessant ist, wie er gerade gegenüber Otto eine Beschimpfung nicht herausbringt, geradeso, als seien dessen Fehlleistungen ansteckend. „‚Wenn es den Señor Lopez nicht geben sollte, – warum haben Sie versoffener Kehlkopf, nein, Kohlkopf, ach was, Kahlkopf dann den Jungen überhaupt gestohlen?'"[564] Subversiv ist die

[561] *Kleiner Mann 2*, S. 571.

[562] Vgl. *Kleiner Mann 1*, S. 426.

[563] Vgl. *Kleiner Mann 2*, S. 551.

[564] Vgl. ebd., S. 553.

Stelle insofern, als ein Erwachsener und Vertreter der öffentlichen Ordnung derjenige ist, dem die Wortbildung missglückt. Die Subversion tritt aber spielerisch harmlos zutage. Im Gegensatz zu Ottos Fehlleistungen entspringt diejenige des Kommissars nicht aus Dummheit, sondern zeigt vielmehr die Erregung und Erschöpfung des Beamten.

Diese Art milder Subversion steckt auch in anderen Fehlleistungen erwachsener Figuren. Auch Rosa Marzipan verspricht sich just dann, als sie den Kleinen Mann eigentlich wegen einer vorlauten Äußerung zurechtweisen will: „‚Kannst du nicht hierbleiben?', fragte Mäxchen. ‚Wir könnten dich gut gebrauchen.' ‚Wofür denn?' ‚Als Marzipan am Christbaum!' Sie stemmte die Hände in die Hüften. ‚Du bist und bleibst das nichtschmutzigste, nein, das nichtsnutzigste Kind, das ich kenne.'"[565] Der ohnehin eher scherzhaft gemeinte Tadel verliert durch die Fehlleistung jegliche erzieherische Wirkung und verkehrt sich ins Komische, so dass die Kinderfigur siegreich aus dem Wortgefecht hervorgeht. Zusätzlicher HUMOR 2 steckt außerdem in dem Versprecher selbst, nämlich in dem für Kinder meist mit Verbotenem assoziierten Morphem „-schmutz".

Auch diverse Fehlleistungen Onkel Ringelhuths sind ein gutes Beispiel dafür, wie eine erwachsene Figur gerade durch ihre Fehler umso liebenswerter wird. Im Onkel erfüllt sich Kästners Diktum: „Nur wer erwachsen wird, und ein Kind bleibt, ist ein Mensch."[566] Genau so ein wahrer Mensch ist der Onkel, der einerseits durchaus der Rat gebende Erwachsene ist, dem Konrad sich anvertraut, zugleich aber auch ein Kamerad, der sich auf (fast) alle Verrücktheiten einlässt. Seine (gelegentliche) Fehlbarkeit macht ihn eher noch sympathischer; er ist eben kein allwissender, dem Kind in jeder Beziehung überlegener Erwachsener. Seine Fehlleistungen sind Teil seiner Mittlerrolle zwischen Kinder- und Erwachsenenkultur. Abgesehen davon produzieren sie als Inkongruenzen einfach HUMOR 2. Ähnlich wie Wachtmeister Lurje in *Emil 1*, der Emils Namen immer wieder verfälscht[567], ist Onkel Ringelhuth nicht dazu in der Lage, sich den Namen des Häuptlings Rabenaas zu merken. Nacheinander spricht er ihn mit „Rohrspatz", „Rabenspatz" und „Rabenpost" an.[568] Noch stärker aber rückt ihn sein Versagen beim Dichterquartett in die Nähe des Kindes, da er wie ein schlechter Schüler

---

[565] Vgl. ebd., S. 632.

[566] Vgl. „Ansprache zum Schulbeginn" (1952) in *Die kleine Freiheit*, EKW II, S. 195.

[567] Vgl. dazu Kapitel 2.2.

[568] Vgl. *35. Mai*, S. 603 und 607.

die Werke der fraglichen Dichter „samt und sonders verschwitzt" hat.[569] Der HUMOR 2 der Situation[570] wird noch dadurch verstärkt, dass sich das Tier als überlegener Spieler erweist: „Das Pferd gewann wie es wollte. Es kannte alle klassischen Namen und Werke auswendig. Onkel Ringelhuth hingegen versagte völlig. [...] Es ist kaum zu glauben: doch er behauptete tatsächlich, Schillers ‚Lied von der Glocke' sei von Goethe!"
Der so angekratzten Autorität des Onkels hilft es auch wenig, dass er sich mit der medizinischen Geschichte der Poeten besser auskennt, im Gegenteil, sein Fokus auf das ihm Bekannte hindert ihn sogar daran, das hilfreiche Vorsagen des Pferdes zu verstehen:

> „[...] Übrigens fehlt mir noch ein Lustspiel von Gotthold Ephraim Lessing. Ich weiß nur, daß Lessings Frau, eine gewisse Eva König, kurz nach der Geburt eines Kindes starb, und das Kind starb ein paar Tage später, und Lessing selber lebte dann auch nicht mehr lange." „Ein Lustspiel ist das grade nicht, was Sie uns da mitteilen", bemerkte das Pferd spöttisch. Dann preßte es sein Maul gegen Onkel Ringelhuths Ohr und wisperte: „Minna von Barnhelm". Der Onkel schlug ärgerlich auf den Tisch. „Nein! Eva König hieß die Frau, nicht Minna von Bornholm." „Kruzitürken!" brummte der Gaul. „Minna von Barnhelm war doch nicht Lessings Frau, sondern sein Lustspiel hieß so." „Aha!" rief Ringelhuth. „Warum haben Sie das nicht gleich gesagt! Konrad, rück mal die Minna von Bornholm raus!"[571]

Zunächst ist die Unwissenheit des Onkels selbst komisch, da sie, wie oben erwähnt, bei einem Erwachsenen unerwartet ist. Unterstrichen wird sie durch die Ausdrucksweise des Erzählers, der mit dem Satz „[...] er behauptete tatsächlich, *Schillers ‚Lied von der Glocke'* sei von Goethe!" (Hervorhebung SÇ) ein Paradox kreiert. Indem der Autor dem Gedicht vorangestellt wird, verschmilzt beides zu einem Paradigma. Dadurch muss sich selbst der Leser, dem Schillers Autorschaft vielleicht nicht gegenwärtig ist, dem Onkel überlegen fühlen, der nicht erkennt, dass „Schillers ‚Lied von der Glocke'" natürlich nicht von Goethe sein kann. Negro Kaballos Überlegenheit wird zusätzlich unterstrichen durch seinen explizit als „spöttisch" Kommentar zur

[569] Vgl. ebd., S. 554.

[570] Die Szene ist ein weiteres Beispiel für die gemischten Textstellen, in denen sich verschiedene Formen von HUMOR 2 manifestieren. Man hätte sie auch bei den komischen Situationen behandeln können. Da jedoch hier ein Missverständnis zugrunde liegt, wurde sie in diesen Teil der Analyse aufgenommen.

[571] Vgl. *35. Mai*, S. 554f.

Abschweifung des Onkels vom Lustspiel auf die Todesursachen der Lessings: „‚Ein Lustspiel ist das grade nicht [...]'" Mit dem Wortspiel vermischt er ironisch den Bereich des tatsächlichen Lebens des Dichters mit der im Spiel erfragten literarischen Gattung, beziehungsweise unterstellt dem Onkel eine solche Vermischung. Als das Pferd sich schließlich erbarmt und Ringelhuth einsagt, schafft es dieser, die Information gleich doppelt zu verzerren, nämlich einerseits durch das Missverständnis, es handle sich um den Namen von Lessings Frau und andererseits durch die Fehlleistung innerhalb der Lautschicht, durch die aus „Barnhelm" „Bornholm" wird. Diese letzte Fehlleistung ähnelt derjenigen, die dem Onkel mit dem Namen des Häuptlings Rabenaas unterläuft. Die ganze Textstelle bezieht ihren HUMOR 2 nicht nur aus dem Wortspiel des Pferdes und den verschiedenen Fehlleistungen des Onkels, sondern auch aus der reinen Menge der letztgenannten. Hier mag wieder Schadenfreude mit im Spiel sein, wenn ein Erwachsener derartiges Unwissen zeigt. Allerdings ist fraglich und wäre an anderer Stelle zu erforschen, wie deutlich dieser HUMOR 2 den heutigen (kindlichen) Lesern noch ist, da Onkel Ringelhuth mit seinen Lücken in der humanistischen Bildung längst nicht mehr allein sein dürfte. Andererseits werden die korrekten Lösungen durch das Pferd vorgegeben, so dass die Komik der Fehlleistung durch einen Erwachsenen durchsichtig bleibt.

Interessant ist eine andere Variante der Subversion durch sprachliche Fehlleistung in *Pünktchen*, während die Titelheldin und ihr Kindermädchen betteln: „Der dicke Mann gab ihr einen Groschen und ging weiter. ‚Gott segne Sie, liebe Dame!', rief das Kind. [...] ‚Das war doch gar keine Dame, das war doch ein Mann, du dummes Ding', murmelte die Frau ärgerlich. ‚Sind Sie nun blind oder nicht?', fragte das kleine Mädchen gekränkt."[572] Es ist hier schwer zu beurteilen, ob die falsche Anrede ein bloßes Versehen ist, oder ob Pünktchen im spielerischen Übermut spricht. Ihre Antwort auf die Korrektur des Kindermädchens legt nahe, dass die Fehlleistung sie in keiner Weise besorgt. Betrachtet man den fraglichen Satz als bewusstes Spiel, so richtet sich eine leichte Subversion sowohl gegen den „dicken Mann", auch gegen Fräulein Andacht. Die Maskulinität des Mannes wird durch die fehlerhafte Anrede in Frage gestellt. Gegen ihr Kindermädchen rebelliert Pünktchen insofern, als sie die Bettelarbeit nicht ernst nimmt, sondern eben als Spiel begreift und Fräulein Andacht dazu provoziert, ihre Tarnung zu riskieren.

Anderswo steht die Fehlleistung in keinem bedeutungstragenden Zusammenhang und wirkt durch die pure Abweichung von der Norm komisch.

---

[572] Vgl. *Pünktchen*, S. 489.

Höchstens ein kleiner Teil Schadenfreude mag, wie schon früher besprochen wurde, noch dabei sein, vor allem, wenn die Fehlleistung eigentlich selbst Teil eines (kleinen) Missgeschicks ist, da Mäxchen spricht, „während er ein Schinkenhäppchen vom Teller angelte. [...] ‚Womtrdendamzurkprlt?' Mäxchen mußte husten. Der Jokus sagte streng: ‚Man spricht nicht mit vollem Mund.'"[573] Die Stelle ist zugleich ein Beispiel dafür, dass HUMOR 2, trotz seiner inhärenten Subversion, nicht immer Normen angreift. Der Normbruch vollzieht sich hier innerhalb der Wortschicht der Sprache, dient jedoch gleichzeitig dazu, eine soziale Norm, nämlich „Man spricht nicht mit vollem Mund", zu bestätigen. Zugleich wirkt hier auch das Schriftbild komisch – normalerweise werden sprachliche Fehlleistungen, die kaum noch Sprache sind, nicht graphisch festgehalten sondern umschrieben.[574] Schriftliche Fehlleistungen, die tatsächlich nur dem Leser, nicht dem Hörer zugänglich sind, treten in *Klassenzimmer* auf, wo Matz seinen Freund Uli über die Rechtschreibung befragt: „‚[...] Hör mal, Kleiner, schreibt man Provintz mit tz?' ‚Nein', antwortete Uli. ‚Nur mit z.' ‚Aha', sagte Matthias. ‚Das hab ich also schon falsch gemacht. Und Profiand? Mit f?' ‚Nein, mit v.' ‚Und hinten?' ‚Mit t.'"[575] Lustiger als Matthias' Rechtschreibfehler als solche ist die Tatsache, dass der Erzähler sie im Schriftbild wiedergibt, obwohl sie sich phonetisch nicht von den korrekten Formen unterscheiden. Es handelt sich daher um einen Regelverstoß, der ganz in der Schriftsprache verankert bleibt. Diese Form ist äußerst originell und taucht außer in *Klassenzimmer* in keinem anderen Kinderbuch auf.

Fehler können aber nicht nur in der Wortbildung oder Formulierung auftreten, sondern auch im Verständnis. Missverständnisse können unbeabsichtigt entstehen, sie können vom Sprecher vorsätzlich angelegt sein, oder der Angeredete kann das Gesagte absichtsvoll missverstehen, häufig in der Absicht, HUMOR 2 zu produzieren. Tatsächlich sind HUMORvolle, unbeabsichtigte Missverständnisse in den hier untersuchten Texten selten. Möglicherweise liegt dies unter anderem daran, dass ein Missverständnis, um komisch zu sein, nach den Gesetzen der Freien Komik noch eine deutliche Gemeinsamkeit mit der ursprünglichen Form aufweisen muss, damit der Leser es schnell durchschauen kann. Außerdem dürfen keine unangenehmen Folgen entstehen, wie Streit oder Ärger. Komische Missverständnisse sind daher in der Regel solche, bei denen auf harmlose Weise mit verschiedenen

573 Vgl. *Kleiner Mann 2*, S. 611.

574 Denkbare Umschreibungen hier wären etwa: „Mäxchen versuchte zu sprechen, musste jedoch husten" oder „er murmelte Unverständliches" oder dergleichen.

575 *Klassenzimmer*, S. 64.

Bedeutungen gespielt wird. Unbeabsichtigte Missverständnisse beruhen zumeist auf Unwissenheit. Dies ist der Fall bei der Frage Pony Hütchens an den Wachtmeister, der Emil die Belohnung für die Ergreifung des Diebes überbringt: „‚[...],Na, dann kannst du dir aber wirklich gratulieren!' ‚Wer hat Geburtstag?', fragte Pony, die dazukam."[576] Entweder aus kindlicher Unwissenheit, oder aber weil sie nicht die ganze Rede gehört hat, legt Pony hier dem Wort „gratulieren" die falsche Bedeutung bei.

Weitaus häufiger sind jedoch beabsichtigte Missverständnisse. So leitet etwa Gustav in *Emil 2* seine Freunde irre, die ihn nach dem Ergebnis seiner Denktätigkeit befragen: „Der Motorradmeister lag längelang im Gras und schlief. [...],Du solltest doch nachdenken', sagte der kleine Dienstag streng. Gustav setzte sich auf. ‚Wie soll man denn nachdenken können, wenn ihr einen stört?' ‚Ach so!' rief Emil. ‚Du hast nachgedacht! Und was ist dir eingefallen?' ‚Nichts, ihr Feuertüten!' Sie lachten."[577]

Mit seiner Frage bietet Gustav den Freunden bewusst zwei Bedeutungsmöglichkeiten an, nämlich einmal diejenige einer rhetorischen Frage und zweitens diejenige, die Emil aufgreift, also die Aussage, er habe nachgedacht und sei nur unterbrochen worden. Dass auch die anderen Detektive diese Irreführung als HUMOR 2 begreifen, zeigt sich in ihrem Lachen.

In einer anderen Szene provoziert Gustav kein Missverständnis, sondern bedient sich der umgekehrten Technik, indem er Pony absichtlich missversteht. Sie bewundert seine Schwimmkünste und fragt ihn schließlich: „‚Was verlangst du für die Stunde?'" Worauf die prompte Antwort erfolgt: „‚Sechzig Minuten!'"[578] Hierbei handelt es um die Verschiebung der Bedeutung von einem Bereich in den anderen, nämlich von dem offensichtlich gemeinten finanziellen in den des Zeitlich-Mathematischen.

Fokusverschiebungen auf der sprachlichen Ebene können auch dazu genutzt werden, HUMOR 1 zu erzeugen und auszudrücken. Immerhin ist HUMOR 1 selbst nichts Anderes als die Verschiebung eines Sachverhalts oder Gedankengangs in einen anderen (komischen) Kontext. So kommentiert Matthias seine oben genannten Rechtschreibfehler selbstironisch: „In zwei Wörtern drei Fehler. Die reinste Rekordhascherei!"[579] Damit verkehrt er seine Fehlleistung ironisch in etwas Positives, Beeindruckendes und stellt so die komische Inkongruenz her. In *Emil 2* nutzt Gustav die Fokusverschiebung

576 *Emil 1*, S. 292.

577 Vgl. *Emil 2*, S. 427.

578 Vgl. ebd., S. 366.

579 *Klassenzimmer*, S. 64.

zu einer geradezu klassischen Demonstration von HUMOR 1. Während die Jungen auf der Sandbank festsitzen, kann er auch dieser Situation noch etwas abgewinnen: „,Trotzdem hat alles sein Gutes', entgegnete Gustav. ,Stell dir vor, du hättest deinen Aufsatz über das interessanteste Ferienerlebnis neulich schon geschrieben! Nicht auszudenken! Du könntest das Heft glatt ins Feuer schmeißen.'"[580] Durch die Reduzierung ihrer Notlage auf ein probates Aufsatzthema gelingt Gustav ein HUMORvoller Blickwinkel auf die Situation, im Gegensatz etwa zum Professor, der ernstlich „böse" ist.[581] Der HUMOR derartiger Szenen lockert nicht nur die jeweilige Handlung witzig auf, zugleich werden hier auch praktische Beispiele einer HUMORvollen Lebenseinstellung geboten.

Eine andere Technik, welche dem absichtlichen Missverständnis sehr ähnlich oder genauer gesagt eine Unterkategorie desselben ist, ist das Wörtlich-Nehmen. Hierbei werden Redensarten oder Metaphern bewusst ihres übertragenen Sinnes beraubt, stattdessen reagiert der Angesprochene auf den Wortsinn. Diese Art von HUMOR 2 kommt vergleichsweise häufig vor, in der Zitatsammlung konnte sie 50 Mal festgestellt werden. Dabei wird die Technik mit unterschiedlichen Tendenzen angewandt. Hochgradig subversiv ist etwa in *Klassenzimmer* Johnnys Retourkutsche gegenüber dem schönen Theodor, der Martin abkanzelt: „,Daß man einem solchen Flegel wie dir Stipendien gibt, werde ich wohl nie verstehen.' ,Verlieren Sie nur nicht den Mut', meinte Johnny. ,Sie sind ja noch jung.'"[582] Viel harmloser und rein spielerisch ist dagegen diese Szene in *Lottchen*, in der sich die Zwillinge über ihren Vater unterhalten: „,Zieht er dir denn nie die Hosen straff?' erkundigt sich Lotte angelegentlich, während sie mit dem Zopfflechten beginnt. ,Ach wo! Dazu hat er mich viel zu lieb! [...] Und außerdem hat er den Kopf voll!' ,Es genügt doch, daß er eine Hand frei hat!' Sie lachen."[583] Mit ihrer letzten Bemerkung verkehrt Lotte nicht nur die Bedeutung der von Luise gebrauchten Redewendung. Sie verändert überraschend auch ihre eigene Rolle, indem sie vom altklugen Dozieren ins spielerische Scherzen verfällt.

Auch der Erzähler bedient sich häufig dieser Technik. Dabei handelt es sich zumeist um HUMORvolle Einschübe, welche die Handlung nicht weiter vorantreiben, sondern heitere Brüche innerhalb des Erzähltextes darstellen und, wie schon früher besprochene Stilmittel, den Eindruck von Oralität

[580] *Emil 2*, S. 422.

[581] Vgl. ebd.

[582] *Klassenzimmer*, S. 88.

[583] Vgl. *Lottchen*, S. 173.

erwecken. Ebenfalls in *Lottchen* dekonstruiert der Erzähler seine eigene Redewendung so: „Und als die Tochter schüchtern lächelnd seine Hand ergreift, als habe sie Angst, der Vater könne ihr sonst womöglich davonlaufen, da hat er wahrhaftig, obwohl er Beinfleisch und keineswegs Knödel verspeist, einen Kloß im Hals!"[584] Durch das Spiel mit der gegenständlichen Bedeutung des Wortes „Kloß" geht der Erzähler auf Distanz zu der eigenen Metapher und stellt sie für einen kurzen Moment infrage: Kann jemand „einen Kloß im Hals" haben, auch wenn er gar keine Klöße isst? Diese Fragestellung entspricht dem kindlich-naiven, unvoreingenommenen Blick auf die Sprache und weckt spielerisch die Neugier auf die Ursprünge altbekannter Redewendungen. Denselben Effekt hat der Einschub im Vorwort zu *Emil 2*: „Ich stand immer noch am gleichen Fleck und sah wie ein Ölgötze aus. (Hat übrigens jemand eine Ahnung, wie Ölgötzen aussehen? Ich nicht.)"[585] Die Distanzierung vom eigenen Ausdruck ist hier noch deutlicher als im vorigen Beispiel. Dadurch, dass der Erzähler die Wendung wörtlich nimmt, negiert er die eigene Aussage: Da er nicht weiß, wie „Ölgötzen" aussehen, kann er auch nicht wissen, ob er selbst wie einer aussieht. An solchen Stellen geschieht das Erforschen und Ausprobieren von Sprache zwar nicht durch das Überschreiten von Regeln, aber dennoch werden konventionelle Bedeutungen hinterfragt. Hier zeigt wieder die spielerisch-subversive Ader, die Kästners Kinderliteratur durchzieht, aber auch eine reine Lust an Sprache, mit der alltägliche Ausdrücke (kindlich) unvoreingenommen betrachtet werden.

Eine andere Art, aus Redewendungen HUMOR 2 zu erzeugen, besteht in der Abwandlung. Bekannte Ausdrücke werden dabei kommentiert oder variiert. Dadurch kann, ähnlich wie in den zuletzt besprochenen Beispielen des Wörtlich-Nehmens, der bekannte Ausdruck hinterfragt werden, etwa wenn der Erzähler feststellt und kommentiert: „Die Zeit vergeht. Sie weiß es nicht besser."[586] Diese Abwandlung besteht einerseits in der Personifizierung der Zeit und andererseits in dem Kommentar als solchem. Dem Wörtlich-Nehmen in der Technik verwandt sind Abwandlungen, die den Wortsinn präzisieren, wie bei dieser Stelle in *Pünktchen*: „Der kleine Dackel spitzte, so gut das bei seinen Löffeln möglich war, die Ohren."[587]

---

584 Ebd., S. 188f.

585 *Emil 2*, S. 310.

586 *Lottchen*, S. 179.

587 *Pünktchen*, S. 483.

Abwandlungen können jedoch gebraucht werden, um einen Sachverhalt präziser zu beschreiben als es die tatsächliche Redewendung tun würde. Wenn etwa Negro Kaballos feststellet: „‚Ich habe die Nüstern voll von diesen Helden'"[588], so wird die Redewendung „die *Nase* voll haben" der Anatomie des tierischen Sprechers angepasst. Redewendungen können aber auch, ähnlich der Übertreibung, ausgebaut und auf die Spitze getrieben werden, wie Gustav es beim Anblick des Filmplakats in *Emil 2* tut: „‚Hereinspaziert, meine Herrschaften! [...] Sie werden sich in der ersten Hälfte krank, und in der zweiten Hälfte wieder gesund lachen!'"[589]
In *Klassenzimmer* benutzen die Schüler der verfeindeten Schulen Abwandlungen als eine Art gruppeninterner Code, sie bezeichnen einander als „Gymnastiker" beziehungsweise als „Realisten"[590] anstelle von „Gymnasiasten" und „Realschüler". Anders als die zuvor besprochenen Beispiele findet diese Abwandlung auf rein semantischer Ebene statt, indem Wörter verwendet werden, welche zwar etymologisch miteinander verwandt sind, aber eigentlich eine völlig andere Bedeutung besitzen. Der HUMOR 2 besteht sowohl in der Weigerung, den korrekten Ausdruck zu gebrauchen, als auch in der Umdeutung der neuen Bezeichnungen. Ähnlich spielerisch ist die schlichte Verkehrung einer Redensart in *Lottchen*: „Und Luise tut so sanft und still, als könne sie kein Härchen trüben und kein Wässerchen krümmen."[591]
Die letzte hier zu besprechende HUMORform ist die Neukombination. Auch sie entsteht durch die Veränderung von Sprachmustern. Auf morphologischer wie auf semantischer Ebene werden hier Elemente kombiniert, die normalerweise nicht zusammenstehen. Wortneubildungen entstehen dabei jedoch nicht. Oft handelt es sich um originelle Metaphern und Vergleiche, oft aber auch um Normbrüche, die eben durch die reine Inkongruenz komisch wirken. Die Neukombination ist ein äußerst wichtiges Stilmittel in Kästners Kinderbüchern und tritt in der hier zugrunde liegenden Zitatsammlung 60 Mal auf. In der Figurenrede sind Neukombinationen häufig Teil bestimmter Sozio- oder Idiolekte. So enthält die Schülersprache in *Klassenzimmer* diverse Ausdrücke, die durch Kombination gebildet werden, etwa wenn Matthias den Kampf mit den Realschülern im Vorhinein als „feierliche Keilerei"[592] bezeichnet und ein Primaner dem schönen Theodor erklärt: „‚[...] Du hast

588 *35. Mai*, S. 576.

589 *Emil 2*, S. 401.

590 Vgl. *Klassenzimmer*, S. 72. und 74.

591 *Lottchen*, S. 186.

592 Vgl. *Klassenzimmer*, S. 64.

dir am Gehirn 'ne Blase gelaufen.'"[593] Beides sind durchsichtige, aber neue Redensarten, deren Wortsinn inkongruent ist.

Einen eleganteren Sprachstil pflegt Professor von Pokus, der zwar keine neuen Wendungen erfindet, sondern auf leicht ironische Weise verschiedene semantische Aspekte miteinander kombiniert. So weist er Mäxchen, der in den Aschenbecher gefallen ist, zurecht: „,Aschenbecher sind kein Aufenthalt für Nichtraucher. [...]'"[594] Normalerweise sind Aschenbecher überhaupt kein Aufenthaltsort. In seiner Ausdrucksweise passt der Jokus sich dem Blickwinkel des Kleinen Mannes an. Auf einer anderen Ebene besteht hier zudem eine leichte Inkongruenz zwischen der Zurechtweisung und der scherzhaften Formulierung, welche den Tadel mildert. Aus ähnlichen Gründen, eben weil Größe ein ständiges Thema für den Kleinen Mann ist, formuliert der Professor auch seine Gefühle für den Ziehsohn mit einer originellen Anwendung einer Maßeinheit auf Gefühle: „,Dich', sagte der Jokus zärtlich, ,dich liebe ich noch einen Zentimeter mehr als das schöne Wetter.'"[595]

Beinahe ebenso oft wie in der Figurenrede treten Neukombinationen aber auch im Erzähltext auf, etwa bezüglich des bereits erwähnten biologisch inkorrekten Walfisches. So erklärt der Erzähler im Vorwort zu *Emil 1*: „Mein Südseeroman [...] scheiterte also sozusagen an den Beinen des Walfisches."[596] Einerseits liegt hier eine Verschiebung vor, denn der Roman scheitert nicht „an den Beinen des Walfisches", sondern an der Unsicherheit des Erzählers. Zweitens ist die Frage sinnlos, da der „Walfisch" sowieso keine Beine haben sollte. Die biologisch inkorrekte Bezeichnung des Wals greift im *35. Mai* Petersilie auf, wobei wieder eine Neukombination entsteht: „Konrad [...] erkundigte [...] sich, wieso sie vor einem Walfisch ausgerissen sei. Walfische lebten doch im Wasser! ,Hast du 'ne Ahnung!' rief sie. ,Walfische sind doch Säugetiere. Im Wasser leben sie nur aus Versehen.'"[597] Die Inkongruenz besteht zwischen der richtigen Einordnung des Wals bei gleichzeitiger Beibehaltung des falschen Morphems „-fisch". Auch die Erklärung für den Lebensraum der Tiere ist freilich unzutreffend, indem hier der Bereich der Wahl, beziehungsweise des Irrtums mit einer evolutionshistorischen Tatsache kombiniert wird.

---

593 Vgl. ebd., S. 100.

594 Vgl. *Kleiner Mann 2*, S. 549.

595 Vgl. *Kleiner Mann 1*, S. 426.

596 *Emil 1*, S. 196.

597 *35. Mai*, S. 601.

Bereits in Kapitel II 3.2, bei der Untersuchung HUMORvoller Situationen, wurde auf die konstante Vermischung tierischer und menschlicher Elemente in *Konferenz* hingewiesen. Dies spiegelt sich auch in der Sprache wider, etwa in dieser Beschreibung der Schnecke: „Ja, sogar die Schnecke Minna kroch aufgeregt aus ihrem *Einfamilienhaus* heraus […].“[598] Die Bezeichnung eines Schneckenhauses als „Einfamilienhaus“ kombiniert nicht nur den Bereich menschlicher mit dem tierischer Behausung, er ist auch als Bild nicht ganz zutreffend. (Richtiger müsste es heißen „Einpersonenhaus“.) Ähnlich unzutreffend ist der Vergleich in *35. Mai*: „Und dann raste er wie ein studierter Langstreckenläufer in das Dunkel hinein und immer geradeaus.“[599] Langstreckenlauf ist nichts, das vorwiegend studiert wird. Gerade das Spiel mit dem Sinn macht derartig schiefe Bilder oder widersinnige Kombinationen reizvoll. Es ließen sich noch viele Beispiele für originelle Neukombinationen aufführen, jedoch müssen die bisher genannten hier genügen. Festzuhalten bleibt, dass sich in ihnen die Elemente der Überraschung, des Spiels und der semantischen Inkongruenz HUMORvoll manifestieren. Durch ihre vergleichsweise große Zahl in Erzähler- und Figurenrede stellen die Neukombinationen ein wichtiges und markantes Merkmal des kästnerschen Stils dar.

[598] *Konferenz*, S. 269, Hervorhebung SÇ.

[599] *35. Mai*, S. 558.

Da kriegten die uniformierten Beamten einen großen
Schreck und rannten davon, so schnell sie konnten.
„Haben Sie denn ein Ausreißevisum?"
rief Oskar hinter ihnen her.
Erich Kästner: Die Konferenz der Tiere
EKW VIII, S. 278.

4.3 Ganz verspielt: Wortspiele und Übertreibungen

Auf die Prominenz des spielerischen HUMORS 2 wurde bereits des Öfteren hingewiesen, und auch HUMOR 1 ist eigentlich ein Spiel mit verschiedenen Perspektiven. Im Wortspiel manifestiert sich nun auf besonders deutliche Weise das bewusste Schaffen neuer Bedeutungsbereiche oder die spielerische Verschiebung der Blickrichtung. Insofern sind Wortspiele eng mit den oben besprochenen absichtlichen Missverständnissen verwandt. Im Gegensatz zu diesen bestehen sie allerdings eher aus der bewussten, aktiven Formulierung, während beim absichtlichen Missverständnis etwas bereits Gesagtem eine neue Bedeutung zugewiesen wird. Außerdem wird hier auch die Anspielung behandelt, welche das Element des Spiels ebenfalls schon im Namen trägt. Sprachspiele sind bei Kästner häufig Spiele mit Redewendungen, die neu angewandt werden, wobei diese Technik oft mit der des Wörtlich-Nehmens verwandt ist. Dies ist etwa der Fall in *Emil 1*:

> Im Torbogen stand – in einer grünen Livree und mit einem genauso grünen, schrägsitzenden Käppi auf dem Kopf – ein Junge. […] Und der grüne Boy sprang wie verrückt im Hausflur hin und her und lachte. […] Es war nämlich gar nicht der Boy, sondern Gustav selber. „Du grüner Junge!", schimpfte Emil zum Spaß.[600]

Statt mit der gewöhnlichen Bedeutung, also der eines unerfahrenen Jungen, wendet Emil hier den Ausdruck „grüner Junge" im Wortsinne an und bezieht ihn auf Gustavs Uniform. Ganz ähnlich funktioniert das Wortspiel Mäxchens, mit dem er auf einen Ausbildungsvorschlag des Professors reagiert:

> „[…] und dann wirst du […] Dolmetscher beim Auswärtigen Amt oder sogar beim Bundeskanzler selber. […] Du setzt dich in das Ohr des Kanzlers und flüsterst ihm jedesmal auf Deutsch zu, was der Präsident auf Französisch gesagt hat. [...] und die Leute nennen dich

[600] *Emil 1*, S. 268.

ehrfürchtig ‚den Beamten, der dem Ohr des Kanzlers am nächsten ist'. […]" „Nein!" sagte Mäxchen energisch. „[…] Ich werde kein kleiner Mann im Ohr. […]"[601]

Schon der vom Professor erdachte Titel enthält in seiner Doppeldeutigkeit HUMOR 2. Mäxchen treibt dieses Spiel weiter, indem er die „ehrfürchtig" auszusprechende Anrede mit einer eher negativen Wendung gleichsetzt. Wie beim vorigen Beispiel wird der Ausdruck „kleiner Mann im Ohr" auch hier im Wortsinne angewandt, anstatt in der übertragenen Bedeutung einer unvernünftigen Einflüsterung. Die Assoziation schwingt jedoch mit, dient also zugleich der Herabsetzung des vom Professor in leuchtenden Farben gemalten Zukunftsbildes.

Tatsächlich manifestiert sich diese Technik, welche dem Wörtlich-Nehmen sehr ähnlich ist, am häufigsten in Kästners Sprachspielen. Besonders komisch wirken sie immer dann, wenn sie so angewandt werden, dass auch der Wortsinn angemessen ist (wie im oben zitierten Beispiel vom Kleinen Mann). Ähnlich verhält es sich, wenn Emils Großmutter ihrem Enkel gegenüber bemerkt: „‚Das kannst du deiner Großmutter erzählen'"[602], oder Onkel Ringelhuth Negro Kaballo erinnert: „‚[…] Ich bin keine Pferdenatur.'"[603] Gerade im Zusammenhang mit Tierfiguren tritt diese Technik häufig in Erscheinung, da Tiere, wie im zuletzt zitierten Beispiel, vergleichsweise häufig in Redewendungen vorkommen. Besonders gilt dies für Herabsetzungen und Schimpfwörter, weshalb dieser Art des Sprachspiels bei der Untersuchung der betreffenden Kategorie wieder auftauchen wird. Auf eben dieselbe Weise lässt sich aber auch mit etlichen Namen spielen, und sei es nur durch eine Wiederholung. So wird die Wortbedeutung von Jakobs Nachnamen in *Kleiner Mann 1* an dieser Stelle erst augenfällig: „Als Jakob Hurtig hurtig ins Bett gehen wollte […]."[604] Hierbei wird das Augenmerk auf die Tatsache gelenkt, dass Jakob einen im weitesten Sinne sprechenden Namen trägt, indem dieser im vorliegenden Satz mit dem wirklich bedeutungstragenden Adjektiv „hurtig" zusammengestellt wird. Der gleichen Technik folgt auch die Kapitelüberschrift „Kommissar Steinbeiß beißt auf Granit" in *Kleiner Mann 2*[605], wobei hier der Wortsinn von „beißen" nicht zum Tragen

601 Vgl. *Kleiner Mann 1*, S. 403f.

602 *Emil 2*, S. 365.

603 *35. Mai*, S. 553.

604 *Kleiner Mann 1*, S. 521f.

605 *Kleiner Mann 2*, S. 556.

kommt. Die Redewendung stellt dennoch eine phonetische wie semantische HUMORvolle Parallele zum Namen des Kommissars dar.
In einer anderen Variante des Sprachspiels werden einem doppeldeutigen Ausdruck bewusst beide möglichen Bedeutungen zugleich, beziehungsweise kurz hintereinander beigelegt, wie in dem Dialog zwischen Otto und seinem Gefängniswärter: „Otto schielte vor lauter Durst. ‚Ich werde mich beschweren! Man wird Sie entlassen!' heulte er. ‚Das glaub ich nicht', meinte der Wachtmeister. ‚Aber Sie wird man nicht entlassen. Das weiß ich!'"[606] Der Wärter wechselt hier nicht einfach von einer Bedeutung des Wortes „entlassen" (im Sinne von <kündigen>) zur anderen (<freilassen>), sondern er stellt seine Formulierung derjenigen Ottos gegenüber und kontrastiert damit die beiden Bedeutungen. Ähnlich spielt der Erzähler in *Emil 2* mit mehreren Bedeutungen bei der Beschreibung des schlechten Varietékünstlers: „Der Vortragskünstler ließ zwei lustige Lieder folgen, die genau so traurig waren."[607] Obwohl das Wort „traurig" nur einmal genannt wird, sind zwei Bedeutungen gleichermaßen gegenwärtig: Der ursprüngliche Wortsinn kontrastiert mit dem den Liedern zugeordneten Adjektiv „lustig", was ein Paradox erzeugt. Die zweite Bedeutung <kläglich, geistlos> löst das entstandene Paradox auf und bezieht sich auf die Qualität der Darbietung. Der HUMOR 2 dieses Spiels besteht also nicht bloß darin, dass einem Wort zwei Bedeutungen zugewiesen werden, sondern auch in der Erschaffung und gleichzeitigen Auflösung eines Widerspruchs. Das Beispiel zeigt, wie komplex der Effekt eines einzigen Wortes sein kann.
Ein besonders schönes Beispiel für eine spielerische Wortneubildung findet sich in *Konferenz*:

> Die Tiere, die mit der Eisenbahn fuhren, hatten es am schwersten. [...] überall waren Schranken heruntergelassen und überall standen uniformierte Beamte und machten böse Gesichter. [...] „Zeigen Sie sofort Ihre Pässe!" sagten sie. „Haben Sie ein Ausreisevisum?" „Haben Sie ein Einreisevisum?" „Was ist los?" knurrte der Löwe Alois. „Wir können ja einmal nachsehen", meinte Oskar, der Elefant. Und nun stiegen die beiden mit dem Tiger und dem Krokodil aus dem Zug und näherten sich neugierig den Beamten. Da kriegten die uniformierten Beamten einen großen Schreck und rannten davon, so schnell sie konnten. „Haben Sie denn ein Ausreißevisum?" rief Oskar hinter

[606] Ebd., S. 546.

[607] *Emil 2*, S. 380.

> ihnen her. Darüber mussten alle Tiere im Zug so lachen, daß sie sich fast verschluckten.[608]

Hier genügt der Austausch eines einzigen Lautes zur Wortneubildung „Ausreißevisum". Komisch ist das Sprachspiel sowohl durch den Kontrast zwischen der Ähnlichkeit der Wörter <ausreisen> und <ausreißen> und der Verschiedenheit ihrer Bedeutung als auch und insbesondere durch die starke Subversion der Szene. Nicht nur werden die „uniformierten Beamten" in die Flucht geschlagen, sondern sie werden auch mit dem Zerrbild ihrer eigenen Bürokratie verspottet. Diese mit Kreativität gepaarte Subversion macht das Wortspiel zu einem der markantesten in Kästners Kinderbüchern.

Kommen wir an dieser Stelle noch einmal auf die bereits erwähnte Umdeutung zurück: Obgleich die Bezeichnung es nicht so deutlich zeigt, handelt es sich auch hier um ein Spiel mit verschiedenen Bedeutungen. Ähnlich einem Kippbild verändert sich überraschend die erwartete, herkömmliche Bedeutung eines Wortes und schlägt in eine andere um. Das gilt nicht nur für die unorthodoxe Verwendung des Wortes „Studienräte" als Beschimpfung (siehe oben), sondern etwa auch für die originelle Bezeichnung von Emils Großmutter, die ihren Familienstatus mit einem Beruf gleichsetzt: „‚[…] Ich habe meinen Beruf verfehlt. Ich hätte Rennfahrer werden müssen. Und keine Großmutter.'"[609]

In anderen Fällen kollidieren nicht verschiedene Bedeutungen miteinander, sondern es wird im Gegenteil ein einziger Gedanke über die konventionellen Grenzen hinaus weitergesponnen. Dies tut etwa Direktor Brausewetter, indem er eine bekannte Redensart so erweitert: „‚[…] Und der Portier hat den Kopf verloren und kann ihn nicht wieder finden.'"[610] Das Bild vom „verlorenen Kopf" wird hier noch fortgeführt, so dass eine Übertreibung entsteht. Ähnlich wird auch mit anderen Redensarten gespielt, wobei die Sprecher hier die semantische Ähnlichkeit zwischen verschiedenen Elementen hervorheben, anstatt auf unterschiedliche Bedeutungen abzuzielen. So bemerkt der Erzähler in *Kleiner Mann 2*: „Das Programm verlief, wie sich das für ein Programm gehört, programmgemäß."[611] Komisch weil unkonventionell ist hier schlicht die gehäufte Wiederholung des Morphems „Programm", wodurch außerdem der Eindruck einer Tautologie erweckt wird.

---

608 Vgl. *Konferenz*, S. 278.

609 Vgl. *Emil 2*, S. 370.

610 *Kleiner Mann 1*, S. 471.

611 *Kleiner Mann 2*, S. 558.

Ein phonetisches Sprachspiel ist Mäxchens Bewilligung von Rosas Werbung um die Hand (und alle übrigen Körperteile) des Professors: „‚Sie haben', erklärte er salbungsvoll, ‚um seine Hand und alles übrige angehalten. Das genügt und jetzt ist alles in Butter. Miss Emily Simpson aus Alaska schließt sich meinem Jawort von Ja bis Z an.'"[612] Hier handelt es sich freilich um eine HUMORvolle Variante des Ausdrucks „von A bis Z" unter Bezugnahme auf das „Jawort" als günstige Antwort.
Man erkennt an all diesen Stellen, deren HUMOR 2 nicht besonders intensiv ist, hauptsächlich den Selbstzweck des Spiels. Der HUMOR 2 vermittelt hier kaum eine eigene Botschaft, für den Fortgang der Handlung sind die Formulierungen von relativ geringer Bedeutung. Prominent ist hier die Funktion, durch HUMOR 2 zum Lesevergnügen beizutragen. Außerdem zeugen die Formulierungen jedoch von der Kreativität der Sprecher beziehungsweise des Erzählers. Für Helmers steht der willkürliche, spielerische Umgang mit den Elementen der Sprache auf der obersten Stufe der Entwicklung, sowohl des Sprachvermögens wie auch des Humors. Als Zeugma ist eine Variante des Sprachspiels ein poetisches Stilmittel, von welchem Kästner auch in seinen Kinderbüchern gelegentlich Gebrauch macht. Es taucht bei der augenzwinkernd Beschreibung des Kapitäns in *Emil 2* auf: „Manchmal hat er Holz geladen. Manchmal Kohlen. [...] Und manchmal zuviel Rum."[613] Durch den unausgesprochenen Übergang der Bedeutung von „geladen" als „Fracht haben" zu „betrunken sein" wird letzteres HUMORvoll verschleiert. Aber nicht immer kaschiert das Zeugma, etwa in der Schilderung des Jokus nach der folgenschweren Verwechslung seines Fracks mit dem des Kunstreiters: „Der Professor [...] war außer sich und außer Atem."[614] Hier fungiert das Zeugma wiederum hauptsächlich als Spiel, vielleicht auch als Auflockerung einer ernsten Situation durch leisen HUMOR 2.
Das Spiel bietet eine Gelegenheit, sich mit den Möglichkeiten der Sprache auseinanderzusetzen und lädt zum Ausprobieren ein. Der Zusammenhang, Unterschied oder Widerspruch verschiedener Bedeutungen ein und desselben Klangs oder auch der Klang selbst werden für einen Moment in den Mittelpunkt gerückt und können spielerisch erkundet werden. Ein wenig anders verhält es sich mit der Anspielung, wiewohl das Element des Spiels auch hier in der Bezeichnung angekündigt wird. In diesem Falle handelt es sich um ein Versteckspiel mit der Bedeutung, da der intendierte Sinn häufig

612 *Kleiner Mann 2*, S. 653.

613 *Emil 2*, S. 324.

614 Vgl. *Kleiner Mann 1*, S. 431.

verdeckt ist. Insbesondere Äußerungen, die eine sexuelle Dimension haben, werden oft auf diese Weise verschleiert. So neckt Mäxchen Rosa Marzipan wiederholt mit Anzüglichkeiten: „‚Das sind ja verwegene Namen', meinte Rosa. ‚Da kriegt man ja überall Gänsehaut.' Mäxchen rieb sich die Hände. ‚Zeig her! Marzipan mit Gänsehaut überall wollte ich schon immer mal sehen!'"[615] Wenig später nimmt Mäxchen den Ausdruck wieder auf:

> Er saß auf dem Tisch und ließ sich von Rosa mit Ananastorte füttern. „Noch ein Häppchen?" fragte sie. Er schüttelte den Kopf. „Danke nein. Jetzt nur noch etwas Marzipan mit Gänsehaut!" Sie drohte ihm mit der Kuchengabel. „Das ist nichts für kleine Jungen." „Ich weiß schon", stichelte er. „Du hast die ganze Riesenportion für den Jokus reserviert." Da wurde Rosa rot.[616]

Die Beschreibung von Rosas Erröten sowie das redebezeichnende Verb „sticheln" unterstreichen die (sexuelle) Zweideutigkeit dieser Worte. Die Wortbedeutung des Namens Marzipan evoziert einerseits die absurd-komische Vorstellung einer Süßigkeit mit Gänsehaut und verschleiert dadurch die erotische Implikation im Sinne von „Haut zeigen", also einer Entblößung. Steck-Meier verurteilt diese Art der Anspielung grundsätzlich, die sich, wie sie richtig feststellt, ausschließlich in den *Kleiner Mann*-Romanen findet:

> Absolut unentschuldbar sind [...] jene Stellen in [*Kleiner Mann 1*] und [*Kleiner Mann 2*], die *zweideutige Ironie mit erotischer Färbung* aufzeigen, auch wenn die pejorative Wertung von Kindern nicht unbedingt wahrgenommen wird. [...] Die [...] Beispiele mit [...] erotisch gefärbtem Inhalt lassen den Satiriker der Erwachsenenliteratur in ungebührlichem Masse durchscheinen.[617]

Zuzustimmen ist Steck-Meiers Zweifel daran, ob die Zweideutigkeit einem kindlichen Leser unbedingt zugänglich ist, die Schärfe ihrer Kritik ist jedoch wenig berechtigt. Unter den von ihr genannten Beispielen ist außer der oben zitierten Textstelle auch diese, welche Rosas Besuch nach dem Erfolg von Mäxchens erstem Auftritt beschreibt: „Dann gab sie Mäxchen einen kleinen Kuß, weil er so klein war, und dem Jokus einen noch kleineren, weil er so groß war. ‚Und jetzt habe ich Appetit!', erklärte sie energisch. ‚Auf einen

615 Ebd., S. 519.

616 Ebd., S. 520f.

617 Steck-Meier 1999, S. 411. Hervorhebung im Original.

Kuß von uns?' fragte der Professor."[618] Inwiefern dies eine unangemessene sexuelle Anspielung sein soll, ist nicht deutlich. Gerade ein Kuss dürfte, sowohl als Zärtlichkeit zwischen Liebenden wie auch zwischen Eltern und Kindern, auch jungen Lesern bekannt sein, so dass das Verständnis hier ebenfalls nicht schwer fällt. Auch die von Steck-Meier monierte „pejorative Wertung" vermag die Verfasserin der vorliegenden Arbeit in den zitierten Textstellen nicht festzustellen.[619] Allenfalls eine unnötige, wenn auch nicht schädliche Überbetonung des Körperlich-Lustvollen (etwa durch die Verbindung von Essen und Küssen in der Anspielung des Professors). Unnötig mögen die Anspielungen insbesondere insofern sein, als sie, wie Steck-Meier selbst schreibt, für den kindlichen Leser nicht durchsichtig sind. Gerade die hier zitierten HUMORvollen Stellen bieten jedoch auch eine Lesart außer derjenigen der „Ironie mit sexueller Färbung". Auf der Wortebene ist die zuletzt zitierte Bemerkung des Jokus nichts weiter als ein absichtliches Missverständnis. Mäxchens Bemerkung über „Marzipan mit Gänsehaut", welches ganz „für den Jokus reserviert" sei, ist dagegen durchaus frivol. Für den kindlichen Leser bleibt die Äußerung in erster Linie ein subversiver Akt des Kindes gegenüber der Erwachsenen. Obgleich es durchaus diskutabel ist, welcher Grad solcher erotischer Färbung in einem Kinderbuch angebracht ist, sind die Stellen insgesamt eher als Doppeladressierungen zu werten, ähnlich dem Wunsch des Stiers nach der „hübschen bunten Kuh" in *Konferenz*.[620] Auf der an den kindlichen Leser gerichteten Ebene besteht der sprachliche HUMOR 2 in der absichtlichen Missdeutung, oder in der Subversion durch die Äußerung etwas als unklar frech oder ungezogen Erkannten. Für den Erwachsen(er)en Leser dagegen erschließt sich, auf einer zweiten Ebene, die sexuelle Dimension als weiteres Element des HUMORS 2.

Erotisch konnotierte Anspielungen sind jedoch nicht die einzigen, die in Kästners Kinderbüchern auftreten. Weniger kontrovers sind etwa solche Anspielungen, die auf dem exklusiven Wissen der beteiligten Personen (und des Lesers) beruhen. Dazu gehört Wachtmeister Jeschkes scherzhafte

[618] *Kleiner Mann 1*, S. 447.

[619] Eine weitere von Steck-Meier kritisierte Textstelle aus *Kleiner Mann 2* lautet: „Rosa Marzipan kroch nicht. Ihr Rock war zu eng." (*Kleiner Mann 2*, S. 564) Auch hier ist weder eine eindeutig sexuelle noch pejorative Konnotation nachzuweisen. Das einzige tatsächlich pejorative Zitat ist Rosas Bemerkung über die Balletttänzerinnen des Señor Lopez: „Sehr späte Mädchen" (*Kleiner Mann 2*, S. 604.) Hier fehlt aber wiederum die erotische Dimension, wiewohl eine fragwürdige sexistische durchscheint.

[620] Vgl. *Konferenz*, S. 285 sowie Kapitel II 3.2.

Aufforderung an Emil: „Und beschmiert keine Denkmäler!“[621] Damit spielt Jeschke auf den von Emil im ersten Band ängstlich geheim gehaltenen Streich an, bei dem er einer Statue eine rote Nase gemalt hat. Mit der HUMORvollen Ermahnung strebt der Oberwachtmeister danach, die Kameradschaft mit Emil zu stärken, da er dessen Mutter heiraten möchte. Das Aufgreifen des Wissens, das sie beide verbindet, ist der Versuch, eine Art von Intimität herzustellen. Dies gilt umso mehr, da es sich um Wissen handelt, welches für eine Seite belastend ist, beziehungsweise war. Insofern dient der Scherz des Wachtmeisters auch dazu, Emil weiter von der vermeintlichen Schwere seines Dumme-Jungen-Streichs zu entlasten.

In *Kleiner Mann 2* teilen auch der Erzähler und sein Illustrator belastendes Wissen miteinander, wenn es hier auch nicht um einen Streich oder ein Vergehen geht, sondern lediglich um Missgeschicke. Nachdem er sich selbst ausgesperrt hat (– von Jakob Hurtig übrigens mit der Kombination „Dichterfürst hat Künstlerpech“[622] HUMORvoll kommentiert –), fällt dem auf der Treppe sitzenden Erzähler die Lösung für ein Problem ein. Leser, welche den ersten *Kleiner Mann*-Band nicht kennen, soll das fehlende Wissen durch entsprechende Bilder vermittelt werden. Im Brief an den Illustrator, mit dem er um die Zeichnung der entsprechenden Bilder bittet, empfiehlt er ihm: „Übrigens, sollten Sie beim Nachdenken Schwierigkeiten haben, machen Sie's wie ich: Setzen Sie sich bei Dämmerung auf die Treppe!“[623] Allerdings hat auch der Illustrator von einem Missgeschick zu berichten: „[...] Ihr guter Rat war leider teuer, denn die Treppe war frisch gestrichen, und das merkte ich erst, als jemand die Hausbeleuchtung anknipste. [...] Mit besten Grüßen von Treppe zu Treppe Ihr Horst Lemke.“[624] Der HUMOR 2 des Antwortbriefes verrät zudem den HUMOR 1, mit dem der Zeichner das Missgeschick hinnimmt. Scherzhaft spielt er bezüglich der ruinierten Hose mit dem Wortsinn der Redewendung „Da ist guter Rat teuer“; die Abschiedsformel spielt auf die Gemeinsamkeit zwischen den Korrespondenten an: mit Treppen verbundene Missgeschicke.

Eine weitere Variante der Anspielung dient weder zur Schaffung eines gemeinsamen Raumes, noch zur Verschleierung einer erotischen Bedeutungsebene, sondern enthält versteckte Beleidigungen:

621 *Emil 2*, S. 349.

622 *Kleiner Mann 2*, S. 535.

623 Ebd., S. 536.

624 Ebd.

> […] Herr Oberwachtmeister kommt manchmal […] zu Tischbeins zum Kaffeetrinken. Vorher kauft er dann jedes Mal beim Bäcker Wirth eine große Portion Kuchen. Und Frau Wirth, die ja eine Kundin von Frau Friseuse Tischbein ist, sagte erst neulich zu ihrem Mann […]: „Du, Oskar, fällt dir nichts auf?" Und als er den Kopf schüttelte, meinte sie: „Ein Glück, daß das Pulver schon erfunden ist!"[625]

Mit dem letzten Satz wandelt und schwächt Frau Wirth die Redensart „Du hast das Pulver nicht erfunden" ab, wodurch sie ihren Mann zwar der Dummheit bezichtigt, allerdings auf HUMORvoll verschleierte Art.
Ähnlich verhält es sich mit der Bemerkung des Professors in *Kleiner Mann 2*, der sich seiner Verlobten gegenüber im Dorf Pichelstein wenig galant zeigt: „Rosa Marzipan lachte: ‚Da werden wir am besten auf allen vieren kriechen. Hoffentlich sind die Dorfstraßen breit genug.' ‚Für uns Männer schon', meinte der Jokus."[626] Hier handelt es sich um eine reine Anspielung, ohne dass dabei eine bereits bestehende Wendung aufgegriffen wird. Die Implikation, Rosa sei dicklich (was, wie der Leser weiß, nicht zutrifft), ergibt sich aus der unausgesprochenen Gegenüberstellung von „uns Männern" mit „Frau(en)". Die herabsetzende Absicht ist unnachweisbar und deutlich zugleich. In diesem Widerspruch sowie in dem Regelbruch, den eine Herabsetzung als solche darstellt, steckt der HUMOR 2 dieser Stellen. Durch die Dezenz der Äußerungen und das Verstecken der Beleidigung wird dieselbe abgeschwächt, so dass sie mehr komisch als verletzend wirkt.
Anspielungen sind daher nicht nur ein Spiel mit Bedeutung, sondern unter Umständen auch mit sozialen Regeln, deren Grenzen ausgelotet oder auch gedehnt werden können. Ähnlich hat sich ja bereits oben gezeigt, dass Sprachspiele ebenfalls mehr oder weniger subtile Botschaften vermitteln können. Besonders deutlich war die Subversion im Beispiel des „Ausreißevisums" in *Konferenz*. Andererseits hat die Analyse aber auch gezeigt, dass gerade bei Sprachspielen die Sinnvermittlung oft in den Hintergrund gerät und dafür die reine Lust am Spiel selbst hervortritt, was ja auch die Natur aller Spiele ist. Insofern leisten sie einen wichtigen Beitrag am Lesevergnügen, beziehungsweise mit den Worten von Anz: zur Lust an der Literatur.

[625] Vgl. *Emil 2*, S. 317.

[626] *Kleiner Mann 2*, S. 596.

Der dicke Mann [...] kam in die Manege gestapft,
gab dem Professor die Hand und sagte:
„Mein Name ist Mager."
Das freute das Publikum.
Erich Kästner: Der kleine Mann
EKW VIII, S. 434f.

4.4 Ganz persönlich: Namen, Spitznamen und Schimpfnamen

Der Name ist für ein Individuum stets von besonderer Bedeutung. Vor allem sprechende Namen zeigen ihre Verbindung zur Figur besonders deutlich. Im Unterschied zu den tatsächlichen Namen, die bereits in Kapitel II 2.5 besprochen wurden, geht es hier jedoch um Namen, die den Betreffenden von anderen beigelegt werden. Damit befinden sie sich auf der Ebene des kreativen Umgangs mit Sprache.
Das prominenteste Beispiel der erdachten Namen liefert die leidgeprüfte Klotilde Seelenbinder. Nicht nur ihr wirklicher Nachname ist komisch, sondern sie wird, gerade deshalb, auch noch von den Jungen umgetauft:

> Das Dienstmädchen rief: „Ich bin's! Die Klotilde!" „Aha", sagte Emil, „das Fräulein Selbstbinder." „Seelenbinder", verbesserte Klotilde ärgerlich. „Nein, nein", meinte Gustav. „Selbstbinder gefällt uns besser. Wir werden Sie von jetzt ab Selbstbinder nennen. Und wenn Ihnen das nicht paßt, nennen wir sie Schlips! Verstanden, Fräulein Klotilde Schlips?" „Eine hervorragende Bezeichnung", erklärte der Professor. [...] „Klotilde, du heißt von jetzt ab Schlips!"[627]

Diese respektlose Benennung der Hausangestellten durch die Jungen, die gesellschaftlich über ihr stehen, könnte als unfreundlich aufgefasst werden. Trotzdem spricht mehr für die Einordnung der Stelle als subversiver HUMOR denn für eine Interpretation als gedankenloser Umgang mit einer Untergebenen. Schwächt der HUMOR 2 die Respektlosigkeit ab oder schwächt das Mitgefühl mit der respektlos behandelten Klotilde das Vergnügen an der Umbenennung? Die Verfasserin vertritt die Auffassung, dass der Text insgesamt eine solche negative Deutung nicht rechtfertigt. Bereits in Kapitel II 2.2 wurde auf die typisierende Schilderung von (weiblichen) Dienstboten in Kästners Kinderliteratur eingegangen.[628] Zudem wird bei einer Deutung, die

627 Vgl. *Emil 2*, S. 361.

628 Vgl. Haywood 1999 sowie Kapitel II 2.4.

sich auf die unterschiedlichen sozialen Schichten der Beteiligten konzentriert, übersehen, dass sich in der Szene auch (und vielleicht primär) Jugendliche und eine Erwachsene gegenüberstehen. Insofern ist das Verhalten als subversiv zu werten. Weiterhin wird aus dem Text immer wieder deutlich, dass Klotilde keine negative Figur ist, sondern von der Mutter des Professors explizit geschätzt wird[629] und als „altes Dienstmädchen"[630] zur Familie gehört, so dass eine verletzende Intention unwahrscheinlich ist. Die Wahl der neuen Namen „Selbstbinder" und „Schlips" wirkt durch deren Wortbedeutung komisch. Während „Selbstbinder" nicht unbedingt durchsichtig ist[631] und primär der phonetischen Ähnlichkeit mit „Seelenbinder" entspringt, ist die wiederum daraus abgeleitete Benennung „Schlips" eindeutig. Die Bezeichnung eines so eindeutig maskulinen Kleidungsstücks als Name für eine Frau erzeugt einen Widerspruch, der in sich komisch wirkt. Festzuhalten bleibt, dass die Stelle ambivalent ist. Die Namensgebung jedoch auf arrogantes oder aggressives Verhalten zu reduzieren wird dem HUMOR 2 der entstehenden Inkongruenzen und der Kreativität der Benennung nicht gerecht.

Ein weiteres Beispiel nicht ganz (kinder)stubenreinen HUMORS 2 ist Mäxchens frivoler Namensvorschlag für den Sohn von Rosa und dem Jokus, von dem Jakob Hurtig in der Einleitung berichtet: „Jakob kicherte: ‚Dabei hat ihnen Mäxchen einen bildschönen Vorschlag gemacht. [...] Weil der Vater Jokus von Pokus heißt, sollten sie den Sohn Joküßchen von Poküßchen nennen!' ‚Ich habe es schon immer vermutet', sagte ich, ‚und nun weiß ich's endgültig: Mäxchen ist ein Ferkel!'"[632] Wie schon bei den oben besprochenen Anspielungen, wird auch hier nicht nur mit den Regeln der Sprache, sondern auch mit denjenigen des feinen Benehmens gespielt. Auf sprachlicher Ebene scheint es sich zunächst um eine gewöhnliche Verkleinerung durch das Diminutiv-Morphem „-chen" zu handeln. Die neu entstehende Endung „-küßchen" sorgt, da sie identisch mit der Verkleinerung des Nomens „Kuss" ist, in Verbindung mit der Silbe „Po-", die ebenfalls als Wort existiert, für regelwidrige Frivolität. Jakobs Kichern und der (gespielt) gestrenge Kommentar des Erzählers markieren zusätzlich den Regelbruch. Somit vereint sich auch hier die Freude am spielerischen Umgang mit Sprache mit der Freude an der harmlosen, HUMORvollen Auflehnung gegen Verbote,

---

629 „‚Alles, was Sie machen, ist mir recht', sagte die Mutter des Professors freundlich." (*Emil 2*, S. 356).

630 Vgl. *Emil 2*, S. 354.

631 <Selbstbinder> als Bezeichnung für <Krawatte> ist vorwiegend in Österreich gebräuchlich.

632 Vgl. *Kleiner Mann 2*, S. 530.

im vorliegenden Fall der verdeckten Erwähnung des Analbereichs, vielleicht sogar ein angedeuteter Tabubruch.
Andere HUMORvolle Benennungen sind mit erheblich weniger Aufwand geschildert und auch nicht kontrovers. Meist handelt es sich um liebevolle oder auch ironische Spitznamen, wie den des „Professors". Dessen Vater spielt mit der Bezeichnung, wenn er stolz erklärt: „„[...] eigentlich müßte er längst der ‚Geheimrat' genannt werden.'"[633] Benennungen aus der Jugendsprache gebrauchen vor allem Gustav und Pony, wobei diese sowohl übertrieben höflich als auch sehr salopp sein können. So erfindet Gustav seinerseits einen neuen Titel für den Professor: „‚Jawohl, Herr Polizeipräsident', lachte Gustav."[634] Hier ist die Bezeichnung deutlich ironisch gemeint und eher subversiv. Durch das (redebezeichnende) Verb „lachen" wird dies allerdings in den Bereich des reinen Scherzes zurückgenommen und die Führungsposition des Professors nicht ernsthaft infrage gestellt. Häufiger aber kommen spontane Benennungen vor, wie diese von Pony: „‚Also, Emil, du Rabe! Kommt nach Berlin und dreht gleich 'nen Film! [...]'"[635] In jugendsprachlichem Jargon spielt Pony mit der milden Herabsetzung sowie der folgenden Metapher auf die Aufregung an, die Emil verursacht. Der HUMOR 2 liegt, neben der Ungewöhnlichkeit der Formulierung, vor allem darin, dass der Satz klingt, als würde Emil die Diebesjagd freiwillig veranstalten, ohne dabei jedoch ein ernsthafter, also ungerechter Vorwurf zu sein. Etwas anders sieht es mit Gustavs Wortneubildung „Feuertüten" aus, welches explizit als von ihm erdachtes Schimpfwort bezeichnet wird.[636] Allerdings wendet auch er es als eher saloppe Anrede an, etwa vor den Kindern im Kino, beim Auftritt der Detektive: „‚Na, ihr Feuertüten!' rief er dann. ‚Seid ihr alle da?' ‚Ja!' brüllten die Kinder."[637] Anreden wie die zuletzt genannten stellen zwar durch den leichten Normbruch, den sie in ihrer Übertreibung oder milden Herabsetzung des Angesprochenen darstellen, HUMOR 2 dar, jedoch ist dieser wenig intensiv. Es ist anzunehmen, dass ihre Primärfunktion eher darin besteht, zur Charakterisierung des Sprechers oder, unter Umständen, des Lokalkolorits beizutragen.
Aber nicht nur unter Jugendlichen kommen spontane Benennungen vor, sie können auch Teil einer bildhaften Beschreibung sein, wie die

[633] Vgl. *Emil 2*, S. 312.

[634] *Emil 1*, S. 270.

[635] Vgl. ebd., S. 261.

[636] Vgl. etwa *Emil 2*, S. 394.

[637] Vgl. ebd., S. 445.

Beschreibung des Dr. Wachsmuth aus Mäxchens Traum durch den Erzähler als „Struwwelbart",[638] also durch ein Pars pro Toto. Die derart abgekürzte, reduzierende Bezeichnung drückt eine Subversion gegenüber der Figur des Zauberers aus, die seine Bedrohlichkeit durch ihren HUMOR 2 schmälert. Weniger auf äußerliche Merkmale gemünzt, aber ansonsten ähnlich bildhaft ist auch die Bezeichnung Drinkwaters als „Filmzar" durch Rosa Marzipan.[639] Die Benennung enthält mit der Entlehnung des Herrschertitels ein Element der Übertreibung, welches den eigentlichen HUMOR 2 ausmacht. Umgekehrt eher herabsetzend ist dagegen die Bezeichnung, die in personaler Erzählhaltung aus der Sicht Brausewetters verwendet wird: „Vielleicht war der Filmonkel aus Amerika noch immer auf ihn böse."[640] Hier beruht der HUMOR 2 eher auf der leichten Subversion, sowie der Inkongruenz der Benennung und der Person Drinkwaters, der (im Gegensatz zu Brausewetter) so gar nichts Onkelhaftes an sich hat.

Es wurde bereits mehrfach auf die Technik hingewiesen, potentiell oder tatsächlich herabsetzende oder aggressive Äußerungen mittels HUMOR 2 sowohl zu erschaffen als auch zu entschärfen. Dieses Muster tritt umso deutlicher zutage, wo tatsächliche Beschimpfungen HUMORvoll eingesetzt werden. Noch einmal zur Erinnerung: Nur wo sie relativiert werden oder zumindest kein Mitleid mit der beschimpften Person evoziert wird, kann sich überhaupt HUMOR 2 entwickeln. Ist diese Bedingung erfüllt, so kann der HUMOR 2 in der Beschimpfung als solcher, im Bruch der sozialen Norm bestehen. Es kann aber auch die Art der Beschimpfung sein, die komisch wirkt. Dies ist etwa der Fall bei Wortneubildungen, welche durch ihre Unerhörtheit und Kreativität überraschen. Dies trifft auf Gustavs „Feuertüten" zu, aber auch auf das Wort, mit dem der kahle Otto den Kleinen Mann beschimpft, als er dessen Flucht entdeckt: „„Du kleiner Mistfliegenpilz! [...]"[641] Wie bereits gezeigt, bedienen solche neuartigen Beschimpfungen die kindliche Lust am doppelten Regelbruch, nämlich einerseits der Überschreitung alltagssprachlicher Grenzen sowie dem Bruch der sozialen Regel. Bereits Bönsch-Kauke hatte ja in ihrer Studie festgestellt, dass die Erfindung von Beschimpfungen und Kraftausdrücken ein wichtiger Teil der kindlichen HUMORproduktion ist.[642] Im Text kann diesen Schimpfwörtern daher eine

[638] Vgl. *Kleiner Mann 1*, S. 454.

[639] Vgl. *Kleiner Mann 2*, S. 558.

[640] Vgl. ebd., S. 561.

[641] Vgl. *Kleiner Mann 1*, S. 514.

[642] Vgl. Bönsch-Kauke 1999 sowie Kapitel I 1.4.

starke Unterhaltungsfunktion zugewiesen werden, andererseits aber auch die Entschärfung einer Herabsetzung. Eine Ausnahme bildet hierbei nur Bertas bereits in Kapitel II 2.3 erwähnte kreative Schimpfkanonade, welche sie auf Fräulein Andacht loslässt:

> „Sie sind mir ja viel zu gewöhnlich, Sie können mich nicht beleidigen", bemerkte das Kinderfräulein und rümpfte die Nase. „Ich kann Sie nicht beleidigen?" fragte die dicke Berta und erhob sich. „Das wollen wir doch sehen. Sie Schafsnase, Sie hinterlistige Hopfenstange, Sie können ja aus der Dachrinne Kaffee trinken, Sie impertinentes Gespenst, Sie..."[643]

Die Beleidigungen wären verletzend, wenn sie erstens nicht gegen die negative Figur Fräulein Andachts gerichtet und zweitens weniger kreativ wären. In dem Paradigma „hinterlistige Hopfenstange" fällt die Alliteration auf, die Kombination von Impertinenz mit einem Gespenst stellt eine Inkongruenz in sich dar. Gerade diese beiden Beschimpfungen erhalten erst im Kontext und in Bezug auf Fräulein Andacht ihre pejorative Bedeutung. Das wichtigste Element des HUMORS 2 dieser Stelle ist jedoch die Tatsache der Beschimpfung selbst als subversiver Akt. Nicht nur wird eine Figur angegriffen, die als Kindermädchen eigentlich eine Autoritätsperson ist, sondern, und das ist entscheidend, eine negative Figur, deren Beschimpfung als verdient und poetisch gerecht empfunden wird (wie schon in Kapitel II 2.4 ausgeführt wurde).

Andere HUMORvolle Schimpfwörter nehmen durch ihre Komik ihre herabsetzende Wirkung ein wenig zurück. Dies trifft aber besonders da zu, wo die Herabsetzung mit einem Sprachspiel verbunden wird. Gerade mit Tierbezeichnungen lässt sich trefflich spielen, da der Wort- wie der übertragene Sinn gleichermaßen präsent sind. Neben der Beleidigung wird häufig auch noch ein Paradox erzeugt. So schimpft Negro Kaballo: „„[...] Im übrigen fährt dieses Rhinozeros von einem Gaul selber Auto!""[644] Die Herabsetzung ist eine doppelte, einmal durch das abfällige Wort „Gaul", hauptsächlich jedoch durch das einerseits pejorative und andererseits biologisch unzutreffende „Rhinozeros". Gerade diese zweite Inkongruenz wirkt komisch. Es ließe sich nun argumentieren, dass die Bezeichnung eines Menschen als „Schaf" oder „Schwein" ebenfalls eine Inkongruenz zwischen biologischer Spezies und Bezeichnung darstellt, ohne komisch zu sein. Der

[643] *Pünktchen*, S. 481.

[644] Vgl. *35. Mai*, S. 552.

Unterschied zur Beschimpfung von Tieren durch Tiernamen besteht darin, dass man annimmt ein Tier könne sich im Gegensatz zum Menschen durch die Bezeichnung mit einem Tiernamen nicht herabgesetzt fühlen. In unserem Denken liegt die Stufe der Tiere unter der des Menschen, innerhalb der Gruppe der Tiere sind jedoch alle mehr oder weniger gleich. In *Konferenz* zeigen sich die mit Tiernamen Beschimpften auch eher beleidigt über eine fehlerhafte Einordnung, welche sie nicht unbedingt herabsetzt, aber ihre Identität verletzt:

> Und Julius, das Kamel, sagte: „ [...] Was gehen uns die Menschen an? [...]" Da bekam Oskar, der Elefant, einen Wutanfall: „Die Menschen", brüllte er, „die Menschen können uns gestohlen bleiben, du Schaf! Es geht doch nur um ihre Kinder!" „Erlaube mal", sagte Julius gekränkt, „ich bin kein Schaf." „Nein, du Kamel!" antwortete Oskar und knallte die Tür ins Schloß...[645]

Julius' Reaktion ist mit der eines Menschen vergleichbar, der einer falschen Region oder Nation zugeordnet wird und nicht so sehr in seinem Stolz, als in seinem Zugehörigkeitsgefühl verletzt ist. Der HUMOR 2 der Stelle besteht außerdem darin, dass die Berichtigung „du Kamel" aus menschlicher Sicht keine wesentliche Verbesserung darstellt, da die pejorative Konnotation erhalten bleibt (was, nach Oskars Türenschlagen zu urteilen, auch beabsichtigt ist).

Andere Schimpfwörter dagegen sind nicht durch die gebrauchte Formulierung komisch, sondern beziehen ihren HUMOR 2 allein aus der Subversion des Aktes. Im Allgemeinen ist dieser HUMOR 2 weniger ausgeprägt als an den Stellen, an denen der spielerische Umgang mit Elementen der Sprache hinzutritt. Beispiele für solche einfachen Beschimpfungen sind Matz' abfälliges „Diese Fatzken"[646] in Bezug auf die tanzenden Primaner in *Klassenzimmer* oder Gustavs Bezeichnung des Diebs als „Mausehaken".[647] In beiden Fällen werden die Beschimpften als negative Figuren in Solidarität mit der Identifikationsfigur verlacht.

Komische Namen und Schimpfwörter stellen in diesem Sinne eine Sonderform des Sprachspiels dar und beziehen ihren HUMOR 2 erstens aus dem regelwidrigen oder spielerisch-kreativen Umgang mit der Sprache selbst sowie aus der Subversion ihrer Anwendung. Dabei können beide Aspekte

[645] Vgl. *Konferenz*, S. 305.

[646] Vgl. *Klassenzimmer*, S. 55.

[647] Vgl. *Emil 1*, S. 247.

gleichermaßen wichtig sein, in manchen Manifestationen dagegen überwiegt einer der beiden. Ebenso unterschiedlich ist ihre Gewichtung im literarischen Text. Sie reicht von der kurzen Bemerkung als Teil der spezifischen Figurenrede bis hin zur Ausformung voller Szenen, wie die Neubenennung von Klotilde in *Emil 2*.

Die Jungen lagen wie reihenweise geschichtete Engel da [...].
Erich Kästner: Das fliegende Klassenzimmer
EKW VIII, S. 101.

4.5 Ganz ähnlich: Bilder und Vergleiche

Schon ihrer Häufigkeit wegen verdienen Kästners HUMORvolle Vergleiche und Bilder eine nähere Untersuchung. Nicht weniger als 133 der gesammelten Textstellen lassen sich dieser Kategorie zuordnen. Sie kommen in ausnahmslos jedem Buch vor, und es ist anzunehmen, dass sie ein Schlüsselelement von Kästners eigentümlichem Stil darstellen. Eigentümlich sind sie deswegen, weil es sich um originelle Erfindungen handelt, die sich nicht traditionell etabliert haben. Etliche beziehen aus dieser bloßen Ungewöhnlichkeit ihren HUMOR 2. Bilder sowie Vergleiche werden hier zusammen behandelt, da zwischen ihrer Komik und oft genug auch in der Technik ihrer Bildung kein nennenswerter Unterschied besteht. Häufig fungieren Bilder, wie Metaphern, als verkürzte Vergleiche, das heißt ohne die markierenden Wörter „als ob" oder „wie". Es gibt jedoch auch Bilder, die nicht indirekt einen Vergleich ausdrücken, sondern mit denen eher ein spezifischer Blickwinkel eingenommen oder ein Sachverhalt übertrieben dargestellt wird. Dazu gehört etwa Konrads Kommentar beim Anblick Petersilies: „„auf dir kann man ja Schach spielen!'"[648] Die Vorstellung, auf einem kleinen Mädchen, selbst wenn es kariert ist, Schach zu spielen, ist so ungewöhnlich, dass dieses Bild komisch wirkt. Ein weiteres Beispiel ist Matthias Ausdruck in *Klassenzimmer*: „„[...] Am liebsten bliebe ich zwar hier. Aber der Justus hat etwas dagegen. Er meint, ich solle meinen werten Angehörigen doch ja die Freude machen, und *mich bei Selbmanns in Frankenstein unter den Christbaum stellen.* [...]'"[649] Hier handelt es sich um eine Art Untertreibung, denn freilich soll Matz daheim nicht nur unter dem Weihnachtsbaum stehen.
Auch sonst finden sich sowohl einfache Bilder als auch Metaphern und Vergleiche häufig in Jargon oder Jugendsprache. So stellt Mittenzwey bei seinem Bericht über den Aufenthalt des Diebes in *Emil 1* eine sehr unwahrscheinliche Vermutung an: „„[...] Er hat ein Zimmer genommen und ist jetzt oben. *Guckt wahrscheinlich nach, ob wer unterm Bett liegt und mit sich Skat spielt.*'"[650] Der übertragene Sinn der salopp formulierten Hypothese

[648] *35. Mai*, S. 601.

[649] Vgl. *Klassenzimmer*, S. 132, Hervorhebung SÇ.

[650] Vgl. *Emil 1*, S. 260, Hervorhebung SÇ.

ist hier nicht ganz durchsichtig. Sie könnte bedeuten, dass die Detektive nicht wissen, was der Dieb tut, oder als Herabsetzung implizieren, dass seine Tätigkeiten vermutlich sinnlos sind. Auf jeden Fall wird auch hier ein komisches Bild entworfen, oder eigentlich zwei: einmal das des Diebes, der unter das Bett kriecht, und einmal das einer Person, die dort „mit sich Skat spielt", was ein absurdes Paradox wäre. Es ist in diesen Fällen stets das evozierte Bild, welches eigentlich den HUMOR 2 ausmacht, nicht die übertragene Bedeutung oder der Ausspruch der Formulierung als solcher.
In der gleichen Weise wendet auch der Erzähler Bilder an, um einen Sachverhalt deutlich und HUMORvolll darzustellen, wie etwa die Ferienstimmung in *Emil 2*: „Man ist stillvergnügt und selig und bisse sich, wenn man nicht zu faul dazu wäre, am liebsten in die Nase."[651] Hier handelt es sich ebenfalls um ein absurdes Bild, dessen HUMOR 2 durch den Konditionalsatz noch betont wird. Nicht nur die Faulheit ist ein Hindernis, sondern es ist schlicht unmöglich, sich selbst in die Nase zu beißen. Der Erzähler verwendet außerdem häufig dann Bilder, wenn der Eindruck von Oralität gefördert werden soll, beispielsweise in den Einschüben in *Lottchen*, mit denen der Erzähler das Geschehen kommentiert. Komisch sind dabei insbesondere die subversiven, wie dieser Kommentar:

> Seine [Palfys, SÇ] Hände schlagen einige Töne an. […] Wozu doch Kindertränen gut sind! Ja, so ein Künstler ist fein heraus! Gleich wird er Notenpapier nehmen und Noten malen. Und zum Schluß wird er sich hochbefriedigt zurücklehnen und die Hände reiben, weil ihm ein so wunderbar trauriges Lied in c-moll gelungen ist. (Ist denn weit und breit kein Riese oder sonst jemand da, der ihm ab und zu die Hosen straffzieht?)[652]

Wieder ist es hauptsächlich das Bild des durch einen Riesen (oder sonst jemanden) gemaßregelten Kapellmeisters, welches in seiner Abweichung von der Norm und Verkehrung der Realität komisch wirkt. Allerdings tritt an dieser Stelle die Subversion hinzu, welche den ausgesprochenen Wunsch begleitet. Damit stellt sich der hier aus dem Text hervortretende und Oralität suggerierende Erzähler explizit auf die Seite der Kinder. Der HUMOR 2 schwächt andererseits die Aggression, die sich gegen den rücksichtslosen Vater bilden könnte.

---

651 Vgl. *Emil 2*, S. 347.

652 Vgl. *Lottchen*, S. 217.

Indessen können diese Einschübe und Leseranreden, mit denen der Erzähler dem Leser so nahe kommt gerade durch ihren leichtfüßigen HUMOR 2 auch die Grenze zur Manipulation überschreiten. So stellt er die Leser in der Einleitung zu *Pünktchen* hinsichtlich der moralpädagogischen Einschübe nur scheinbar vor eine Wahl, deren harsche Sanktionierung durch den angewandten HUMOR 2 verdeckt wird:

> Nun weiß ich aus Erfahrung, daß manche Kinder solche Überlegungen, wie eben die mit [...] der Wahrheit, sehr gern lesen. Andere Kinder essen lieber drei Tage nichts als Haferschleim, ehe sie sich an so kniffliche Dinge heranwagen. Sie haben Angst, ihr kleines, niedliches Gehirn könnte Falten kriegen. Was soll man da machen? [...] Ich werde alles, was in diesem Buch mit Nachdenken verbunden ist, in kleine Abschnitte zusammenfassen, und dem Mann, der das Buch druckt, werde ich bitten, daß er meine „Nachdenkereien" anders druckt als die Geschichte selber. [...] Wenn ihr also etwas Schräggedrucktes seht, dann könnt ihr es überschlagen [...]. Kapiert?[653]

Zunächst wirkt die absurde Vorstellung eines Gehirns, das Falten bekommt, HUMORvoll übertrieben. Andererseits stellt sie, als unterstellter Gedanke Anderer, nicht des Erzählers, auch eine unbegründete Angst dar und evoziert, wo der Leser sich das Bild zu eigen macht, die Idee eines wenig belastbaren, also minderwertigen Gehirns. Diese Vorstellung wird durch das Adjektiv „klein" sowie das ironisch gebrauchte Adjektiv „niedlich" verstärkt. Obwohl das Bild kreativ-komisch ist, besagt es letztlich, dass alle dumm sind, die sich auf die Nachdenkereien nicht einlassen wollen. So macht das Bild den Vorschlag, diese nach Belieben zu überschlagen, zu einem nur scheinbaren. Freilich kann jeder Leser immer noch selbst entscheiden, welche Teile er liest, entscheidet er sich aber tatsächlich für das Auslassen der Nachdenkereien, so muss er sich der Gruppe der Dummen zuordnen lassen. In diesem einen Punkt ist Bäumler zuzustimmen, wenn sie Kästners „kokettes Gebaren"[654] bemängelt. Allerdings bezieht sie sich dabei auf die erste Nachdenkerei, in welcher der Erzähler „die Leser suggestiv nach ihrer Einschätzung der handlungstragenden Figuren fragt, um sich dann als scheinbar neutraler Beobachter mit Außensicht dem Geschehen zu nähern."[655] Tatsächlich ist auch hier die Frage, die Beteiligung des Lesers nur eine scheinbare, obwohl die

[653] Vgl. *Pünktchen*, S. 454.

[654] Vgl. Bäumler 1984, S. 41.

[655] Vgl. ebd., S. 40f.

Manipulation nicht so harsch erscheint wie die oben besprochene. (Tatsächlich ist es erstaunlich, dass Bäumler darauf nicht eingeht.) Aber der Vorwurf der verdeckten Suggestion trifft auf beide Stellen zu. Das Bild vom „kleinen, niedlichen Gehirn", das Falten wirft, muss im Kontext betrachtet als Beispiel für misslungenen HUMOR 2 in den Kinderbüchern gelten, zumindest was dessen Funktion betrifft. Allerdings sind dieser Beispiele äußerst wenige. Selbst eine so scharfe Kritikerin wie Bäumler gibt hinsichtlich der Oralität nachahmenden Stellen zu: „Ein nicht zu unterschätzendes Novum kann Kästner für sich verbuchen: Er ist daran interessiert, Kinder als Gesprächspartner ernst zu nehmen."[656] Auch wenn dieses in *Pünktchen* nicht immer gelungen ist, so sind doch die Stellen mit echtem HUMOR, der nicht zur Manipulation benutzt wird, bei Weitem in der Überzahl.

Es wurde bisher gezeigt, wie neuartige Bilder in der Figurenrede Jargon oder Jugendsprache mitgestalten, beziehungsweise in der Erzählerrede zum Eindruck der Oralität beitragen und durch ihren HUMOR 2 die Leser-Text-Bindung befördern. Es lassen sich aber noch weitere spezifische Elemente in den Bildern oder Vergleichen feststellen. Die Analyse dieser Elemente verschafft einen besseren Eindruck davon, wie der HUMOR 2 der jeweiligen Stellen entsteht. Wie schon früher angedeutet, beinhalten viele Bilder eine Übertreibung. Zu diesem Zweck werden Absurditäten oder zumindest hochgradig Unwahrscheinliches dargestellt. Um ein nicht manipulatives Beispiel aus *Pünktchen* zu nennen: „Da kränkte sich Frau Pogge noch mehr, und sie konnte gar nichts mehr essen, sonst wäre sie zerplatzt."[657] Durch die offensichtliche Übertreibung sowie die Tatsache, dass es sich bei Frau Pogge um eine wenig sympathische Figur handelt, wirkt das Bild komisch statt erschreckend. Ebenso absurd ist das Bild, mit dem das glückliche Ende in *Konferenz* illustriert wird: „Als die Menschen durch den Rundfunk erfuhren, daß ihre Staatshäupter den Tieren nachgegeben und den ewigen Friedensvertrag feierlich unterzeichnet hätten, brach ein solcher Jubel aus, daß sich die Erdachse um einen halben Zentimeter verbog."[658] Die Vorstellung ist in doppelter Hinsicht absurd, da sich die Erdachse als gedachte Linie selbstverständlich auch durch noch so großen Jubel nicht verbiegen kann. Eine absurde Übertreibung lässt sich auch durch eine Personifikation schaffen, wie in *Kleiner Mann 1*: „‚Du sollst schlafen!' knurrte der Professor

---

656 Ebd., S. 40.

657 *Pünktchen*, S. 539.

658 *Konferenz*, S. 314.

und gähnte, daß es sogar die Maiglöckchen auf dem Balkon hörten."[659] Die komische Absurdität besteht hier in der Personifizierung der Maiglöckchen selbst, indem ihnen ein Gehör zugeschrieben wird. Alle diese übertreibenden Bilder beziehen ihren HUMOR 2 also aus dem klaren Normbruch der metaphorisch dargestellten Situation, sowie dem Überraschungsmoment, das den Formulierungen durch ihre Neuartigkeit innewohnt.

Auf die gleiche Weise funktionieren auch Vergleiche, die selber auf Inkongruenzen beruhen. Beispielsweise beschreibt der Jokus seinem Zauberlehrling, wie dieser auf der Schaufensterpuppe herumklettern soll: „‚[...] flink wie ein Eichhörnchen und leise wie eine Ameise in Pantoffeln [...].'"[660] Während ein flinkes Eichhörnchen ohne Weiteres denkbar ist, stellt eine „Ameise in Pantoffeln" eine Kombination zweier normalerweise nicht zusammen gedachter Elemente dar. Ebenso verhält es sich bei der Landschaftsbeschreibung in *Lottchen*: „Die Kühe standen auf der Dorfstraße, als hielten sie Kaffeeklatsch. [...] Der See lag winzig im Talkessel. ‚Als ob der liebe Gott bloß mal so hingespuckt hätte', sagte Luise versonnen."[661] Im ersten Vergleich besteht die Inkongruenz aus der Personifizierung der Kühe, der zweite besteht wiederum in einer Kombination einander gewöhnlich fremder Elemente, wobei hier eine Art nicht-aggressiver Subversion in Erscheinung tritt. Gott wird normalerweise nicht mit Spucken in Verbindung gebracht. Das Beispiel illustriert aber kein spielerisches Brechen der Norm, sondern eher einen kindlich unbefangenen Blick, der auch das höchste Wesen auf die menschliche Ebene herunter holt.

Bilder werden dann besonders komisch, wenn die ursprüngliche Metapher bis ins Absurde weitergeführt wird, wie im Bericht von Rosa Marzipan:

> „Draußen [...] lauern schon die ersten Journalisten [...]. Aber der Portier läßt sie nicht herein." „Sein Glück!" knurrte der Professor. „Und wieso hat er dich hereingelassen?" „Ich weiß es ganz genau!" rief der Kleine Mann [...]. „Sie hat ihn angesehen und mit den Augen geklimpert!" „Erraten!" sagte Fräulein Rosa. „Er schmolz wie Schokolade auf der Zentralheizung. Die Putzfrau mußte kommen und den Rest wegwischen."[662]

[659] Vgl. *Kleiner Mann 1*, S. 468.

[660] Vgl. ebd., S. 424.

[661] Vgl. *Lottchen*, S. 210.

[662] Vgl. *Kleiner Mann 1*, S. 447.

Mit dem letzten Satz nimmt Rosa ihre eigene Metaphorik wörtlich und erschafft so überraschend eine absurde Situation. Der Vergleich wandelt sich zur HUMORvollen Übertreibung.

Als Letztes soll noch angemerkt sein, dass auch Verneinungen den HUMOR 2 eines Bildes oder einer Vorstellung nicht abschwächen. Wie bei der Aufforderung „Denken Sie nicht an einen Eisbär“[663] und ähnlichen Gedankenexperimenten entsteht das absurde komische Bild auch dann vor dem geistigen Auge des Lesers, wenn es negiert wird, wie in *Konferenz*: „Nur die Abgeordneten im Bauch der Walfische – die winkten nicht. Weil Walfische keine Fenster haben.“ Trotz der Negation wird das Bild eines Wals mit Fenstern erschaffen, welches in seiner Absurdität komisch wirkt.

Bereits die ausgewählten Beispiele können einen Eindruck davon vermitteln, wie vielseitig die Bilder und Vergleiche in Kästners Kinderliteratur sind. Und es ist im Rahmen dieser Arbeit unmöglich, wirklich alle Nuancen anhand von Beispielen umfassend vorzustellen. Die Kreativität und Komik, die originelle Verbindung inkongruenter Elemente und die spielerische Erzeugung absurder oder paradoxer Vorstellungen sind ein bedeutender Teil des unverwechselbaren kästnerschen HUMORS 2.

[663] Zu der Unfähigkeit des Gehirns, derartigen Aufforderungen nachzukommen vgl. etwa Weger 2003.

Sie stemmten sich mit vereinten Kräften gegen das Boot [...] Aber das Boot wollte nicht. Es rührte sich nicht von der Stelle. [...] Gustav [...] lachte böse: „Wir können ja zu Fuß gehen, Professor!"
Erich Kästner: Emil und die drei Zwillinge
EKW VII, S. 406 f.

4.6 Ganz anders gemeint: Ironie und Sarkasmus

Bereits bei der Untersuchung der Anspielungen wurde in Anlehnung an Steck-Meier die Frage aufgeworfen, inwiefern Ironie oder Sarkasmus in Kinderliteratur am Platze sind. Während die Aufmerksamkeit zuvor jedoch mehr der erotischen Färbung der ironischen Anspielung galt, soll nun die Ironie selbst im Mittelpunkt der Aufmerksamkeit stehen.

Dafür, dass es strittig ist, ob und ab wann Kinder Ironie begreifen[664], taucht diese Art des (in der Regel herabsetzenden) HUMORS 2 in Kästners Kinderliteratur relativ häufig auf. Allerdings wird die Ironie in vielen Fällen durch das entsprechende Adverb explizit gemacht, was das Verständnis auch jüngeren Kindern erleichtert, wie in *Emil 2*, als die Freunde über die geplante Flucht Mr. Byrons beraten: „‚Ich kann ihnen ja mein Motorrad borgen', meinte Gustav *ironisch*."[665] Allerdings bleibt fraglich, inwiefern es sich dabei um eine HUMORform handelt, die besonders attraktiv auf Kinder wirkt. Die Leiterin des Zentralinstituts für Jugend und Bildungsfernsehen in München, Maya Götz, führt in ihrem Artikel zu Komik in Comedy- und Wissenssendungen aus, dass gerade herabsetzende und kritische Tendenzen der Ironie, geschweige denn Sarkasmus, von Kindern weniger geschätzt werden: „Es zeigt sich, dass ironische Kritik für Erwachsene häufiger lustig ist als für Kinder. [...] Ein sarkastischer Unterton wird dabei von Kindern als deutlich weniger lustig eingeschätzt als aufrichtige Betonung."[666] Demnach wäre der oben zitierte Ausspruch von Gustav noch verständlich und auch lustig für den kindlichen Leser, weniger aber vielleicht die Herabsetzung Gustavs durch den Professor auf der Sandbank: „‚Mensch, gibt das

664 Maya Götz zufolge weisen neuere Forschungsergebnisse darauf hin, dass Kinder unter fünf Jahren keine Ironie verstehen, Sechs- bis Achtjährige aber bereits dazu in der Lage sind. (Vgl. Götz 2003, S. 49.)

665 *Emil 2*, S. 395, Hervorhebung SÇ.

666 Götz 2003, S. 49.

Ohrfeigen!' meinte Gustav nachdenklich. ,Vielleicht sollten wir lieber für den Rest unseres Lebens auf der Insel bleiben? Wie? Vom Fischfang könnten wir uns leidlich ernähren. [...] Was haltet ihr von meinem Vorschlag?' ,Er ist deiner würdig', sagte der Professor ironisch."[667]
Interessant ist bezüglich dieser Diskussion, dass Helmers die Ironie als eine Form von Humor bezeichnet, in der „wir den spezifischen Humor des Kindes beim Erwachsenen besonders tradiert [...] sehen".[668] Helmers begründet diese These damit, dass auch der Ironie eine gewisse Verspieltheit innewohnt: „Ihr [der Ironie, SÇ] Wesen ist die Verkehrung des Sachverhalts trotz besseren Wissens, ist das freie Spiel mit den Elementen [...]".[669] Allerdings bestreitet auch Helmers nicht, dass die Ironie, trotz ihrer Verwandtschaft mit dem kindlichen Humor, eher eine Sache der Erwachsenen ist, und zwar „insofern [...] als sie – anders als der kindliche Humor – die Norm nicht sagen kann und gleichsam die Abnorm für sich bestehen läßt. Das damit heraufbeschworene Unsicherheitselement ist wesentliches Ingredienz."[670] Diese von Helmers treffend benannte Unsicherheit ist auch die Quelle der Unsicherheit in der Forschung zur kindlichen Rezeption von Ironie. Unsicher ist, wie sehr Ironie Kinder verunsichert und als wie unangenehm dies empfunden wird.
Steck-Meier unterscheidet zwischen für Kinder durchsichtiger Ironie, welche „augenzwinkernd"[671] angewandt wird, und Ironie, welche nicht als solche erkennbar oder dem kindlichen Leser völlig unverständlich ist. Kindgemäße Ironie befürwortet Steck-Meier durchaus, solange sie „durch äußere Zeichen (d.h. als teil- oder nonverbale Ironie) angedeutet wird [...]. Kinder sollen ja in diese wichtige rhetorische Form auch literarisch eingeführt werden."[672] Als Beispiel für gelungene Ironie nennt Steck-Meier etwa diesen Satz aus *Emil 1*: „Emil war direkt glücklich, daß ihm das Geld gestohlen worden war."[673] Steck-Meier zufolge verschaffen solche Textstellen „den Kindern eine erheiterndes Leseerlebnis, auch wenn die Ironie darin nicht immer als solche erkannt wird."[674] Während Steck-Meier bei der Einordnung des Zitats aus

667 Vgl. *Emil 2*, S. 410.

668 Vgl. Helmers 1965, S. 141.

669 Vgl. ebd.

670 Vgl. ebd.

671 Vgl. Steck-Meier 1999, S. 408.

672 Vgl. ebd.

673 *Emil 1*, S. 256.

674 Vgl. Steck-Meier 1999, S. 408.

Emil 1 zuzustimmen ist, so nennt sie noch ein weiteres Beispiel, dessen Ironie auch die Verfasserin der vorliegenden Arbeit nicht zu erkennen vermag, und worin Mäxchens Schauspielerei zum Zweck seiner Flucht beschrieben wird: „Er klapperte mit den Augendeckeln und auch ein bisschen mit den Zähnen."[675] Tatsächlich handelt es sich hier um ein Zeugma. Da Steck-Meier diese nicht-ironische Stelle als geeignete Ironie für Kinder einordnet, stellt sich die Frage, ob sie Ironie im Kinderbuch wirklich befürwortet. Richtig ist allerdings ihre Kritik an schwierigeren ironischen Stellen, wie dieser: „‚Du gehörst ja auch eher ins Bett als hierher', sagte ein Herr. Anton sah ihn groß an. ‚Das Betteln macht mir aber solchen Spaß', murmelte er."[676] In der Tat ist Antons Ironie nur schwer durchschaubar, da sie von keinerlei weiteren Anzeichen begleitet wird.

Zutreffend ist auch Steck-Meiers Feststellung, der Erzähler wahre, wo er Ironie verwende, oft die Distanz zum Leser. Ironische Einschübe dienen einerseits der Oralität des Erzähltextes, andererseits können sie auch ein Bruch in der sorgsam aufgebauten Nähe zwischen Leser und Erzähler sein, da der sonst verständnisvolle und einfühlsame Ton eben in einen ironischen umschlägt (auch wenn sich diese Ironie nicht gegen den Leser richtet). „Er will wohl ein Anwalt der Kinder sein, aber immer mit der nötigen (emotionalen) Armlänge Distanz und einer gewissen Unverbindlichkeit."[677] Dies ist, wie auch Steck-Meier dartut, vor allem in *Lottchen* deutlich. So heißt es über den Kapellmeister Palfy, der seiner Tochter seine Heiratsabsichten mitteilt: „(Ist er nicht rührend? Es fehlte nur noch, daß er behauptet, er wolle lediglich heiraten, damit das Kind endlich wieder eine Mutter hat!)"[678] Dergleichen Ironie mag zudem für jüngere Kinder undurchsichtig sein. Letztlich müsste aber an anderer Stelle die Rezeption ironischer Stellen seitens kindlicher Leser empirisch untersucht werden.

Im Rahmen der vorliegenden Untersuchung kann hinzugefügt werden, dass Ironie vielfach nicht ausschließlich der Erheiterung dient, sondern zugleich auch häufig Kritik transportiert. Dies wurde bereits an dem Zitat aus *Emil 2* deutlich, indem der Professor Gustavs Plan kommentiert (siehe oben). Ein anderes, auch deutlich markiertes Beispiel ist die Kritik des Pferdes an Onkel Ringelhuths Lob Konrads, nachdem dieser ihn vor dem Haifisch gerettet hat: „‚Wenn du nicht schon mein Neffe wärst, würde ich dich umgehend

---

675 *Kleiner Mann 1*, S. 506.

676 *Pünktchen*, S. 490.

677 Steck-Meier 1999, S. 413.

678 *Lottchen*, S. 219.

dazu ernennen', erklärte der Onkel mit zitternder Stimme. Das Pferd hustete ironisch. [...] ‚Sie werden sich mit Ihrer Freigiebigkeit noch ruinieren.'"[679] In anderen Fällen wird eine Herabsetzung durch ironische Überhöhung ausgedrückt. So sagt Sebastian in *Klassenzimmer* jargonhaft über die Primaner: „‚Die Halbgötter hüpfen schon wieder Tango.'"[680] Obwohl die Ironie hier nicht explizit als solche markiert wird, ist die Übertreibung doch deutlich genug, um auch für jüngere Leser transparent zu sein.

Sarkasmus, welchen Götz als relativ unbeliebt bei Kindern einordnet (siehe oben), ist im Vergleich zur Ironie in Kästners Kinderbüchern erheblich seltener und wird tatsächlich oft mit einer aggressiven Tendenz eingesetzt. Dies tut etwa der schöne Theodor, als er die ausgerückten Tertianer einfängt: „‚Da sind sie ja, die lieben Kinderchen', sagte er hämisch." Auch hier markiert das Adverb „hämisch" die Intention des Sprechers, so dass der Sarkasmus für Kinder wenn schon nicht komisch, so doch wenigstens durchsichtig wird. Sarkasmus kann aber auch als eine Art schwarzer Humor und damit als Humor 1 auftreten. So bemerkt Onkel Ringelhuth bei der ziellosen Wanderung durch den Urwald: „‚Wenn jetzt nicht sofort ein Wunder geschieht [...] können wir getrost hierbleiben und uns einem der benachbarten Stämme als Sonntagsbraten anbieten.'"[681] Auch hier ist die Übertreibung so gravierend, dass die Äußerung ohne Weiteres als sarkastisch erkannt werden kann. Humor 1 beweist der Onkel durch seine Fähigkeit, auch in der scheinbar aussichtslosen Lage noch zu scherzen.

Wie gesagt wird über die Eignung und Beliebtheit derartigen Humors nur eine Rezeptions-Studie Aufschluss geben können. Als Ergebnis der Textanalyse bleibt jedoch festzuhalten, dass Ironie (und in geringerem Maße auch Sarkasmus) ein wichtiges Stilmittel in Kästners kinderliterarischen Texten ist. Dabei sind auch die Stellen nicht zu unterschätzen, deren ironischer oder sarkastischer Humor für kindliche Leser undurchsichtig ist, denn sie sorgen für das (Vor?-)Lesevergnügen der Erwachsenen. Indem sich auch der erwachsene Leser, punktuell, angesprochen fühlen darf, kann er den Kinderbüchern dauerhaft verbunden bleiben, beziehungsweise auch im Erwachsenenalter Freude an Kästners Humor entwickeln.

679 Vgl. *35. Mai*, S. 597.

680 *Klassenzimmer*, S. 54.

681 Vgl. *35. Mai*, S. 606.

Es muß nicht immer ein Witz sein, damit man lacht.
Vera Leon (Hg.): Ohne Liebe wär' ich futsch. Kinder reden über alles
S. 84.

4.7 Die Funktionen des sprachlichen Humors

Die Kombination heterogener oder wesensfremder Elemente hat sich als besonders prominent für Kästners sprachlichen Humor 2 erwiesen. Die Aussage mag inhaltsleer erscheinen, da eben diese Art der Inkongruenz, die Vereinigung normalerweise nicht zusammen gedachter Begriffe, eine der grundlegendsten Techniken von Humor 2 überhaupt ist. Allerdings müssen hier die Einzelfälle gewürdigt werden: Kästner beweist in seinen Kombinationen eine Kreativität, durch die der Leser immer wieder überrascht und somit erheitert wird. Ob es sich um eine „Ameise in Pantoffeln" oder Walfische ohne Fenster handelt – die Ideen sind stets originell und unerhört. Bezüglich der Funktionen sind beim sprachlichen Humor 2 die des Spiels und der Unterhaltung besonders häufig und stark ausgeprägt. Der spielerische Umgang mit semantischen und morphologischen Elementen der Sprache trägt in vielen kurzen Bemerkungen und Wendungen zur Erheiterung des Lesers und somit zu seiner Bindung an den Text bei, eine Funktion, deren Bedeutung bereits in Kapitel II 2.6 betont wurde. Unter pädagogischem Gesichtspunkt lässt sich erhoffen, dass kindliche Leser bei der Entwicklung ihres Sprachgefühls von der Virtuosität Kästners profitieren und zu einer breiten Kenntnis der Anwendungsmöglichkeiten von Sinn- und Lautelementen gelangen. Grundsätzlich zeigen sich vor allem in den Abwandlungen und in den neuen Kombinationen deutliche Inkongruenzen, nicht nur zum konventionellen Sprachgebrauch, sondern auch innerhalb der einzelnen Formulierungen, welche den eigentlichen Humor 2 der jeweiligen Stellen ausmachen. Hierdurch wird sowohl ein Gefühl für die konventionelle Sprache vermittelt als auch die Möglichkeit zum kreativen Umgang mit ihr eröffnet.

Implizit wie explizit sind Abweichungen von der sprachlichen Norm häufig subversiv, insofern sie entweder das Regelsystem hinterfragen oder zur offenen Rebellion gegen Andere genutzt werden. Vorwiegend handelt es sich dabei um Charaktere, die den Hauptfiguren an Macht überlegen sind, wie etwa General Zornmüller in *Konferenz* oder auch die älteren Schüler in *Klassenzimmer*. Dadurch wird, obgleich die integrative Funktion in Kästners Werk dominant ist, auch deutlich auf die Relativität von Autoritätsverhältnissen hingewiesen.

Wie die Analyse der Herabsetzungen zeigt, dienen HUMORvolle Formulierungen häufig auch der Milderung einer Kritik oder Beschimpfung. Andererseits kann auch die Anwendung von HUMOR 2 ein subversiver Akt sein, der eben in der Weigerung besteht, etwas oder jemanden ernst zu nehmen. In vereinzelten Fällen verstärkt HUMOR 2 die Herabsetzung, indem er die betroffene Figur zum Objekt und also lächerlich macht. Dies trifft auf die Beschimpfung Fräulein Andachts in *Pünktchen* zu. Derartige Fälle bewegen sich nahe der Grenze zum Abfälligen und Verletzenden, was sie unter pädagogischem Gesichtspunkt ein wenig dubios macht. Wenn allerdings kein Mitleid mit der herabgesetzten Person evoziert wird, wie im vorliegenden Fall durch deren negative Rolle, so überwiegt der HUMOR 2 gegenüber den scharfen Tendenzen.

Die Textstelle aus dem Vorwort zu *Pünktchen* hat gezeigt, dass HUMOR 2 gerade durch seine Heiterkeit und Unterhaltung auch manipulieren kann. Versteckt unter der komischen Wendung verbirgt sich hier eine scharfe Verurteilung. Glücklicherweise ist diese Stelle jedoch ein Einzelfall. Es lässt sich daraus kein Argument gegen den kästnerschen HUMOR 2 im Allgemeinen konstruieren.

Ein weiterer kritischer Punkt ist die Ironie, welche ein weiteres typisches Stilmerkmal in Kästners Kinderliteratur darstellt. Hier ist vor allem fraglich, inwiefern ironische Textstellen von Kindern erstens verstanden und zweitens geschätzt werden, was jedoch an anderer Stelle untersucht werden müsste. In jedem Fall dient auch die Ironie hauptsächlich der HUMORvollen Vermittlung von Kritik, selten, wie im zitierten Beispiel aus *Pünktchen*, auch der Darstellung einer Situation, was in der Tat undurchsichtig ist.

Wie bereits in der Einführung zu diesem Analyseteil angekündigt wurde, ist die Analyse sprachlichen HUMORS verstärkt eine des Stils und der Technik des Autors. So wird hier Ringmayrs Forderung[682] entsprochen, auch das Ästhetische und Handwerkliche in der Literatur zu würdigen. Auch dies trägt freilich zum Verständnis des Textes bei. Allerdings ist es hinsichtlich der Stellen, an denen sich sprachlicher HUMOR 2 manifestiert, gerade durch ihre originelle Einzigartigkeit etwas schwieriger, ihnen generelle Funktionen zuzuweisen. Dafür konnte ein wichtiges Stilmerkmal Kästners, nämlich sein kreativer Umgang mit Sprache, der sich vor allem in den neuen Kombinationen und den Abwandlungen äußert, herausgearbeitet werden.

Außer Frage steht jedoch ihre Relevanz für den kästnerschen HUMOR 2. Durch ihre große Anzahl sorgen sie für eine wahre Flut von HUMOR 2,

[682] Vgl. dazu Ringmayr 1994 sowie Kapitel I 2.1.

welche die Bücher beinahe ungebrochen durchzieht. Allein dadurch lässt sich belegen, dass Kästners Stil wirklich ein HUMORvoller ist. Andererseits erlangen auch ernsthafte Szenen durch die auffällige Abwesenheit von HUMOR 2 eine umso tiefere Melancholie. Wo Kästner kindlichen Kummer so gelungen beschreibt wie das hoffnungslose Heimweh Martins in *Klassenzimmer* oder Antons Verzweiflung über sein vermeintliches Versagen der Mutter gegenüber in *Pünktchen*, ist es zwar hauptsächlich das Einfühlungsvermögen des Erzählers, welches die Szenen so anrührend gestaltet. Zusätzlich aber unterstreicht der Kontrast der HUMORfreien Stellen mit dem gewöhnlichen, HUMORreichen Erzähltext die tiefe Traurigkeit, die in solchen Szenen vermittelt wird.

Zusammenfassend lässt sich feststellen, dass Kästners Sprache sowohl der Vielzahl als auch der Neuartigkeit komischer Elemente ihren HUMOR 2 verdankt. Diese Neuartigkeit gewährleistend sind sowohl neue Kombinationen als auch neue Bilder besonders herausragende Techniken seiner HUMOR-Produktion. In Bezug auf die Handlung lassen sich nur wenige Funktionsmuster feststellen. Die Funktion einer komischen Formulierung ist stark vom Einzelfall abhängig und besteht häufig im reinen Spiel, in der Erheiterung, oder in ihrem Beitrag zu Jargon oder Jugendsprache. Allerdings ist auch beim sprachlichen HUMOR 2 eine auffällige Tendenz zur Subversion feststellbar, welche sich ja bereits in der Analyse der komischen Situationen prominent gezeigt hatte. Dass Subversion eine so große Rolle in Kästners kinderliterarischem HUMOR 2 spielt, mag einerseits daran liegen, dass HUMOR als Abweichung von der Norm und Spiel mit Grenzen grundsätzlich etwas Subversives innewohnt. Dies als alleinigen Grund zu betrachten hieße allerdings, die vielen gezielten milden und schärferen Angriffe auf Erwachsene, Benimmregeln oder negative Autoritätsfiguren in unangemessener Weise zu ignorieren. Vielmehr bestätigt sich auch hier, was bereits mehrfach anklang: Subversion ist ein integraler Bestandteil Kästners' Kinderliteratur, durch welche die Leser dazu ermutigt werden, Grenzen infrage zu stellen und zu überschreiten. Die Sprache ist dazu eines der wichtigsten Mittel – nicht nur als Medium, mit dem Figuren und Situationen geschildert und vermittelt werden, sondern auch als eigenes Instrument, im Munde der Figuren und des Erzählers.

Läßt sich daraus was lernen?
Erich Kästner: Emil und die Detektive
EKW VII, S. 300

Fazit
Viel zu lachen, viel zu denken

„Ohne Spaß gibt's nichts zu lachen!“ sagt Erich Kästner durch seine Figur Johann Kesselhuth, und wie gezeigt wurde, gibt es in seinen Kinderbüchern jede Menge zu lachen. Obendrein gibt der kästnersche HUMOR dem Leser auch einiges zu denken. Auf die voranstehende Frage kann man antworten: Ja, es lässt sich daraus was lernen. Es wurde ein besseres Verständnis davon erlangt, was Kästners HUMOR ausmacht und wozu er dient.

Ein Blick zurück: Analyse, Ergebnisse und abschließende Interpretation

Was HUMOR (1 und 2) im Allgemeinen, bzw. kinderliterarischen HUMOR im Besonderen konstituiert, wurde aus verschiedenen Humortheorien der Vergangenheit und Moderne extrahiert, aber auch aus den Hinweisen auf Kästners eigenes Humorverständnis, die uns erhalten sind. So wurden die Spurensuche nach den HUMORvollen Elementen in Kästners Kinderbüchern und die anschließende Analyse der betreffenden Textstellen möglich. Sofort wurde unzweifelhaft deutlich, dass sich die Kinderbücher nachweislich als HUMORvoll bezeichnen lassen: Ausnahmslos alle enthalten HUMOR, und zwar auf fast jeder Seite (wobei die fantastischen bzw. surrealistischen Bücher dank des Wegfalls empirisch-realistischer Grenzen durch eine besonders hohe Anzahl komischer Stellen auffielen).

In Form und Technik erwies sich der kästnersche HUMOR als ausgesprochen vielseitig, wobei er alle Facetten des Textes durchdringt. Bei den drei Grobkategorien, in die die untersuchten Textstellen eingeordnet wurden, handelt es sich genau genommen um verschiedene Ebenen des Textes. Die HUMORistischen Figuren sind ein wichtiger Teil des Inhalts. Die Situationen wiederum *sind* der Inhalt, die Handlung des Textes. Die Sprache ist die elementarste Ebene des Textes, sozusagen sein Körper und seine Form. Tatsächlich lassen sich diese Ebenen auch nicht trennen, wie schon die große Anzahl an Mischformen unter den HUMORvollen Textelementen zeigt. Sie stellen aber Blickwinkel (im Sinne Jerry Palmers) dar, die man bei der Betrachtung des kästnerschen HUMORS einnehmen kann. Daraus ergibt sich ganz natürlich, dass nicht eine der Kategorien per se bedeutender sein kann

als eine andere. Allerdings ist die Untersuchung des sprachlichen HUMORS für die Bestimmung dessen, was man unter Stil versteht, von besonderer Bedeutung, da er sich auf der elementarsten Ebene manifestiert. Auch finden sich hier, teilweise in Kleinigkeiten, wie einer übertriebenen Höflichkeit oder einer versteckten Herabsetzung, die meisten HUMORvollen Elemente. Und obwohl Quantität nicht gleich Qualität ist, so ergibt unter Anderem diese Häufigkeit, die fast durchgehende Produktion komischer Stellen, den Gesamteindruck, den HUMORistischen Stil der Texte. Auch fallen besonders ernsthafte Stellen, etwa die einfühlsamen Beschreibungen kindlichen Kummers, durch die Abwesenheit von HUMOR noch stärker auf, da sie wirkliche Ausnahmen darstellen.
Zusammenfassend ergibt sich die folgende Liste der prominentesten Manifestationen des kästnerschen HUMORS:

- Subversion (im Sinne eines konkreten Regel- oder Normbruchs)
- Spiel (als situationsbedingter HUMOR 2 oder auf sprachlicher Ebene)
- Neue Kombination inkongruenter Elemente (ebenfalls auf situativer wie auf sprachlicher Ebene)
- Figuren, die HUMOR 1 zeigen

Die wichtigsten Funktionen, die sich in allen drei Kategorien, Figuren, Situationen und Sprache, immer wieder zeigten, sind:

- Subversion (im Sinne des Aufbegehrens gegen Regeln)
- Vermittlung von Kritik – einerseits als Subversion, andererseits abgeschwächt durch HUMOR 2 und dadurch kindgerechter
- Demonstration von HUMOR 1 als Lebenseinstellung
- Anregung der Kreativität durch Spiel und Inkongruenzen
- Unterhaltung

Das verspielte Ausprobieren der sprachlichen Grenzen und Möglichkeiten machen einen bedeutenden Teil von Kästners Stil aus. In ihnen äußert sich ein kreativ-virtuoser Umgang mit Sprache, der auch dem Leser die verschiedenen Bedeutungen ins Bewusstsein ruft und so das Verständnis der Sprache vertieft und zum kreativen Umgang mit ihr animiert. Dieser manifestiert sich auch in den vielen Bildern, die als hypothetische Situationen, Übertreibungen, Metaphern oder Vergleiche in den Büchern auftreten. Einerseits tragen sie zur Gestaltung der Figurenrede und damit der entsprechenden Charaktere bei. Wenn Beutler etwa von der „bildhaft-konkreten" Redeweise Gustavs spricht, so meint er damit unter Anderem solche originellen Bilder wie dessen Beschreibung des Diebes: „‚[…] Ohren, durch die der Mond scheinen kann […]'".[683] Das evozierte Bild ist geradezu absurd, aber es vermittelt einen guten Eindruck vom Gemeinten und entspricht dem lockeren, zur Übertreibung neigenden Stil der Figur. Ganz ähnlich funktioniert der HUMOR 2 der neuen Kombinationen, etwa die negierte Vorstellung von Walfischen mit Fenstern.[684] Da derartige Ausdrücke und Bilder ungewöhnlich und in vielen Fällen völlig neu erdacht sind, sind sie ein markanter Teil von Kästners eigenem Stil, der in den Bildern über die (semantischen) Grenzen der Alltagssprache hinausgeht.

Dieses entscheidende Element, das Überschreiten von Grenzen, ist auch im situationsbedingten HUMOR 2 präsent. Im Spiel und durch Verkleidung, durch Norm- und Regelbrüche oder in nicht-realistischen Situationen werden die Grenzen des Normalen bewusst und häufig mit subversiver Intention überschritten. Bei Missgeschicken, Streichen oder ebenfalls in nicht-realistischen Situationen erfolgt der Regelbruch unfreiwillig oder völlig von außen her, durch Dritte oder durch die gegebenen Umstände. Gerade surrealistische und absurde Situationen können aber auch von der reinen Fabulierlust zeugen. Die Subversion des situativen HUMORS kann sich demnach gegen Menschen und Instanzen sowie deren Regelsysteme richten, aber auch gegen die Normalität selbst oder besser: ihre Wahrnehmung richten.

So kann auch Kritik HUMORvoll vermittelt werden. Indem etwas als lächerlich dargestellt wird, kann es infrage gestellt und unterminiert werden, ohne dass Angst oder Aggression die Oberhand gewinnen, wie bei der Kriegskritik in *35. Mai*. Auf der sprachlichen Ebene funktioniert dies mit HUMORvollen Herabsetzungen in Form einer Anspielung oder eines komischen Schimpfnamens. Hier wie auch in den entsprechenden Situationen, ist der HUMOR 2 einerseits die Kritik selbst, indem er die fraglichen Sachverhalte oder die Personen herabsetzt, andererseits wird die Kritik durch ihre HUMORvolle Präsentation abgemildert. Auf eben dieselbe Weise funktioniert die HUMORvolle Darstellung negativer komischer Figuren. Die HUMORvolle Überzeichnung körperlicher Mängel oder die Behandlung durch andere Figuren (denen sie unterlegen sind) mildert potentielle Angst oder Empörung des Lesers. Die Aufmerksamkeit richtet sich mehr auf ihre Fehler und Schwächen als auf ihre Bosheit. Über den Text hinaus lässt sich diese Darstellung der versöhn-

683 Vgl. *Emil 1*, S. 269 und Beutler 1976, S. 176.

684 Vgl. *Konferenz*, S. 275.

ten Gegenspieler deshalb auch als Aufforderung dazu verstehen, denen, die versagt haben, eine zweite Chance zu geben.
In den Pünktchen- und Brausewetter-Typen äußerst sich das Menschliche und allzu Menschliche auf HUMORvolle, dabei aber äußerst lebensnahe Weise. Während die ersten ihre Umwelt spielerisch erkunden und Benimmregeln mit teilweise überbordender Phantasie überschreiten, stellen letztere, in vielfältiger Weise, eine HUMORvolle Mischung ernst zu nehmender und geachteter Erwachsener und unübersehbar merkwürdiger Eigenheiten dar. In ihrer Darstellung liegt eine weitere Spezialität des kästnerschen HUMORS: Menschliche Eigenheiten werden komisch hervorgehoben, aber gutmütig belacht, auch wenn es sich eher um Schwächen handelt. Besonders schön werden in *Konferenz* solche menschlichen Schwächen mit den Tiergestalten verbunden. Obwohl die Tiere besser, humaner als die (erwachsenen) Menschen selbst sind, empfinden auch sie Eitelkeit, Ungeduld oder Abneigung gegen unangenehme Verschönerungsprozeduren. Dies wirkt einerseits komisch, lässt aber gerade deshalb auch Verständnis für diese kleinen Schwächen zu. Die Lebenskunst des HUMORS 1 repräsentieren am deutlichsten die Figuren des Großmutter-Typs. Damit verkörpern sie zwei der „vier archimedischen Punkte", welche Kästner im gleichnamigen Aufsatz[685] als unverzichtbar für die Erziehung dargestellt hatte: Sie sind Vorbilder (Punkt 2) eben für HUMOR 1 (Punkt 4). In ihnen erfüllt Kästner also einen wichtigen Teil seines pädagogischen Konzepts.
Schließlich muss noch einmal betont werden, dass HUMOR 2 nicht zuletzt der Unterhaltung dient und dass diese Funktion nicht gering zu schätzen ist. Mit ihr trägt der HUMOR 2 zur Attraktivität des Textes und zur Leser-Text-Bindung bei, schafft also eine wichtige Motivation zum Lesen überhaupt. Gerade in der Dominanz dieser wissenschaftlich schwer (aber nicht unmöglich) zu beschreibenden Elemente des Spiels und der Unterhaltung sowie in der (besser nachzuweisenden) Kreativität und Originalität liegt das Geheimnis des leichtfüßigen kästnerschen HUMORS – und der anhaltende Erfolg seiner Bücher. Dass Kästner dies selber ähnlich sah und sich für HUMOR 2 in der Literatur genauso einsetzte wie für HUMOR 1 im Leben, spricht er im Vorwort zu *Heiterkeit in Dur und Moll* mit der Klage über die Einäugigkeit der deutschen Literatur, der „[d]as lachende Auge fehlt"[686], deutlich aus.
Wir sehen, dass Kästners HUMOR 2 in einer langen literarischen Tradition steht und sich auch mit Begriffen beschreiben lässt, die aus den

---

[685] Vgl. „Die vier archimedischen Punkte" in *Die kleine Freiheit*, EKW II, S. 281–284.

[686] Vgl. *Heiterkeit in Dur und Moll*, S. 21 sowie Kapitel I 3.1.

Theorientraditionen der HUMORforschung zu entlehnen sind. Er selbst weist darauf hin, dass er sich in einer literarischen Tradition sieht, die von Jean Paul mit geprägt ist. Unverwechselbar wird der kästnersche HUMOR 2 aber nicht durch die Techniken als solche, und nicht einmal durch seine Funktionen, wiewohl diese ganz Kästners pädagogischem Konzept entsprechen. Die Einzigartigkeit liegt in den einzelnen Manifestationen, den konkreten Normabweichungen und der originellen Wahl der tatsächlichen Elemente einer Inkongruenz, welche den Leser immer wieder überraschen. Schon auf der elementaren Sprachebene manifestiert sich immer wieder besonders origineller HUMOR (2) in seinen neuen Kombinationen – etwa das „vorbildliche“ Ducken der Detektive in *Emil 1*[687] – worin sich die untrennbare Verbindung des kästnerschen Stils mit kästnerschem HUMOR offenbart. Die Virtuosität und gar eine gewisse Universalität seines HUMORvollen Sprachgebrauchs zeigt sich zudem in gewissen ironischen Stellen, deren erotische Färbung eher erwachsene Leser anspricht. Während Steck-Meier derartige Anspielungen als ungeeignet für Kinder verurteilt, sieht die Verfasserin dieser Arbeit hier vielmehr eine Doppeladressierung. Wenn etwa Reinhold der Stier sich in *Konferenz* „eine hübsche bunte Kuh“ zur Gesellschaft wünscht[688], so ist dies für Erwachsene amüsant, während die sexuelle Implikation dem kindlichen Leser verborgen bleiben dürfte.

Das vielleicht wichtigste Schlüsselelement des kästnerschen HUMORS und seines pädagogischen Anspruchs jedoch ist die Subversion. Es ist kein Zufall, dass sie sowohl als Manifestation wie auch als Funktion auftritt, denn in beiderlei Hinsicht ist sie unverzichtbar für das kästnersche Wertesystem und daher von enormer Relevanz für seine Kinderliteratur. Die Ambivalenz, mit der Kästner subversive Elemente einsetzt, kann zunächst etwas verwirrend sein. Bereits bei der Analyse der komischen Figuren[689] wurde deutlich, dass Kästners Kinderliteratur sowohl integrativ als auch emanzipatorisch ist, wobei ein Übergewicht zugunsten der integrativen Funktion besteht. Bei dieser Einordnung ist zu beachten, dass diese beiden Kategorien sich in der Literaturwissenschaft normalerweise auf einen gesellschaftlichen Status Quo beziehen, der (integrativ) erhalten oder (emanzipatorisch) verändert werden soll. Kästner aber, der sich als „Urenkel der deutschen Aufklärung“[690] verstand, propagiert in seinem Werk die aufklärerischen Werte, unabhängig

687 *Emil 1*, S. 258.

688 Vgl. *Konferenz*, S. 285 sowie Kapitel II 3.4 in dieser Arbeit.

689 Vgl. Kapitel II 2.6.

690 Vgl. „Kästner über Kästner“ (1949) in *Die Kleine Freiheit*, EKW II, S. 326.

davon, ob sie bereits Teil der gesellschaftlichen Realität sind oder nicht. So ist seine Kinderliteratur größtenteils integrativ, da Tugenden wie Vernunft, Fleiß, Disziplin, Ehrlichkeit, Loyalität, Einfallsreichtum, Kritik und Kritikfähigkeit, wenn auch nicht immer verwirklicht, so doch von der Allgemeinheit geschätzt werden. Zudem sind sie nicht nur die kleinbürgerlichen Werte Kästners eigener Erziehung, sondern auch Faktoren, die seinen eigenen Erfolg als Schriftsteller mitbegründen, sie haben sich also in seiner Erfahrung praktisch bewährt. Insofern überrascht es nicht, dass er versucht, sie seinen jungen Lesern zu vermitteln. Wo Kästner Zustände angreift, beispielsweise Unfrieden, Ungerechtigkeit auf der Welt oder wie zur Entstehungszeit des *35. Mai* eine Glorifizierung der Vergangenheit, ist oder war seine Literatur emanzipatorisch. Dies ist ein Schlüsselpunkt von Kästners pädagogischem Konzept, und hier liegt auch der Grund für die unterschiedlichen Bewertungen von seinen Weltentwürfen seitens der Forschung. Wer wie etwa Marianne Bäumler (1984) die Entwürfe einer gerechten, friedlichen und vernunftregierten Welt als von Kästner dargestellten Status Quo auffasst, muss sie freilich als naiv und geradezu gefährlich geschönt beurteilen.[691] Richtet man aber das Augenmerk auf die im HUMOR 2 überschrittenen Grenzen und betrachtet man die Entwürfe als anzustrebende (nicht zu erreichende Ideale), so versteht man sie als Befreiung der Phantasie und des Geistes vom Alltag.

In der Literatur eröffnet sich die Möglichkeit, die alltäglichen Normen zu erproben, sowohl im ganz kleinen Rahmen als auch in einem universellen. In den Schülerstreichen in *Klassenzimmer* erhalten die Normen durch den Bruch gleich ihre Bestätigung zurück: Es gehört sich nicht, Schüler in Papierkörben unter der Decke aufzuhängen. (Es ist aber, wenigstens für Unbeteiligte, lustig.) Das große Szenario des Weltfriedens, den die Tiere in *Konferenz* erreichen, zeigt die Missstände unserer bis heute gegenwärtigen Normalität des Krieges und der Not auf. Entscheidend ist, dass Grenzen im Kopf überschritten werden, gefahrlos und HUMORvoll, so dass sich der Leser gern darauf einlässt. Und Grenzen zu überschreiten ist von allergrößter Wichtigkeit, denn nur dadurch ist Entwicklung irgendeiner Form möglich. Kästner propagiert keine generelle Abkehr von traditionellen Werten und Normen. Aber er lädt auf spielerische Weise dazu ein, Normen zu hinterfragen. So ist auch nicht zu vernachlässigen, dass gerade absurde und phantastische komische Situationen, aber auch Nonsens-Handlungen, wie die Verkleidungen Pünktchens oder Emils und seiner Detektive in *Emil 2*,

691 Ähnliche Kritik äußert auch Andreas Drouve in *Erich Kästner: Moralist mit doppeltem Boden*. (1993).

nicht nur HUMOR 2 darstellen, sondern auch Manifestationen einer regen Phantasie sind. Sie laden den Leser nicht nur zum Austesten und Überschreiten von Grenzen ein, sondern auch dazu, der eigenen Phantasie freien Lauf zu lassen, wobei beides eng zusammenhängt. Mithilfe ihrer Phantasie entdecken Kinder die Welt um sich herum, finden Erklärungen und lösen Konflikte. Kästners Kinderbücher gestehen der Phantasie ihren Raum zu, und regen so den kindlichen Leser zur freien Entwicklung an. Die Ansicht, dass (nicht nur) Kinder Grenzen brauchen, spiegelt sich in Kästners kinderliterarischem Werk wider, indem die kindlichen Figuren, insbesondere die des Musterknaben-Typs, sich sehr wohl mit den Konsequenzen ihres Handelns auseinandersetzen. Aber sie sollen Grenzgänger sein, keine Gefangenen der Konvention.

Ein Blick voraus: Neue Pfade für die Kästnerforschung

Sind damit Antworten auf alle Fragen hinsichtlich des kästnerschen HUMORS gefunden? Bei Weitem nicht. Die vorliegende Arbeit liefert ein System zur Identifizierung und Klassifizierung der Manifestationen kästnerschen HUMORS sowie die Bestimmung und Einordnung seines Stils. Allein die gesammelten komischen Elemente ließen sich jedoch noch weiter im Detail untersuchen. Es lässt sich ohne Übertreibung sagen, dass man zu jeder einzelnen Kategorie von Figur, Sprache oder Form eine Diplom- oder Magisterarbeit schreiben könnte. Die hier erstellten Kategorien könnten noch weiter ausgebaut werden. In zusätzlichen Unterkategorien wären noch detaillierte Unterschiede und Nuancen innerhalb der genannten Formen zu erfassen. Daraus könnten sich auch weitere Anregungen zur Textinterpretation ergeben.

Über den Text hinaus wäre auch eine Analyse der Illustrationen von Walter Trier und Horst Lemke lohnend. Zwar sind sie keine eigenständigen Bildwitze, sondern sie ergänzen den Text.[692] Allerdings bieten sich zahlreiche liebevolle Details zur Untersuchung an.[693]

Ganz abgesehen davon wurden in der vorliegenden Analyse noch nicht alle Kinderbücher Kästners berücksichtigt. Die gleiche Methodik und das hier erarbeitete Kategoriensystem ließen sich freilich auch auf die

692 Zur Kategorisierung von Illustrationen vgl. Gruß 1994.

693 Man denke nur an Triers ausladende Bilder in *Konferenz*, oder die frappante Ähnlichkeit mit Kästner, mit der Lemke den Professor Jokus von Pokus gestaltet hat. Perry Nodelman bietet in *Words About Pictures* (1988) interessante Einsichten zur „Narrative Art of Children's Picture Books" und wäre ein geeigneter Ausgangspunkt für eine Untersuchung.

Nacherzählungen[694] anwenden, wobei die Untersuchung von Veränderungen gegenüber den Originalen, eventuelle Wechsel der Blickrichtung durch HUMOR oder neue Methoden der HUMORproduktion besonders interessant wären.[695] Auch der HUMOR der Gedichte in *Arthur mit dem langen Arm* (1930) und *Das verhexte Telefon* (1930) ließen sich mit den hier erstellten Kategorien untersuchen. Dabei wären zusätzlich spezifisch lyrische Stilmittel zu berücksichtigen.
Da in der vorliegenden Arbeit Wert darauf gelegt wurde, eine breite Basis für das HUMORverständnis zu schaffen und die theoretische Grundlage nicht auf kinderliterarischen HUMOR begrenzt wurde, könnte mit der gleichen Methodik auch Kästners Werk für Erwachsene untersucht werden.[696] (Immerhin entstammt nichts weniger als die Titelzeile dieses Buches, welche den Reiz von HUMOR so wunderbar ausdrückt, dem Roman *Drei Männer im Schnee.*) Es wäre außerdem interessant, HUMORvolle Elemente auch in nicht vorwiegend komischen Werken wie etwa *Fabian* zu untersuchen und ihre Bedeutung innerhalb der ernsten Literatur zu erforschen. In dieser Hinsicht könnten auch das autobiographische Kinderbuch *Als ich ein kleiner Junge war* und der Kurzgeschichtenband *Das Schwein beim Friseur* untersucht werden, die in der vorliegenden Arbeit ausgelassen wurden. Über Prosa, Lyrik und Drama hinaus beschäftigte sich Erich Kästner auch stark mit dem zu seiner Zeit ganz neuen Medium Film. Die von ihm verfassten Drehbücher wären ebenso eine Untersuchung wert wie die Verfilmungen seiner Kinderbücher. Letztere ließen sich hinsichtlich ihres Verhältnisses zur Buchvorlage und des Einsatzes filmischer Gestaltungsmittel zur HUMOR-Produktion analysieren. Auch könnte man Vergleiche zwischen älteren und neueren Verfilmungen, beispielsweise von *Emil 1* oder *Klassenzimmer,* anstellen. Dies liegt heute umso näher, als vielen jungen Rezipienten die Filme eher als die Bücher ein

---

694 *Till Eulenspiegel* (1938), *Der gestiefelte Kater* (1950), *Münchhausen* (1951), *Die Schildbürger* (1956), *Don Quichotte* (1956) und *Gullivers Reisen* (1961).

695 Zu *Gullivers Reisen* und seinem Verhältnis zu Swifts Vorlage vergleiche Stefanie Weber (2004): „Erich Kästner and Gulliver. Of Little People and Big Follies." In: Susan Tebbutt / Joachim Fischer (Hg.): *Intercultural Connections within German and Irish Children's Literature.* (= Irish-German Studies / Deutsch-irische Studien, Vol. 3. Trier: Wissenschaftlicher Verlag Trier), S. 61–76.

696 Dazu böten sich die komischen Romane *Drei Männer im Schnee*, *Die verschwundene Miniatur* und *Der kleine Grenzverkehr* an, aber auch die satirischen Gedichte stellen ein fruchtbares Feld für die HUMORforschung dar. Neuhaus spricht in seiner Arbeit zu „Erich Kästners Mitarbeit an Theaterstücken unter Pseudonym" das Feld der Komik in diesem Bereich an und beklagt die Missachtung, welche die Komödie im Allgemeinen erfährt. Vgl. Neuhaus 2000, S. 10ff.

Begriff sind. Dementsprechend wäre auch eine Untersuchung der Hörspiele nach Kästners Kinderbüchern wünschenswert.
Der vorliegende breite Ansatz bietet außerdem Möglichkeiten für die Komparatistik. Emer O'Sullivan hat in ihrem umfassenden Werk zur kinderliterarischen Komparatistik (2000) auch ein Unterkapitel der kinderliterarischen Komik gewidmet, in dem sie diese als ästhetische Komponente einordnet. In diesem Bereich wären ausführlichere Untersuchungen denkbar. Palmer hat dargestellt, wie sehr sich HUMOR 2 kulturspezifisch unterscheiden kann. Gerade die Übertragung von HUMOR 2 zwischen verschiedenen Sprachen und Kulturräumen ist damit ein ebenso schwieriges wie interessantes Forschungsfeld.
Es gibt also noch reichlich Arbeit, sowohl aufgrund der noch zu erforschenden Literatur als auch bedingt durch die ungeheure Komplexität des Phänomens HUMOR. Tatsächlich beschlich die Verfasserin während dieser Arbeit mehrmals der Verdacht, dass HUMOR unter anderem deshalb vergleichsweise wenig erforscht ist, weil er sich nur bis zu einem gewissen Grad wissenschaftlich objektiv beschreiben lässt. Obgleich man Techniken, Funktionen und auch Reaktionen recht genau beschreiben kann, so bleibt das Lachen über den HUMOR 2 ebenso wie der Witz des HUMORS 1 selbst immer emotional und entzieht sich insofern ein Stück weit der wissenschaftlichen Neutralität. Dennoch sollte dieses letzte Geheimnis des HUMORS die Literaturwissenschaftler nicht abschrecken, sondern noch mehr als bisher ihre Neugier wecken. Wie die Schönheit liegt auch HUMOR zu einem Teil im Auge des Betrachters. Und wie die Schönheit ist er nicht das einzige, aber ein unverzichtbares Element der Lust am Lesen. Wie gesagt:

„Ohne Spaß gibt's nichts zu lachen!"

Anhang

Diagramme zum Korpus

Verteilung der verschiedenen Humor-Kategorien in den einzelnen Kinderbüchern

Emil 1

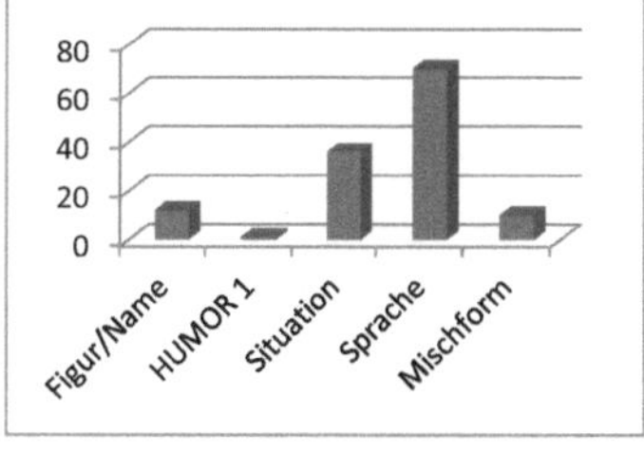

Emil 2

Pünktchen

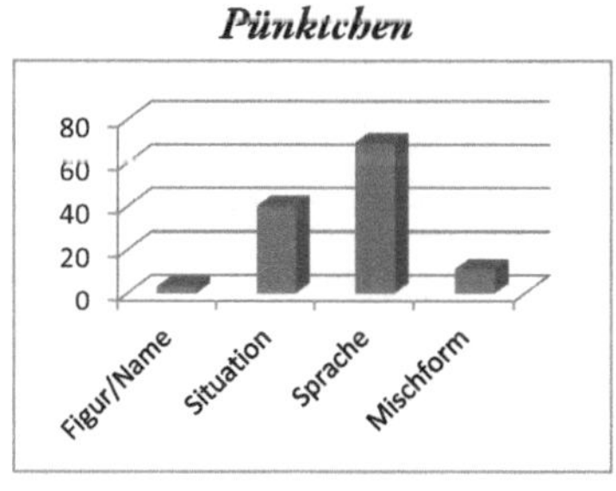

35. Mai

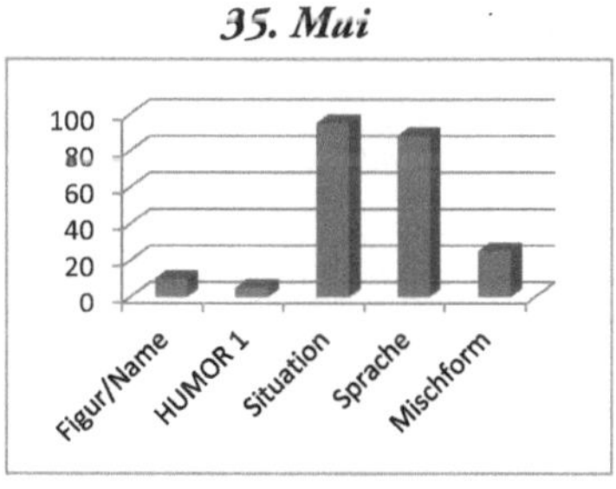

Klassenzimmer

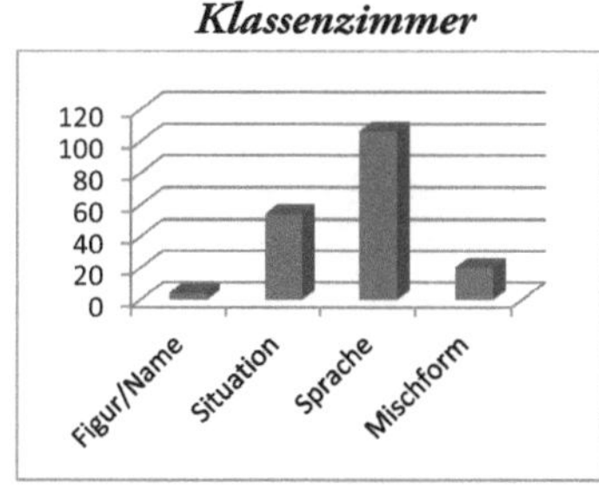

Lottchen

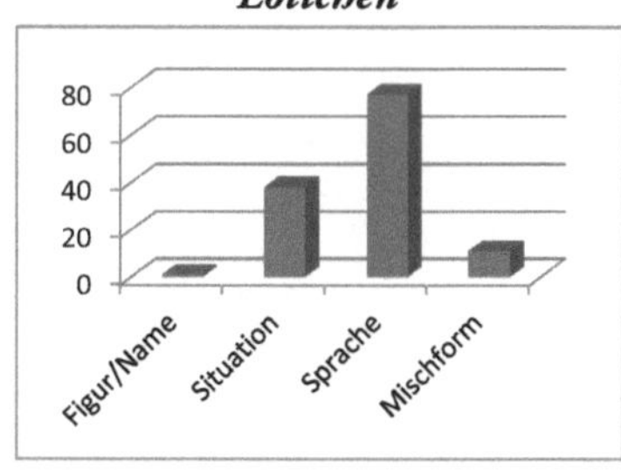

Konferenz

40
30
20
10
0
Figur/Name
Situation
Sprache
Mischform

Kleiner Mann 1

250
200
150
100
50
0
Figur/Name
HUMOR 1
Situation
Sprache
Mischform

Kleiner Mann 2

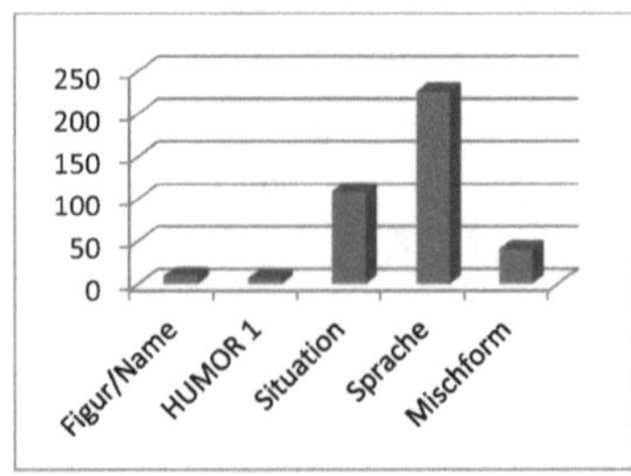

Quellen- und Literaturverzeichnis

Primärliteratur

Erich Kästner: Werkausgabe in neun Bänden. Hg.v. Franz Josef Görtz. München: Hanser 1998 (Abgekürzt: EKW).

Untersuchte Texte (Reihenfolge wie in EKW gedruckt):

Erich Kästner (1929): *Emil und die Detektive.* In: EKW Bd. VII.

Erich Kästner (1935): *Emil und die drei Zwillinge.* In: EKW Bd. VII.

Erich Kästner (1931): *Pünktchen und Anton.* In: EKW Bd. VII.

Erich Kästner (1932): *Der 35. Mai oder Konrad reitet in die Südsee.* In: EKW Bd. VII.

Erich Kästner (1933): *Das fliegende Klassenzimmer.* In: EKW Bd. VIII.

Erich Kästner (1949): *Das doppelte Lottchen.* In: EKW Bd. VIII.

Erich Kästner (1949): *Die Konferenz der Tiere.* In: EKW Bd. VIII.

Erich Kästner (1963): *Der kleine Mann.* In: EKW Bd. VIII.

Erich Kästner (1967): *Der kleine Mann und die kleine Miss.* In: EKW Bd. VIII.

Weitere Quellen

Erich Kästner (1927): *Die Jugend als Vorwand.* In: Rund um die Plakatsäulen. In: EKW Bd. VI, S. 61 – 64.

Erich Kästner (1928): *Herz auf Taille.* In: EKW Bd. I.

Erich Kästner (1929): *Lärm im Spiegel.* In: EKW Bd. I.

Erich Kästner (1932): *Gesang zwischen den Stühlen.* In: EKW Bd. I.

Erich Kästner (1943): *Kurz und bündig.* In: EKW Bd. I.

Erich Kästner (1946): *Bei Durchsicht meiner Bücher.* In: Vermischte Beiträge III. München / Zürich: Droemer Knaur 1969 (= Gesammelte Schriften für Erwachsene, Bd. 8), S. 198–200.

Erich Kästner (1947): *Über das Auswandern.* In: Der tägliche Kram. EKW Bd. II, S. 99–101.

Erich Kästner (1949): *Kästner über Kästner.* In: Die kleine Freiheit. In: EKW Bd. II, S. 323–328.

Erich Kästner (1951): *Der Titel des Programms.* In: Die kleine Freiheit. In: EKW Bd. II, S. 189.

Erich Kästner (1952): *Die vier archimedischen Punkte.* In: Die kleine Freiheit. EKW Bd. II, S. 281–284.

Erich Kästner (1952): *Ansprache zum Schulbeginn.* In: Die kleine Freiheit. EKW Bd. II, S. 194–198.

Erich Kästner (1953): *Jugend, Literatur und Jugendliteratur.* In: Reden und Vorreden. In: EKW Bd. VI, S. 602–612.

Erich Kästner (1957): *Als ich ein kleiner Junge war.* In: EKW Bd. VII.

Erich Kästner (Hg.) (1958): *Heiterkeit in Dur und Moll. Deutscher Humor gesammelt von Erich Kästner. Band 1: Von Wilhelm Busch bis Bertolt Brecht.* Frankfurt a.M. / Berlin / Wien: Ullstein 1972.

Erich Kästner (1961): *Gullivers Reisen.* In: EKW Bd. IX.

Erich Kästner (1966): *Einiges über Kinderbücher.* In: Vermischte Beiträge III. München / Zürich: Droemer Knaur 1969 (= Gesammelte Schriften für Erwachsene, Bd. 8), S.330–333.

Gottfried August Bürger (1815): Münchhausen. Stuttgart: Reclam 1986.

Vera Leon (Hg.): Ohne Liebe wär' ich futsch. Kinder reden über alles. München: dtv 1995.

René Rilz (Hg.): *Kunterbunter Liedergarten. Ein Strauß schöner alter Kinderlieder.* Bayreuth: Loewe Verlag 1977.

Archivmaterial (Aus dem Kästner-Nachlass im Deutschen Literaturarchiv, Marbach am Neckar [DLA]):

Kästner, Erich: *Manuskript zu „Gullivers Reisen“.* Standort: DLA. Signatur: A:Kästner, 1960.

Kästner, Erich: *Brief an Luiselotte Enderle*, 01.04. 1966. Standort: DLA. Signatur: A:Kästner.

Kästner, Erich: *Postkarten an Ida Kästner.* Standort: DLA. Signatur: A: Kästner / Korrespondenz.

Kästner, Erich: *Notizen auf Kalenderblättern für Elfriede Mechnig.* Standort: DLA. Signatur: A:Kästner Zugang 2002 / Verschiedenes / Konvolut.

Kästner, Erich: *Susannes Kindermund.* Standort: DLA. Signatur: A: Kästner / Verschiedenes / Konvolut Stoffe. Mappe 1 (Stoffe I 1934).

Kästner, Erich: *Stoffsammlung.* Standort: DLA. Signatur: A:Kästner / Verschiedenes / Konvolut Stoffe. Mappe 2, 1. Februar 1941.

Sekundärliteratur

1. Zu Erich Kästner

Biografien

Bemmann, Helga: *Erich Kästner. Leben und Werk.* Frankfurt a.M.: Ullstein 1994.

Enderle, Luiselotte: *Erich Kästner in Selbstzeugnissen und Bilddokumenten.* Reinbek bei Hamburg: Rowohlt 1997 (= rororo Bildmonografien 50120).

Görtz, Franz Josef / Sarkowicz, Hans: *Erich Kästner. Eine Biographie.* München / Zürich: Piper 1998.

Hanuschek, Sven: *Keiner blickt dir hinter das Gesicht. Das Leben Erich Kästners.* München: Hanser 1999.

Kiesel, Helmuth: *Erich Kästner.* München: Beck 1981.

Schikorsky, Isa: *Erich Kästner.* München: DTV 1998.

Monografien

Armbröster-Groh, Elvira: *Der moderne realistische Kinderroman*. Frankfurt a.M. u.a.: Lang 1997 (= Kasseler Arbeiten zur Sprache und Literatur. Anglistik-Germanistik-Romanistik, Bd. 21).

Bäumler, Marianne: *Die aufgeräumte Wirklichkeit des Erich Kästner.* Köln: Prometh 1984.

Beutler, Kurt: *Erich Kästner. Eine literaturpädagogische Untersuchung.* Berlin: Beltz 1967.

Dolle-Weinkauf, Bernd: *Erich Kästners weltweite Wirkung als Kinderschriftsteller. Studien zur internationalen Rezeption des kinderliterarischen Werks.* Frankfurt a.M. u.a.: Lang 2002.

Drouve, Andreas: *Erich Kästner: Moralist mit doppeltem Boden*. Marburg: Tectum 1993.

Ebbert, Birgit: *Erziehung zu Menschlichkeit und Demokratie.* Frankfurt a.M. u.a.: Lang 1994.

Enderle, Luiselotte (Hg.): *Mein liebes, gutes Muttchen, du. Dein oller Junge. Briefe und Postkarten aus 30 Jahren*. München: Knaus 1981.

Ewers, Hans-Heino / Nassen, Ulrich / Richter, Karin / Steinlein, Rüdiger (Hg.): *Kinder- und Jugendliteraturforschung 1998/99. Erich Kästner 100 Jahre.* Stuttgart / Weimar: Metzler 1999.

Flothow, Matthias (Hg.): *Erich Kästner. Ein Moralist aus Dresden.* Leipzig: Evangelische Verlags-Anstalt [2]1995.

Harbusch, Ute: *Emil, Lottchen und der Kleine Mann. Erich Kästners Kinderwelt.* Marbach: Deutsche Schillergesellschaft [2]1999(= Marbacher Magazin 86/1999).

Haywood, Susanne: *Kinderliteratur als Zeitdokument. Alltagsnormalität der Weimarer Republik in Erich Kästners Kinderromanen.* Frankfurt a.M.: Lang 1998.

Kirsch, Petra: *Erich Kästners Kinderbücher im geschichtlichen Wandel: Eine literaturhistorische Untersuchung.* Dissertationsschrift, München 1986.

Neuhaus, Stefan: *Das verschwiegene Werk. Erich Kästners Mitarbeit an Theaterstücken unter Pseudonym.* Würzburg: Königshausen & Neumann 2000.

Steck-Meier, Esther: *Erich Kästner als Kinderbuchautor. Eine erzähltheoretische Analyse.* Bern u.a.: Lang 1999.

Unselbstständige Literatur

Grenz, Dagmar: *Erich Kästners Kinderliteratur in ihrem Verhältnis zu seiner Literatur für Erwachsene. Am Beispiel eines Vergleichs zwischen „Fabian" und „Pünktchen und Anton".* In: Maria Lypp (Hg.): Literatur für Kinder. Studien über ihr Verhältnis zur Gesamtliteratur. Göttingen, 1977 (Zeitschrift für Literaturwissenschaft und Linguistik, Beiheft 7), S. 155–169.

Haywood, Susanne: *Die Mädchen- und Frauenfiguren in Erich Kästners frühen Kinderromanen vor dem Hintergrund der sozialen Verhältnisse in der Weimarer Republik.* In: Hans-Heino Ewers / Ulrich Nassen / Karin Richter / Rüdiger Steinlein (Hg.): Kinder- und Jugendliteraturforschung 1998/99. Erich Kästner 100 Jahre. Stuttgart / Weimar: Metzler 1999, S. 70–87.

Karrenbrock, Helga: *Erich Kästners kinderliterarische Anfänge.* In: Hans-Heino Ewers / Ulrich Nassen / Karin Richter / Rüdiger Steinlein (Hg.): Kinder- und Jugendliteraturforschung 1998/99. Erich Kästner 100 Jahre. Stuttgart / Weimar: Metzler 1999, S. 29–40.

Klüger, Ruth: *Korrupte Moral: Erich Kästners Kinderbücher.* In: Dies.: Frauen lesen anders. München: DTV 1997, S. 63–82.

Mattenklott, Gundel: *Erich Kästner und die Kinder.* In: Matthias Flothow (Hg.): Erich Kästner. Ein Moralist aus Dresden. Leipzig: Evangelische Verlags-Anstalt [2]1995, S. 60–72.

Neuhaus, Stefan[(a)]: *Schlechte Noten für den Schulmeister. Der Stand der Erich-Kästner-Forschung.* In: Literatur in Wissenschaft und Unterricht 32, Heft 1 1999, S. 43–71.

Neuhaus, Stefan[(b)]: *Der unterschätzte Autor. Plädoyer für eine Entdeckung Erich Kästners durch die Germanistik.* In: Moderna Sprak XCIII, H. 1 1999, S. 53–58.

Neuhaus, Stefan[c]: *Erich Kästner und der Nationalsozialismus. Am Beispiel des bisher unbekannten Theaterstücks* Gestern, heute und morgen *(1936) und des Romans* Drei Männer im Schnee *(1934).* In: Wirkendes Wort 49 1999, S. 372–387.

Neuhaus, Stefan[d]: *Kennen Sie Kästner? Hier werden Sie ihn kennenlernen!* Auf: http://www.literaturkritik.de/public/rezension.php?rez_id=16&ausgabe=199901 (= literaturkritik.de, H.1 1999); 25.08. 2013.

Reich-Ranicki, Marcel: *Herr Kästner, seelisch verwendbar.* In: Ders.: Mein Leben. München: DTV ^{2}2003, S. 36–46.

Schikorsky, Isa: *Literarische Erziehung zwischen Realismus und Utopie – Erich Kästners Kinderroman >Emil und die Detektive<.* In: Bettina Hurrelmann (Hg.): Klassiker der Kinder- und Jugendliteratur. Frankfurt a.M.: Fischer 1995, S. 216–233.

Schmideler, Sebastian: *„Vom Zweibeiner bis zum Tausendfüßler" – Tierdarstellungen im Werk Erich Kästners. Ein Bestiarium.* In: Sebastian Schmideler / Johan Zonneveld (Hg.): Erich Kästner – so noch nicht gesehen. Impulse und Perspektiven. Marburg: Tectum 2012, S. 205–243 (= Erich Kästner Studien Bd. 1, hg. v. denselben).

Tebbutt, Susan: *Peace Parable Picture Book: Erich Kästner's ‚Die Konferenz der Tiere'.* In: Clare Flanagan / Stuart Taberner (Hg.): German Monitor 1949/1989 Cultural perspectives on division and unity in East and West. Amsterdam / Atlanta: Rodopi 2000, S. 73–86.

Wild, Inge: *Die Phantasie vom vollkommenen Sohn. Erich Kästners Familiengeschichte / Familiengeschichten in psychoanalytischer Sicht.* In: Hans-Heino Ewers / Ulrich Nassen / Karin Richter / Rüdiger Steinlein (Hg.): Kinder- und Jugendliteraturforschung 1998/99. Erich Kästner 100 Jahre. Stuttgart / Weimar: Metzler 1999, S. 50–69.

2. Weitere Forschungsliteratur

Monografien

Anz, Thomas: *Literatur und Lust.* München: DTV 2002.

Aristoteles: *Über die Seele*. Griechisch-Deutsch. Mit Einleitung, Übersetzung (nach W. Theiler) und Kommentar hg. v. Horst Seidl. Hamburg: Meiner 1995 (= Philosophische Bibliothek 476).

Aristoteles[a]: *Nikomachische Ethik*. Übersetzt und herausgegeben von Manfred Fuhrmann. Stuttgart: Reclam 2001.

Aristoteles[b]: *Poetik*. Griechisch-Deutsch. Übersetzt und herausgegeben von Manfred Fuhrmann. Stuttgart: Reclam 2001.

Bachmeier, Helmut (Hg.): *Texte zur Theorie der Komik.* Stuttgart: Reclam 2005.

Bachtin, Michail (1965): *Literatur und Karneval. Zur Romantheorie und Lachkultur.* München: Ullstein 1985.

Bergson, Henri (1900): *Das Lachen.* Deutsch von Julius Frankenberger und Walter Fränzel. München: Hugendubel 2005.

Blackburn, Simon (1994): *The Oxford Dictionary of Philosophy.* Oxford: Oxford University Press.

Bremmer, Jan / Roodenburg, Herman (Hg.): *Kulturgeschichte des Humors von der Antike bis heute.* Darmstadt: Wissenschaftliche Buchgesellschaft 1999.

Dencker, Klaus Peter: Deutsche Unsinnspoesie. Stuttgart: Reclam 1978.

Doderer, Klaus: *Geschichte des Kinder- und Jugendtheaters zwischen 1945 und 1970. Konzepte, Entwicklungen, Materialien.* Frankfurt a.M. u.a.: Lang 1995.

Doderer, Klaus (Hg.): *Lexikon der Kinder- und Jugendliteratur. Personen-, Länder- und Sachartikel zu Geschichte und Gegenwart der Kinder- und Jugendliteratur ; in 3 Bänden (A–Z) und einem Ergänzungs- und Registerband.* Weinheim u.a.: Beltz 1975–1982.

Dopychai, Arno: *Der Humor. Begriff, Wesen, Phänomenologie und pädagogische Relevanz.* Bonn: Inaugural Dissertation an der Rheinischen Friedrich-Wilhelms-Universität 1988.

Eagleton, Terry: *Einführung in die Literaturtheorie.* Stuttgart: Metzler 1988.

Engelen, Bernhard: *Das kindliche Verhältnis zu den komischen Elementen in Kästners Pünktchen und Anton.* In: Peter Conrady (Hg.): Literatur-Erwerb: Kinder lesen Texte und Bilder. Frankfurt a.M. 1989, S. 80–106.

Esslin, Martin (1961): *The Theatre of the Absurd.* London / New York / Victoria / Toronto / Auckland: Penguin ^{3}1991.

Ewers, Hans-Heino (Hg.): *Komik im Kinderbuch. Erscheinungsformen des Komischen in der Kinder- und Jugendliteratur.* Weinheim, München: Juventa 1992.

Ewers, Hans-Heino: *Literatur für Kinder und Jugendliche. Eine Einführung.* München: UTB 2000 (= UTB für Wissenschaft 2124).

Fiege, Nora: *Berliner Mode und Konfektion in den 1920er Jahren: Neue Kleider für Neue Frauen?* München: Grin 2009.

Freud, Sigmund[a] (1905): *Der Witz und seine Beziehung zum Unbewussten.* Frankfurt a.M.: Fischer ^{7}2004 (= Fischer Taschenbücher Psychologie 10439).

Freud, Sigmund[b] (1914): *Der Humor.* Frankfurt a.M.: Fischer ^{7}2004 (= Fischer Taschenbücher Psychologie 10439).

Genazino, Wilhelm: *Über das Komische. Der außengeleitete Humor.* Paderborn: Universität – Gesamthochschule Paderborn 1998.

Grupp, Diana: *Komik und Karneval. Komische Elemente im kinderliterarischen Werk Astrid Lindgrens.* Magisterarbeit Universität Frankfurt 1994.

Haas, Gerhard (Hg.): *Kinder- und Jugendliteratur. Ein Handbuch.* Stuttgart: Reclam ^{3}1984.

Hazard, Paul: *Kinder, Bücher und große Leute.* Hamburg: Hoffmann und Campe 1952.

Heidtmann, Horst: *Kindermedien.* Stuttgart: Metzler 1992 (= Sammlung Metzler 270).

Helmers, Hermann: *Sprache und Humor des Kindes.* Stuttgart: Klett 1965.

Hildebrandt, Rolf: *Nonsense-Aspekte der englischen Kinderliteratur.* Weinheim: Beltz 1970.

Hirsch, Eike Christian: *Der Witzableiter oder Schule des Lachens.* München: Beck 2001.

Heydebrand, Renate von / Winko, Simone: *Einführung in die Wertung von Literatur.* München / Wien / Zürich: UTB 1996 (= UTB für Wissenschaft 1953).

Hinchliffe, Arnold P.: *The Absurd.* London / New York: Methuen & Co. 1969.

Hurrelmann, Bettina (Hg.): *Klassiker der Kinder- und Jugendliteratur.* Frankfurt a.M.: Fischer 1995.

Janata, Jaromir: *Zur Anatomie des Humors. Interdisziplinäre Betrachtungen.* Prag: o.A. 1998.

Joyce, Carol / Dunn, Margaret: *A quest for the comic meaning in literature.* London: Blackie & Co. 2003.

Kosok, Heinz: *Lemuel Gullivers deutsche Kinder. Weltliteratur als Jugendbuch.* Wuppertal: Peter Hammer 1976 (=Wuppertaler Hochschulschriften Bd. 8, hg. v. Gründungsrektorat der Gesamthochschule Wuppertal).

Meyers großes Taschenlexikon in 24 Bänden. Neubearbeitete Auflage. Mannheim: Bibliographisches Institut [6]1998.

McGhee, Paul E. / Chapman, Antony J. (Hg.): *Children's humour.* Chichester u.a.: Wiley 1980.

O'Sullivan, Emer: *Kinderliterarische Komparatistik.* Heidelberg: Winter 2000 (= Probleme der Dichtung 28).

Palmer, Jerry: *Taking humour seriously.* London u.a.: Routledge 1994.

Paul, Jean ([2]1812): *Vorschule der Ästhetik.* Herausgegeben, textkritisch durchgesehen und eingeleitet von Wolfhart Henckmann. Hamburg: Felix Meiner Verlag 1990.

Rehborn, Maria / Block, Friedrich W. (Hg.): *Anstiftung zum Lachen. In Literatur und Wissenschaft.* Kassel: Jenior 1995.

Ringmayr, Thomas Georg: *Humor und Komik in der deutschen Gegenwartsliteratur.* Washington: University of Washington 1994.

Roberts, Patricia: *Taking humor seriously in children's literature.* Lanham Md. / London: Scarecrow Press 1997.

Schlosser, Horst Dieter (1983): *dtv-Atlas Deutsche Literatur.* München: dtv [9]2002.

Schreiner, Joachim: *Humor bei Kindern und Jugendlichen: Eine Reise durch die Welt des kindlichen Humors; unter Berücksichtigung entwicklungspsychologischer, pädagogischer, psychotherapeutischer und diagnostischer Aspekte.* Berlin: Aglaster 2003.

Shavit, Zohar: *Poetics of Children's Literature.* Athens / London: University of Georgia Press 1986.

Titze, Michael / Patsch, Inge (2004): *Die Humor-Strategie. Auf verblüffende Art Konflikte lösen.* München: Kösel [2]2006.

Weinrich, Harald: *Kleine Literaturgeschichte der Heiterkeit.* München: Beck 2001.

Unselbstständige Literatur

Bremmer, Jan / Roodenburg, Herman: *Humor und Geschichte: Eine Einführung.* In: Dies. (Hg.): Kulturgeschichte des Humors von der Antike bis heute. Darmstadt: Wissenschaftliche Buchgesellschaft 1999, S. 9–17.

Bönsch-Kauke, Marion: *Witzige Kinder. Zur spielerischen Entwicklung von humorvollen Interaktionen zwischen sieben- bis zwölfjährigen Kindern durch kreative Techniken.* In: Zeitschrift für Entwicklungspsychologie und Pädagogische Psychologie. 31. Jg. H. 3 1999, S. 101–115.

Brunken, Otto: *Das Rätsel Blyton und die Lust an der Trivialität. Enid Blytons ‚Fünf-Freunde'-Bücher.* In: Bettina Hurrelmann (Hg.): Klassiker der Kinder- und Jugendliteratur. Frankfurt a. M.: Fischer 1997, S. 401–418.

Götz, Maya: *Was Kinder bei Wissens- und Comedy-Sendungen lustig finden.* In: Televizion, 16. Jg. H.1 2003, S. 45–53.

Gruß, Karin: *Total witzig oder mega-out? Über welche Bücher lachen Kinder?* In: Eselsohr H. 2 1994, S. 4–7.

Haas, Gerhard: *Das Tierbuch.* In: Ders. (Hg.): Kinder- und Jugendliteratur. Ein Handbuch. Stuttgart: Reclam ^{3}1984, S. 177–205.

Haas, Gerhard / Klingberg, Göte / Tabbert, Reinbert: *Phantastische Kinder- und Jugendliteratur.* In: Gerhard Haas (Hg.): Kinder- und Jugendliteratur. Ein Handbuch. Stuttgart: Reclam ^{3}1984, S. 267–295.

Hancock, Susan: *Miniature Worlds.* In: Kimberley Reynolds (Hg.): Childhood Remembered. Proceedings from the 4th NCRCL/IBBY conference held at University of Surrey Roehampton. Pied Piper Publishing 2003 (= NCRCL Papers 3), S. 108–118.

Helmers, Hermann: *Humor in der Kinder- und Jugendliteratur.* In: Klaus Doderer (Hg.): Lexikon der Kinder- und Jugendliteratur. Personen-, Länder- und Sachartikel zu Geschichte und Gegenwart der Kinder- und Jugendliteratur ; in 3 Bänden (A - Z) und einem Ergänzungs- und Registerband. Weinheim u.a.: Beltz (1975–1982), Band 1, S. 578–579.

Henrich, Dieter: *Freie Komik.* In: Das Komische. München: Fink 1976. (= Poetik und Hermeneutik VII), S. 385–389.

Herbert, Günther: *Was ist Humor?* In: Eselsohr H. 2 1994, S. 8–9.

Hirsch, Anja (2001): *Warum lacht der Mensch?* Interview mit Wilhelm Genazino. In: Tagesspiegel, 16.05. 2001.

Kühnemann, Horst: *Vom deutschen Lachen.* In: Börsenblatt für den deutschen Buchhandel. Nr. 165 1998, 72, S. 42–43.

Lypp, Maria: *Lachen beim Lesen. Zum Komischen in der Kinderliteratur.* In: Wirkendes Wort 6 1986, S. 439–455.

Lypp, Maria: *Tiere und Narren. Komische Masken der Kinderliteratur.* In: Hans-Heino Ewers (Hg): Komik im Kinderbuch. Erscheinungsformen des Komischen in der Kinder- und Jugendliteratur. Weinheim, München: Juventa 1992, S. 45–58.

McCarthy, Michael / Matthiessen, Christian / Slade, Diana: *Discourse Analysis.* In: Schmitt, Norbert (Hg.): *An Introduction to Applied Linguistics.* London: Arnold 2002, S. 55–90.

Maier, Karl-Ernst: *Das heitere Moment im Kinderbuch.* In: Sub tua Platano. Festschrift für Alexander Beinlich. Emsdetten: 1981, S. 245–253.

Palmer, Terry J.: *Why the Houyhnhnms Don't Write: Swift, Satire and the Fear of the Text.* In: Frank Palmer (Hg.): Critical Essays on Jonathan Swift. New York / Ontario: G.K. Hall & Co. / Maxwell Macmillan 1993, S. 57–71.

Petzold, Dieter: *„Schwarzer Humor" in den Kinderbüchern Roald Dahls.* In: Hans-Heino Ewers (Hg.): Komik im Kinderbuch. Erscheinungsformen des Komischen in der Kinder- und Jugendliteratur. Weinheim, München: Juventa 1992, S. 151–172.

Reppen, Randi / Simpson, Rita: *Corpus Linguistics.* In: Schmitt, Norbert (Hg.): An Introduction to Applied Linguistics. London: Arnold 2002, S. 92–109.

Ruch, Willibald / Zweyer, Karen (2001): *Heiterkeit und Humor: Ergebnisse der Forschung.* In Hirsch, R.D., Bruder, J. & Radebold, H. (Hg.) Heiterkeit und Humor im Alter. Bornheim-Sechtem: Chudeck-Druck. (= Schriftenreihe der Deutschen Gesellschaft für Gerontopsychiatrie und -psychotherapie, Bd. 2), (ohne Seitenangabe).

Scheiner, Peter: *Realistische Kinder- und Jugendliteratur.* In: Gerhard Haas (Hg.): Kinder- und Jugendliteratur. Ein Handbuch. Stuttgart: Reclam [3]1984, S. 37–62.

Seidel, Michael: *Strange Dispositions: Swift's* Gulliver's Travel's. In: Frank Palmer (Hg.): Critical Essays in Jonathan Swift. New York / Ontario: G.K. Hall & Co. / Maxwell Macmillan 1993, S. 75–89.

Smedman, Sarah: *Like Me, Like Me Not:* Gulliver's Travels *as Children's Book.* In: Frederick N. Smith (Hg.): The Genres of Gulliver's Travels. London u.a.: Associated University Press 1990, S. 75–99.

Strassmann, Burkhardt: *Da kann ich nur lachen*. In: Die Zeit H. 19 2003. Auf: http://www.zeit.de/2003/19/Titel_2fHumor_19/komplettansicht ; 25.08.2013.

Tabbert, Reinbert: *Die komisch-phantastische Kindererzählung*. In: Gerhard Haas (Hg.): Kinder- und Jugendliteratur. Ein Handbuch. Stuttgart: Reclam [3]1984, S. 285–295.

Weger, Ulrich: *„Denken Sie nicht an einen Eisbär!“* In: Sciencegarden. Magazin für junge Forschung. November 2003. Auf: http://www.sciencegarden.de/berichte/200311/eisbaeren/eisbaeren.php; 25.08.2013.

Wild, Inge: *Komik in den realistischen Jugendromanen Christine Nöstlingers*. In Hans-Heino Ewers (Hg.): Komik im Kinderbuch. Erscheinungsformen des Komischen in der Kinder- und Jugendliteratur. Weinheim, München: Juventa 1992, S. 173–200.

Weitere Quellen aus dem Internet

1. Zu Erich Kästner

http:// www.dradio.de/dlf/sendungen/langenacht.alt/990219.html; 08.11.2005.

http:// www.erich-kaestner-ausstellung.de; 25.08.2013.

http:// www.erich-kaestner-museum.de; 25.08.2013.

http:// www.kaestnerfuerkinder.net; 25.08.2013.

http:// www.kaestner-im-netz.de; 25.08.2013.

2. Weitere Internetquellen

http:// www.genista.de/humor/; 25.08.2013.

http://kreuzberg24.net; 25.08.2013.

http://www.srf.ch/player/radio/sendung/maloney; 25.08.2013

http:// www.uni-duesseldorf.de/WWW/MathNat/Ruch/humor.html; 25.08.2013.

Dank

Vielen Menschen schulde ich Dank, da dieses Buch ohne ihre Unterstützung nicht zustande gekommen wäre. Mein herzlicher Dank gilt meiner Familie, die mir auf diesem Weg mit Ermunterung und tatkräftiger Hilfe von Korrekturlesung bis zu Kinderbetreuung beistand, und insbesondere meinem Mann Burak, der mich täglich unterstützt und inspiriert. Meiner Doktormutter Dr. Susan Tebbutt danke ich für ihre Betreuung und Ermutigung während meiner Promotion, ihren vielfachen Rat, ihre Korrekturarbeit – und für ihre Freundschaft. Prof. Dr. Stefan Neuhaus gilt mein Dank für seine Förderung während meines Studiums, seine Inspiration zur wissenschaftlichen Erforschung von Kästners Literatur sowie für seine Ermutigung zur Promotion, für seine interessanten Anregungen und seinen Rat.
Den Mitarbeitern des Deutschen Literaturarchivs Marbach gebührt Dank für ihre Hilfe bei meiner Forschung im Kästner Archiv. Sylvia List und Peter Beisler, die meine Publikationen freundlich unterstützt und schließlich den Kontakt zum Arbeitskreis Erich Kästner-Forschung ermöglicht haben, gilt ebenfalls mein Dank.
Corina Rüb, Jessica Künz und Dr. Ines Brunhart danke ich für Ermunterung, Taschentücher, Kaffee, Austausch und für viele wichtige Anregungen.
Dem Arbeitskreis Erich Kästner-Forschung danke ich für die Möglichkeit, meine Arbeit zu veröffentlichen, und Felix Hieronimi vom Tectum Verlag für die freundliche Begleitung diese Projekts.

Zeitfracht Medien GmbH
Ferdinand-Jühlke-Straße 7
99095 Erfurt, Deutschland
produktsicherheit@kolibri360.de